JN303038

中国のアジア外交

青山瑠妙 ――［著］

東京大学出版会

CHINA'S ASIA POLICY IN THE POST-COLD WAR ERA
Rumi AOYAMA
University of Tokyo Press, 2013
ISBN978-4-13-030159-6

目　次

序章　中国のアジア外交をどう見るか ………………………………… 1
　1. 問題の所在　1
　2. 先行研究と本書の分析視角　4
　3. アジアとは　14
　4. 本書の構成　17

第1章　アジアを取り巻くダイナミズムと中国 ……………………… 19
　1.1　「アジア・アフリカ」から「アジア太平洋」へ　21
　　1. はじめに（21）
　　2. 「アジア・アフリカ」政策の芽生えとその発展：建国から米中接近まで（21）
　　3. 「アジア太平洋」への戦略的転換：米中接近から冷戦終結まで（32）
　　4. おわりに（37）
　1.2　「アジア太平洋」から「アジア」へ　40
　　1. はじめに（40）
　　2. 周辺重視へのシフト：冷戦終結〜1996年（40）
　　3. 周辺外交の本格的展開：1996年〜2006年（48）
　　4. 国益の再定義とアメリカのアジア復帰：2006年〜（53）
　　5. おわりに（59）
　1.3　中国とアジア諸国の関係の諸相　61
　　1. はじめに（61）
　　2. アジアにおける日中関係（61）
　　3. 中国とアジア諸国の関係（66）
　　4. おわりに（76）
　結　び　81

第2章　台頭する中国とアジアの地域秩序 …………………………… 83

2.1　北東アジアと六者会合　　85
  1. はじめに (85)
  2. リスク回避型行動から関与へ：1991年～2001年 (86)
  3. 新たな中朝関係の構築：2001年～2006年 (88)
  4. 影響力の低下と対北朝鮮政策のジレンマ：2006年～ (94)
  5. おわりに (104)

2.2　東南アジア・南アジアと東南アジア諸国連合・南アジア地域協力連合　　106
  1. はじめに (106)
  2. 中国とASEANの関係構築 (106)
  3. 中国とSAARCの関係構築 (119)
  4. おわりに (124)

2.3　中央アジアと上海協力機構　　126
  1. はじめに (126)
  2. 上海ファイブからSCOへ：1996年～2001年 (127)
  3. SCOの多難な船出と中国の強気の取り組み：2001年～2005年 (130)
  4. 既定路線への回帰：2006年～ (135)
  5. おわりに (141)

　結　び　　145

第3章　アジア経済一体化の戦略と実像 …………………………… 147

3.1　図們江地域開発と北東アジアの経済協力　　148
  1. はじめに (148)
  2. 東北三省の経済振興策と地域協力 (148)
  3. 吉林省，遼寧省と図們江地域開発 (152)
  4. おわりに (164)

3.2　大メコン川流域開発と汎トンキン湾経済協力　　168
  1. はじめに (168)
  2. 雲南省とGMS開発計画 (170)
  3. 広西チワン族自治区と汎トンキン湾経済協力 (178)

4. 人民元の国際化の推進（181）

5. おわりに（182）

3.3 西北地域開発と中央アジアの経済協力　184

1. はじめに（184）

2. 西北地域の経済振興策と地域協力（185）

3. 新疆ウイグル自治区と中央アジア諸国との地域協力（188）

4. おわりに（201）

結　び　205

第4章　アジアをめぐる中国の安全保障 …………………………… 207

4.1 中国海軍の台頭とアジア地域の安全保障　209

1. はじめに（209）

2. 海洋問題の浮上と中国海軍の台頭（210）

3. アメリカ主導の海洋秩序と中国の海洋戦略（211）

4. おわりに（213）

4.2 海洋主権　214

1. はじめに（214）

2. 海洋問題の管理体制（215）

3. 近年の海洋主権問題をめぐる紛争の特質（216）

4. 海洋主権問題をめぐる中国の外交姿勢（218）

5. 海洋主権に関する国内法の整備と執行（220）

6. 海洋主権をめぐる国際的軋轢（223）

7. 海洋主権の擁護を推し進める地方政府（230）

8. おわりに（233）

4.3 エネルギー安全保障　235

1. はじめに（235）

2. 国家資本主義をめぐる議論からみる国有石油企業と政策決定（236）

3. エネルギーの管理体制（238）

4. エネルギー安全保障戦略の形成（241）

5. 東シベリア石油パイプラインをめぐる日中の攻防（244）

6. 東シベリア石油パイプラインと中国のエネルギー輸送ルート（248）
　　7. おわりに（254）
　4.4　水資源　256
　　1. はじめに（256）
　　2. 水資源をめぐる中国と周辺諸国の関係（256）
　　3. 権威主義中国の世論と対外政策（259）
　　4. 国際イシューとしての怒江・瀾滄江ダム開発（260）
　　5. おわりに（273）
　結　び　277

終章　中国のアジア外交とそのゆくえ………………………………………… 279
　1. 中国のアジア外交　279
　2. 中国とアジア諸国の関係変容　282
　3. 分断化された権威主義中国のアジア政策決定　285
　4. アジアの今後を考える　289

注　　293
あとがき　349
索　引　353

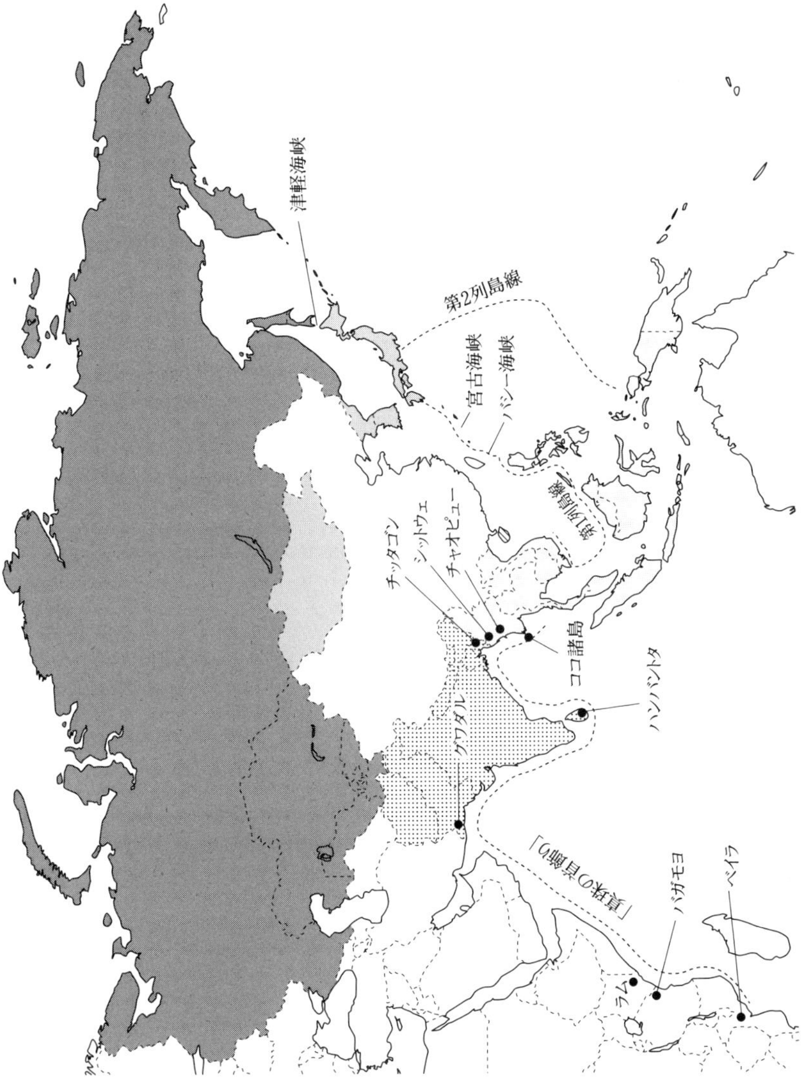
津軽海峡
第2列島線
宮古海峡
バシー海峡
第1列島線
チッタゴン
シットウェ
チャオピュー
ココ諸島
ハンバントタ
グワダル
「真珠の首飾り」
ラム
バガモヨ
ベイラ

序章　中国のアジア外交をどう見るか

1. 問題の所在

2030年の世界はどうなっているのか？

2012年12月に発表されたアメリカ国家情報会議（NIC）の「世界の潮流2030」[1]では，国内総生産（GDP），人口，軍事支出，技術投資を基準に次のような予測がたてられた．すなわち，2030年のアジアは北米やヨーロッパを追い抜いてグローバル・パワーとして成長し，そして中国は2030年よりも前に，おそらくアメリカを追い抜いて世界最大規模の経済国となっていると見込まれている．

こうした予測には反論[2]もあろうが，しかしこのような将来の見通しはここ30年急成長を遂げてきているアジア地域，さらに中国がいまや世界から多大な注目を集めている現状を如実に物語っている．そして，経済的にも政治的にも重要性が増している中国やアジアの地域情勢はめまぐるしく変容している．

30年間にわたり，中国は年平均9％を超える経済成長率で目覚ましい経済発展を遂げている．改革開放の号令が出された1978年の中国のGDPは推定3645億元，1人当たりGDPは381元に過ぎなかった．しかしその約30年後の2010年の1人当たりGDPは2万9762元で，そしてGDPは39兆7459億元（約5兆ドル）に達し，中国は日本を追い抜いて米国に次ぐ世界第2位に躍り出た．

中国の経済的躍進は，アメリカと同盟国の間の二国間安全保障体制と圧倒的な優位性をもつアメリカの海軍力によって支えられていたこれまでのアジアの地域秩序にも変化をもたらした．今日のアジア地域秩序に関して，米外交問題評議会アジア担当のエヴァン・フェイゲンバームは「安全保障領域ではアメリカが依然として重要な役割を果たしているが，経済領域ではいまや中国が地域的中枢を担い始めている」[3]と指摘する．また加藤洋一は，こうした「経済と

安全保障の不均衡」を「二重依存のジレンマ」[4]と名付けた．

　こうしたなか，経済発展で自信をつけた中国は引き続き「富国強兵」の道を突き進み，海洋主権の擁護を声高に主張し始めた．特に2000年代末ごろから，中国の対外政策は強硬に転じ，軍事的に対外拡張の姿勢をとっているとの懸念が広がっている．南シナ海の領有権をめぐり，中国とフィリピンやベトナムとの対立が激しさを増してきた．東シナ海では，2010年9月に尖閣諸島領域で操業していた中国漁船が海上保安庁の巡視船に体当たりする事件が発生し，2012年9月には日本政府が尖閣諸島を国有化したことを契機に日中関係が一気に冷え込んだ．黄海では領有権をめぐる中韓の対立もくすぶっている．

　経済大国化する中国と周辺国との関係に不協和音が高まるなか，2011年秋からアメリカは「アジアへの復帰」を宣言し，「アジア地域におけるアメリカの一国優位体制を維持する」というメッセージを強く発信した．経済的には環太平洋パートナーシップ（TPP）を推進し，軍事的には日本，オーストラリアなどアジアの同盟国との間で軍事協力を強化している．そこには，国際社会へ中国を取り込んでいくエンゲージ戦略から転換し，中国の台頭を抑止していく外交戦略を前面に押し出しているアメリカの姿が垣間見られる．

　軍備増強を図っている中国の軍事費は今の段階ではアメリカの国防費の四分の一に過ぎず，軍事力に関してもアメリカにははるかに及ばないが，英国国際戦略研究所（IISS）の試算によると，もし中国が2001年以降の年平均15.6％増のペースで軍事費を支出し続けていくならば，2023年には中国の国防費はアメリカのそれを追い越す[5]．経済的，政治的，軍事的に大国化しつつある中国と超大国であるアメリカがアジア地域における影響力を競い合っている印象は年を追うごとに強くなっており，「米中冷戦」の到来を予感させるほどアジア太平洋地域はパワー・ポリティクスの中心になりつつある．

　このように，現行のアジア地域は経済と安全保障の不均衡を抱えており，その先行きは極めて流動的で不透明である．こうした状況において，地域大国である中国の対外政策はますます重要な意味を帯びてきている．そして，台頭する中国がこれから国際ルールを順守し，責任のある大国になっていくのかを見極めることは，地域の安定と平和にかかわる重大な問題である．

　21世紀に入ってから，中国政府はアジア地域を対外戦略の重点対象として

捉えており，アジア地域は金融・世界経済に関する首脳会合（G20），BRICS[6]，77ヵ国グループ（G77）と同様，中国の多国間外交の舞台となっている．こうした意味で，中国のアジア外交はいわばその対外政策の縮図であるといっても過言ではない．そこで，本書は以下の2つの問題意識のもとで，冷戦終結後のアジア地域に対する中国の対外政策の考察を試みたい．

① 中国はこれまでどのようなアジア地域政策を採用し，こうしたアジア外交によって，中国と周辺諸国との関係はどのように変容したのか？

1990年代以降，アジア地域政策は中国の対外政策の重要な柱となっている．冷戦終結を契機に周辺国をはじめアジア地域における中国の外交が活発化を見せ，特に1997年のアジア金融危機以降，中国は積極的にアジア地域にコミットするようになった．2002年12月に開催された中国共産党第16回全国代表大会で，「周辺外交」が最重要政策に位置付けられてから，中国政府はアジア地域外交を一層推進することとなった．

中国は経済的，政治的そして軍事的にも大国化し，アジア地域における米中対決が繰り広げられていると一般的にみられている．しかしながら，アジアにおける力の均衡の変容を理解するためには，アジア地域における中国の影響力が拡大しているのか，拡大しているならばどこまで拡大しているのかといった問題について，より綿密な分析が求められる．

中国は海洋主権問題で強硬な姿勢を示しているが，他方，ロシアへの接近に努め，エスカレートする北朝鮮の核問題で米中の協調も図られている．中国はこれまでどのようなアジア地域政策を採用してきたかについて，北東アジア，東南アジア，南アジア，中央アジアを対象として，それぞれの動きや特徴を把握するとともに，その全体像を包括的に見極める必要がある．

また，改革開放政策が採択されてから長期にわたり，自国の経済発展に資する国際環境づくりが中国の外交政策の目標として掲げられてきた．イデオロギーを重要な柱の1つとしていた毛沢東時代の対外戦略と決別し，経済発展を最重視する対外政策へと転換したことが，中国と周辺諸国の関係を大きく変容させているはずである．

そこで，本書では北東アジア，東南アジア，南アジア，中央アジアの4つの地域を対象に分析を行い，中国のアジア外交の全貌を捉えるとともに，経済発

展を最重要目標に据えるアジア外交により，中国と周辺国の間でどのような関係が形成されてきたのかについて検討する．

② 社会が多元化する今日の中国において，アジア外交はどのように形成され，どのような特徴を有しているのか？

改革開放政策が実施されて30年あまり，そして世界貿易機関（WTO）に加盟して10年あまりが経過したいま，権威主義体制の下で中国の政策形成プロセスも大きく変容してきている．中国の社会は多元化し，多様な経済権益を主張するさまざまな国内アクターが国家の対外政策に一層かかわるようになってきた．経済発展が国家の最重要課題に据えられていることも，国内における多様な権益をアジア外交に反映させる必要性と必然性を高めている．その上，中国からアジア地域に流れるヒト・モノ・カネに関するリスク・マネージメントも新たな課題として浮上している．

「誰がどのように中国の対外政策を決定しているのか」[7]という問題の解明は決して容易いものではないが，本書では権威主義体制下の対外政策決定プロセスの解明に努め，こうした権威主義体制の政策決定の持つ特徴が中国のアジア外交の方向性に与えてきた影響を析出したい．

2. 先行研究と本書の分析視角

国内要因と国際環境のどちらが外交政策をより強く規定しているのかという問題は，中国外交研究の古くて新しい問題であり，常に議論の分かれるところである．地域研究が深く根付いている日本においては，「外交は内政の延長」というスタンスが主流となっている．しかしグローバル化，地域化の流れが顕在化している今日において，中国の国内問題が国際化し，国際イシューが国内政治に深くかかわるようになっている．こうした状況に鑑み，本書は国内政治と国際システムの双方を視野に入れたリンケージ・アプローチに立脚して，分析を進める．

リンケージ・アプローチの適用に当たり，問題なのは国際システムと国内政治を結びつける対外政策をどのように分析するかである．新古典的リアリズム（neoclassical realism）によると，一国の対外政策は何よりもまずその国の物

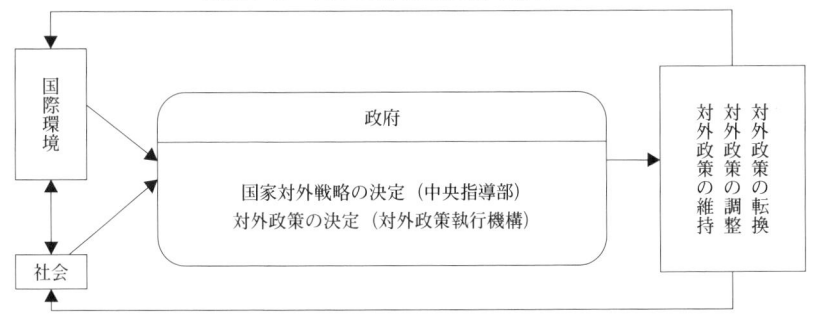

図表序-1 中国の対外政策変動の分析モデル

質的なパワー (material power) によって規定されている．そして，一国の対外政策に対する国際システムの制約は，政策決定者の認識と国家構造 (state structure) といったユニット・レベルの媒介変数を通じて発揮される[8]．相対的なパワーの追求や国内要因に対するエリートの打算と認識が，国際的圧力と一国の対外政策を媒介する変数となるという考え方は，新古典的リアリズムの主流となっている[9]．

しかし，指導者層の認識に焦点を当てた分析（エリートの打算と認識を媒介変数にする）だけでは，中国の対外政策，特に多様なアクターがその形成にかかわるようになった今日の対外政策の方向性を捉えきることは難しい．図表序-1のように，建国当初から中国の政策立案のメカニズムは2段階に分かれている．中央指導部は国家の対外戦略の原則や基本方針，重要とされる問題をめぐる対外政策を決定し，国家の対外戦略に沿った具体的な対外政策の制定と執行は各省庁，各地方政府の役割とされる．こうした中国の実情を踏まえ，本書では，中央指導部と，各省庁，各地方政府をはじめとする国家の対外戦略を対外政策に具現化させる担い手を媒介変数としてとらえ，社会による拘束も踏まえた上で，中国のアジア政策に対して実証研究を行うこととする．

(1) 中国の台頭とアジアの地域秩序

中国やアジア地域に対する注目度の高さから，アジアの地域秩序，アジアの地域主義，そして地域における中国の取り組みに関する優れた研究成果がすでに膨大に存在している．国際関係の分野における代表的な研究としては，

David Shambaugh and Michael Yahuda eds., *International Relations of Asia* (Rowman & Littlefield Publishers, 2008), 平野健一郎・毛里和子編『新たな地域形成』（岩波書店, 2007 年), 天児慧が編集代表を務める『アジア地域統合講座』（全 12 巻, 勁草書房, 2011 年～2013 年）などがある.

　国際関係分野の研究においては, 中国の台頭がアジア地域秩序をどのように変容させていくのかをめぐり様々な異なる結論が導き出されている[10]. 古典的リアリズム, ジョン・J. ミアシャイマー（John J. Mearsheimer）を代表とする攻撃的リアリズム, ロバート・ギルピン（Robert Gilpin）や A. K. F. オーガンスキー（A. K. F. Organski）などを代表とする権力移行論（power transition）に立脚した研究は, 今後のアジア地域秩序についておおむね悲観的な見通しを示している.

　古典的リアリズムは, 冷戦の終結や中国の台頭は多極間の競争をもたらし, 将来のアジアは 19 世紀後半や 20 世紀初めのヨーロッパの二の舞に陥ると予想する. 早くも 1993 年の時点において, アーロン・フライドバーグは「アジアは大国対立のコックピットになる」[11]と力説した.

　攻撃的リアリズムは, 国際システムの制約のもとで現状を打破しようとする修正主義国家が相対的パワーの最大化を追求する点を強調している[12]. こうした観点に基づく多くの論者は, 中国は 19 世紀のアメリカのように今後対外的に拡張するとみている.

　そして権力移行論によると, 現行の国際秩序に不満をもつ新興の大国が新しい秩序の構築を目指す場合, 既存の大国との間で戦争の危険性が高まる. この理論を中国の台頭という事象に適用するならば, 米中の間にグローバル戦争の可能性が高いという結論につながる.

　他方, 中国の台頭をより楽観的に捉え, 中国の台頭が必ずしも戦争に直結するわけではないとの主張もある. リベラリズムは, 資本の移動や貿易の拡大を通じた相互依存関係の強化により新興の大国が戦争を発動するコストが高くなり, 多極間の安定がもたらされることに着目する[13].

　構成主義論者は, 対話や非公式的制度を通じて規範やコミュニティが形成されると主張する. その可能性の 1 つとして, デビッド・カンの主張している中国を頂点とするヒエラルキー的な中華秩序がある[14].

さらに，ジョン・アイケンベリーは，現行の国際秩序はこれまでと本質的に異なる点に目を向ける必要があると指摘する．彼によれば，今日の欧米諸国が主導する国際秩序（Western order）は開かれた市場，リベラルで民主的な規範に基づいており，しかもすでにルール化，制度化されている．その開かれている特性から，中国をはじめとする新興国は欧米諸国の築き上げた今日の国際秩序の中で自国の経済的，政治的目的を実現することが可能である．つまり，アメリカの一極時代はいずれは終わりを迎えるかもしれないが，欧米諸国の「リベラルな覇権秩序」は勝利を収めるであろう[15]．

このように，パワー，経済的相互依存関係，規範や国際機構ないし地域機構など分析の視座が異なれば，中国の台頭に伴うアジア地域の将来の見通しが大きく変わってくる．しかも歴史を振り返るならば，イギリスとアメリカとの間で起きた権力移行は平和的であったし，ドイツとイギリス，フランスとの経済的相互依存は第1次世界大戦を防げなかった．

アジア地域秩序に関しては悲観論と楽観論が錯綜するが，地域の平和と安定を見据えるうえで，「ゲーム・チェンジャー」ともなりうる中国の動きがカギとなる．中国のアジア政策に引き付けブラックボックスとされている国家の内部にも目を向けて考えるならば，以下の2つの問題から掘り下げて考える必要がある．第一に，中国は地域機構や経済的相互依存関係をどのように捉え，そのアジア戦略においてどのように位置づけているのか．こうした問題の検討を通じて初めて，経済的相互依存関係が中国の対外的拡張に歯止めをかけることになるのか，中国はどのような規範に基づいて大国になっていこうとしているのかについてより明確な回答が出せるかもしれない．

第二に，中国の経済的台頭は政治的影響力の拡大，軍事力の向上と直線的に結び付くものなのかどうか．多くの研究者は，「安全保障領域ではアメリカが依然として重要な役割を果たしているが，経済領域ではいまや中国が地域的中枢を担い始めている」というアジア地域における二重依存のジレンマを指摘している．こうしたアジア地域の特徴は，裏返せば，経済と安全保障という2つの分野において，中国の力の増大が不均衡であることを意味している．

日本においてはアジア地域統合に関する実証的な研究が進んでいるが，地域統合のステップに鑑みても経済，政治，安全保障，社会の異なる次元で統合の

ペースが異なる。山本吉宣は地域統合を，経済統合（機能的協力），価値の統合（社会統合），安全保障共同体，そして政治統合という４つの異なる領域に分けて論じている[16]。山本によると，地域統合論において，新機能主義（Neo-Functionalism）[17]は経済などの機能的な分野での協力／統合を発展させていけば，政治統合の分野に必然的にあふれ出て（スピル・オーバー），最終的には政治統合につながるとのスタンスに立脚している。他方，社会交流論（Transactionalist Approach）[18]は価値の統合が進んだ場合，政治的な統合だけではなく，分散的な多元的安全保障共同体も存在しうると指摘する[19]。

ヨーロッパの地域統合に比べ，東アジアの地域協力は地域主義や基本理念が不在であり，制度化も欠如している[20]状況において，多くの学者は東アジアの地域形成におけるスピル・オーバー効果に懐疑的である。李鍾元は東アジアの地域形成の特徴として「物理的な地域」と「機能的な地域」との分化現象をあげ，社会や経済のグローバル化と脱領域化は古典的な安全保障の地政学と乖離していると指摘する[21]。マイケル・ヤフダも「緊密な経済的相互依存関係は政治的な結びつきを強化するスタンスを持つ政治家や民間人の台頭に結びついていない」というアジア地域形成の問題点を指摘する[22]。むろんこれらの議論に対する異論もある。T. J. ペンペルは国境を越えた協力や相互依存関係に着目し，国家，企業などによる協力がリンケージ・メカニズムを作り出し，アジアはますます凝集性（coherence）を有するようになっていると主張する[23]。そして彼によれば，現実の問題は特定の領域だけでの対処が難しいがゆえに，既存の多様な地域協力枠組みは適者生存の自然淘汰を経てやがて収斂していく可能性も大いに潜んでいるという[24]。

中国に焦点を合わせた研究では，デビッド・シャンボーは中国がハードパワーのみならず，規範などソフトパワーも上昇させているとする[25]。また，ジョン・ガーバーは中国と周辺諸国の交通インフラが急速に整備されたことに着目し，交通インフラは中国の影響力をも運んでおり（bearer），物理的な連結や経済の相互依存関係によって中国の役割が増大したと主張している[26]。

他方，地域研究の視点で周辺国から見ると，中国の台頭に対し異なる受け止め方が示されている。東南アジア諸国連合（ASEAN）諸国に関して言えば，白石隆によると，中国との国境問題を抱えておらず，大メコン圏の市場統合を

推進しているタイでは中国の台頭に対する懸念がほとんど見られない．またラオス，カンボジア，ミャンマーなどの権威主義体制の国と中国との間では，政治エリート，ビジネス・エリートの間にかなり安定した同盟がトランスナショナルに形成されているという[27]．フィリピンやベトナムは海の領有権をめぐり中国と対立しているが，ベトナム政府は体制維持や安全保障の観点から中国と良好な関係を維持する必要もあると中野亜里は指摘する[28]．現状では，ASEAN諸国はイニシアティブをとれる広域制度の中に大国を取り込むことによって，各大国のパワーを社会化し大国を「飼いならす」戦略をとっている[29]．つまり，大国でないアジアの国々は「バランス・オブ・パワー」の論理のみならず，経済的・政治的に中国を取り込み，地域組織のルールで中国の対外行動を拘束する一方で，アメリカのプレゼンスによって保険を掛けるなどの行動様式をとっているのである[30]．アジア地域における中国の影響力の増大に伴った周辺国の反応はこのように一様ではないがゆえに，中国と周辺諸国の間にはイデオロギーで結ばれた関係と一線を画した新しい関係が形成されている可能性もある．

　中国はアジアにおける経済統合を強く推し進めており，道路，鉄道など交通インフラによる物理的なつながり，またヒト，モノ，カネによる経済的相互依存関係も深化している．中国と周辺国の関係が変容しているなか，中国の影響力を地域統合論のように経済，政治，安全保障，社会に区分し，増大する中国の経済的影響力のスピル・オーバーの問題を再検討する必要がある．

　大国としてのリーダシップを発揮するには，他国を引き付ける規範的価値と物質的なパワーの上昇が必須である．アジアにおいて中国は経済的にも，政治的にも，そして安全保障上も台頭しているのか，またその対外行動はどのような規範に基づいているのか．これらの問いに対する明快な回答はきわめて難しいが，本書ではその手がかりとなる中国のアジア地域政策の変容プロセスを探りたい．

(2) 権威主義中国の対外政策決定

　中国の対外政策決定に関して，これまでに，A. ドーク・バーネット，ルー・ニンや岡部達味，小島朋之，国分良成などによる優れた研究が多数存在する[31]．

また，最近の研究として注目されているのは，リンダ・ヤーコブソン，ディーン・ノックスの『中国の新しい対外政策——誰がどのように決定しているのか』である．

　バーネット，ルー・ニンや岡部，小島，国分などの研究で指摘されているように，改革開放初期の対外政策決定プロセスにおいては個人や最高指導部の権力が大きく，官僚組織の役割は限られていた．他方，今日において，対外政策を取り巻く国内の政治・社会の環境も1980年代の改革開放政策の初期段階とは大きく異なっている．ヤーコブソンとノックスは，多様なアクターが対外政策の「関与者」として浮上し，中国の政策決定過程をより複雑にしていると指摘する．こうした新たな関与者としては，資源関係企業，金融機関，地方政府，調査研究機関，メディア，そしてネチズンがあげられている．

　ヤーコブソンとノックスは対外政策に関与するようになったさまざまなアクターについて必ずしも明確に分類していないが，この問題に関して，浅野亮は「党・政・軍・地・企」の5つのカテゴリーと世論・ジャーナリズムの，合わせて6つのレベルがあると指摘する．毛沢東時代の党・政（国務院）・軍に加え，改革開放が進んだいま，地方，企業，ジャーナリズム，世論の役割が急増しているという[32]．

　以上の先行研究で示されているように，社会の多元化が進行している中国では多様なアクターが対外政策にかかわるようになった．しかしながら，対外政策にかかわろうとしているすべてのアクターが政策決定に影響を及ぼしているわけではなく，軍，地方政府や企業が中国の対外政策決定に関与できる度合が異なっている可能性も否定できない．こうした意味で「誰がどのように」という問題を考える上で，制度論の視点が比較的有効であると考える．具体的に言えば，第一は中国の国家体制を「分断化された権威主義体制」として特徴づけ，中国の対外政策決定を考察する視点，第二は官僚政治という概念の導入である．

　「分断化された権威主義体制」と中国の対外政策決定　権威主義は端的にいえば「非民主主義的，非全体主義的政治システム」である．すなわち，「限定された，責任能力のない政治的多元主義を伴っているが，国家を統治する洗練されたイデオロギーは持たず，しかし独特のメンタリティーは持ち，その発展のある時期を除いて政治動員は広範でも集中的でもなく，また指導部あるいは時に小グ

ループが公式的には不明確ながら実際には全く予想可能な範囲の中で権力を行使するような政治体制」である[33].

改革開放以降の中国の政治体制の特徴は,「分断化された権威主義 (fragmented authoritarianism)」[34]にある. この概念は1988年にアメリカの中国研究者ケネス・リバソールらによって最初に提起されたものである. 彼によれば, 1980年代の中国では, 最高政治システムの下部において, 権限 (authority) は分断化されており, バラバラ (disjointed) である[35].

権限の分断は制度に基づく[36]ものであり, 改革開放以前にも存在していた. しかしグローバル化やリージョナル化の流れの中での分権化と市場化が進み, 中国社会はますます多元化している. このため, リバソールが分析の対象としていた1980年代と比べると, 今日において, より多くのアクターが政策形成プロセスに参加することが可能となり[37],「分断化された権威主義体制」の特徴がさらに顕著に表れるようになってきている.

近年比較政治学の分野において権威主義体制の強靭性についての研究が盛んであるが, アンドリュー・ネイサンもかつて中国の権威主義体制は簡単には消滅しないと力説していた[38]. 体制の強靭性研究の流れ[39]から, 社会の変化に応じた党の制度化や組織化の改革を通じ, 利益調整・集約機能の強化が行われている点が指摘されている.

権威主義体制の強靭性の議論は党としての統治能力に焦点を合わせているが,「分断化された権威主義」の議論は行政の権限の分断性に着目している. この2つの議論はまさに今日の「分断化された権威主義」の特徴をうまく表している. つまり, 中国では党国家体制が採用されており, 中国共産党はいまだに絶大な権力を有している一方で, 政策レベルにおいて, 共産党の大きな権力は政策を実行する各省庁などに権限として分散されているのである(図表序-1を参照). 中国の対外政策決定は, こうした「分断化された権威主義」の基本的構図によって強く制約されている.

官僚政治と中国の対外政策決定　対外政策決定に関する分析モデルには, グレアム・アリソン (Graham T. Allison) の3モデル(合理的行為者モデル, 組織過程モデル, 官僚政治モデル), 増分主義モデル, ロバート・パットナム (Robert D. Putnam) のツー・レベル・ゲーム, 小集団ダイナミックス (small group dynamics），多元啓発性理論（poliheuristic theory）など多数の研究蓄積がある[40]．共産党の絶大な権力は政策を執行する各省庁などに権限として分散されているという中国の「分断化された権威主義」の基本構図に即して考えるならば，最高レベルの政策決定者／グループとは別に，政策決定における官僚政治のあり方が対外政策に与える影響も無視できない[41]．こういう意味で，中国の対外政策決定を分析するうえで，官僚政治の視点も必要である．

大嶽秀夫によると，官僚政治モデルは以下の3つの柱からなる[42]．
① 誰がゲームに参加するのか？
② 各プレイヤーのイシューに対する立場を決定づけるものはなにか？
③ 各プレイヤーの立場がどのように集約されて，政策となるのか？

このように，だれがなぜ参加するかの特定とともに，合意がどのように形成されるかは官僚政治において重要な問題である．対外政策決定は，ある意味でいえば，合意形成のプロセスでもある．一国の国家戦略（grand strategy）は国家利益という抽象的な言葉で概括することができず，むしろ国内社会の選好（societal preferences）に基づくものである[43]．国内のセクターは各々の経済利益から対外政策の選好を有し，対外政策のビジョンも異なっている．そして民主主義の政治体制のもとでは選挙，利益集団間の連携などを通じてこうした対立する利益が集約され（interests aggregation），政府の対外政策につながっていく．

それでは，選挙機能が十分に発揮されない権威主義体制の下においては，国内の経済権益から出発する矛盾した対外政策の主張はどのように調整，集約されるのか？　中川涼司が指摘しているように，中国では共産党や政府の各セクター間の調整は党の工作指導小組や工作会議の場やその他のインフォーマルなつながりによってなされ，各セクターから上がってくる意見を吸い上げ，政策に反映させている[44]．唐亮も，西欧型民主主義とは根本的に異なるものの，中国の政策形成において国家コーポラティズムの拡大版や討議デモクラシーといった新しい形態の果たす役割は大きいと指摘する[45]．

また行政上の縦割りなどの弊害を取り除き，利益調整・集約機能を強化するための努力も2006年からみられた[46]．その結果，利益調整の役割を担う新しい組織が設置され，あるいは既存の機構に利益調整の権限を与えるなどの措置

も取られている．

　中国が国際社会に深く関与していくなか，「外圧」も国内の多様な利益を調整する機能を担っている．中国のWTO加盟交渉を担った龍永図は外圧を利用して国内改革を促進することがWTO加盟のねらいの1つであると率直に認めている[47]．また中居良文も知的所有権政策の決定過程において中国政府はアメリカの外圧を国内改革に利用することを学習したという研究成果を公表している[48]．こうした意味において，中国の国内利益調整のテコ入れとして対外交渉が使われている[49]と言っても過言ではない．

　国内の利益調整・集約機能が強化されたものの，そうした利益調整・集約のメカニズムは果たして機能しているかといった問題については研究者の間で意見が分かれている．エイドリアン・レマとクリスチャン・ルビーは中国の風力エネルギー政策を考察し，2000年以降組織間の協調がなされていると主張する[50]．他方，多くの学者は中国の国内利益はうまく調整されていないと論じている．ウェイ・リャンは政策調整の困難が政策決定を長引かせ，組織間の交渉が失敗に終わるケースもしばしば生じているとの見方を示している[51]．

　縦割り体制により，組織間の利益調整がうまく機能しない問題は民主主義国家でも珍しくなく，中国でも十分に生じうることである．しかし権威主義中国では，政治的説明責任の欠如，官僚機構に対するチェック機能の不備などにより，利益調整・集約が機能せず組織間で政策の断裂が引き起こされると，民主主義国家よりも深刻な問題をもたらす．スーザン・シャークはすでに1992年の時点でこの点を指摘していた[52]．

　官僚政治モデルはアリソンによって最初に提起されたが，アリソンと並んでモートン・ハルペリン[53]が官僚政治の代表的な先駆的研究者とされている．官僚政治モデルの命題の1つは，「最終的な政策決定は各アクターのバーゲニング，妥協の政治的結果」であり，「コンセンサスの結果」であるというものである[54]．先行研究が示しているように国内の利益調整・集約機能が機能していない可能性があり，そして図表序-1に示しているように，各省庁などに委ねられている国家の対外戦略に沿った具体的な対外政策決定の権限が分断化されているのであれば，官僚政治モデルはそのまま中国に適用できない場合もある．こうしたことから，中国の対外政策決定を考えるうえで，官僚政治モデルそ

ものよりも，大嶽秀夫の指摘する官僚政治モデルの3つの柱が重要な分析視点となる．

　以上の観点から，本書では「関係」と「政策」の2つの側面から中国のアジア外交を論じる．「関係」の側面については，経済，政治，安全保障などのそれぞれの領域において中国の国際的な影響力を意識しつつ，中国のアジア外交の展開プロセスを明らかにしたい．「政策」の側面については，分断化された権威主義体制，官僚政治を考量しつつ，対外政策決定の解明に努める．

3. アジアとは

　本書では冷戦終結後の中国のアジア外交を対象とするが，「アジア」という言葉にはたぶんに曖昧性が含まれており，その地理的範囲は必ずしも一定ではない．
　中国にとってアジアとは何か？
　中国外交部の区分によれば，アジアは以下の46ヵ国を含む広い地域を指している．アフガニスタン，アラブ首長国連邦，オマーン，アゼルバイジャン，パキスタン，パレスチナ，バーレーン，ブータン，北朝鮮，東ティモール，フィリピン，グルジア，カザフスタン，韓国，キルギス，カンボジア，カタール，クウェート，ラオス，レバノン，モルディブ，マレーシア，モンゴル，バングラデシュ，ミャンマー，ネパール，日本，サウジアラビア，スリランカ，タジキスタン，タイ，トルコ，トルクメニスタン，ブルネイ，アルメニア，ウズベキスタン，シンガポール，シリア，イエメン，イラク，イラン，イスラエル，インド，インドネシア，ヨルダン，ベトナム．
　以上の分類にもかかわらず，外交部のアジア司は実際のところ，北東アジア4ヵ国（日本，モンゴル，韓国，北朝鮮），東南アジア11ヵ国（ベトナム，カンボジア，ラオス，ミャンマー，タイ，シンガポール，フィリピン，インドネシア，マレーシア，ブルネイ，東ティモール），南アジア8ヵ国（インド，パキスタン，バングラデシュ，スリランカ，ネパール，ブータン，モルディブ，アフガニスタン）の23ヵ国を管轄している．ロシアや旧ソ連新独立国家

（NIS）に関しては，東欧や西欧諸国を管轄するヨーロッパ司と異なり，ユーラシア司が責任を負っている．また中東諸国は西アジア・北アフリカ司の担当となる[55]．

　アジアの地理的な概念が曖昧であり，これまでアジア政策という地域政策が中国に存在していなかったため，中国でも対アジア政策にロシアやNIS諸国を含むかどうかについて意見は分かれている．しかしながら，冷戦終結後徐々に形成されている「周辺外交」はロシアを含む中国の近隣諸国を対象としている（第1章第2節を参照）．こうした中国の対外政策の実態に即して，本書ではアジアを北東アジア，東南アジア，南アジア，中央アジアと定義し，外交部のアジア司が管轄する23ヵ国に加え，上海協力機構（SCO）の加盟国（ロシア，カザフスタン，キルギス，タジキスタン，ウズベキスタン）を含めた28ヵ国（中国を含むと29ヵ国）を分析対象とする．

　アジア地域は，アメリカのサブプライムローンを発端として多くの国々が財政危機に陥り不況にあえぐなか，経済が繁栄し，成長を続けることで脚光を浴びている．他方において，特にインフラ整備の遅れなどによりこれまで分断されていたアジアでは，経済成長に伴いヒト・モノ・カネが越境するようになり，これに付随して様々な新しい課題も生まれている．ナショナリズムの高揚，ゼノフォビア（外国人嫌い），トラフィッキング（人身売買）といったヨーロッパに共通する現象はアジアでも顕著にみられると羽場久美子は指摘する[56]．

　アジア地域は石油，石炭など資源が豊富であり，またその国土の大きさ，人口，宗教[57]，経済力において多様性に満ちている．アジア地域の多様性はいろいろな意味で重要な意味を持つ．アジア諸国の間で，領土の大きさ，人口，経済力，軍事力などの面での不均衡は力の非対称性を生み出している．国土が広くなく，人口が比較的少ない，あるいは経済的に立ち遅れている国が存在している一方，人口，経済，軍事面で世界の上位にランクインしている国もある．人口の視点から見れば，2011年の時点では，世界人口のトップ10位のうち7ヵ国（1位の中国を筆頭に，インド，インドネシア，パキスタン，バングラデシュ，ロシア，日本）がアジアに位置しており，約33.8億人の市場を形成している．経済の視点から見れば，中国と日本は世界第2位，3位の経済規模を有している．軍事的視点から見れば，アジア地域には軍事大国が多く，2011

年で世界の軍事支出が最も多い10ヵ国のうち，4ヵ国がアジアに位置する．その中で，中国は第2位を占めているが，ロシアが3位，日本は6位，インドは8位となっている[58]．また，世界の核保有国9ヵ国[59]のうち，ロシア，中国，インド，パキスタン，北朝鮮の5ヵ国がアジアに位置する．こうした非対称性は中国と周辺諸国の関係に多大な影響を与えている[60]．

アジアの安全保障情勢においても，朝鮮半島や台湾海峡の情勢，アフガニスタンの和平の行方，領海や領土をめぐる対立など，アジア地域はいくつかの不安定要素を孕んでいる．また，アジア地域において軍拡競争がエスカレートしているとまでは言い難いが，軍事費の規模は大きくなくとも軍備を増強する国が増えている．2011年の軍事費についていえば，インドは2002年より66％増，ベトナムは2003年比で82％増，インドネシアは2002年より82％増，フィリピンは2002年より74％増を示している．またタイやカンボジアもそれぞれ66％，70％の増加となっている[61]．

国民国家の建設が未完成の国々が多いなか，アジア諸国に主権意識が強いことも見逃せない．しかも国内情勢が不安定な国も多い．中国は北朝鮮，ロシア，モンゴル，カザフスタン，キルギス，タジキスタン，アフガニスタン，パキスタン，インド，ネパール，ブータン，ミャンマー，ラオス，ベトナムの14ヵ国と国境を接している．この周辺14ヵ国のうち5ヵ国（アフガニスタン，パキスタン，ミャンマー，北朝鮮，ネパール）が，アメリカの非政府組織「ファンド・フォー・ピース」と外交専門誌『フォーリン・ポリシー』が作成，発表している「失敗国家」2012年のランキング[62]の上位30位に入っており，キルギス，タジキスタン，ラオスも40位台にランクインしている．また，7ヵ国（アフガニスタン，ミャンマー，インド，ラオス，ネパール，パキスタン，タジキスタン）において国内で反乱が起きている[63]．

さらに，アジアの地域の特質からみれば，環境問題，資源，移民，麻薬，HIV/AIDSやSARS，テロなど非伝統的安全保障も極めて重要である[64]．2002年から2003年にかけてのSARS，2004年のスマトラ島沖の津波などを契機に，パンデミックや自然災害などの非伝統的安全保障問題に地域の関心が高まっている．またマラッカ海峡の海賊対策も重要な地域問題の1つとなっている．

こうした多様性に満ち，多くの可能性とリスクを有しているアジアにおいて，

中国が台頭しようとしている．中国のアジア外交もこうしたアジア地域の特性から考えるのが妥当であろう．

4. 本書の構成

　言語，宗教，政治体制などにおいて多様性に満ち，求められる対応策もまちまちのアジア地域に対して，北東アジア，東南アジア，南アジア，中央アジアの4つの地域に共通する「対アジア政策」は果たして中国に存在しているのか．中国の対外政策に関する研究でも，近年，中国に国家戦略が存在するかという議論が浮上している．分断化された権威主義体制の対外政策決定プロセスに多様なアクターがかかわるようになってきた今，果たして中国に統一した対外戦略あるいは対外政策はあるのかという議論である．図表序-1に照らし合わせていえば，最高政策決定者／グループによる政策方針があいまいであればあるほど，国家の対外戦略に沿った具体的な政策制定者の権限が拡大し，全体の対外政策の統一性は保たれにくい．中国にグランド・ストラテジーが存在するかという問題を念頭に置きつつ，本書では4つの地域で展開されている政策の実態を検証し，それぞれの動向がどのように生み出されたのか，またその政策が中国と周辺国の関係にどのような変化をもたらしたのかを分析する．

　具体的に，本書の構成は以下のとおりである．

　第1章と第2章では，冷戦終結後におけるアジア地域秩序の変貌や，中国のアジア諸国に対する政策の流れについて論じる．まず第1章で1949年以降のアジア地域における中国の取り組みとそのプロセスを明らかにしたうえで，中国と日本や他のアジア諸国との関係を考察する．こうした分析を踏まえた上で，第2章では北東アジア，東南アジア，南アジア，中央アジアのそれぞれの地域における中国の政策展開を考察する．

　第3章と第4章では，中国の国内に焦点を合わせ，地方政府（第3章），各省庁（第4章第2節），国有企業（第4章第3節）が対外政策のプロセスにどのように関与しているか，そのあり方を明らかにする．また，近年ナショナリズムが高揚しているといわれている国内世論と中国の対外政策の関係（第4章第4節）に関する分析にも努める．

以上により，本書は北東アジア，東南アジア，南アジア，中央アジアの28ヵ国を分析対象とし，権威主義体制下の中国のアジア外交を分析するものである．

第1章　アジアを取り巻くダイナミズムと中国

　大国でありながら発展途上国．このような2つのアイデンティティを同時に併せ持ち，主張している国は少ない．冷戦終結後，中国は「大国」と「発展途上国」という2つの顔をテコに，様々な国際イシューにかかわり，その影響力を拡大させている．

　国連安全保障理事会の常任理事国として，中国は1990年代以降，国連平和維持活動（PKO）に積極的に参加し，北朝鮮問題，イランの核開発問題などの重大な国際問題に大きな発言力を持つようになった．そして，国際経済の牽引力として注目されている新興国の一員として，中国はBRICSや金融・世界経済に関する首脳会合（G20）でもその存在感を発揮している．特に近年，国際通貨システムの多様化を求めるBRICSの活動は活発化している．

　さらに，「地域外交」の活発化により，中国のプレゼンスは一層グローバルな広がりを見せている．2000年10月に中国・アフリカ協力フォーラムが設置され，中国と国交を結んでいる50ヵ国のアフリカ諸国が参加している．2004年9月には中国・アラブ国家協力フォーラムが設置され，2013年9月現在アラブ連盟の22ヵ国の加盟国が参加している．2006年4月には中国・太平洋島嶼国経済発展協力フォーラムがフィジーで開かれ，当時中国と国交を結んでいた7ヵ国が参加した．このほか，中国・カリブ経済貿易協力フォーラムなど様々な経済関連の地域間のフォーラムが中国との間で立ち上げられている．

　このように，急速な経済成長を背景に，中国は二国間ならびに多国間の関係強化を通じて，アジア地域のみならず，そのプレゼンスをグローバルに拡大してきている．アジア外交はいわば中国の多国間外交の試金石であり，縮図でもある．

　アジア地域は中国にとって格別な戦略的重要性を有している．中国の陸上国境線は2.2万kmであり，多くの国と陸続きで隣接している．1949年10月の建国当初においては中国と国境を接している国は12ヵ国であったが，その後シ

ッキムがインドに組み入れられ，旧ソ連が崩壊したことを受け，現在では北朝鮮，ロシア，モンゴル，カザフスタン，キルギス，タジキスタン，アフガニスタン，パキスタン，インド，ネパール，ブータン，ミャンマー，ラオス，ベトナムの14ヵ国と国境を接している．これら14ヵ国のうち，インド並びに中国と国交を結んでいないブータンを除いて，2013年9月現在12ヵ国との間で国境協定が締結されている．

中国と海を隔てて接しているのは，日本，韓国，フィリピン，インドネシア，ブルネイ，マレーシアの6ヵ国である．中国は1.8万kmあまりの海岸線を有し，約300万km²の領海を主張している．2004年6月に中国とベトナムの間で中国として初めての海の国境協定が結ばれたが，中国が主張する領海のうちの半分（約150万km²）が隣国と係争中である．中国は，東シナ海では日本と韓国との間で，また南シナ海ではベトナム，マレーシア，ブルネイ，フィリピン，台湾の5ヵ国・地域との間（「5国6方」）で領有権をめぐり係争が生じている．

また本書で取り扱うアジア諸国には，国連安保理常任理事国であるロシア，世界において第3位の経済規模を占めている日本，BRICSの一員であるインドなど，中国にとって戦略的重要性を有する国が多い．

そこで本章では，まず，アジア地域に対する中国の政策の流れを通観し，アジア諸国と中国の関係を明らかにする．具体的には，まず第1節と第2節で，アジア地域における中国のアイデンティティの変容プロセス，ならびにその政策の変遷プロセスを分析する．そして第3節では，アジア地域の行方を左右するアジア地域における2つの大国——日本と中国——の関係を考察するとともに，政治，経済などの視点から中国とアジア諸国の関係の諸相をつかみたい．

1.1 「アジア・アフリカ」から「アジア太平洋」へ

1. はじめに

　中国のアジア外交を理解する上では，現行の政策のみならず，歴史的連続性の視点からとらえる必要がある．そこで，本節では中華人民共和国が設立された 1949 年から冷戦が終結するまでの約 40 年間を対象時期とし，「アジア」という地域が中国の対外戦略においてどのように捉えられてきたのかについて考察する．

　1960 年代以降，アジア地域統合に向けて機運の高まる時期が幾度かあり，これまで，東南アジア諸国連合（ASEAN），太平洋経済委員会（Pacific Basin Economic Council: PBEC），太平洋経済協力会議（Pacific Economic Cooperation Council: PECC），アジア太平洋経済協力（APEC）など様々な地域組織が設立された．ここでは主に，中国とこうした地域組織の関係，特に欧米諸国が主導する地域組織との関係，並びに，周辺アジア諸国との関係の変容プロセスを中心に論じることとしたい．

2.「アジア・アフリカ」政策の芽生えとその発展：
　　建国から米中接近まで

（**1**）「アジア・アフリカ」という**戦略的概念**の芽生え
　1950 年 6 月に勃発した朝鮮戦争を契機に，ヨーロッパを主戦場としていた冷戦が一気にアジアに広がるなか，新中国は「向ソ一辺倒」を宣言し，「中ソ友好同盟相互援助条約」を結び，東側陣営の一員として出発した．

　北では朝鮮戦争，南ではインドシナ紛争，東側では大陳島を基地とした国民党軍による海上封鎖[1]があり，1950 年代初頭の中国はいわゆる「三日月形」の安全保障上の脅威にさらされていた．朝鮮戦争後には，アジア太平洋地域にお

いてアメリカが主導するハブ・アンド・スポークの安全保障体制が徐々に構築されはじめた．1951年8月に米比相互防衛条約が，同年9月にはオーストラリア，ニュージーランド，米国間の安全保障条約（ANZUS），日米安全保障条約が調印された．1953年10月には米韓相互防衛条約が，また54年9月には東南アジア条約機構（SEATO）[2]が，同年12月には米台相互防衛条約が調印または設立された．

アメリカによる中国に対する包囲網が着々と構築されつつあるなか，アジアの冷戦最前線に位置する中国にとって，米中対決が安全保障上の最重要課題と化した．朝鮮戦争の休戦が1953年7月に成立したことを受け，中国は国内的には新政権を固め，国際的にはアメリカによる包囲網を打ち破る動きに出た．

この時期の中国の対外行動は米ソの「二大陣営論」に必ずしもとらわれない国際認識に立脚していた．周恩来によれば，「二大陣営の対立は当然基本的である．しかし，現在の矛盾は主に戦争と平和，民主と反民主，帝国主義と植民地，および帝国主義国家間の4つの矛盾である．したがって，政策の基本は制度の異なる国家間における平和共存と平和競争である」[3]．こうした論理に従い，朝鮮問題とインドシナ問題に関するジュネーブ会議の開催が決定されてから，中国は同会議を「アメリカ帝国主義の封鎖と禁輸を打破するための有効なステップ」として捉えた[4]．

1954年に開かれたジュネーブ会議において，西側諸国，そしてアジア・アフリカ諸国に対する中国の外交攻勢が一気に展開された．アメリカとの直接交渉を実現するとともに，イギリスとの間で代理大使（Chargé d'affaires）級の国交関係が樹立され，カナダとの間で外交関係の樹立の可能性について議論し，西ドイツ，オランダ，スイス，ベルギー，フランスなどの他の西側諸国と通商問題について交渉した[5]．そして，西側帝国主義の片棒を担ぐ中立主義国家を絶えず批判していた[6]中国は，このころからそれまでの中立主義国家への態度を改め，ラオス[7]やカンボジアがアメリカの軍事基地にならないようにすることを最優先の課題とした[8]．つまり，中国は，アメリカによるインドシナへの軍事介入の阻止を最重要目標とし，自国の周辺地域で親中国や友好国を育て，こうした国々を「冷戦に与させない」政策に転じたのである[9]．

中国は周辺国との関係改善に動いたが，実際のところ，周辺国との間には

様々な難題が山積しており，その障害を取り除くことが先決であった．当時12ヵ国と国境を接していた中国は，国境の画定には未着手のままであった．また東南アジアに居住している多くの華僑の二重国籍問題や中国共産党と東南アジア諸国の共産党との関係なども，中国と周辺国との関係改善の障害となっていた．そして，周辺国における国民党の残存勢力の存在が新政権にとって安全保障上の大きな懸念材料であった．

こうしたなか1954年4月に「中国チベット地方・インド間の通商・交通に関する協定」が締結され，(1) 領土保全及び主権の相互尊重，(2) 相互不可侵，(3) 内政不干渉，(4) 相互互恵，(5) 平和共存の5項目からなる平和五原則が明示された．同年6月にはビルマ（現ミャンマー）政府との間でコミュニケが調印され，中国は革命の輸出をしないことを表明した．影響力を持つ在外華人社会が存在し，共産主義ゲリラが活動していた東南アジア諸国の中国に対する警戒心はきわめて強かったが，平和五原則とともに，「革命を輸出しない」という中国のメッセージは東南アジア諸国を大いに安堵させた．

アジア16ヵ国，アラブ9ヵ国，アフリカ4ヵ国，計29ヵ国が参加したバンドン会議[10]においても，中国はアメリカによる包囲網の打破のために，西側諸国との接触そしてアジア・アフリカ諸国への接近を試みた．こうした対外政策を反映して，バンドン会議において，中国はコロンボ・グループ5ヵ国[11]をはじめとする他の東南アジア，南アジア諸国への接近を図った．さまざまな問題が複雑に絡み合うなか，中国はインドネシアとの間で二重国籍を認めない旨の条約を締結し（1955年4月），「居住地主義」に応じたため，中国に対する東南アジア諸国の警戒心はさらに和らいだ．

周辺国との関係が好転に向かう中，1955年11月に黄果園で中国とビルマの武力衝突事件が発生した．中国政府はこの事件を好機として捉え，周辺国家との国境画定，そして国民党の残存勢力の掃討作戦に動き出した．反帝国主義の急先鋒として国民の支持を勝ち取った中国共産党は，帝国主義国家と締結した国境条約を不平等条約とみなし廃棄すると一貫して主張していたが，他方において諸々の「不平等条約」を宗主国から受け継いだ新興国の民族解放運動を支援することも外交スローガンとして掲げていた．バンドン会議は植民地支配の下で分断されていた諸地域間の連携創出に貢献し[12]，バンドン会議で反帝国主

図表 1-1　周辺国との国境協定と国境紛争 (1949-1982 年)

	国境協定の相手国	主な国境紛争（武力衝突）
1960 年 10 月 1 日	ビルマ（現ミャンマー）	
1961 年 10 月 5 日	ネパール	
1962 年 10 月 20 日～11 月 22 日		中印国境紛争
1963 年 3 月 2 日	パキスタン	
1963 年 11 月 22 日	アフガニスタン	
1964 年 3 月 20 日	北朝鮮	
1964 年 6 月 30 日	モンゴル	
1969 年 3 月 2 日		中ソ珍宝島事件
1974 年 1 月		中越西沙諸島戦闘
1979 年 2 月 17 日～3 月 16 日		中越戦争

義，反植民地主義を主軸とする強い連帯がアジア・アフリカの独立国家間で生まれていた．こうした時流を受け，政策の矛盾に直面した中国政府が下した決断は，不平等条約を温存させ，民族独立を支援することであった．

　ジュネーブ会議とバンドン会議を通じて，また周辺国との間で抱えている問題を解消するプロセスを通じて，国際共産主義連帯という「革命」の原則は後退した[13]．こうした中国の政策は功を奏し，バンドン会議後 1964 年までの間に，周辺 6 ヵ国との間に国境協定が締結され（図表 1-1 を参照），タイを含め，一部アジア諸国との関係改善が見られた．

　前述のように，中国の対外戦略は西側諸国との関係改善，アジア・アフリカ諸国への接近という 2 つの柱から成り立っていた．しかしジュネーブ会議，バンドン会議の成功を受け，1956 年後半ごろから毛沢東は中国がすでに国際的孤立から脱却しつつあるとの認識に立脚し，国内問題や台湾問題に専念できるよう，西側諸国との関係に対する取り組みはしばらく「待ったほうがよい」との考えに転じるようになった[14]．こうした毛沢東の対外方針はやがて中国の対外政策となり，長崎国旗事件に象徴されるように，中国と西側諸国の関係は一時停滞に陥った．他方，「アジア・アフリカ」政策がこの時期において芽生え始め，自国の政権の安定と民族独立の支援が最重視された．こうした流れの中で，「国内問題」と密接なつながりをもつ周辺国との国境画定作業は 1950 年代

後半から 1960 年代初頭にかけて進められていった．

(2) 周辺諸国への外交攻勢とその限界

国境画定原則の策定とビルマ　1954 年 6 月に周恩来首相がビルマを訪問した際，1941 年に中国と英国との間で締結した国境条約を認めてほしいとの要望がビルマから出され，中国は 54 年末ごろにはビルマを含め国境画定に向けて準備を始めた[15]．

1955 年 4 月に開かれたバンドン会議に出席した周恩来首相はまず国境問題について，「国境が画定される前の現状を維持し，中国は現状の国境から一歩たりとも超えることはない」と約束した[16]．しかし，前述のように約 7 ヵ月後の 11 月に，黄果園で中国とビルマの武力衝突事件が発生した．この問題は中国の対外政策を象徴する事件として世界から多大な関心を持って注目されるようになった．こうしたなか，中国はビルマとの国境問題を国境画定のモデルケースにすると定め，精力的に取り組むようになった．

当時，中国の領土画定をめぐっては多様な意見が存在しており，歴代王朝が勢力を及ぼしたことがあればすべて中国の領土とする考えがある一方，漢，唐，明，清，いずれかの時代の最盛期の支配領域を中国の国土とする主張もあった．黄果園での中国とビルマの武力衝突事件後，国境政策を慎重に検討した結果，中国政府は清朝末，北洋政権，国民党政府の 3 つの時期の領土範囲を参考にするのが最も現実的だと判断し，「形式的に統治していた地域も含め国民党政権が管轄していた地域はすべて中国の領土とする」という原則を固めた[17]．この領土画定の原則が策定されたことで，中国政府はさらにそれまでの国境測量もせずに出版されていた中国地図を認めない方針を明確化し，各国との国境が画定したのちに出版されたものを正式な地図とする政策を決定した[18]．

ビルマとの国境を画定するうえで最大の障害は 1941 年条約であった．しかし，バンドン会議で反植民地主義を掲げ，民族独立を支援する方針を鮮明に打ち出した中国は，1941 年条約を基本的に認める方針を打ち出したのである[19]．

1956 年 6 月に中国に渡されたビルマのウ・ヌー（U Nu）首相の手紙では，華僑の二重国籍問題や，ビルマ共産党問題に関する懸念が表明されていた[20]．中国はこれに対して積極的に反応した．7 月から中国はビルマに援助を提供す

るようになり[21]，周恩来は国境問題解決の「2段階方式」を提案した[22]．第1段階としては両国が56年11月末から同時に係争地域から軍隊を撤退させ，第2段階で国境問題について交渉するという内容であった．57年3月29日から30日にかけてのウ・ヌー首相との会談で，周恩来は中国の譲歩案を正式に伝えた[23]．

同会談でビルマ側から同意を取り付けたのち，3月31日に毛沢東はこの案を最終的に承認した[24]．1958年から59年にかけてビルマ政権が不安定に陥ったため国境交渉は一時頓挫したが，60年1月にビルマ首相ネ・ウィン（Ne Win）の訪中の際に両国は相互不可侵条約を結び，同年10月，中国にとって初めての国境条約を締結した．

上記のように，ビルマとの国境画定に当たり中国は大きく譲歩した．こうした譲歩の背後にはいくつかの理由が複雑に絡んでいた．当時の外交目標は国内経済を発展させるための，政権の安定と周辺環境の改善にあった．周辺国との関係改善はむろん1954年までに着実に形作られた米国による中国包囲網を打ち破るために必要であったが，国内の視点から見れば，共産党政権を固めるうえでも重要であった．60年1月からスタートした中国とビルマとの国境協議で，中国はビルマにおける国民党残存勢力の掃討作戦を提案した[25]．これはビルマの政権安定にとっても得策であったため，60年11月から61年2月の間に中国軍は2回にわたりビルマ軍と共同作戦を行い，ビルマの北東地域で活動していた国民党軍を打ち破り，タイに追い払うことに成功した[26]．

1960年代の国境協定　ビルマとの国境協定がモデルケースとなり，その後，中国はネパール，モンゴル，パキスタン，アフガニスタン，北朝鮮の5ヵ国との間でつぎつぎと国境協定を結んだ．

ネパールは中国とインドの二大地域大国の間に位置し，またチベットとも隣接している．中国の国境地域におけるアメリカやインドの影響力の浸透を回避し，またチベットの安定を確保するうえで，ネパールの戦略的重要性は非常に高い．中国は1955年8月にネパールと国交を結んだ後，翌56年8月から早速チベット問題について両国の協議を開始させた．約1ヵ月間の交渉を経て，9月には「中国チベット地方・ネパール間の通商・交通に関する協定」が締結された．この協定により，中国・ネパール間に存在していたチベット族の二重国

籍を認めない方針が打ち出され，またネパール政府は協定の締結日から6ヵ月以内にラサを含むチベット地域における武装勢力をすべて本国に撤退させ，武器弾薬も本国に持ち帰ると約束した[27]．しかし，1959年3月に起きたチベット暴動や中印関係の悪化は，中国とネパールの関係に影を落とすこととなった．特にチベット暴動に伴い，ネパールに亡命するチベット人を追跡する中国人民解放軍が大挙してネパールとの国境地帯に入ったことにより，ネパール側の懸念が一気に高まった．そこで，中国は国境交渉が成立するまでは現状を維持すると繰り返し主張し[28]，平和国家のイメージを強くアピールした．その後，国境交渉が始動し，両国は60年3月に国境協定を，翌年の10月に正式の国境条約を締結した．また国境条約の交渉に際し，毛沢東の「ヒマラヤを半分半分（一半一半）に」との方針が貫かれたことで，中国側はネパールの主張のほとんどをそのまま受け入れた．他方，ネパールはネパール国内で反中国共産党のチベット勢力や国民党軍に対する中国軍の作戦を承認した．

モンゴルとは建国直後の1949年10月6日に国交が結ばれたが，60年5月に中国・モンゴル友好相互援助条約が締結された．62年12月に両国で交わされた国境条約は現状維持の方針に基づいたものである．特に63年以降の中ソ関係の悪化で，中国とモンゴルとの関係は悪化の一途をたどったが，そうした状況にもかかわらず，64年6月に両国は国境議定書を交わした．この協定に関しては，米国務省もモンゴルの主張を反映した国境協定だと当時分析していた[29]．

パキスタンとの関係は，中国・インド間の関係も影響しているため，紆余曲折があった．中国とパキスタン両国の関係は1951年5月21日に国交を結んでから，経済関係を中心に進展していった．中国とビルマの国境協定締結後の61年3月，パキスタン政府は正式に中国に国境交渉を要請する一方，国連の中国代表権問題において台湾ではなく中国に投票するようになった[30]．中国とインドとの関係が悪化するなか，62年2月に中国は国境交渉に正式に応じると返答した．そして63年3月に両国は「新疆およびパキスタンが実効支配している中国との隣接地域に関する国境協定」を締結した．60年代において中国が結んだ国境協定のなかで唯一中国が相手国より多く領土を獲得する協定となったが，実際のところ，パキスタンにとって自国が実効支配をしている地域

を中国に譲る結果とはならなかった．

　アフガニスタンは1955年1月20日に中国と国交を結び，60年8月に中国と「友好・不可侵条約」を締結した．両国が隣接している国境の長さは100km足らずときわめて短いが，中印関係の悪化の影響を受け，双方は5ヵ月もかけて交渉を行い[31]，63年11月に国境協定が締結された．

　「血で結ばれた」友好関係と称される中国と北朝鮮は1961年7月に「友好相互援助条約」を結び，1962年から国境協定に関する交渉がスタートした．6ヵ月の交渉を経て，62年10月に中朝国境条約が締結された．さらに両国は64年3月に国境議定書を締結した．国境協定の内容の詳細については今でも北朝鮮と中国の両政府が公表していないが，北朝鮮は係争地域の60%を獲得したといわれている[32]．

　中印国境紛争　非社会主義国家の中で最初に中国と国交を結んだのはインドである（1949年12月）．地理的にチベットと隣接している点で，中国の安全保障においてインドは格別な意味を有している．しかも，1954年10月に成蔵（四川省成都—チベット・ラサ）道路，青蔵（青海省西寧—チベット・ラサ）道路が完成するまで，交通の不便さからチベットに駐留していた解放軍への食糧や物資などの供給はインドに多大な資金を支払い，インドからの輸送ルートを借りて行われていた[33]．当時の中国政府はチベットの食糧と一般日用品の供給がインドへの依存状態から脱するのは早くとも1956年以降になると考えており[34]，チベット地域の安定確保のためにもインドとの良好な関係の構築が何よりも重要であった．

　チベットにおける中国共産党の統治が固まるまでの間に，インドは1953年に基本的にマクマホン・ライン[35]より南の地域を実効支配した[36]．同年10月に中国はインドとの交渉準備に着手し，12月に両国の交渉が実質的にスタートし[37]，54年4月29日，「中国チベット地方・インド間の通商・交通に関する協定」が締結され，協定に平和五原則が盛り込まれた．

　インドからみて，1954年の協定で中国とインドの間のすべての問題が解決された．インドはチベットにおける経済権益を確保するためにチベットにおける16の貿易市場の設立を条約に盛り込んだが，チベットに対する中国の主権を基本的に認め，チベットに駐在していたインド軍を撤退させることに同意し

た[38]．その交換条件として，インドはマクマホン・ラインを両国の国境とすることに成功した．中国とインドとの間に平和五原則を盛り込んだ協定が締結された直後，ジャワハルラル・ネルー（Jawaharlal Nehru）首相はマクマホン・ラインを中印国境とすることを宣言し，インドの地図を改訂した[39]．しかし，中国は協定にはチベットの国境問題が含まれていないと認識していた[40]．こうした認識のズレが，その後の国境紛争を招く最大の原因となる．

　周恩来首相に宛てた1958年12月のネルー首相の手紙で中国とインドとの国境はすでに確定されていると伝えられたことをうけ，59年9月に開かれた第2回全国人民代表大会常務委員会第6回並びに第7回会議で中国は両国の国境問題について議論し[41]，インドの主張を受け入れない方針を決め，9月8日に周恩来はインドの主張に反論する返事を出した．それに先立ち59年3月にはチベット暴動が発生し，両国関係に緊張が高まり，8月と10月にマクマホン・ラインの北側で両国が武力衝突した[42]．同年11月に杭州で開かれた中印国境問題に関する会議では，毛沢東はマクマホン・ラインから双方とも20km後退する解決案を打ち出し[43]，インド側が拒否したにもかかわらず60年に中国は一方的に後退した．60年4月から中国とインドの間で国境交渉がスタートし，ビルマ，ネパールのケースと同じような譲歩案を中国側が提示したが，期待した成果は生み出されなかった．

　中国が自然災害に見舞われているなか，インドは1961年冬から前進政策を展開し，62年6月にマクマホン・ラインより北側の扯冬（Che Dong）まで進出した[44]．そこで中国政府は同月，チベット軍区にインドを仮想敵とした訓練を指示した[45]．10月にインドが再度国境交渉を拒否したことを受け，毛沢東は中央政治局常務委員会拡大会議で戦闘方針を明確にし[46]，10月20日に作戦を開始した．中国は大勝を収めながらも，11月21日，自主的に59年11月の実効支配ラインより20km後退し，撤収した．

　中国とインドの関係はチベット暴動後に一気に悪化し，国境紛争にまで発展したが，しかしこの時期において，中国はすでにチベットにおける中国共産党政権を固める段階に入っていた．成蔵道路や青蔵道路もすでに開通し，チベット地域のインドへの依存度も建国当初に比べ低下した．こうした意味でいえば，インドとの関係悪化は政権安定を最重要視する中国の政策と矛盾していたわけ

ではなかったといえよう．

(3) 国際共産主義運動のリーダーを目指して：1960年代初頭から改革開放前まで

1950年代後半に展開されていた周辺国との緊張緩和の動きは，中国とソ連をはじめとする東側陣営との団結，アジア・アフリカ諸国との団結を基礎にしたものであったが，中ソ関係の悪化により米ソ二大陣営の双方と対立することとなった中国の対外戦略は，「反米反ソ」を基本理念とし，アジア，アフリカ，ラテン・アメリカを主戦場に共産主義運動を支援する革命外交へと変貌した．

1963年9月，毛沢東は中共中央工作会議で「2つの中間地帯論」[47]を披瀝し，反米反ソの直接の同盟軍と位置付けられた第1中間地帯のアジア・アフリカに対する支援姿勢を一層強化した．これを受け，中国は1950年代に主張していた民族解放闘争と社会主義革命の一体化をより明確にし，これ以降，次第に民族解放闘争支援の傾向が濃厚となっていった[48]．

1960年代初めから，蒋介石が大陸への攻撃を声高に主張し始め，ベトナム戦争が拡大していく一方，1964年から，中国はソ連による中国侵攻も危惧するようになった．北にソ連，南にアメリカという「サンドイッチ型包囲網」への脅威が高まるなか，中国は「反帝国主義，反植民地主義，反覇権主義」の急先鋒を自負するようになった[49]．

この時期から，タイ，フィリピン等「親米国家」における共産勢力は中国から支援を受けるようになり，特にタイ共産党の反政府武装勢力は人的養成，武器の提供など中国から多くの援助を受けた．こうした援助は，1965年にはラオス，ブータン，マレーシア，フィリピン，タイを含め，世界23ヵ国・地域へ拡大した[50]．1960年代後半，国内で展開された文化大革命運動のあおりを受け，1967年5月から8月にかけての時期は，中国外交の非常時期と呼ばれ，イギリス，モンゴル，インド，ビルマ，カンボジア[51]など十数ヵ国との関係が緊張した．東南アジア諸国で共産党の武装闘争が激しくなったが，無論これは中国の政策変更と無関係ではありえない[52]．

また，それまで中国と良好な関係を保っていたビルマとの関係にも革命外交が影を落とすようになった．1962年4月にネ・ウィン政権のビルマ独自の社会主義計画により，外国資本，大企業などが国有化され，ビルマ華僑は多大な

損害を蒙った. それでも中国はビルマとの友好関係を重んじ, 華僑の被害を黙認しただけでなく, 華僑からの中国銀行への送金受け入れ業務を停止し, ビルマ政府に協力した[53]. しかし, 対外姿勢に革命外交の色彩が次第に色濃く表れるようになっていくなか, 1964年4月劉少奇のビルマ訪問の際に, ビルマ型社会主義に対して中国が初めて出した正式のコメントではビルマの社会主義実験に対して批判こそしなかったものの, 党内ではビルマは実質上資本主義の道を歩んでいると批判した[54]. そして, 64年後半から, 『人民日報』や国際ラジオ局などを通じて中国はビルマ共産党への支持を内外に公表するようになり, ビルマ政府は2つの中国領事館を閉鎖するなど強い対抗措置で臨んだ. そして1967年, ついにビルマ大使館の打ち壊し事件, ヤンゴンでの「6.26華僑排斥事件」[55]が発生するまでに発展した.

1960年代後半のアジアにおいて地域主義の潮流は, 正に中国がアメリカ, ソ連と厳しく対立した時期に生じたものであった. アメリカやソ連による封じ込め政策を強く意識した中国は, 当然ながらASEANなどの地域組織に対して反発の姿勢を示した.

1966年6月にアジア太平洋協議会 (ASPAC) が設立された. 韓国が積極的に推進したこの反共同盟に対し, 中国政府はベトナム戦争, 朝鮮問題と関連付けて, アジアで侵略戦争を拡大させるためのアメリカの「新しい侵略同盟」であるとの声明を発表した.

同じく1966年の12月には東京で日本主催の東南アジア開発閣僚会議が開催され, 日本の主導的な役割のもとでアジア開発銀行 (ADB) も設立された. そもそも中国は佐藤政権誕生直後から佐藤政権に対して強い警戒意識を有していた[56]が, 日本が推進する東南アジア開発閣僚会議に関しては, 政治色が強く, 中国を封じ込め, 東南アジアへ拡張するための「アジアの反中国集団」であるとして厳しく批判した[57].

1967年8月には反共産主義の連合としてインドネシア, マレーシア, フィリピン, シンガポール, タイの5ヵ国で構成されるASEANがベトナム戦争のさなかに設立された. 中国はASEANをSEATOの「双子組織」と捉え, アメリカが中国を封じ込めるための新しい組織であるとして反発した[58].

以上のように，朝鮮戦争の休戦が成立してから，中国がアメリカによる封じ込め政策を打ち破ることを目的として，中国外交に「アジア・アフリカ」という戦略的概念が芽生えた．この戦略的概念のもとで，中国は周辺国との関係改善，国境画定に動き出したが，1960年代の一連の国境交渉プロセスにおいて，現状維持の方針を踏まえながら，自国の安全保障を最優先し，領土問題において譲歩する姿勢を貫いていた．そして，1960年代の初めごろから，中国は国際共産主義の潮流においてリーダー的な役割を果たそうとしたため，中国の外交政策にはイデオロギー的な色彩が強く表れるようになった．1960年代半ばからは，ジュネーブ会議やバンドン会議以降一時後退した「革命原則」が前面に打ち出され，世界革命の中心を標榜する外交が展開されるようになった．こうした革命史観は，西側陣営が主導する地域化と異なる連帯をつくり出したといえる．

3.「アジア太平洋」への戦略的転換：米中接近から冷戦終結まで

(1) 米中接近と周辺国との関係改善

1960年代後半において，中国はベトナムの戦火が中国まで拡大する可能性はほとんどないと考えていたが[59]，中ソ対立がエスカレートする中，ソ連の軍事的脅威は高まる一方であった．1966年1月にソ連とモンゴルの間で「友好協力相互援助条約」が締結されたが，この条約はソ連による中国への警告であった[60]．北朝鮮もいずれ同じ条約をソ連と結ぶだろうと予測していた[61]．中国は，華北，東北，西北がソ連の軍事的脅威にさらされるとの危機感を抱くようになったのである．1968年8月のチェコスロバキアへのソ連の侵攻や1969年3月の珍宝島（ダマンスキー島）事件以降，ソ連による核攻撃の可能性が現実味を帯びてきた．中国は核戦争の脅威，米ソ二正面作戦に直面したのである．

こうした緊迫した状況の中で，1969年から米中接近が動き出した．これに伴い，中国は国連復帰を果たし，重要な国際機関へは選択的に参加した．また，米中接近は中国と周辺国との関係改善の機運をもたらし，1974年5月にマレーシアと，1975年6月にフィリピンと，同年7月にタイと国交を回復した．ASEANに対する敵視の姿勢は消えたが，しかしながら，反覇権主義を基調と

する中国の外交方針はアジア諸国との関係も強く規定し，中国は対ソ戦略の視点から ASEAN を捉えていた．1978 年 11 月にタイ，マレーシア，シンガポールを歴訪した際に，鄧小平副首相は「ASEAN にベトナムが加盟することは，アジア集団安全保障戦略を推進するソ連の影響力拡大につながり，東南アジアの不安定化をもたらす」という懸念を強く表明したという[62]．

(2)「アジア太平洋」という戦略的概念の芽生え

1978 年以降，改革開放政策をとり始めた中国は重要な国際機構に対して「選択的参加」から「全面参加」へと方向転換した．そしてこの時期において，主要な西側先進国も既存の国際秩序へ中国を取り込む必要性を認識し，制度化されたリベラルな原則，規範，ルールを中国が受け入れるよう促した．

1980 年代における西側主導の国際秩序への中国の参加には 2 つの特徴がある．第一に，中国は地域組織よりも国連を中心とした国際組織への参加を重視していた．中国は 1980 年に世界銀行と国際通貨基金（IMF）の正式メンバーとなったのみならず，軍縮会議などの多国間安全保障機構へも積極的に参加するようになった．

第二に，1980 年代において，中国を国際秩序の参加へと駆り立てていたのは，「南北の視座」であった．発展途上国の立場をフルに活用していた中国にとって，国際機関への参加を通じた改革開放に必要な資金の調達は容易であった．実際 1978 年に中国は国連開発計画（UNDP）に援助を申し入れたが，1979 年から 1990 年の間に約 400 件のプロジェクトに総額 2 億 1700 万ドルの資金を獲得した[63]．また 1981 年から 1996 年の間には，中国は世銀から 173 件のプロジェクトの援助を受け，総額 255 億ドルの借り入れに成功した[64]．

1978 年から 1980 年代にかけての地域組織への参加にもこうした南北の視座が反映されていた．1978 年にバンコクで開かれた国連アジア太平洋経済社会委員会（ESCAP）年次総会に出席した中国の代表呂子波は「中国はアジア太平洋諸国との友好関係を促進し，経済文化交流の拡大を強く希望する」と述べ，今後 ESCAP の活動に参加する用意があることを明らかにした．その後，1984 年 4 月に開かれた ESCAP の総会では，外交部副部長銭其琛は中国を発展途上国として位置付けたうえで，南北間の経済技術交流と協力を強化し，先進国が

発展途上国への援助を拡大するよう求めた.

このように，中国は1980年代に先進国から資金，技術，ノウハウを獲得する目的で多国間協力を推進した. 多国間組織への中国の参加は，国内で進行する改革開放プロセスと深く関連しており，その必要性に迫られつつ前進した.

1980年に大平正芳首相が「環太平洋連帯構想」を明確に打ち出した時，中国は公式にはこの構想に反応を示さなかったが，ソ連との緊張関係が続く中，内部では対ソ戦略の視点から実際には「環太平洋連帯構想」に積極的な評価を下していた. 大平構想が打ち出されてから，国内でこの構想に関する包括的な研究が行われ，報告書がまとめられた. 報告書には，構想推進に関して「ソ連の覇権主義に抵抗しこれを防御するというグローバルな戦略構造からみれば，積極的な意義がある」との内容が含まれていた[65].

1982年には全方位外交が打ち出され，それ以降，改革開放を可能にしまた正当化するいくつかの認識転換が行われた. まずは「戦争不可避論」から「戦争可避論」への認識転換である. マルクス・レーニン主義を国際情勢認識のプリズムとしていた中国は「帝国主義戦争は不可避である」と信じていた. 1977年12月に開かれた中央軍事委員会の会議でも「米ソによる戦争，特にソ連の対中戦争までの期間は5年以上かもしれないが，2-3年だけの短い期間かもしれない」との認識が示されていた. それが1983年から徐々に，特に1984年に入ってから「戦争可避論」が主流になった. 1986年初めには鄧小平が「2つの調整」問題を提起し，中央軍事委員会も平和な時期に入ったとの認識を示した[66]. マルクス・レーニン主義という国際情勢認識のプリズムを放棄したことで，イデオロギーを超えた地域協力が可能となった.

第二に，改革開放のプロセスと同時進行で，鄧小平は「一国二制度」論を打ち出した. そして1984年9月に香港返還に関する中英共同声明が出された. この「一国二制度」の可能性を模索する試みは，後述する国際組織への中国，香港，台湾の同時加盟につながる大きな一歩であったといえよう.

第三に，「従属理論」への批判もこの時期に行われた. 新国際経済秩序（New International Economic Order）という言葉は，1973年9月にアルジェリアで行われた非同盟諸国首脳会議の「経済宣言」で初めて使われたが，1983年8月に北京で「国際経済新秩序理論問題討論会」が行われた. 同討論会にお

いて，南北相互依存論が議論の対象となり，それまで中国で広く受け入れられていた従属理論に対する批判が行われた[67]．従属理論によれば，資本主義体制のもとで先進国と発展途上国は支配・従属関係にあり，先進国が発展途上国を搾取し，発展途上国が先進国の経済に従属することにより，発展途上国の経済停滞をもたらす．いうまでもなく，こうした理論への批判は西側先進国との経済協力を可能にしたのである．

1984年に中国政府は改革開放をさらに深化させる決断を下した．1月22日から2月16日にかけて，鄧小平は広州，深圳，珠海，厦門，上海を視察したが，「改革開放をさらに進めるべきか（「収か放か」）」をめぐり議論が繰り広げられている中の視察であり，視察を総括して2月14日に鄧小平は早急に対外開放都市を増やす方針を打ち出したのである．その後5月4日に，上海，天津，広州などの14の沿海都市の対外開放が正式に決定され，通達された．

改革開放をさらに深化させる決断が下された1984年以降，中国においてアジア太平洋地域への注目は高まる一方であった．インドネシアの積極的な働きかけもあり，1984年のASEAN拡大外相会議[68]で太平洋地域の協力問題が議題となったが，中国政府はこの出来事を特に重視し，1984年をアジア太平洋地域が新たな変動を迎えた年と位置付けた．政府見解を受け，国内でもアジア太平洋地域の協力が広く議論されるようになった．

1980年代の有名な政策ブレーンで中国国際問題研究センターに所属していた宦郷は，中国がアジア太平洋の地域協力に積極的に参加し，大きな役割を果たすべきだと強く主張した[69]．こうした意見を取り入れた中国政府は1985年3月にバンコクで開かれた第41回ESCAPで「アジア太平洋地域の一員として積極的に地域の経済協力を支持し，これに参加する」と表明した．ほかにもアジア太平洋に対するアメリカの重視姿勢，ソ連のPECCへの参加打診を理由に，アジア太平洋地域における経済協力は大きな時代の趨勢となりつつあると論じる学者たちがいた[70]．

こうしたなか，1986年7月に中国は正式に関税貿易一般協定（GATT）への加盟申請[71]を行った．中国は1980年8月に初めてGATTの会議に代表を派遣し，1982年11月にはオブザーバーとして参加していた．1982年12月に，対外経済貿易部，外交部，国家経済委員会，財政部，海関総署の5組織の連名

でGATT復帰を早期に実現すべきである旨の提案書が出され，25日に承認された[72]．その後，中国国内ではGATTを含めた国際貿易組織における台湾と香港の取り扱いについての議論がなされ，1986年の正式申請までに一応結論が得られた．これをうけ，1986年3月に中国はイギリスとの間で，香港返還後も香港は中国香港の名義でGATTに残ることに合意した[73]．そして，同じく3月にはADBへの加盟も果たしたが，これは国際金融機関に中国と台湾が実質的に同時加盟した初めてのケースとなった．台湾は加盟名義を「中国台北（Taipei, China）」へ変更することとなったものの，ADBの創設メンバーとして残留することができた[74]．また中国は1986年に初めて台湾（チャイニーズ・タイペイ）とともにPECCの会議に参加した．

「一国二制度」の構想のもとで国際貿易組織への参加にあたり台湾，香港の取り扱いについて以前に比べ柔軟な姿勢を示した中国の対応の背後には，やはり改革開放に必要な資金や技術を獲得する意図があった．PECC加盟に伴い1986年に発足した中国太平洋経済協力全国委員会（China National Committee for Pacific Economic Cooperation: CNCPEC）の初代委員長に就いた宦郷は1988年に来日した際に，「改革開放を進めている中国は外国の優れた技術と経験を導入する必要がある．PECCの場での議論が西側の企業進出や投資につながっていくとすれば，対外開放政策にもプラスになることだろう」と語った[75]が，こうした発言からも中国の意図が理解できる．

1988年に改革開放をさらに深める政策が出されたが，この政策は中国のアジア太平洋経済協力とセットであった．1988年3月，国務院で沿海地区対外開放工作会議が開かれ，対外開放する地域を長江の北側の山東半島，遼東半島，環渤海地区などまで範囲を広げ，これで中国の沿海地域は基本的に対外的に開放された．この政策には，アジア太平洋地域における雁行型経済モデルに参入し，労働集約型産業を中国に移転させる狙いがあった．つまり，労働力資源が豊富な沿海地区の優勢を利用し，沿海地区で「両頭在外」（原材料の輸入と製品の輸出）を拡大し，沿海地区が率先して国際経済循環の体系に入り込む戦略であった[76]．

1980年代後半，西太平洋地域で各国の相互依存度は著しい高まりを見せ，韓国，台湾，香港，シンガポールといった新興工業経済地域（NIEs）の台頭

に続き，ASEAN 諸国への投資や ASEAN 諸国間の貿易も急増した．『世界経済導報』東京支局長の趙文闘は沿海発展戦略とこの雁行型発展モデルとのかかわりを次のように説明した．当時の資本，モノの流れは日本の資本，中間財，技術，設備がまず NIEs に，次に ASEAN に流れ，これらの地域で製品が生産され，完成品の一部が日本に輸出されるという循環になっていたが，日本を頂点とする東アジアの国際分業体制ネットワークの中に組み入れられれば，日本の資本，技術，設備で生産し，日本に輸出するという沿海地域の成長パターンが出来上がる[77]．当時の経済担当の副首相であった田紀雲の「タイ，インドネシア，マレーシア，ベトナムは中国の競争相手である」との発言[78]も，こうした趙氏の説明から理解できる．

このように，改革開放政策が打ち出され，経済発展が国家の最重要課題として提起されてから，中国は西側の主導する国際機構に対して，選択的参加から全面参加へと方向転換し，積極的な参加姿勢を示すようになった．また，自国を発展途上国と位置付け，経済発展戦略がアジア太平洋地域に立脚していたことも特徴的であった．こうした経済発展戦略から出発する対外戦略はアメリカや日本などの西側諸国との関係強化につながり，また周辺アジア諸国との連携強化に基づくものであった．

4. おわりに

冷戦終結までのアジア地域に対する中国の政策は，以下のようなプロセスを経て変容していった．

第一に，中華人民共和国建国から改革開放前までの間に，西側が主導する国際組織ならびに 1960 年代に構築されたアジアの地域組織に対する中国の見方は敵視から黙認へと変化を遂げた．改革開放から冷戦終結までは，それまでの選択的な参加姿勢を改め，中国は国際組織，そして地域組織に積極的に参加するようになった．

呉国光が指摘しているように，改革開放後の中国の多国間主義は首尾一貫したものではなく，地域そして政策イシューによって変化してきた[79]．1980 年代に芽生えた経済分野における多国間協力について，中国は最も熱心で，積極

的に参加，推進しようとした．「経済主権」への固執を放棄し，1984年に打ち出された沿海地域の開放政策の狙いはアジア太平洋地域における雁行型経済モデルへの参入にあったが，これは重要な意味を持つ．すなわち，1980年代半ばごろから，中国の経済発展戦略はすでに国際経済協力とリンケージを持つようになっていたのである．次節で検討する1991年のAPEC加盟，そして2001年の世界貿易機関（WTO）加盟などの一連の動きと関連付けて論じるならば，1986年のGATT復帰申請は，中国が経済分野においては国際規範を受容し，国際ルールに従って行動し始めたことを示していたといえよう．

第二に，1990年代まで中国にはアジア地域政策は存在せず，アジアに対する中国の捉え方も，「アジア・アフリカ」（1950年代から1970年代にかけて）であり，「アジア太平洋」（1980年代から1990年代半ばまで）であった．

本章で論じてきたアジアの周辺諸国に対する中国の姿勢の変化は，以下の4つの要因によって大きく左右されていた．

第一に，パワー・ポリティクス，そして中国と大国との関係が，アジアで進行する地域協力の流れに対する中国の認識，政策を強く規定していた．1960年代の「反米反ソ」の対外政策のもとでは中国はASEANを敵視していた．1970年代の「連米反ソ」の対外政策のもとではASEANを黙認するようになったが，「ソ連陣営の一味」と目されたベトナムのASEAN加盟には強く反対した．1980年代になって，大平構想に対して好意的な評価を下した理由の1つには，対ソ戦略上の有利性が挙げられていた．

第二に，中国の自己認識の変化も中国の対外戦略の行方を左右する重要な要素となっていた．1960年代初めから中国は自国を「反帝国主義，反植民地主義，反覇権主義」のブロックリーダーと位置付け，国際共産主義運動を精力的に支援した．そして，1980年代の中国は自らを「発展途上国」と位置付け，アジア太平洋地域で進展する経済協力に積極的に参加するようになった．

第三に，国家の統一と周辺地域の安定確保は表裏一体の関係をなしており，中国のアジア外交における最も重要な安全保障上の課題の1つであった．ジュネーブ会議やバンドン会議を契機とした中国とアジア諸国との関係改善は中国の対外戦略における国家の統一，周辺環境の安定確保の重要性を如実に物語っている．

第四に，中国の経済発展戦略の在り方も，中国のアジア地域政策を考慮するうえで重要な要素であった．特に改革開放政策が採択されてから，経済的なメリットが中国の国際組織，そして地域組織への参加を強く後押しした．沿海地域の開放政策と雁行型経済発展モデルの発想は，国内の経済発展戦略と中国のアジア太平洋地域政策との関係を顕著に表している．

大国間の権力闘争の場として，重要な経済協力の場として，そして安全保障の最も重要な砦としてアジア地域は中国にとって重要な意味をもち，重要な政策対象地域であった．既述のように，冷戦時代におけるアジア地域における中国の外交展開はパワー・ポリティクス，中国の自己認識，国家の統一と周辺地域の安定確保，経済発展戦略の4つの要素によって常に強く規定されていたが，こうした流れは1990年代後半以降にも引き継がれていく．

1.2 「アジア太平洋」から「アジア」へ

1. はじめに

1990年代以降,特にアジア金融危機以降において,中国は積極的にアジア外交を推し進めている.

そもそも中国には「アジア外交」という言葉はなく,「周辺外交」という言葉が使われている.「周辺」は中国では地政学的には3つの意味を有している.中国と陸上の国境を接する14の隣国は最も狭い意味での解釈であり,「小周辺」と称されている.西端のペルシア湾から東端の南太平洋地域にかけての地域はもっとも広い意味での解釈であり,「大周辺」と称されている.その中間概念の周辺は,北東アジア,東南アジア,南アジア,中央アジアの4つの地域を指す.中国はいまでも「アジア地域政策」という政策カテゴリーは有していないが,「大周辺」の議論が実質上アジア地域を射程に入れていることを考えるならば,中国の周辺外交は中国のアジア外交と言い換えてもよいであろう.

複雑な周辺環境に置かれていながら,中国が周辺を1つの地域としてとらえ,重要な政策の柱として平和的関係構築に精力的に取り組み始めたのは,天安門事件と冷戦終結の後のことである.冷戦終結後の周辺外交はまさに「小周辺」から出発し,徐々に「大周辺」まで自国の影響力を拡大させていく過程であった.そこで本節においては,冷戦後の中国の周辺外交を3つの段階にわけ,その変遷プロセスを論じることとしたい.

2. 周辺重視へのシフト:冷戦終結〜1996年

(1) 近隣諸国との関係改善と国境画定

冷戦終結を目前にして,中国を取り巻く地域環境が著しく改善されるようになった.中国政府は,中ソ関係の改善には「三大障害」が存在すると主張し,

①中ソ・中蒙国境の大幅な軍備削減，②カンボジアからのベトナム軍の撤退，③アフガニスタンからのソ連軍の撤退をソ連に対して求めていた．そしてこの3つの問題のなかでもインドシナ問題を最優先させることが1985年の中共中央政治局会議で決定された[1]．1986年ごろからゴルバチョフ政権が三大障害を取り除くという中国側の要求に応じるようになり，1987年1月に中蒙国境における軍備削減を，また1988年5月に中ソ国境における軍備削減を約束した[2]．1988年4月にはジュネーブでアフガニスタン和平協定が締結され，1989年2月15日までにアフガニスタンからのソ連軍の撤退が完了した．また，カンボジア問題においても，1989年末までにベトナム軍がカンボジアから完全に撤退するという努力目標が中ソ両国の間で合意され[3]，その後1991年10月にカンボジア問題に関するパリ和平協定が締結された．かくして，中ソ関係における三大障害が取り除かれ，中ソ関係の正常化は実現した．これにより，北側と南側の軍事的脅威が軽減され，中国を取り巻く国際環境は著しく好転した．何よりも，インドシナ半島から「域外大国」の介入とコントロールを排除することは中国建国以来の外交目標であった[4]だけに，カンボジアからのベトナム軍の撤退は中国の安全保障上において重大な意味を有していた．

　他方，1989年の天安門事件と冷戦の終結は状況を一変させた．天安門事件後，中国は自国を取り巻く国際環境に対して厳しい認識を持つようになり，旧ソ連や東欧における急速な民主化の進行を目のあたりにして自国の政治体制に対する危機意識をさらに強めた．厳しい国際環境にさらされ，国際的な孤立から脱出するために，中国は周辺国の重要性を再認識するようになり，周辺外交を始動させたのである．

　冷戦終結直後の中国の対外戦略は，「一圏・一列・一片・一点」[5]であり，周辺外交（一圏），先進国外交（一列），発展途上国外交（一片），アメリカ外交（一点）という4つの要素から構成されている．ここで周辺外交が対外戦略の重要な柱として初めて据えられるようになったことは重要な意味を持つ．1997年からアジア重視姿勢が明確になり，21世紀に入ってさらにアジア外交は本格的な展開がみられるようになるが，活発化したアジア外交の礎を築いたのは1990年代からスタートした近隣諸国との関係改善と陸上における境界線の画定である．

近隣諸国との関係改善への取り組みは1990年から始まり，中国は1990年5月にモンゴルと，8月にインドネシアと，翌91年11月にはベトナムと国交正常化を実現した．また，1990年10月にはシンガポールと，91年9月にはブルネイと国交を樹立した．さらに92年8月には韓国と国交を樹立した．

　国交の次に着手したのは陸上国境の画定作業である．これは1950年代から60年代にかけての対応に引き続き，2度目の取り組みとなった．1950・60年代と90年代を通じて取り組んできた国境画定作業（図表1-1，1-2を参照）により，2.2万kmにわたる国境線の約9割の画定が完了した．また，国境未確定の2ヵ国とは国境地域の平和に関する協定を締結している（ブータン[6]：1998年，インド[7]：2005年）．

　陸上の国境線の確定作業と併行して，1.8万kmにわたる領海線を有する海に対する意識も1990年代以降，格段に高まった（領海問題については第4章第2節

図表1-2　周辺国との国境協定（1990-2008年）

相手国	協定締結の時期
ラオス	1991年10月（国境条約）
	1994年8月（中国，ラオス，ミャンマーの3ヵ国の境界協定）
	1997年7月（補充協定）
ロシア	1991年5月（東部国境）
	1994年9月（西部国境）
	2004年10月（補充協定）
	2008年7月（補充協定）
カザフスタン	1994年4月（国境協定）
	1997年9月（補充協定）
	1998年7月（補充協定）
キルギス	1996年7月（国境協定）
	1999年8月（補充協定＋中国，キルギス，カザフスタン3ヵ国の境界協定）
タジキスタン	1999年8月（国境協定）
	2000年7月（中国・タジキスタン・キルギスの3ヵ国の境界協定）
	2002年5月（補充協定）
ベトナム	1999年12月（国境協定）
	2000年12月（北部湾領海，排他的経済水域，大陸棚に関する協定）

を参照). 2000年12月に, ベトナムとの間で, トンキン湾海上国境協定や排他的経済水域 (EEZ) に関する協定が締結された. この協定には,「中間線原則」が適用された. そして中間線に位置する白竜尾の帰属問題については, トンキン湾海上国境協定では触れられず, 中越では「共同漁区」の概念が打ち出され, この問題を棚上げにしたという[8].

　ここで特筆すべきは, 領土問題で中国が大きく譲歩した1950・60年代と異なり, 90年代に締結された国境条約は紛糾地域に関して基本的にフィフティ・フィフティの原則に基づいて結ばれていることである. たとえばベトナムとの間で227km²の係争領土が存在したが, 国境協定により, 113km²がベトナム, 114km²が中国にという形でほぼ均等に分けられた[9]. 中越双方の係争海域も, 47:53の割合で妥協に至っている.

　国境画定に関して, 体制の不安定性が中国の協力姿勢をもたらしたとの見方[10]もあるが, 国境画定により隣国との政治関係が深化し, 貿易が飛躍的に拡大した効果は無視できない. 言い換えれば, 1990年代初頭からスタートした中国の周辺外交は, 中国と近隣諸国との政治的, 経済的, 文化的な一体化の基礎を築いたといえる.

(2) 地域協力機構への全面参加

　周辺諸国との関係改善をめぐる天安門事件直後からの一連の中国の動きは, アジア太平洋経済情勢に対する中国の認識とも深く関係している. 1990年1月31日の『人民日報』に掲載された社説には, 今後のアジア太平洋経済情勢に関する展望が示された[11].

① 今後, アジア太平洋地域は世界のどの地域よりも高い経済成長を遂げるであろう.
② 近い将来においてアジア太平洋地域において欧州共同体 (EC) のような経済ブロックが形成されることはないが, 経済協力は今後ますます密接になるであろう.
③ アメリカと並び, 日本はアジア太平洋の経済発展において重要な役割を果たすであろう.
④ 今後, アジア太平洋地域において貿易上の障害はさらに取り除かれ, 金

融市場はより開放的になり，域内産業の分業と協力は一段と進んでいくであろう．

こうした見通しのもとで，中国は1989年の天安門事件後も，1980年代後半から推し進められてきたアジア太平洋の経済協力の軌道を修正しなかった．ここで特筆すべきことは，周辺国との関係改善が進む中，1991年7月に銭其琛外相は東南アジア諸国連合（ASEAN）外相会議にゲストとして初めて参加し，同年11月ソウルで開かれた第3回アジア太平洋経済協力（APEC）閣僚会議で中国が台湾（チャイニーズ・タイペイ）と香港とともにAPECへの同時加盟を果たしたことである．

中国からすれば，太平洋経済協力会議（PECC）はあくまでも民間レベルの組織であるが，APECは政府を主体とする組織である．そのため中国は当初は台湾についてはオブザーバー参加とすることを求めていた．こうした公的な組織への台湾との同時加盟を最終的に容認した決断は，裏返せば，中国にとってのAPEC加盟の重要性を裏付けるものでもあった．第一に，APEC加盟により中国は天安門事件で冷え込んだ西側諸国との関係修復に向けた足がかりをつかんだといえよう．第二に，APEC加盟は関税貿易一般協定（GATT）加盟への布石でもあった．欧州連合（EU），北米自由貿易協定（NAFTA）など世界経済のブロック化傾向が強まる中で発足したAPECで，「開かれた地域協力」を前提に，加盟国が協力してGATTの新多角的貿易交渉（ウルグアイ・ラウンド）を進めることも合意された．第三に，APEC加盟により台湾問題で中国が有利な立場に立てるという打算もあった．1989年9月28日から10月31日にかけてASEANを訪問した中国社会科学院ASEAN経済視察団は，その後とりまとめた報告書において，ASEAN諸国は中国のAPEC参加に基本的に反対姿勢を示しており，台湾問題が中国とASEAN諸国との関係改善のネックになっていると分析していた[12]．実際，台湾は冷戦末期から，経済分野の実績をASEAN諸国との一定の政治的関係を樹立する梃子に使おうと試みた経緯があった[13]．こうしたなか，中国からすればAPEC加盟を通じて中国とASEANとの経済関係を強化できるだけでなく，APECという場において台湾問題についての発言権を得ることもできたのである．

中国のAPEC加盟プロセスと同時期の1990年12月には，中国訪問中のマ

ハティール・ビン・モハマッド（Mahathir bin Mohamad）首相が李鵬首相に対し，東アジアブロック構想を提起し，間もなく東アジア経済グループ（EAEG）[14]として ASEAN 諸国や日本を含む東アジア諸国に提案した[15]．アメリカを排除したこの EAEG 構想に無論アメリカは強く反発した．日本政府もAPEC の理念と真っ向から対立する EAEG の考えに対して消極的な姿勢を示し，通産省幹部がマレーシアに飛び，アジアの経済ブロックの動きを牽制した．また，マハティールの EAEG 構想に対する中国の対応は極めて慎重であった．1990 年 12 月 27 日に李鵬首相は「原則的に支持する」姿勢を示しつつ，「アジア太平洋地域諸国は発展段階が異なり，他の地域と同じモデルを適用することはできない」との見解を示した[16]．

中国の国内ではマハティール首相の EAEG 構想の閉鎖性と排他性に対して異議を唱える学者もいた．たとえば国務院発展研究センターの季崇威はアメリカの経済力は中国の経済発展にとって有利であり，アジア太平洋圏の経済協力を推進することは中国の最恵国待遇の供与にとってもプラスだと主張した[17]．

そもそもこの時期の中国の経済発展戦略や国際情勢認識は，「開かれた地域主義」を支持する内容のものであった．1980 年代後半に策定された経済発展戦略は，先進国であるアメリカの資金，技術を含めたアジア太平洋経済圏を視野に入れたものであり，「南北」の視座を有していた．1992 年 4 月に開かれた国連アジア太平洋経済社会委員会（ESCAP）第 48 回会議で劉華秋が提起したアジア太平洋地域の協力 5 原則[18]もこの内容を反映するものであった．銭其琛外相も特に先進国が貿易，投資，技術移転における障壁と障害を減少させることが重要だと指摘し，APEC 閣僚会議において開放性を堅持し，多国間協力体制を強化することの重要性を強調した．

他方，当時の中国の世界情勢認識において，「経済のブロック化」の問題とともに，「政治の多極化」も重要な柱になっていた．1990 年代前半において中国は「世界が多極化に向かいつつある」との国際情勢認識を有し，アジア太平洋地域における日米のパワーバランスを歓迎していた．主要な政府系シンクタンクである中国国際問題研究所の所長杜攻は当時「西西矛盾（先進国間の矛盾）は今日の世界の基本矛盾の 1 つである」と指摘し，『人民日報』の論説でも「アメリカ，日本，ヨーロッパは 3 つの重要な柱になりつつある」と論じら

れた[19]．こうした流れのなかで，楊尚昆国家主席が「戦後40年，日本が平和の道を選択したことは，世界とアジアの平和に資するものであり，日本のさらなる役割を歓迎する」と発言した[20]．またAPECを足がかりにして，アメリカがアジア太平洋地域でアメリカ主導の経済秩序を作ろうとしていることに対して警戒しつつも，現実主義の視点から中国はAPECでのアメリカと日本の勢力均衡を歓迎していた[21]．1990年代初頭の外交スローガンには，「世界に向けて，アジア太平洋に立脚し，周辺環境を良くする（面向世界，立足亜太，搞好周辺）」が掲げられた．

アメリカの主導的な役割を警戒し，日米の対立に着目した中国は1990年代前半を通して，日本の役割の発揮を評価し，期待を寄せていた．93年1月に発足したクリントン政権はアジア太平洋地域重視の姿勢を明らかにしたが，中国社会科学院アジア太平洋研究所副所長史敏は，ビル・クリントン（Bill Clinton）米大統領の提案した新太平洋共同体構想について，日本に対抗して指導権を確保しようとするアメリカの意図を指摘し，また「日本が東アジアの発展に大きな役割を果たしてきたことは認めなくてはならず，今後は日本が先頭に立って引っ張るだけでなく，中国が後ろから押す形になる」と展望した[22]．この雁行型ならぬ双頭列車論は当時の中国の発想をリアルに表現したものである．

こうした認識の下で，中国は1992年「社会主義市場経済」を導入し，改革開放を一気に推し進めたのである．そして，経済分野に続き，安全保障分野においても中国の協力姿勢が見られるようになった．1991年7月に中国は初めて南シナ海紛争管理ワークショップ[23]に参加し，領土問題をめぐる対立において「平和的方式による紛争解決」を高く評価するようになった[24]．こうした流れを受け，1992年2月のASEAN外相会議で中国は南シナ海問題で争議を棚上げにした共同開発という主張を明確に打ち出したのである．そして1992年から活動を開始した国連カンボジア暫定統治機構（UNTAC）に，中国は400人からなるエンジニアを派遣し，国連平和維持活動（PKO）に参加した[25]．

1993年7月に開かれたASEAN外相会議では，ASEAN諸国から要請される前に，中国は「ASEANとの地域安全保障の対話に喜んで参加する」と早々に表明した．東南アジア友好協力条約（TAC）については，条約の精神には

賛成するが，東南アジアに位置していないとして，加入しない意思を表明しながらも，94年7月のASEAN外相会議で，安全保障問題を話し合う多国間協議「ASEAN地域フォーラム（ARF）」設立の構想には，中国はいち早く参加を表明した．これはアジア太平洋地域の安全保障問題について二国間で解決を図るという中国の伝統的外交方針の転換とも言える．ARF会合でも，1995年までの中国は懐疑的かつ防御的で不承不承参加した[26]かもしれないが，中国からの妨害行為もなかった[27]．

アジアにおける多国間安全保障の枠組みに対する中国の姿勢の変化をもたらした要因として，多くの学者は内政不干渉原則やコンセンサスを重視するASEANウェイと中国外交政策との共通性などを挙げている．また「ヨーロッパと異なりアジアではヨーロッパのような地域安全保障体制ができないだろう」[28]との予測も多国間安全保障体制に懐疑的であった中国のARFへの参加を後押しした要因となっていた．これらに加え，1990年代初頭から生じた安全保障分野における認識の変化も，多国間安全保障協力に対する中国の姿勢を変化させる上で大きく作用した．

(3) 地方政府主体のサブリージョナル協力

中国政府は天安門事件後もアジア太平洋経済協力やアジア地域の安全保障協力に積極的であったが，1990年代初頭において，大多数の学者はアジア太平洋経済協力を長期的な目標としてしかとらえておらず，緩やかな経済一体化にすぎないと認識していた．アジア太平洋経済協力と対照的に，最も現実的で，早い発展を遂げると注目されていたのはサブリージョナルな協力である．

鄧小平の南巡を経て1992年に中国では社会主義市場経済の導入が決定され，対外開放は沿海地域の開放から，「辺境（沿辺）」へと次なるステップに進んだ．1992年2月に開かれた第7期全国人民代表大会第5回会議での李鵬首相の政府活動報告において，内陸辺境，少数民族地区の対外開放と国境貿易を段階的に促進することが提起された．「沿辺開放戦略」と呼ばれるこの構想は，黒龍江省，吉林省，遼寧省からなる「東北開放区」，新疆ウイグル自治区を中心とする「西部辺境開放区」，雲南省，広西省を中心とする「西南辺境開放区」の3つの「辺境開放区」から構成されている[29]．この辺境の開放により，中国の

国境貿易はブームを迎えた[30]．

　第3章で詳述するように，中国の中央政府ならびに地方政府は力を合わせて西北開発区，東北開発区，西南開発区の開放と発展の政策を強力に推し進めたが，結局のところ1990年代前半の段階で成功を収めたのは大メコン川流域（GMS）開発を中心とする西南開発区のみであった．

3. 周辺外交の本格的展開：1996年～2006年

　天安門事件や冷戦終結によって，アジア地域を対象とした外交政策が初めて中国の外交戦略に登場し，隣国との関係改善，地域組織への全面参加，地方政府主体の地域協力は，1990年代前半に展開された周辺外交の3本柱であった．

　しかしながら，1990年代前半に展開された周辺外交は「小周辺」しか射程に入れておらず，1980年代から引き継がれた「アジア太平洋」という戦略概念に基づくものであった．中国が「大周辺」と称するアジア地域を意識し，周辺外交を本格的に展開するようになったのは，1990年代後半である．1996年から97年にかけて中国は多国間外交，とりわけアジアの近隣諸国との協調と協力に積極的に取り組むようになり，2002年11月に開かれた中国共産党第16回全国代表大会（第16回党大会）においてアジア外交（「周辺外交」）は対外戦略の中で最重要の外交課題であることが謳われた．

(1) 積極的周辺外交を促した国際環境と国内要因

　近隣諸国との協調と協力に積極的に取り組む方向へ外交戦略の調整を促した要因としてまず挙げられるのは，1990年代後半に東アジアで生じた国際情勢変化であった．

　1995年以降，中国からみれば日米中関係の構造的安定を根幹から揺るがす出来事が相次いで起きた．1995年6月，クリントン大統領が李登輝台湾総統の訪米を容認し，1996年3月には台湾で初めて行われた直接総統選挙に際して台湾海峡で中国の威嚇的なミサイル軍事演習が行われたことで米中関係は緊張を孕んだ関係に陥った．さらに，1996年4月クリントンと橋本龍太郎首相との間で署名された「日米安全保障共同宣言――21世紀に向けての同盟」を

きっかけに，それまで日米安保に冷静な評価を下していた中国は一気にこれを否定するようになった．中国はアジアにおける日米安保体制の強化とヨーロッパにおける北大西洋条約機構（NATO）の東方拡大とを結びつけて考え，アメリカによる対中包囲網の形成や台湾問題に与える影響を強く危惧した．このような危惧を解消するために，中国はアメリカを最重視するそれまでの対外戦略を見直し，天安門事件直後に制定された「一圏・一列・一片・一点」政策を本格的に展開させることとなった[31]．

　1995年はじめの第1次ミスチーフ礁事件とASEAN外相会談の共同声明後，中国は徐々に多角的な枠組みでの活動に対して関心を示し始めたが，1996年から1997年にかけて中国はARFに積極的な参加姿勢を見せ始め，東南アジア諸国に対する外交攻勢を強化し，周辺外交を遂行した．1997年3月の政府活動報告において，中国は，中国脅威論の払拭を図りながら，地域組織における多国間外交に積極的に参加する方針を明確に打ち出した．中国がアジア重視姿勢へと転換した理由については，無論日米同盟の動きによるものも大きいが，東アジアで進行していたいくつかの出来事とも深く結びついている．第一に，1992年から開始され雲南を巻き込んだGMS地域協力の枠組みが1996年に形作られ（第3章第2節を参照），6つの優先プロジェクトが選定された．こうして具体化された共同開発による経済効果が中国にとって魅力的であったことはいうまでもない．第二の出来事はASEAN加盟国の増加である．1995年のベトナムに続き1997年にラオス，ミャンマー，そして1999年にカンボジアが新たにASEAN入りしたことにより，ASEANは物理的に中国と「隣接」することになった．かくして1990年代後半から進行するASEAN主体の地域化は中国に対ASEAN戦略の再考を促し，97年のアジア金融危機はアジアに対する中国の姿勢変化をさらに後押しする結果となった．

　「一圏・一列・一片・一点」政策の実施に合わせて，中国政府は「経済優先」政策を継続する方針を固めた．1996年以降，中国政府は国際環境の相対的悪化に危機感を覚えながらも，世界貿易機関（WTO）への加盟を強く推し進め，現存の国際レジームの中で中国を成長させていく姿勢を鮮明化した．

　こうしたアジア重視戦略への転換にさらに拍車をかけたのは，新安全保障観に代表される中国自身の国際情勢認識の変化であった．

1996年7月のARFで銭其琛外相によって初めて言及された新安全保障観は，1997年4月の中ロ共同宣言で本格的に提示され，定式化された．そして2002年7月のARF外相会議で「新安全保障観に関するポジション・ペーパー」が発表された．高原明生によると，新安全保障は「協調的安全保障」と「総合安全保障」の2つの側面を有している．すなわち，1つは相互信頼，相互利益，平等そして協力を中核とする協調的安全保障で，もう1つはテロ，麻薬，疫病，海賊などの非伝統的脅威や経済，エネルギー，環境なども含めた総合安全保障である[32]．

この「新安全保障観」の提起は3つの意味で重要である．中国国内でも新安全保障観が伝統的安全保障観に取って代わられるものかをめぐって議論が展開されているが[33]，日本でもさまざまな解釈がなされている．高木誠一郎は伝統的安全保障と非伝統的安全保障の両者を重要視している中国の姿勢を指摘する[34]．議論はあるにせよ，こうした新安全保障観の提起に伴い中国が非伝統的安全保障を重視するようになったことは何よりも重要な意味を持つ．

第二に，「協調的安全保障」の提起は平和五原則の延長線上に位置づけられるが，武力不行使，内政不干渉，協議方式による問題解決というASEAN規範[35]に共通した含みがある．また1990年代初頭に独立し，国家統合を重要な課題とする中央アジア諸国にとっても，共有しやすいコンセプトである．こうした共通性は中国・ASEAN，中国・上海協力機構（SCO）の協力関係構築の土台を提供した．

第三に，新安全保障観の提起は，アジアの国々とアメリカとの間で締結されている軍事同盟・軍事協定に対する認識の変化とも連動している．アメリカとの軍事同盟あるいは協定を「冷戦時代の残滓」であり，アジア太平洋地域の安全保障協力上の障害として批判し，その存続の意味を問い直すべきだとの意見[36]が1999年ごろまでは主流であったが，2000年になると，冷戦時代に結ばれた軍事同盟や協定は時宜にあわないものの，その性質と役割はすでに変化しており，共同の安全保障を追求することが共通認識となっているといった見方[37]が出現するようになった．2011年にアメリカのアジア復帰政策が明確に打ち出されるまでは，米国と軍事同盟や軍事協定を結んでいる国は少数の国々に過ぎず，その他の国々がむしろ大多数を占めているという楽観的な見方もあ

った[38]．

　軍事同盟や軍事協定に対するこうした中国側の認識の変化をもたらした原因について，デビッド・シャンボーは次のように分析する．冷戦思考を捨て，冷戦時代の同盟関係を解消するよう呼びかけていた中国に対し，1999年，東アジア・ビジョン・グループ（EAVG）[39]のASEAN代表が，もし中国がアメリカとの同盟あるいは軍事協定の解消を求めず，華僑に政治的な働きかけをしないならば，ASEANは中国とよりよい関係を築けるとの旨を伝えたという[40]．その因果関係については不明であるが，2000年に入ってから同盟解消を求める表現は中国の紙面において一気に減少した．

　米国とアジアの国々との軍事同盟や軍事協定に対する批判がトーンダウンし，その解消を求める声が鎮まったことは，不本意であるかもしれないが，中国がこうした軍事同盟や協定を既成事実として受け入れたことを意味する．そして，「新安全保障観」は，アメリカが主導する伝統的安全保障を黙認した上での「協調的安全保障」と「総合安全保障」の重視といえる．

　このように，日米中関係の構造的変容や東アジアにおける地域協力への動き，そしてそれに対応した中国の国内経済戦略の変化を背景に，アジアに対する中国の姿勢転換は1990年代後半から加速した．特に2000年の全国人民代表大会で「西部大開発」が正式に決定されてから，エネルギー，資源の貴重な供給源であるとともに重要な海外市場である周辺近隣諸国との関係はますます重要な政策課題となった．こうしたなか，周辺国への積極的外交姿勢は第16回党大会で追認され，アジア外交は対外戦略のなかでも最も重要な課題に据えられるようになった．同大会で採択された今後5年間の外交ガイドラインにおいて，21世紀最初の20年間は「戦略的チャンス」として捉えられ，「大国は要，周辺は最重要，発展途上国は基礎，多角外交は重要な舞台」というスローガンが打ち出された．

(2) 周辺外交の本格的展開

　中央アジア諸国との協力枠組み作りは1996年4月に設立された「上海ファイブ」からスタートした．中国，ロシア並びに中央アジア三国（カザフスタン，キルギス，タジキスタン）をメンバーとする上海ファイブは2001年6月に常

設機構 SCO へ格上げされ，現在ではオブザーバーや対話パートナーを含めて参加メンバーはインド洋や東ヨーロッパまで拡大している．

　中国で設立され，組織名に中国の地名を使用し，本部が中国国内におかれる地域組織である SCO は中国が主導する地域組織モデルというシンボリックな存在であるがゆえに，中国は安全保障協力と経済協力を SCO の両輪として積極的に推進している（第2章第3節で詳述）．

　1990年代後半から，中国は東南アジア諸国との関係強化にも積極的に取り組むようになった（第2章第2節で詳述）．1997年12月には中国と ASEAN の間で「21世紀に向けた善隣・相互信頼のパートナーシップ」が結ばれた．さらに2002年から2004年にかけて，中国と ASEAN との間でいくつかの重要な協定が締結された．第一に2002年11月，南シナ海の領有権問題の平和的解決に向けての「南シナ海行動宣言」が締結された．第二に同月，「ASEAN・中国包括的経済協力枠組みに関する取り決め」が結ばれ，2010年に人口19億人の ASEAN・中国自由貿易圏（ACFTA）[41]が動き出した．第三に2003年8月，中国・ASEAN 首脳会議において「平和と繁栄のための戦略的パートナーシップに関する共同声明」が出され，中国は域外国としては初めて TAC への加入を果たした．

　SCO や中国・ASEAN 間の地域レベルの多国間協力を通じて，この時期，中国はアジア地域協力を強力に推進した．さらに，アジアにおける国際組織を通じた多国間協力にも，中国は積極的な姿勢を示している．2002年に中国は東ティモールと国交を樹立したが，その2年前の2000年1月にすでに中国は15名の民事警察を派遣して，東ティモールの PKO（国連東ティモール暫定行政機構（UNTAET））に参加していた．当事者合意の原則に固執していたことから，中国は当初，東ティモールの PKO への参加に躊躇していた．地域の安定維持のために東ティモールにおける PKO の重要性を強調するフィリピン，タイの発言[42]を受け，またインドネシア政府の黙認が得られたのを契機として，中国は東ティモールの PKO には非常に協力的な姿勢で臨んだ[43]．

　以上のように，1996年ごろから国際環境の変化に対応する形で，中国は積極的に多国間外交を展開した．既存の国際レジームの中で中国を成長させていく道を選択しつつも，その軸足はアジア太平洋からアジア地域へとシフトした．

SCO，ASEAN 諸国との関係を強化し，多国間協力にも国家主導のもとで積極的にかかわるようになった．

4. 国益の再定義とアメリカのアジア復帰：2006 年～

(1) 国益の再定義

2006 年ごろから，中国では国益の再定義が行われ，それに伴い，中国のアジア外交も変容するようになった．

改革開放以降，中国の国益は常に自国の経済発展に求められ，外交についても経済発展のために行うと規定されていた．しかし 2006 年になると，中国の国益について，従来の経済発展のほかに，「国家主権，安全」が新たに付け加えられるようになった．2006 年 8 月の中央外事工作会議において，胡錦濤国家主席は「中国の外交は国家主権，安全，発展利益の擁護（維護国家主権，安全，発展利益）のために役割を果たすべきだ」と発言した[44]．そして，この「国家主権，安全，発展利益の擁護」という新しいスローガンは中国共産党第 17 回党大会の胡錦濤国家主席の政府活動報告の中で再確認されたのである．

このように，2006 年から経済発展とともに国家主権と安全の擁護も国益として提起されるようになったが，この方針は 2008 年と 2009 年の国内外情勢の変化のなかで次第に形作られ，現実の政策として具現化していった．2008 年は北京オリンピック開催の年で，改革開放 30 周年に当たる．また 2009 年は米中交正常化 30 周年に当たり，中国にとって特に重要であった．しかし，この 2 年のあいだ，予見できない重大な事件が連続して起こり，度重なる危機に対応していく過程において，中国は改革開放 30 年来の外交政策の調整を徐々に行っていった．

2008 年 3 月 14 日にはチベット暴動が発生し，この暴動はさらに海外で聖火リレーを妨害するデモを引き起こした．そして 2009 年 7 月 5 日には中国の民族問題に再び火を着ける事件（「7.5 事件」）が新疆ウイグル自治区のウルムチで発生した．この「7.5 事件」は，中国指導者にとって「統一と安定」という建国以来の国家課題を眼前に突き付けられた出来事であり，また中国の周辺環境を一部悪化させる結果となった．「7.5 事件」に関してトルコのレジェップ・

タイイップ・エルドアン（Recep Tayyip Erdoğan）首相は中国が民族差別に
よる虐殺を行ったと強烈に非難し，トルコをはじめとする一部諸国で抗議デモ
が相次いで発生した．こうしたなかで，2008年9月には米国のサブプライム
ローン危機に端を発した国際金融危機が発生し，世界不況が襲った．

　一連の危機は中国に「自信」と「危機感」を同時にもたらした．国際金融危
機の発生後，2008年11月には中国は4兆元に上る大型景気刺激策を採用した
のをはじめ，成長率8％以上の経済成長を維持すると同時に，金融・世界経済
に関する首脳会合（G20）など国際金融危機への対応を協議する国際会議に積
極的に参加し，国際社会における発言力と影響力を高めていった．中国政府関
係者は金融危機における中国の活発な言動について次のように総括し，国際社
会における増大する自国の影響力をアピールしている．「中国は国際金融シ
ステム改革を積極的に推進し，発展途上国の代表性と発言権を着実に向上させた．
（中略）中国は人民元の為替レートを安定的に維持し，国際金融公社（IFC）
の貿易投資計画に積極的に参加するとともに，東アジア地域の外貨準備制度の
構築を積極的に推進し，『中国・ASEAN投資協力基金』を設立した．さらに
関係する発展途上国と二国間のスワップ取り決めを締結し，ベトナムを含む多
くのアジア諸国・地域と平等互恵の協力取り決めを締結した」[45]．

　他方，一連の危機はまた中国の指導者に大きな危機感をもらした．中国政府
は西部大開発10周年を迎えようとしている最中に起きたチベットの「3.14事
件」，新疆の「7.5事件」を危機として捉え，「国家の統一，民族の団結，社会
の安定」を最優先する政策に転じた．多くの学者は，こうした民族問題により
厳しい国際世論の非難にさらされた結果，中国の安全保障環境が大きく変容し
たと認識している．中国からみて，民族問題が絡む西部における安全保障の重
要性が2000年代後半を通じて確実に高まったのである．

　以上のように，2008年と2009年の一連の外交危機を経て，自信と危機感が
中国の中で同時に強まることとなった．この2つの意識変化は国家主権と安全
の重要性と密接に関連しており，2006年に芽生え始めた中国国益の再定義を
促す結果となった．2009年，楊潔篪外相は改革開放30周年の対外政策を総括
した際，今後の外交の指導方針を「国家主権，安全，発展利益のさらなる擁
護」に求めるとして，2006年方針を再確認した[46]．

2000年代後半から「国家主権」と「安全」の2つの概念が経済発展と同等の地位に位置づけられたことは，領土，安全保障に関わる問題の重要性が中国にとって格段に高まったことを意味する．

(2) アメリカのアジア復帰と中国の対応

2011年の秋ごろからアメリカは「アジアへの復帰」を宣言した．これによりアメリカは，国際社会へ中国を取り込んでいくエンゲージ戦略より，中国を抑止していく姿勢を前面に押し出しているように見える．経済的には環太平洋パートナーシップ（TPP）を推進し，軍事的にはアジアの同盟国との間で軍事協力を強化しているアメリカの外交攻勢を背景に，アメリカと中国が地域における影響力を競い合っている印象が強くなっている．その上，2006年に中国が国家主権，安全を経済発展と同等に位置づけたことにより，中国と周辺国との関係にも不協和音が目立つようになった．

アメリカのアジア・シフトの動向はアジア太平洋地域における米中の本格的な対決の時代の幕開けを印象付けるが，これを受け，中国の学者の間では主に以下の3つの論争が繰り広げられている．

① 「中国を取り巻く周辺環境は悪化し，中国の戦略的チャンスは消失したか」という問題をめぐり中国国内において大きな議論が沸き起こっている．「戦略的チャンス」という概念はもともと2002年に開催された第16回党大会で提起されたもので，21世紀の最初の20年間は中国の戦略的チャンスとされている．この戦略的チャンスの折り返しの地点で，アメリカのアジア復帰政策により，残されていた約10年のチャンスの扉は閉ざされてしまったとする学者は圧倒的に多い．

② 改革開放以来の中国の「非同盟政策」を見直すべきかという問題についても，中国の学者の間で意見が分かれている．中国の著名な国際関係の学者である閻学通をはじめ，多くの学者は，アジアの同盟国との間で軍事協力を強化しているアメリカの外交攻勢を強く受ける中国は孤立を回避するために，周辺国との間で準同盟ないし同盟を結ぶべきだと主張する[47]．

③ 経済では中国に依存し，安全保障ではアメリカに接近するというアジア地域における「政経分離」を問題視し，これまでのアジア政策の再考を促す動

きも出現した．政治，経済の努力だけでは中国脅威論を解消できず[48]，「政経分離」を打破するためには，中国は経済制裁も政策の選択肢に取り入れるべきだ[49]との声も根強く存在している．

アメリカが打ち出したアジア復帰政策に対するこれまでの中国の対応に関して，知識人やネット空間での議論と中国政府の公式見解には相違が見られる．中国国内の学者ならびにインターネット空間においては，アメリカの一連の動向を，中国の大国化を阻止するための中国に対する軍事的，政治的，そして経済的な封じ込めとして捉える向きが圧倒的に強い．しかし，中国政府の公式見解はこうした知識人あるいはネチズンの反応とは一線を画し，極めて抑制的で冷静であったと言えよう．これまでの中国政府の公式見解を振り返れば，以下の４つの論点に集約することができる．

① アジア太平洋地域における「一国優位体制」を確保しようとするアメリカに対して，中国政府はアジア太平洋地域での「G2論」を提唱している．アメリカのアジア復帰について中国政府は，アメリカはアジアから離れたことはなかったと指摘し，「アジア太平洋における建設的な役割を歓迎する」との前向きなコメントを発表した[50]．その上で，アジア太平洋地域における安定した米中関係の重要性を強調し，「太平洋は十分に広く，中米両大国は共存，協力できるはずだ」[51]との主張を繰り返し表明している．

② アジア太平洋地域において軍事同盟を強化するアメリカの動きには，中国政府は強く反発している．2012年1月には米国防総省が「新たな国防戦略指針」を発表したが，中国国防省の耿雁生報道官は「エアシーバトル」という新軍事ドクトリンやオーストラリアのダーウィンにおける駐留米軍の動向を，「冷戦思考の体現であり，平和，発展，協力の時代潮流に反する」と強く批判した[52]．外交部報道官劉為民は「正常な二国間関係には異存がない」としたうえで，二国間関係の発展は「他の国の利益および地域の平和と安定」を考慮すべきだと釘を刺した[53]．

③ TPPに関しては，加盟国間の交渉に難航が予想され，地域最大の貿易国である中国を排除することは難しいといった論調が主流を占めており，政府の反応としては極めて冷静である．中国の多くの学者はTPPをアメリカが中国を封じ込めるための戦略の一環であると批判しているが，そもそも原則的に

あらゆる分野の関税撤廃を掲げている TPP は中国にとっては特に金融サービス分野のハードルが高すぎて，現時点で受け入れられる状況にない．それでも，長い交渉を強いられた WTO 加盟の苦い経験，そして早い時期からルール作りに参加したほうがよいといった思惑から，2013 年 6 月に中国政府は TPP 参加を検討すると発表した．

④ 国内向けには，中国政府は冷静な対応を呼びかけている．アメリカのアジア復帰について，楽玉成外交部長補佐は国内の外交誌に寄稿し，「アメリカはアジア太平洋をチャンスとしてとらえており，米国の戦略調整は単にアジア太平洋地域の重要性の高まりに合わせたもの」に過ぎないといささか冷めた見解を示した[54]．

以上のように，アジア復帰というアメリカの決意表明に対して，中国政府はアジアにおけるアメリカの軍事同盟を強く批判しながらも，冷静な反応を示した．そして国内に蔓延る「中国の戦略的チャンスは消失した」という悲観論に対しても，中国政府は「中国は戦略的チャンスを持続させ，延長させるよう努力する」との政府見解を示し[55]，そして胡錦濤国家主席も 2012 年 11 月の第 18 回党大会の報告において，「中国は依然として戦略的チャンスの段階にいる」[56]と明言した．

アメリカの戦略攻勢に対して，冷静に大人の発言を行っている中国であるが，実際の政策レベルでも従来の対外政策を継承している．今後の中国の対外政策について外交部部長補佐楽玉成は次の 6 点を挙げている．①平和的発展の道を歩み，国益を揺るぎなく守る．②実力の上昇に伴い，国際ないし地域の重要な問題，PKO，反テロ活動，災害救助などの面でより多くの国際的責任を担う．③主権，内政不干渉などの基本原則を堅持し，改革を促す．④先進国の役割を重視しつつ，発展途上国との協力を強化する．⑤周辺地域の発展を促進し，安全保障面の協力を強化する．⑥「メイド・イン・チャイナ」の提案を行い，貢献する[57]．こうした対外政策の方向性をアジア外交に引き付けるならば，主権問題で譲歩しないという前提の下で，多国間協力の中で地域公共財を提供し，周辺国家との関係強化を促進し，地域統合において主導的な役割を果たすという政策方針になろう．

また TPP との関連でいえば，中国は引き続き二国間の自由貿易協定

（FTA），東アジア地域包括的経済連携（RCEP）[58]等の多国間経済協力を推進している．アジア地域統合問題の専門家で，著名な政策ブレーンである張蘊岭は，中国は従前どおり，日中韓のFTA，RCEPなどを推し進めれば，TPPだけではなく，アジアにおける多層的な枠組みを築き上げることができると指摘する[59]．これは，「TPPによって中国が周縁に追いやられないために，中国は主要経済国と二国間あるいは多国間のFTAを推進すべきだ」[60]という元政府高官の発言と軌を一にしている．

こうした考えに基づき展開されてきた2011年末以降の中国のアジア外交は，以下の3つの特徴を有している．

第一に，中国は超大国であるアメリカとの協調を強化している．こうした米中協力は北朝鮮の核問題をはじめ，アジア地域においても顕著にみられる．すなわち，中国は超大国アメリカとの対立をなるべく回避し，摩擦についてはマネージしていくことによって，自国の戦略的チャンスを確保しようとしているのである．

第二に，アメリカや周辺国との関係がぎくしゃくし，周辺環境が不安定化するなか，パキスタンやロシアのような中国の「核心利益」を尊重する国々との「全天候型（いかなる国際情勢でも良好な関係が保てる）」パートナー関係あるいは「準同盟関係」が中国にとって重要となってきており，こうした国々との関係強化に中国は動き出している．

特にパキスタンとの関係は「鉄のように固い」と高く称えられるようになった．パキスタン訪問中に出席した中国・パキスタン国交60年周年祝賀式典で，国務委員戴秉国は中パ関係は「鉄のように」固く結ばれているという表現を使用したが，これが国内で大きく取り上げられ話題を呼んだ．その後，外交部アジア司長の羅照輝はさらに中パ関係を「政治的盟友，安全保障上の緩衝地帯，経済の市場」[61]と高く称えた．

パキスタンのみならず，ロシアとの関係も高く評価されるようになっている．多くの知識人は「中ロ関係は最も安定し，内容ももっとも豊かである」[62]と惜しみない賛辞を浴びせている．中国外交部も「中国の核心利益においてロシアはもっとも力強く，もっとも明確で，もっともぶれない支持を与えてくれている大国である」[63]との見解を示した．また，2013年1月に開かれた第8回中ロ

戦略安全保障対話においては，習近平総書記が中ロの全面的戦略協力パートナーシップは中国外交の優先方向であると表明した[64]．習近平は国家主席就任後，最初の外遊先としてロシアを選んだが，訪問の際に調印された「共同声明」[65]において，「双方が相手国の主権，領土保全，安全など核心利益の問題において揺るぎなく相互に支持する」という一文が明記された．アメリカの外交攻勢を受けている中国にとっては，この一文に込められた政治的な含みは重い．

　第三に，2006年以降，海洋主権問題をめぐり，中国と一部の周辺国家との関係が悪化したが，第18回党大会において，「国家主権，安全，発展利益を擁護し，いかなる外来の圧力にも屈服することは決してない」ことが外交方針として打ち出された．そして，習近平は2013年1月28日の中央政治局の会議において，「核心利益の問題で取引しない」[66]と発言し，国家主権，安全，発展利益の問題において中国は譲歩しない姿勢を強調した．

　このように，中国はこれまでのアジア政策を基本的に継承しながらも，アメリカがアジア復帰政策を打ち出してから若干の方向修正も行っている．前項で述べたように，1990年代後半から始動した中国の周辺外交はアジアにおけるアメリカの軍事同盟を黙認することを前提としていた．アジア地域で軍事関係を強化する2011年秋からのアメリカの一連の動きに対して，中国が強い危機意識を持つようになったのは言うまでもない．こうした状況において，中国の対アジア政策が変化を来したのも理解できよう．アメリカの政策転換を受け，中国も全天候型の「盟友」となる国々との関係を強固なものにしていこうという意欲を示すようになった．「盟友」関係が実るかどうかについては未知数が大きいが，中国の対外戦略における中央アジア，南アジア諸国との関係の重要性が高まりつつあることは確かである．

5. おわりに

　冷戦終結後の中国の周辺外交は活発に展開されており，また変化も遂げている．冷戦終結直後の周辺外交は，隣国との交流を中心とした国境地域の安全保障と安定に軸足を置いたものであった．中国は外交関係を回復・構築することから始まり，次第に周辺国との陸上の国境線を画定した．1996年以降，特に

1997年のアジア金融危機後，中国は周辺外交を本格的に展開し，アジア地域の多国間協力と地域の秩序構築に積極的に関与するようになった．そして，2006年ごろから，経済発展とともに国家主権と安全の擁護も外交に求められるようになったことで，アジア地域に対する中国のアプローチも変化を見せ始めた．さらにアメリカのアジア復帰政策を受け，中国と周辺国との関係において，中国政府は中国の核心利益に関して相手国の中国擁護の立場を重視するようになり，「全天候型のパートナーシップ」あるいは「準同盟関係」の構築を重視するようになった．

1990年代まで中国にはアジア政策という政策のカテゴリーは存在せず，アジアに対する中国の捉え方も，「アジア・アフリカ」（1950年代から1970年代にかけて）であり，「アジア太平洋」（1980年代から1990年代半ばまで）であった．さらに日米安保再定義などを契機に，中国にとってのアジア（周辺）は「アジア太平洋」ではなく，「アジア」となった．そして，経済分野を中心とするアジア諸国との関係強化，多国間協力の重視が，1990年代後半以降における中国のアジア外交の2つの重要な特徴となっている．

敵視から黙認へ，参加から協力へ，フリーライダーから推進者へ──アジアにおける多国間協力に関して，中国の認識と役割は大きな変容を遂げてきた．1990年代初頭において，中国は自らを発展途上国と位置付け，アジア太平洋という戦略的概念に立脚し，アメリカや日本をはじめとする先進国からの支援を求め，アジア諸国との経済協力に取り組んだ．しかし1990年代後半から，中国は「発展途上国」と「大国」の2つのアイデンティティを同時に主張し，そしてアジアの地域統合において推進役を果たすようになった．かくして，冷静終結後の中国は既存の国際システムの参加者から，新しい地域組織の創出者として台頭したのである．

1.3 中国とアジア諸国の関係の諸相

1. はじめに

中国は1978年に改革開放政策を採択し，1992年には「社会主義市場経済」というスローガンを打ち出して，2001年に世界貿易機関（WTO）への加盟を果たした．こうしたプロセスのなかで，中国は1990年代後半からアジア地域の多国間協力と地域秩序の構築に積極的に関与するようになり，2006年ごろから国家主権と安全の擁護を外交目標に付け加えたことから海洋主権問題をめぐる関係国との対立が深刻化した．

改革開放後のこうした中国の政策展開により，中国とアジア諸国との関係も大きく変容を遂げていると考えられる．こうした問題意識から，本節ではまずアジア地域において最も重要な2ヵ国関係である日中関係を考察し，様々なデータから中国とアジア諸国との政治，経済，文化，軍事関係の現状を読み解くこととする．

2. アジアにおける日中関係

冷戦終結後の日中関係は，政治・安全保障の対立と経済的相互依存関係が同時に深化して今日に至っている．中国の軍備増強に対する日米の根強い不信感，そして日米による封じ込め戦略に対する中国の根強い危惧が存在しており，日米と中国の政治体制の違いが強く意識される中，日米関係が強化され，安全保障をめぐる対立が際だつとともに，経済の相互依存関係が深化している．

(1) 冷戦終結後の日中関係

今日に存在する日中間の主要な対立の問題の多くは1990年代前半に端を発している．にもかかわらず，1989年から1995年の間，日中両国は摩擦の種を

友好関係の枠組みの中で管理することに成功した．1990年代の初め，日本政府は日中関係の世界的な重要性を認識し，「中国をいたずらに孤立化させることは国際社会全体の観点から見て好ましくないとの基本認識に立って，日本は中国との政治対話の推進に重点を置いてきた」[1]．中国の軍備拡張と急速な経済成長について，宮澤喜一首相は「(中国は)やがて経済大国になり，軍事大国にもなる．(中略)その中国を封じ込めることはできないし，考えるべきでない．むしろ，エンゲージ(参加)させるというか，我々の対話に入ってきてもらうことが大事です」と述べている[2]．他方，中国の外交にとっても日本との連携強化は最優先課題の1つであった．天安門事件後，国際的孤立を打破するため，中国政府は日本との関係改善をトップに据えて，日中関係に積極的に取り組むようになった．また貿易摩擦で対立する日米関係に乗じて，中国は日米に楔を打つ戦略を採択し，日中関係の強化に動いた．

1990年代前半の日中両国の友好関係には2つの大前提があった．第一に日中両国はともに，「先進国である日本が後発国である中国を支援する」という南北の視座で日中関係をとらえていた．第二に，1990年代初頭，日中両国はともに，対米関係で大きな問題を抱えていた．しかし，1995年以降，日中友好の枠組みが有効に機能する前提はもろくも崩れた．

バブルがはじけた後，日本はデフレから脱出できず景気の停滞が続いた．他方，中国は2011年に日本を追い抜いて世界第2位の経済規模に発展した．こうしたなか，日中両国は従来の南北の視座による関係維持は難しく，新たな関係構築が必要となっている．

中国の経済成長を背景に，日米中三国のトライアングル関係も大きく変容した．急速な経済成長を背景とした中国の台頭に伴い，1996年の日米安保共同宣言，1997年の「日米防衛協力のための新たな指針(ガイドライン)」を皮切りに，日米関係は全体の流れとして強化される一方である．

1996年以降の日中関係において，政治・安全保障の対立と経済の相互依存関係の同時進化が見られ，日中関係はいわゆる「政冷経熱(冷めた政治関係，ホットな経済関係)」によって特徴づけられている．

人的交流や経済的相互依存関係の促進が必ずしも政治的安定に寄与していない状況においては，安定した日中関係の維持は難しい．2010年以降，領土問

題を契機に，日中両国の関係は一気に悪化した．2010年9月に尖閣諸島海域で中国漁船と海上保安庁の巡視船の衝突事件が発生し，その後の2012年9月11日に，もともと私有地だった尖閣諸島の3島（魚釣島，北小島，南小島）を「島の平穏かつ安定的な維持管理のために」[3]日本政府が20億5000万円で購入し，国有化することが閣議決定された．日本政府による尖閣諸島の国有化の問題をめぐり中国国内で大規模な反日デモが発生し，中国政府は猛反発した（第4章第2節を参照）．

2012年から2013年にかけて日中両国はともに政権交代を経験したが，日中関係を改善に向かわせる流れは作り出せていない．第2次安倍政権は日米同盟を主軸に据えつつ，価値外交を前面に打ち出し，活発なアジア外交を展開している．他方，習近平政権も領土問題で不退転の姿勢を示している．日中に存在している根深い政治的相互不信を背景に，歴史問題，領土問題をめぐり日中両国の対立はエスカレートし，日中関係は停滞したままの膠着状態に陥っている．

(2) アジア地域秩序をめぐる日中の主導権争い

アジア金融危機以降，特に2000年以降アジア地域統合をめぐり，日中の競合が顕著に現れるようになった．

1998年10月日本政府内で通産省が自由貿易協定（FTA）を推進する方針を決めた際に，与謝野馨大臣と同省幹部が第一に考慮したのは，FTAの政治同盟としての本質だった．FTAの締結国についても，中国に対する牽制やその台頭への備えを考慮した[4]．こうした日本の動きは2000年以降，一層活発化した．中国は2004年ASEAN（東南アジア諸国連合）＋3（日中韓）の枠組みを支持し，東アジア自由貿易圏（EAFTA）を構築する[5]と主張したが，日本は，2006年4月に16ヵ国のFTA構想「東アジア包括的経済連携（CEPEA）」を打ち出し，鳩山政権も組閣の3日目にCEPEA構想への支持を表明するなど，オーストラリアを含めたASEAN＋6を支持した．

こうした日本の動きに対して，中国は従来の政策を引き続き推進する戦略に出た．2010年秋に菅内閣が環太平洋パートナーシップ（TPP）交渉に向け関係国との協議を始めると閣議決定した直後，中国政府は日中二国間でのFTA交渉を日本側に打診した[6]．日中の二国間のFTAとともに，中国政府は，日

中韓のFTA，16ヵ国が参加する東アジア地域包括的経済連携（RCEP)[7]をも推進する構えである．

アメリカのアジア復帰政策の展開の中で，TPPをめぐる動きが一気に活発化した．2013年4月20日，インドネシアで開かれた閣僚級会合で，日本のTPP交渉への参加が正式に認められた．

こうした日中の競合の結果，現行のアジア地域統合は重層的で多チャンネルの様相を呈している．2009年10月，タイのホアヒンで開かれた東アジアサミット（EAS）において，オーストラリアのケビン・ラッド（Kevin Rudd）首相はアジア太平洋地域の広域FTAを提唱した．広域FTAをめぐる日中間の綱引きに巻き込まれたくないというASEANの思惑から[8]，中国が支持するASEAN＋3を想定したEAFTA構想と，EASの参加国全16ヵ国によるCEPEAの2つの広域FTA構想を並行して検討することが合意された．つまり，「東アジア共同体」と「アジア太平洋共同体」とは並行して実現される可能性があり，実際にその可能性が検討されている．

第3章第2節で述べるように1998年以降，中国政府は大メコン川流域（GMS）開発[9]に積極的にかかわるようになった．1999年から2000年にかけて中国はメコン流域の他の5ヵ国とそれぞれ2ヵ国間の協力協定を結んだ．2002年11月に開催されたGMS初の首脳会合において，今後10年間の繁栄，公平，経済活性化のビジョンが採択されたが，これを機に中国はGMSの輸送協定，電力取引協定を結んだ．また，2004年から中国はラオス，ミャンマー，カンボジアに対してゼロ関税を実施するとともに3000万ドルの援助を行った．

貿易，投資，援助の三位一体による中国とメコン流域国家の交流は，メコン流域国家への日本のアプローチを促した．日本はそれまで政府開発援助（ODA）や非政府組織（NGO）との連携によりメコン地域諸国に対し多大な支援を行ってきたが，中国のメコン川開発に危機感を抱いた日本[10]は巻き返しを図り，メコン流域国との政府間会合を定期的に開催し，同地域への援助を拡大させた．現在，カンボジア，ラオス，ベトナム（CLV）との交流と，メコン流域5ヵ国との交流という2つのチャンネルがあり，日本とメコン流域国家の交流枠組みについては中国を含まない形で進められている．2004年11月，日本とCLV首脳との会談が初めて開催され，日本とCLV3ヵ国との経済・文

化交流を強化することが合意された．また 2007 年に日本は CLV 3 ヵ国の開発に 2000 万ドルの支援を表明した．日本とメコン流域 5 ヵ国の交流は 2008 年から活発化した．2008 年 1 月に第 1 回日メコン外相会議が開催され，2009 年 11 月に東京で初めての日メコン首脳会議が開かれた．メコン流域 5 ヵ国への経済支援について日本は今後 3 年間で 5000 億円以上の ODA を供与することを約束した．

　中央アジアでも日中の主導権争いが繰り広げられている．中国は上海協力機構（SCO）の中核的存在として，積極的に SCO の機能強化，経済，司法，教育など様々な分野における政策連携，対外交流を推進している．こうした中国の動向に日本は危機意識を募らせている．中央アジアは冷戦後の日本外交の空白地域と言われたが[11]，2004 年 8 月川口順子外相の中央アジア訪問を契機に「中央アジア＋日本」対話が実現した．2006 年 6 月には麻生太郎外相が対中央アジア外交の 3 つの指針を発表し，「『普遍的価値』の共有に基づくパートナーシップ」を訴えた．そして同月に開かれた「中央アジア＋日本」対話の第 2 回外相会談において，政治対話，地域内協力，ビジネス振興，知的対話，文化交流・人的交流の 5 つの分野を柱とする「アクションプラン」が策定された．同年 8 月，小泉純一郎首相がカザフスタンとウズベキスタン訪問を実現したことで，さらに日本と中央アジアの関係強化は後押しされた．11 月には麻生外相が「『自由と繁栄の弧』をつくる」と題する演説の中で，ユーラシア大陸の新興民主主義国家をつなぐ「自由と繁栄の弧」について明言した．

　そして 2013 年 1 月 18 日，政権発足直後の安倍晋三首相がインドネシア訪問中の記者会見において，東南アジア外交の新しい 5 原則を明らかにした．その 5 原則とは，①民主主義や人権など普遍的価値の拡大，②海洋における「法の支配」の遵守，③貿易・投資の促進，④多様な文化・伝統の尊重，⑤次世代交流の活発化である．かくして，2000 年代に打ち出された「価値外交」に基づき，日本は日米同盟の強化をテコにアジア各国との多国間連携を深め，積極的なアジア外交に動き出した．

　このように，政治，安全保障上の相互不信を背景に，日中両国はアジア地域秩序をめぐる主導権争いを 2000 年以降展開するようになった．この結果，アジア地域においては，多層，多チャンネルの協力枠組みが構築されている．

3. 中国とアジア諸国の関係

中国とアジア諸国の関係は，日中関係で見て来たように，政治，経済において異なる様相を呈しているだけでなく，軍事，文化といった分野についても状況を異にしている．そこで本項では，具体的な統計データに基づき，中国とアジア諸国との各分野における関係の実情について考察し，その特質を析出する．

(1) 政治関係

図表1-3は2002年から2010年までの間の，中国の国家指導者（一部外交関係幹部を含む）の外遊先と回数を示している．こうしたデータから中国の対外政策のプライオリティをある程度うかがい知ることができる．アジア地域において，中国が最も重視している国はロシアであり，その次は日本となる．韓国とカザフスタンが並んで第3位を占めている．

中国は一貫してロシアとの政治関係を重視しているが，特に2004年以降，両国の親密度が増している．2005年には，中国とロシアとの間で「戦略的協議メカニズム」がたち上げられ，その後，毎年戦略協議が開催されている．そして，金融危機の影響を受けた2009年を除き，両国間の貿易は一貫して増加傾向を示している．2012年の中ロ貿易総額は881.6億ドル[12]に達しており，2000年の80.3億ドルの10倍以上に拡大した．政治的な親密度は両国の経済関係を後押ししているが，他方において，国家指導者の訪ロ回数でいえば，年によって大きく変化している点は留意する必要がある．

ロシアとの貿易は，アジア諸国の中で4位と高いランクにあるものの，中国の対外貿易総額の2.2%しか占めておらず，日本や韓国との貿易額のそれぞれ約四分の一，三分の一に過ぎず，中国では中ロ関係は「政熱経冷（ホットな政治関係，冷めた経済関係）」とも揶揄されている．2011年中ロの貿易額は835億ドルであったが，こうした状況を改善するために，両政府は両国の貿易額を2015年に1000億ドル，2020年に2000億ドルに増加させることに合意している[13]．しかし，2011年の中米貿易額は4467億ドルで，中欧貿易額は5939.7億ドルとなっていることに鑑みると，たとえ2020年に目標が達成されたとして

図表 1-3　中国国家指導者の海外訪問 (2002-2010 年)

	国名	訪問回数
北東アジア	日本	28
	モンゴル	10
	韓国	19
	北朝鮮	12
東南アジア	ベトナム	14
	カンボジア	9
	ラオス	9
	ミャンマー	8
	タイ	15
	シンガポール	10
	フィリピン	10
	インドネシア	15
	マレーシア	9
	ブルネイ	5
	東ティモール	1
南アジア	インド	14
	パキスタン	15
	バングラデシュ	5
	スリランカ	6
	ネパール	6
	ブータン	0
	モルディブ	5
	アフガニスタン	3
中央アジア	ロシア	40
	カザフスタン	19
	キルギス	6
	タジキスタン	7
	ウズベキスタン	9

出所：中国の外交白書『中国外交』各年版より筆者作成

も，アメリカやヨーロッパの重要性に取って代わるものではない．こうした意味で，相対的にみれば，中ロの政熱経冷状態は今後も当面の間続くであろう．

　中ロ関係と対照的に，日中関係は「政冷経熱（冷めた政治関係，ホットな経済関係）」と称されている．前項でみたように日中両国の政治・安全保障上の相互不信が冷戦終結から増幅されているのは確かであるが，国家指導者の外遊回数からみれば，日本重視という中国の対外政策上の姿勢が浮き彫りとなる．日中首脳会談が途絶えた小泉政権の時代でも閣僚クラスの来日は続いた．

中国の国家指導者が毎年継続的に訪れている国は，日本，モンゴル（2003年から），北朝鮮（2003年から），インド（2003年から），パキスタン（2003年から），ロシア，カザフスタンである．

地域別で見れば，中国が最も重視している対外関係は，北東アジアにおいては日本と韓国，東南アジアにおいてはタイ，インドネシア，ベトナム，南アジアにおいてはパキスタンとインド，中央アジアにおいてはロシアとカザフスタンであることがわかる．

国交関係を有していないブータンへの国家指導者の訪問がなかったのは自然であるが，国交樹立時を除き，中国の国家指導者が一度も訪れていなかったのは東ティモールである．そして，中国はアフガニスタン問題には多国間の枠組みで関わっているため，国家指導者による訪問回数は低い数値にとどまっている．

(2) 経済関係

アジアが中国の重要な貿易相手地域であることは言うまでもない．他方，2010年までの中国の対外直接投資は累計で3000億ドルを超えているが，そのうち71.9%を対アジア投資が占めている．アジアは中国企業の対外進出の最も集中している地域となっている[14]．

図表1-4で示しているとおり，中国とアジア諸国との貿易においては，日本，韓国との貿易総額が圧倒的に多い．そして3位，4位，5位に位置するのはシンガポール，ロシア，インドであるが，日中と中韓の貿易総額の4割ないし3割に過ぎない．そして，対中貿易依存度が比較的低いところも3ヵ国に共通している．

中国とアジア諸国との貿易に関して，中国は多くの国との間で多大な貿易黒字を計上しているが，他方，韓国，カザフスタンのように大きな貿易赤字を計上しているところもある．また，モンゴル，ラオス，マレーシア，フィリピン，シンガポールも対中貿易黒字を計上している．

地域別で見れば，北東アジアにおいては日本と韓国，東南アジアにおいてはシンガポール，タイ，マレーシア，インドネシア，ベトナム，南アジアにおいてはインドとパキスタン，中央アジアにおいてはロシアとカザフスタンは，対

1.3 中国とアジア諸国の関係の諸相

図表 1-4 中国とアジア諸国の貿易 (2011年)

	国名	対中貿易額	対中依存度
北東アジア	日本	345721	20.6%
	モンゴル	6340	56.1%
	韓国	220631	20.4%
	北朝鮮	NA	NA
東南アジア	ベトナム	35719	17.8%
	カンボジア	2718	16.7%
	ラオス	1248	24.7%
	ミャンマー	6832	37.4%
	タイ	57746	12.7%
	シンガポール	80784	10.4%
	フィリピン	12161	10.9%
	インドネシア	49153	13.0%
	マレーシア	54569	13.1%
	ブルネイ	1330	7.4%
	東ティモール	NA	NA
南アジア	インド	74411	9.8%
	パキスタン	11212	16.1%
	バングラデシュ	6875	12.8%
	スリランカ	2236	7.4%
	ネパール	1312	19.6%
	ブータン	NA	NA
	モルディブ	119	6.6%
	アフガニスタン	257	4.0%
中央アジア	ロシア	78031	8.9%
	カザフスタン	20875	16.5%
	キルギス	5455	87.5%
	タジキスタン	2262	39.2%
	ウズベキスタン	2228	13.6%

単位:百万ドル(未満は四捨五入).
出所:*Direction of Trade Statistics Yearbook 2012*(IMF)より筆者作成
注:各国の総輸出額,総輸入額は IFS. ただしブルネイ,タジキスタン,ウズベキスタンはDOTS. モンゴル,カンボジア,ラオス,ミャンマー,ブルネイ,パキスタン,ネパール,モルディブ,アフガニスタン,キルギス,タジキスタン,ウズベキスタンの対中輸出額,対中輸入額は相手国統計から算出.

中貿易量がそれぞれ多い.

対中貿易依存度が 20% を超えている国は,キルギスを筆頭に,モンゴル,タジキスタン,ミャンマー,ラオス,日本,韓国の順になっている.

対中貿易総額で下位を占めているのはブルネイ,ネパール,ラオス,アフガ

図表 1-5　中国の対外直接投資（2011 年）

順位	国名	金額（億ドル）
5	シンガポール	32.69
11	ロシア	7.16
13	インドネシア	5.92
14	カザフスタン	5.82
15	カンボジア	5.66
18	ラオス	4.59
19	モンゴル	4.51

出所：商務部2011年度中国対外直接投資統計より筆者作成

ニスタン，モルディブである．ネパールとラオスについては，対中貿易量は大きくないが，対中貿易依存度が大きいのが特徴である．

　ここでは中国とアジア諸国との経済関係を抽出してみたが，実際のところ，中国の最大の貿易相手国・地域はやはりアメリカ，欧州連合（EU），日本，韓国，ドイツ，オーストラリアとなっている（2011年中国海関統計による）．こうした意味で，中国の経済交易の枠組みは依然としてアジア太平洋の枠組みを中心にして展開されているといえる．

　中国とアジア諸国との経済関係を見るうえでは，中国の対外直接投資も重要な指標の1つである．2011年の中国の対外直接投資の8割はアジア地域に向けられている．図表1-5では，2011年の中国の対外直接投資で上位20位のうちアジアの国々を抽出してまとめた．地域別で見れば，北東アジアにおいてはモンゴル，東南アジアにおいてはシンガポール，インドネシア，カンボジア，ラオス，中央アジアにおいてはロシアとカザフスタンが多く，中国の対外直接投資は東南アジアと中央アジアに集中している．

　中国の対外直接投資は，2008年の国際金融危機の前後にアジア諸国向けが急速な伸びを示しているが，例外もみられる．ロシアやカザフスタンへの直接投資は2005年から本格化しているが，これはおそらく中国のエネルギー安全保障戦略の形成（第4章第3節を参照）と深く関連している．また北朝鮮への直接投資は，2006年から2008年にかけて，ならびに2010年に急増していた．これはこの時期に中国と北朝鮮の経済関係が急速に強化されたことを意味し，またこうした経済関係の強化は北朝鮮の核問題に対する中国の政策に影響を与

えている（第2章第1節を参照）．

　モルディブ，東ティモールへは中国の直接投資額は極めて限られており，またブルネイへの直接投資も他国に比べ相対的に少額にとどまっている．

(3) 文化交流

　図表1-6はアジア諸国に設置されている孔子学院・孔子教室[15]の数（2010年）を示している．世界で孔子学院・孔子教室の設置数が10ヵ所を超える国は，アメリカ（287），イギリス（70），カナダ（25），タイ（23），韓国（21），ロシア（20），日本（18），フランス（16），オーストラリア（14），ドイツ（13），イタリア（13）となっている．アメリカで287ヵ所，イギリスで70ヵ所の孔子学院・孔子教室が設置されていることを考えると，アジアでの設置数はそれほど多くない．つまり，中国のパブリック・ディプロマシーは大国，あるいは地域大国を重視しているのである．

　設置数からみると，タイ，韓国，ロシア，日本の順に，孔子学院・孔子教室の数が多い．そして孔子学院・孔子教室が最も少ない地域は南アジアである．国交のないブータンに加えて，北朝鮮，ベトナム，ブルネイ，東ティモール，モルディブにはいまだに孔子学院・孔子教室はない．

　図表1-7は中国で学ぶ留学生数（2010年）を示しており，自国と中国との今後の関係に対するそれぞれの国の若者の期待値の表れと見てよい．

　留学生数では，韓国がダントツの1位を占めている．2位から5位は日本，タイ，ベトナム，ロシアとなっている．2002年からの留学生数の推移から見れば，日本はほぼ横ばいの傾向を示しているが，2010年の韓国の留学生数は2002年の2倍となっている．そして他のアジア諸国は，もともと中国への留学生数が少なかったこともあり，軒並み4倍から10倍以上の増加を見せている．

　地域別で見れば，北東アジアにおいては韓国と日本，東南アジアにおいてはタイ，ベトナム，インドネシア，南アジアにおいてはインドとパキスタン，中央アジアにおいてはロシアとカザフスタンからの留学生数が多い．

　アジアのなかで孔子学院・孔子教室の設置数が最も多いタイは，中国で学ぶ留学生数からみても上位に位置している．他方，ベトナムには孔子学院・孔子

図表 1-6　アジア諸国の孔子学院と孔子教室 (2010年)

	国名	孔子学院・孔子教室の数
北東アジア	日本	18
	モンゴル	3
	韓国	21
	北朝鮮	0
	合計	42
東南アジア	ベトナム	0
	カンボジア	1
	ラオス	1
	ミャンマー	2
	タイ	23
	シンガポール	2
	フィリピン	3
	インドネシア	7
	マレーシア	2
	ブルネイ	0
	東ティモール	0
	合計	41
南アジア	インド	1
	パキスタン	2
	バングラデシュ	2
	スリランカ	2
	ネパール	2
	ブータン	0
	モルディブ	0
	アフガニスタン	1
	合計	10
中央アジア	ロシア	20
	カザフスタン	2
	キルギス	2
	タジキスタン	1
	ウズベキスタン	1
	合計	26

出所：『国家漢弁曁孔子学院総部 2010 年度報告』より筆者作成

教室は設置されていないにもかかわらず，中国への留学生数が多いことも興味深い．そして，中国で学ぶ北朝鮮の留学生数は 2002 年から 2009 年までは年々逓増傾向にあったが，2009 年から 2010 年にかけて一気に 289 人も増えたことは特筆に値する．

図表1-7　中国で学ぶ留学生数 (2010年)

	国名	留学生数
北東アジア	日本	16808
	モンゴル	6211
	韓国	62957
	北朝鮮	1154
	合計	87130
東南アジア	ベトナム	13018
	カンボジア	502
	ラオス	1859
	ミャンマー	972
	タイ	13177
	シンガポール	3608
	フィリピン	2989
	インドネシア	9539
	マレーシア	3885
	ブルネイ	31
	東ティモール	27
	合計	49607
南アジア	インド	9014
	パキスタン	7406
	バングラデシュ	587
	スリランカ	1099
	ネパール	2833
	ブータン	0
	モルディブ	117
	アフガニスタン	225
	合計	21281
中央アジア	ロシア	12481
	カザフスタン	7874
	キルギス	1441
	タジキスタン	923
	ウズベキスタン	764
	合計	23483

出所：中国の外交白書『中国外交』2011年版より筆者作成
注：データは長期留学生と短期留学生を足した総数である．

　中国への留学生数が最も少ない国々は，ブルネイと東ティモールである．
　中国とアジア諸国との文化交流は1990年代後半の周辺外交の本格化に伴い，活発化した．ASEANやSCOなどの地域組織との協定に基づき，教育，文化などの交流が展開され，また広西チワン族自治区や雲南省をはじめとする国境

地帯の地方を中心に，文化交流も強化されている．

中国政府は 2006 年 9 月に公表した「文化建設第 11 次 5 ヵ年計画」において，「アジアにおける国際文化活動において中国の中心的な地位が徐々に確立されている」[16]と，特に対 ASEAN 文化交流活動に対して高い評価を与えた．2012 年 5 月に公布された文化改革に関する第 12 次 5 ヵ年計画[17]には，国際的影響力を持つ放送局の育成とともに，対外文化交流の強化も目標として盛り込まれた．具体的な政策としては，中国は二国間や多国間のチャンネルを通じて文化交流に力を注ぎ，国境地域の地方が周辺諸国・地域との文化交流を促進し，強化することが明記されている．また 2012 年 6 月に公表された教育に関する第 12 次 5 ヵ年計画[18]では周辺諸国との教育交流も重要な柱として提起されており，政府は中国への留学を促進しようとしている．2015 年までに中国の政府奨学金を 5 万人までに拡大し，アジア最大の留学生受け入れ国に成長させるとの政策目標が打ち出された．そして，こうした政府奨学金の枠のうち，40%はアジア諸国に割り当てられているという[19]．

東南アジア諸国については，中国と ASEAN 諸国との間で，2020 年までに互いに 10 万人の留学生を派遣することを目標として掲げており[20]，中国政府は東南アジア諸国の人材養成にも力を入れている[21]．

SCO の加盟国に対しては，中国政府は 2012 年からの 10 年間に 3 万人の政府奨学金の枠を約束し[22]，反テロなどの人材養成にも積極的に取り組んでいる．また中央アジアにおける中国のポップカルチャーの影響力はロシアのそれと匹敵するほど上昇しているという[23]．

(4) 軍事交流

アジア諸国との間で，政治関係，経済関係，文化関係の深化がみられるなか，こうした動きに伴い，軍事交流も必然的に強化されていると推測される．

アジア諸国への武器輸出に関しては，中国の動きはそれほど活発ではない．図表 1-8 で示しているように，中国の最大の武器輸出先はパキスタンである．アジアのなかで，パキスタンは中国が継続的に毎年 50 億ドルを超える武器輸出をしている唯一の国である．貿易額はパキスタンにはるかに及ばないが，ミャンマー，タイ，バングラデシュが 2 位から 4 位となっている．アジア地域で

図表 1-8 中国の武器輸出 (1990-2012 年)

国名	金額（百万ドル）
パキスタン	7436
ミャンマー	2429
タイ	1192
バングラデシュ	1075

出所：SIPRI データより筆者作成

は中国による武器輸出の規模や金額はさほど大きくなく，南アジアや東南アジアに集中している．ロシアへの配慮から，中央アジア諸国に対する中国の武器輸出は少なく，ロシアの武器輸出に影響を与える程度のものには至っていない[24]．そして近年，武器調達で中国への依存を強めたのはカンボジアのみであり，ミャンマーやタイは依存率を低下させている[25]．

また金額ベースでみれば，1990 年から 2012 年の間で中国の最大の武器調達先はロシア，フランス，ウクライナであるが，なかでもロシアの交易額は 310.69 億ドルと突出している．4 位と 5 位はスイスとイギリスとなっている．

武器貿易以外では，軍事交流や軍艦の寄港，定期的な軍事・安全保障対話，合同軍事演習などを通じた関係強化が顕著である．1980 年代において，他国へ寄港した中国の軍艦は 1 隻しかなく，また中国に寄港したのは 35 隻であった．1990 年代において中国海軍による海外への寄港は 20 ヵ国を超え，17 ヵ国からの軍艦の寄港を受け入れた[26]．そして，2000 年代に入ってこうした動きはさらに活発化し，2008 年 12 月に中国はアデン湾ソマリア沖に海軍艦艇を派遣し，国際的な対海賊活動に参加したのである．またアデン湾までの途中の寄港は，関係諸国との軍事関係の強化にもつながった．

ASEAN，SCO などの多国間機構を通じて，中国は合同軍事演習などの多国間の軍事関係強化に積極的である（第 2 章第 2 節・第 3 節を参照）が，他方，二国間の軍事協力にも進展がみられており，こうした動きは特に東南アジア諸国との間で顕著である．1999 年 2 月に中国はタイと「21 世紀に向けたアクションプラン」に調印し，その後マレーシア，ミャンマー，ブルネイ，インドネシア，シンガポール，フィリピンとの間でも同様な軍事協定が結ばれた[27]．中国はまたタイ，ベトナム，フィリピン，インドネシア，シンガポール，マレーシアとの間で定期的な対話枠組みを立ち上げたが，期待された効果は現状では得

られていないという[28]．

　そして，中国の対外軍事交流のもう 1 つの特徴は，非伝統的安全保障分野での交流強化を通じた地域公共財の提供にある．すなわち，中国は国境を接した国々との共同パトロール，反テロ活動，海上交通路の防衛，人道支援・災害援助，国連平和維持活動（PKO）などを通じて，軍事関係の強化を図っている．2013 年 4 月に公表された中国の『国防白書』によれば，中国はすでに 7 ヵ国の隣国と国境防衛に関する協定を結び，12 ヵ国の隣国と国境安定に関する定期会合制度を構築している．またロシア，カザフスタン，モンゴル，ベトナムなどとは共同軍事パトロールを実施しており，カザフスタン，キルギス，ロシア，タジキスタンとの間で国境地域での軍関係による相互視察が行われている[29]．

　このように，武器輸出についていえば従来の政策を踏襲した形で軍事関係が展開されているが，他方，冷戦終結後，国境地域の安定重視，海上交通路の重要性の浮上により，中国は非伝統的安全保障分野においてアジア諸国との間で新たな協力関係を築き上げている．

4. おわりに

　アジア諸国のなかで，中国とアジア諸国との関係は政治，経済，文化，軍事の各分野においてそれぞれ異なる様相を呈しており，「アジア地域では経済的に中国が中枢的な役割を果たし，アジア諸国は軍事的にアメリカに依存している」と一言で概括することは難しい．

　中国の取り組みの視点から，複雑に絡みあう中国とアジア諸国との関係を敢えて俯瞰するならば，以下の 4 点が重要である．

　第一に，中国と日本および韓国との関係は，政治，経済，文化の面において他国を寄せつけない密接さを示している．日中関係は「政冷経熱」と称され，政治，安全保障上の日中両国の相互不信が増幅しているが，中国政府は一貫して日中関係に格別な政治的関心を払い，両国関係をきわめて重視している．

　第二に，中央アジア諸国のなかで，中国はロシア，カザフスタンとの間で，政治，経済，軍事の面において関係を強化している．またロシアとの間では，

文化面の関係強化の動きも見られる．中ロ関係は「政熱経冷」と称されているが，両国の経済関係が大きな発展を遂げられないのはアジア太平洋の枠組みを中心に展開する中国の経済構造によるところが大きい．

　第三に，南アジア諸国のなかでは，インドおよびパキスタンとの関係を中国は重視しており，両国との関係強化を図っている．パキスタンとの間ではFTA が締結されており，合同軍事演習や武器の輸出入が行われている．インドは中国とアジア諸国との貿易額において5位に位置し，中国への留学生も増加傾向を示し，また中国との合同軍事演習も展開されている（第2章第2節，第4章第3節を参照）．

　第四に，東南アジアには突出した地域大国が存在していないがゆえに，中国との関係が錯綜としており，複雑な様相を呈している．

　さらに，アジアでは大国のパワーバランスのなかで，地域大国とバランスよく関係を強化している国が多い．中国とカザフスタンとの関係は進展しているが，しかし，カザフスタンはバランスのとれた多方位外交（balanced and multi-dimensional policy）[30]を打ち出しており，第三の隣国との外交関係を強化している点に注意が必要である．カザフスタンはアメリカとの軍事演習とSCO の軍事演習の双方に参加しており，2003年からは北大西洋条約機構（NATO）との軍事協力にも乗り出している．

　モンゴルも第三隣国外交（third neighbors policy）[31]戦略を展開している．SCO のオブザーバーでもあるモンゴルも，冷戦終結後アメリカとの軍事関係を強化すると同時に，ロシア，中国，日本，韓国，EU との関係を強化している．

　2010年に温家宝首相がモンゴルを訪問した際，鉱産資源の開発，インフラ建設と金融分野の協力の「三位一体」の発展様式を提唱し[32]，2011年に中国とモンゴルは戦略的パートナー関係を結んだ．これにより，2011年の中国・モンゴル間の貿易は前年比84.3%増の63億ドルに達した．2011年のモンゴルの対中輸出は43.7億ドルに増加したが，これはモンゴルの全輸出の91.3%を占めている[33]．2013年現在，石炭[34]，金，銅などが豊富なモンゴルにとって，中国は最大の貿易相手国であり，最大の投資国となっている．

　経済関係で中国に強く依存するモンゴルであるが，SCO への加盟の意向は

有しておらず[35]，1992年9月にモンゴル大統領ポンサルマーギーン・オチルバト（Punsalmaagiyn Ochirbat）は国連総会において世界で初めて一国非核兵器地帯[36]を宣言し，2000年10月に核保有国の五大国（中国，フランス，ロシア，アメリカ，イギリス）は共同声明により，核兵器でモンゴルを攻撃したり威嚇したりしないことを約束した[37]．そして，2012年11月，正式に欧州安全保障協力機構（OSCE）[38]に参加し，OSCEの57ヵ国目の加盟国となった．

インドと中国という地域大国の間に位置するネパールは中国高官との相互訪問が多く，ネパールの副首相や外相の訪中も毎年行われている[39]．しかし，ネパールの最大の貿易相手国は依然としてインドである．また，中国とネパールとの貿易に関しては，多大な貿易不均衡が存在しており，ネパールへの中国の輸出が圧倒的に多い[40]．

こうしたなか，中国とアジア諸国との間で，多種多様な関係がみられるようになった．

「地域大国型」：日本，ロシア，インドは地域大国であり，中国外交の取り組みの中で常に重要な位置を占めている．しかし，中国と日本，ロシア，インドとの関係には常に地域の勢力均衡の論理が働いている．パキスタンに対しても，中国はインドとの関係に配慮しつつ外交を展開している．

「全方位型」：タイやカザフスタンと中国との間では，政治，経済，軍事，文化のどの側面においても，関係強化の動きが見られる．こうした傾向は特に中タイ関係において顕著である．

シンガポールと中国との関係は厳密にいえば全方位的ではないが，両国間で経済，軍事，人的交流（中国からシンガポールへ）の面で関係は密接化しており，おおむね良好な関係を維持している．

「援助・被援助型」：ラオス，カンボジア，ミャンマーはGMS開発の関係国であり，中国との間で経済関係を強めている．特にラオスとミャンマーは対中貿易依存度も高く，カンボジア，ラオスに対する中国の直接投資も多い．

ミャンマーとの経済関係は急速に発展しており，2012年度の9億ドルの借り入れの外債のうち，5.27億ドルは中国によるものである[41]．伝統的・非伝統的安全保障分野における協力も進んでいる．中国は2005年12月にミャンマー政府との間で，麻薬取締りの二国間協力や国境地域における合同パトロールな

どについても合意している[42]．

しかし，2009 年にミャンマー政府が国内少数民族武装勢力に対し，国境警備隊への編入を要求し，8 月に国境警備隊への編入を拒否したコーカン軍・全国ミャンマー民主同盟軍（MNDAA）を攻撃した事件で，3.7 万人の難民が中国に逃げこんだという[43]．そして 2011 年 6 月に，ミャンマー政府軍とカチン独立軍（KIA）との間で戦闘が開始したが，この事件による中国の経済損失は 5 億元に上ったという[44]．

2011 年 9 月に民政移管したミャンマーでは民主化への動きが見られ，アメリカをはじめとする先進国との関係が大きく前進した．こうしたなか，テイン・セイン（Thein Sein）大統領は，2006 年に中国と共同開発に合意し 2009 年 12 月に着工したイラワジ川上流でのミッソン・ダム建設[45]を現政権下において中止することを表明した．その後，中国電力投資グループは中国のメディアに訴えかけ，契約違反による損害賠償をにおわせた[46]．その後，中国とミャンマー両国政府は政治的解決を試みたが，結局コーカン軍の妨害活動によりダム建設が中断したままとなっている[47]．また，カチン州を経由する中国とミャンマーを結ぶパイプラインの安全に対する懸念の声も上がっている．こうしたなか，中国はミャンマー政府とカチン州の反政府組織カチン独立機構（KIO）の和平交渉の仲介に乗り出し[48]，ミャンマーの安定維持に積極的に関与するようになった．

このように，民主化が進むミャンマーの中国離れへの懸念，治安の問題など，中国とミャンマーとの間では不安材料は事欠かないが，両国関係の基本的な方向性には大きな変化が見られない．

1988 年に軍事政権が成立してから，カンボジアは西側諸国による経済制裁を受け，国際社会から孤立していた．こうしたなか，中国とカンボジアの関係が急速に進展した．1992 年から 2009 年まで，カンボジアの最大の援助国は日本であったが[49]，いまでは中国がカンボジアに対して毎年 3 億ドルから 5 億ドルの援助を行っており，最大のドナー国となっている[50]．

ラオスとは 2009 年に全面的戦略的協力パートナーシップが結ばれ，ダム建設やカリ岩塩の開発などを中心に経済関係が緊密化した．現在ラオスでは 700 社の中国企業が登録されているという[51]．

「特殊型」:中国は北朝鮮との関係を「普通の二国間関係」に変容させていこうとしているが,北朝鮮をめぐる厳しい国際情勢の下で,中朝両国の関係はやはり独自の展開を見せている(第2章第1節を参照).

「希薄型」:ブータンは中国と国交を有しておらず,両国の関係にはほとんど進展が見られない.そしてブルネイ,東ティモールは,政治,経済,文化,軍事のどの分野においても,中国との関係においてアジア諸国の中で下位争いをしている.しかし近年,中国とブルネイの経済関係は急速に進んでいる.特に石油・天然ガスによる収入がGDPの60%,輸出額の90%を占めているブルネイにとって,中国とのエネルギー協力は重要な意味を有する[52].そして,2007年から中国と東ティモールは軍事関係を強化している[53].

「普通の関係」:その他多くのアジア諸国と中国との間では,近すぎず遠からずの距離を保ちながらの関係が展開されている.

以上のように,1990年代以降,中国はアジア諸国との間で,冷戦時代とは異なった関係を構築している.地政学的な要素,海洋主権の対立などにより,今後も中国とアジア諸国の関係は変容を遂げる可能性があることはいうまでもない.

結　び

　2005年9月，アメリカの国務副長官ロバート・ゼーリック（Robert B. Zoellick）が，中国が「責任あるステークホルダー（responsible stakeholder）」になるよう促す発言を行い，大きな話題を及んだ．しかし，当時の中国のアジア外交戦略の視点からみれば，中国はすでに自国を地域大国と見なし，中国が指導力を発揮できる地域秩序の形成に尽力していたのである．

　アジアに対する中国の捉え方は，「アジア・アフリカ」から，「アジア太平洋」を経て，「アジア」へと変遷してきたが，アジア地域における中国の外交展開は一貫して，パワー・ポリティクス，中国の自己認識，国家の統一と周辺地域の安定確保，そして経済発展戦略の4つの要素によって規定されている．1990年代後半以降に展開されている「周辺外交」と称されるアジア地域に限定した外交は，地域大国としての認識に基づいて行われているのである．

　アジアの地域システムでは，日米，米韓，米比，米タイなど米国主導のハブ・アンド・スポークの地域安全保障システムと，中国，中国以外のアジア（日本を含む），米国の三角貿易を基盤とする地域的な経済システムの間に緊張関係があるといわれるが，こうした地域の安全保障システムと経済システムの非対称性は中国のアジア政策の結果でもある．1996年以降，中国はアメリカ主導のハブ・アンド・スポークの地域安全保障システムを黙認してきたが，その一方で，第2章で詳しく見るように上海協力機構（SCO），東南アジア諸国連合（ASEAN）諸国との関係を強化し，多国間協力そして経済関係の強化を切り口に積極的なアジア外交を展開したのである．

　中国とアジア諸国の間では様々な関係が形成されており，複雑な様相を呈している．中国は積極的なアジア外交を展開しているが，「アジア地域では経済的に中国が中枢的な役割を果たし，アジア諸国は軍事的にはアメリカに依存している」と一言で概括することはできず，またアジア地域での中国の経済的プレゼンスは確かに拡大しているが，中国がアジア経済全体を牽引するまでには

至っていない．

　他方において，アジア地域の安全保障は依然として米国主導のハブ・アンド・スポークの地域安全保障システムに変わりがないとはいえ，後続の章で見ていくように中国とアジア諸国との軍事関係が強化されている面も見逃せない．中国の対外軍事交流は，冷戦時に形成されていた従来の政策を踏襲した軍事関係，国境を隣接している国々との軍事関係の強化，そして海上交通路の確保という3つの柱によって支えられている．

　かくして，パワー・ポリティクスに強く左右されながら，中国とアジア諸国の関係は刻々と変容しており，政治，経済，文化，軍事など切り口が異なれば異なる様相を呈するほど複雑な関係を織りなしている．

第2章　台頭する中国とアジアの地域秩序

　中国は伝統的に大国間の権力政治を中心課題としていたため，安保理常任理事国を務める国連を除いて多国間外交に対する中国の関心は低かった．しかし，前章で概観したように1990年代後半，特にアジア金融危機以降，中国は自らアジアにおける多国間協力に積極的に取り組むようになった．このように中国は，かつての傍観者から参加者，そして推進者へと変貌を遂げてきている．現在では，中国の主導のもとで新しい地域機構も設立され，多国間外交は中国外交の重要な一部をなし，多国間主義も芽生えつつある．

　多国間協力を通じて芽生え始めたこうした多国間主義が外交の基本原則として定着するか否かは，中国が今後国際社会において建設的な役割を果たすのかを見極めるうえで重要である．他方において，世界貿易機関（WTO）や多くの国連組織への参画と同じように，地域の規範や地域機構のルールにより，中国の対外行動が拘束されている点も留意する必要がある．

　1990年代以来，中国は積極的にアジア外交を展開し，主なアジア地域機構に参画し，多国間協議での存在感が高まっている．こうしたアジアの地域機構・多国間協議の中から，本章では，北東アジアの六者会合，東南アジア諸国連合（ASEAN），南アジア地域協力連合（SAARC），中央アジアの上海協力機構（SCO）を取り上げることにする．

　六者会合は中国が初めてシャトル外交（仲介外交，斡旋外交ともいわれる）に踏み切り，中国がイニシアティブをとって多国間協議に積極的に取り組んでいるケースの1つである．ASEANは中国が最初に参加した地域機構の1つであり，ASEANとの地域協力は中国の地域協力のモデルケースと位置付けられている．SCOは中国の主導のもとで創設された地域機構であり，地域協力における中国の姿勢のみならず，中国が目指す地域協力の方向性を考えるうえで示唆を与えてくれる事例となる．

　そこで，本章では六者会合，ASEAN，SAARC，SCOに対する中国の取り

組みを明らかにし，経済発展を背景に台頭する中国がそれぞれの地域機構において どのような規範で臨み，どのような戦略を採択したのか，そして中国の影響力が，経済的，政治的，あるいは軍事的にどれだけ浸透しているのかについて分析を行う．

2.1 北東アジアと六者会合

1. はじめに

　中国と北朝鮮の関係は常に「唇歯の関係」と称されており，朝鮮戦争を通じて両国の関係は「血で結ばれた兄弟関係」になったとも称賛されている．

　朝鮮半島の平和と安定が中国の周辺環境の平和と安定につながることは言うまでもない．「唇がなくなれば歯は寒くなる（唇亡則歯寒）」との言葉もあるように，中国にとっての北朝鮮は重要な緩衝地帯である．中国の国際関係学者の間では「北朝鮮は，アメリカが中国，ロシア，日本を制するうえで重要な拠点である」[1]との認識が広がっており，北朝鮮へのアメリカ，ロシア，日本などの大国の影響力浸透に対する懸念は常に根強く存在している．

　2000年代に入ってから，中国と北朝鮮の貿易額は増えており，鎖国体制をとっている北朝鮮にとって中朝貿易は重要な意味を持っている．他方，中国にとっても中朝貿易は極めて重要である．確かに，中朝貿易は中国の貿易全体の1％にも満たないが，中国では中朝貿易は中国の東北地域の経済振興にとってなくてはならない存在となっていると考えられている．特に東北三省における地域の経済発展は海へのアクセスを有している北朝鮮との協力にかかっていると考えられているだけに，1990年代から図們江地域開発に期待が寄せられている（第3章第1節を参照）．

　このように，北朝鮮は中国の安全保障，そして東北地域の経済振興にとって重要な意味をもつ．そこで，本節では冷戦終結後の中国の対北朝鮮政策や六者会合を中心に，北東アジアにおける中国の政策展開と中国と北朝鮮の関係の変化を論じたい．

2. リスク回避型行動から関与へ：1991 年～ 2001 年

1990 年代前半の中国は自らを発展途上国と位置づけ，先進国の技術と資金を活用し，アジアの雁行型の経済発展に参画していくことで自国経済のテイク・オフを目指した（第 1 章を参照）．こうした意味でアメリカ，日本といった先進国や，新興工業経済地域（NIEs）の一員である韓国は，中国の対外戦略ならびに経済発展戦略上において重要な位置を占めていた．こうした流れの中で中国は韓国と国交を樹立することになる．

中韓の接近は 1980 年代後半から動き出した．ソウルで開かれた 1986 年のアジア競技大会と 1988 年のオリンピックのいずれにも中国は参加した．1988 年の中韓貿易額は 10 億ドルを超え，両国は貿易事務所の設置を検討することになった[2]．中韓で貿易事務所の設置に関する北朝鮮の了解を得ようとして，1988 年から中国は北朝鮮の金日成国家主席，金永南外相と数回にわたり意見交換し，説得にあたったが，1990 年の後半になってやっと北朝鮮から同意を得られたという[3]．1991 年 5 月，李鵬首相が北朝鮮を訪問した際に，もし韓国の加盟が国連の場で再び提起された場合は，中国は反対の立場を維持することは難しいと伝えた[4]．1991 年 9 月の南北両政権の国連同時加盟を経て，1992 年 8 月に中韓両国の国交が結ばれた．

すでに 1990 年 9 月にソ連が韓国との国交樹立に踏み切っていたとはいえ，中韓の国交樹立が中国と北朝鮮の関係に影を落とすことになったことは言うまでもない．1992 年から 1999 年の間，中国と北朝鮮のトップレベルの交流は完全に途絶え，両国の貿易額も 1993 年の 8.99 億ドルから 1999 年には 3.7 億ドルに減少した．さらに，韓国に接近する中国に対して，金日成は台湾との国交をちらつかせ，台湾との交流をスタートさせることで対抗した．北朝鮮の戦略は李登輝政権下で推し進められていた弾力外交と合致するところがあり，実際に台湾からコメなど多くの経済援助を引き出せた．さらに台湾の核廃棄物を北朝鮮で処理する契約も交わされようとしたが，中国の圧力や国際的な非難により 1997 年に断念した[5]．

中国と北朝鮮の関係がぎくしゃくする中，第 1 次核危機（1993 年～ 1994

年) が発生した. 北朝鮮は1985年12月に核拡散防止条約 (NPT) に加入し, 1992年2月に国際原子力機関 (IAEA) との保障措置協定に調印したことで, 1992年5月から93年2月まで計6回にわたりIAEAによる特定査察が行われた. そしてIAEAは, 遼寧省に近い北朝鮮の核廃棄物処理施設2ヵ所でプルトニウムを抽出している可能性があるとし, 1993年2月に査察を要求した. これを受け, 北朝鮮は同年3月にNPTを脱退した. その後アメリカは米朝直接交渉という北朝鮮の要求に応じ, 直接交渉が2回行われたが, 成果は得られず緊張が高まっていった. 1994年6月, ジミー・カーター (Jimmy Carter) 元アメリカ大統領の訪朝により, 7月に第3回米朝直接交渉に漕ぎ着けた. 第3回米朝交渉は金日成の急死により一時中断されたものの, 10月に米朝枠組み合意 (Agreed Framework) が結ばれ[6], この合意を受けて翌95年3月に朝鮮半島エネルギー開発機構 (KEDO)[7]が設立された.

第1次核危機の際 (1994年) に, 中国は北朝鮮への食糧援助を一時中断したともいわれているが[8], 北朝鮮問題に対して全般的には消極的で, 多国間協議はまだ時期が熟していないとの認識を示しつつ[9]リスク回避的な行動をとっていた[10]. 中国は, 米朝の直接交渉には賛成であったが, 国連による北朝鮮の制裁には反対の姿勢を示した.

しかし, 1996年から中国は多国間外交を重視する姿勢を徐々に前面に打ち出していった. こうした政策の変化により, 北朝鮮に対する中国の姿勢にも変化の兆しが表れるようになった. 1996年4月18日に米韓両国が四者会談の提案を行ったが, 水面下では中国はすぐに肯定的な回答を行ったという[11]. さらに1997年には, 中国政府から派遣された国連開発計画 (UNDP) 職員が北朝鮮は中国式の改革開放を採用すべきだと公に発言した. ここにきて, 中国の対北朝鮮政策において, 朝鮮半島における平和枠組みの構築の重要性が認識され[12], 経済分野における北朝鮮の対外開放を促す方向性が浮上したのである.

中国式の改革開放政策の採用という提案に対して, 北朝鮮は, 鄧小平は社会主義の裏切り者だと激しく批判し, さらに台湾との直行便をスタートさせた. 他方, 1997年の米韓朝による準高官級会談では, 北朝鮮は「新しい平和保障体系」[13]に触れつつも, 「3 + 1」の構想を示し, 「四者会談」に実質的に同意した.

1997年12月に第1回四者会談が実現し，四者会談は1999年8月までに計6回行われた．1999年1月の第4回会談において，中国が初めて提案を行った．中国の提案の内容は，平和体制の構築と緊張緩和を目的として，2つの分科会を設置するといったものであった[14]．中国はさらに1999年8月の第6回会談において，信頼醸成措置のメカニズムを提案した．

　北朝鮮の政策変化により，1999年から中朝関係は大きく改善した．1999年6月に朝鮮最高人民会議常任委員長金永南が訪中し，10月に唐家璇外相が北朝鮮を訪問したことで，中韓国交樹立以来両国間の高官による相互訪問が途絶えた状態に終止符が打たれ，中朝関係は回復の兆しを見せた．

　2000年には金正日総書記が南北の首脳会談（6月）に応じ，また南北会談直前の5月に訪中した．金正日総書記は2001年1月15日から20日にかけて，再び中国へ非公式訪問を行い，改革開放の進む上海を訪れた．そして江沢民国家主席も2001年9月に北朝鮮を公式訪問した．こうしたバラ色のような政治関係を背景に，中国と北朝鮮の二国間の貿易も飛躍的な発展を遂げた．

　以上のように，1990年代前半の中国は自国の経済発展の視点からアメリカやNIEsとの関係を重視する姿勢をとったことから，北朝鮮との関係もぎくしゃくしていた．しかし，1990年代後半から中国は北朝鮮問題で積極的な役割を果たそうとするようになり，多国間の枠組みによる問題解決にもより前向きな姿勢を示すようになった．また，1990年代後半から，中国から北朝鮮に改革開放を促す発言があったことも重要な意味を有する．こうしたなか，北朝鮮の姿勢の変化により，中国と北朝鮮の関係は大きく改善した．

3. 新たな中朝関係の構築：2001年〜2006年

　2000年代の前半は，中国の対北朝鮮政策が徐々に形作られる重要な段階にあたり，こうしたプロセスにおいて，中朝関係も徐々に変質するようになった．

　2001年にアメリカで発生した同時多発テロ事件（9.11事件）で中国や北朝鮮を取り巻く国際環境は大きく変容した．中朝の経済関係も2000年以降大きく改善し，図表2-1で示しているとおり発展を遂げている．

　1990年代末ごろは，北朝鮮を取り巻く地域環境が著しく好転していた時期

図表 2-1　中国・北朝鮮の貿易 (2000-2011年)

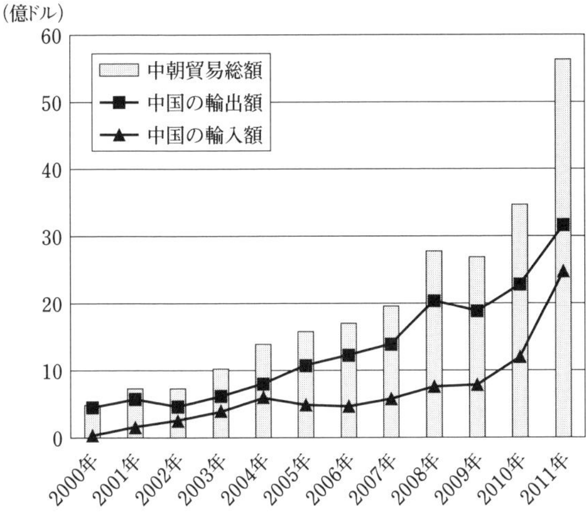

(億ドル)

凡例：
- 中朝貿易総額
- 中国の輸出額
- 中国の輸入額

出所：中国税関統計各年版

であった．中国側は，日米安保再定義，アメリカが推し進める戦域ミサイル防衛（TMD）構想などの一連の動向をアメリカの対中封じ込めの一環として捉え，こうした封じ込め政策を打ち破るために，中朝関係の改善に動いたのである[15]．同じ時期に，中朝関係のみならず，南北関係，日朝関係も改善の方向に向かった．1998年2月に発足した韓国の金大中政権は太陽政策を掲げ，南北の交流と対話が進められた．日本も，1999年12月に村山富市元首相を団長とする超党派議員団が訪朝し，そして，2000年4月には7年5ヵ月ぶりに日朝交渉が再開した．

しかし，9.11事件以降，北朝鮮に対する宥和ムードに逆風が吹き始めた．2002年1月の一般教書演説でジョージ・W.ブッシュ（George W. Bush）米大統領はイラン，イラクと並んで北朝鮮を「悪の枢軸（Axis of Evil）」と批判した．こうした国際環境の変化に伴い，中国は対北朝鮮政策を変更させた．9.11事件を契機に，アメリカとの対立をうまく抑制し，より強固な協力関係を築いていこうとしながらも，効果的な対策が打ち出せなかった中国は反テロ問題や，北朝鮮問題で対米協力姿勢を強めたのである．中国政府は米中韓の構造的対立は未解決であるとの認識を有しつつも，こうした対米協力により米中両国は平

和的発展期に突入したが[16],中朝関係は従来の「血で結ばれた兄弟関係」から徐々に変質した.

2002年には9月に北朝鮮が設立した「新義州行政特区」をめぐり「楊斌事件」[17]が発生した.遼寧省の丹東市に隣接する場所に新義州特別区を設置する構想に対し,中国政府は表面上歓迎と支持を表明したが,中居良文の研究によると,地方政府は特別区の設置について決して快く思っていなかった[18].新義州行政特区の設立や楊の任命に関して中国に十分な事前相談がなかったことがその理由であると一般的にみられているが,新義州は韓国の資本が流入しやすく,北朝鮮の改革開放政策を促進しようとする中国の政策と必ずしも一致しなかったことも一因になっていると考えられる.

2002年9月17日には小泉純一郎首相が訪朝したが,北朝鮮との国交を推進することでアジアにおける日本のプレゼンスを高めようとする日本政府に対して,アメリカは小泉首相の訪朝に先立ち,8月27日に北朝鮮に対しより強硬なアプローチをとるように促し,北朝鮮による高濃縮ウラン計画の存在を伝えた[19].同年10月,ジェームズ・ケリー(James A. Kelly)米国務次官補が訪朝した際に北朝鮮は高濃縮ウラン計画の存在を明かし,核兵器開発を継続していたことを認めた.これを受け,11月14日にKEDOは12月から重油提供を凍結することを決定し,11月29日にIAEA理事会で北朝鮮非難決議が可決された.これに抗議する形で,北朝鮮は寧辺の核施設の再稼働を発表し,IAEA査察官を国外退去させ,2003年1月にNPT脱退を表明した.

第1次核危機と異なり,この第2次朝鮮半島核危機において,中国は北朝鮮の核問題に対してより毅然とした態度で臨むようになった.中国は「朝鮮半島非核化を支持し,朝鮮半島の平和と安定の維持に尽力し,対話による問題の解決を主張する」という原則[20]を明らかにし,「対話」と「非核化」が中国にとって北朝鮮核問題を解決するうえでの2つ重要な構成要素となった.

こうした原則に従い,東南アジア諸国連合(ASEAN)の会合やASEAN地域フォーラム(ARF)などの場では,中国はそれまでよりも一歩踏み込んだ形で北朝鮮の核問題について言及するようになり,2003年2月に北朝鮮のNPT脱退を非難し,国連安保理に付託するIAEAの北朝鮮非難決議案にも賛成した.その上同月,北朝鮮のエネルギー消費の90%を供給しているとも言

われている中国は，一時的に（3日間）北朝鮮への石油輸送を中断した．

アメリカは多国間協議が北朝鮮核問題への最良の方法だという認識に立ち，中国に対して北朝鮮の核問題を協議する多国間の枠組みを提案した．2003年2月の時点では，中国はアメリカの提案を「注意深く聞いていた（listened carefully）」[21]という．しかし，公の場では中国は「二国間協議」の立場を放棄しておらず，3月6日に唐家璇外相は米朝直接対話の必要性に言及し，3月26日には外交部スポークスマン章啓月が朝鮮半島問題の当事者である南北朝鮮による直接対話を歓迎する発言を行った[22]．

2003年3月8日から9日にかけて，銭其琛副首相が北朝鮮を訪問し，北朝鮮から三者協議への復帰の約束を取り付けた．中国が主催する米中朝の三者協議は同年4月23日から秘密裏に行われた．この三者協議においては，中国はホストの立場に終始し，具体的な議論に参加しないようにした[23]．

北朝鮮の核問題に関してブッシュ大統領と胡錦濤国家主席の間で電話による協議が数回行われ，米中実務者の間でも密に連絡を取り合っていたという[24]．アメリカも中国のこうした努力を評価した．しかし，胡錦濤と北朝鮮のナンバー2である趙明緑国防委員会第一副委員長との会見が行われた直後にもかかわらず，2003年4月の米朝中三者会談では芳しい成果が得られなかった．「一括妥結方式」で示されている北朝鮮の基本的な政策目標は第1次核危機のときと変わらず，①武力の不行使，②エネルギーの供給，③米朝，日朝の国交正常化の実現にあった[25]．しかも，10年前よりも一歩進んで北朝鮮は，協議の場において公然と「核抑止力」を政策オプションとし，核兵器を保有し，またそれを輸出するかもしれないと発言した[26]．

当時，北朝鮮の核開発問題に関するトップレベルの議論において，六者会合への賛成は極めて少数であった[27]が，それでも中国政府が主催国として六者会合の開催に踏み切った理由の1つには，2003年3月20日からのアメリカによるイラク攻撃があった．同月ブッシュ大統領が北朝鮮への武力行使の可能性を明言した[28]こともあり，第1次核危機と異なり北朝鮮問題がイラク問題の極東版とみなされ始め，先制攻撃の論理が北朝鮮にも適用される懸念が，日本や韓国のみならず，中国にも広がったのである[29]．

2003年7月7日から10日にかけて，就任間もない盧武鉉韓国大統領が北京

と上海を訪問した．その直後の7月12日から14日にかけて，中国の戴秉国外交部副部長が北朝鮮を訪問し，金正日と会談した．さらに7月16日から18日に戴秉国はアメリカを訪問した．それを受け7月31日，北朝鮮は六者会合への参加を表明した．そして8月18日から22日にかけて，徐才厚中央軍事委員会委員と劉洪才対外連絡部副部長が率いる代表団が相次いで訪朝した．

2003年8月27日から29日までの3日間，中国が議長国を務める六者会合が開かれた．この六者会合を皮切りに，中国は，ダルフール問題，ミャンマー問題など様々な重要な国際問題において「シャトル外交」を展開するようになった[30]が，直接の当事者ではないにもかかわらず地域紛争に深くかかわる行為は中国にとって初めてのことであり，重要な一歩を意味する[31]．

図表2-2で示されているように，これまで六者会合は計6回開かれている．北朝鮮の核問題に関して，アメリカは「完全で，検証可能かつ不可逆的（再開できない）核廃棄」の立場をとっている．これに対し，北朝鮮は反発し，「凍結」，「放棄」をいくつかのレベルに分け，それぞれの段階でアメリカから見返りを得ようとした[32]．米朝の主張に隔たりは大きかったが，2005年夏ごろか

図表2-2　六者会合の開催時期

会合名称	開催時期
第1回六者会合	2003年8月27日～29日
第2回六者会合	2004年2月25日～28日
第3回六者会合	2004年6月23日～26日
第4回六者会合	第1次会合：2005年7月26日～8月7日
	第2次会合：2005年9月13日～19日（「共同声明」）
第5回六者会合	第1セッション：2005年11月9日～11日
	第2セッション：2006年12月18日～22日
	第3セッション：2007年2月8日～13日
	（「共同声明の実施のための初期段階の措置」）
第6回六者会合	第1セッション：2007年3月19日～22日
	第6回六者会合に関する首席代表者会合：2007年7月18日～20日
	第2セッション：2007年9月27日～30日
	（「共同声明の実施のための第2段階の措置」）
	第6回六者会合に関する首席代表者会合：2008年7月10日～12日
	六者による非公式会合：2008年7月23日
	(2008年10月11日，アメリカによる北朝鮮のテロ支援国家指定解除)
	第6回六者会合に関する首席代表者会合：2008年12月8日～11日

出所：日本外務省公表資料より筆者作成

ら中国が積極的にシャトル外交を展開した[33]．その結果，第 1 回目の六者会合が開催されてから 2 年後の第 4 回目の六者会合において，北朝鮮が核放棄を約束した「共同声明」（2005 年 9 月 19 日）が採択された．

この共同声明に具体案が盛り込まれなかったことから，2 ヵ月後に第 5 回六者会合が開かれ，実施に向けた作業について議論された．合意された議長声明には「行動対行動の原則」が盛り込まれた．

以上のように，2000 年代前半において，北朝鮮の核問題に対処する中，中国の対北朝鮮政策は徐々に形作られた．米中関係が中国の対北朝鮮政策を左右する重要なファクターとなっており，米中関係を改善するうえでの有効な手段として対北朝鮮政策が考えられていた．また，この時期に，「朝鮮半島非核化」と「核問題の平和的解決」が中国の対北朝鮮政策の重要な構成要素として浮上した．すなわち，長期目標である「朝鮮半島非核化」を実現するために，中国は六者会合という多国間協議によって，北朝鮮の核問題を管理する戦略を採択した．他方において，2000 年に幕開けした「西部大開発プロジェクト」に伴い，中朝関係における経済協力の重要性が増幅した．図表 2-1 で示されているように，2000 年代に入ってから中朝貿易は飛躍的な発展を遂げている．

対米戦略，平和的周辺環境の確保，中朝の経済関係の強化という 3 つの要素によって動かされた中国の対北朝鮮政策は，2000 年代前半に大きな成果を収めることができた．一方では中国は多国間の枠組みを通じて北朝鮮の対米傾斜を牽制しつつ[34]，他方では北朝鮮の核問題に積極的に介入することによってアメリカとの対立を回避した[35]．2005 年の共同声明で一応の成果が得られたことで，シャトル外交に代表される中国の積極的な外交姿勢は国際社会から一定の賞賛が得られ，米中関係も大きく改善された．米国務長官コリン・パウエル（Colin Powell）がこの時期の米中関係は 30 年来もっとも良好な関係であると評価したほどである[36]．

同時に，中国と北朝鮮の関係も政治と経済の両面において大きく前進した．図表 2-3 に示されているように，2004 年から 2006 年初めの間に金正日総書記は 2 回も訪中し，また北朝鮮の外相金永南の訪中や李肇星外相の訪朝といった相互訪問もあり，両国のトップの交流が盛んに行われた．2004 年は中朝国交 55 周年に当たり，金正日総書記が訪中した際に中国は北朝鮮への無償援助を

図表 2-3　金正日の訪中 (2000-2011 年)

訪中時期	訪問先
2000 年 5 月 29 日～31 日	非公式訪問 北京：聯想グループなど
2001 年 1 月 15 日～20 日	非公式訪問 上海：浦東新区，貝尓（有），上海証券取引所，宝山鋼鉄グループ，張江ハイテク園区，孫橋現代農業開発区など
2004 年 4 月 19 日～21 日	非公式訪問 北京
2006 年 1 月 10 日～18 日	非公式訪問 湖北，広東，北京など
2010 年 5 月 3 日～7 日	非公式訪問 大連，天津，北京，瀋陽（開発区，保税港，食品加工など）
2010 年 8 月 26 日～30 日	非公式訪問 吉林，黒龍江
2011 年 5 月 20 日～26 日	非公式訪問 北京，黒龍江，吉林，江蘇
2011 年 8 月 25 日～	ロシア訪問後，中国東北，内モンゴルを訪問

約束し，また北朝鮮は六者会合への積極参加を約束した[37]．両国間では特に経済貿易協力について話し合われたという．また 2006 年 1 月の訪中では，金正日総書記は特に経済特区の成果を褒め称えた[38]．この 2006 年の金正日訪中に際しても，中国と北朝鮮の両国は経済貿易協力の可能性について話し合い，温家宝首相は「政府が主導し，企業が参加し，市場メカニズムを活用する（政府主導，企業参与，市場運作）」と発言し，中朝経済関係の方向を提示した．そして，金正日総書記の帰国後，北朝鮮から中国の経済成長について研究するための代表団が中国に派遣された[39]．

しかしながら，中国が目指しているこうした市場メカニズムの枠組みでの北朝鮮との経済関係構築は，これまでの中朝関係を変容させることは必至である．

4. 影響力の低下と対北朝鮮政策のジレンマ：2006 年～

2006 年から北朝鮮が度重なる核実験を行い，朝鮮半島の緊張が一気に高まった．さらに，2011 年秋ごろからアメリカのアジア復帰戦略も本格的に動き出した．変容する地域情勢のなか，中国の対北朝鮮政策も揺れ動いている．

(1) 2006 年のミサイル発射と核実験

第 4 回六者会合の最中の 2005 年 9 月 15 日にアメリカはマネーロンダリングの可能性があるとして，マカオのバンコ・デルタ・アジア（Banco Delta Asia: BDA）にある北朝鮮の関連口座を凍結した．これを受け，北朝鮮は六者会合の共同声明の履行はアメリカの金融制裁と国連安保理決議に基づく制裁の解除が前提だと主張し，米朝の意見が激しく対立した．そして中国国内では 2006 年 10 月の北朝鮮の地下核実験まで，「アメリカ陰謀説」を唱える人も多かった．北朝鮮の関連口座に対する凍結措置が取られた翌月の 2005 年 10 月 28 日から 30 日に胡錦濤国家主席が訪朝したが，北朝鮮は制裁解除を求める主張を引き下げることはなかった．

2006 年 7 月 5 日，北朝鮮はミサイル発射実験を強行し，さらに 10 月 9 日に地下核実験を実施した．地下核実験に関しては，北朝鮮は事前に中国に通報した．中国には 4kt 規模の実験と伝えたものの，実際には 1kt 未満であったという[40]．

核開発をめぐる北朝鮮の動向に対して，中国は以前より厳しく北朝鮮を批判した．北朝鮮のミサイル発射後，中国は「重大な関心」を示し，国連安保理では北朝鮮への非難・制裁決議第 1695 号（7 月 15 日）と第 1718 号（10 月 15 日）が採択された．中国は 2006 年 9 月に北朝鮮への石油供給を止め，2007 年 2 月と 3 月にも北朝鮮への石油供給を中断した[41]．また，2006 年後半と 2007 年初め，香港行政区は北朝鮮行きの船舶に対してより厳しい検査基準を適用するようになり，検査を理由に 2 ヵ月ほど北朝鮮の商用船を出航させないケースもあった[42]．さらに報道によると，中国は 15 万人の人民解放軍を中国と北朝鮮の国境に派遣したという[43]．

他方において，北朝鮮に対する厳しい国際的制裁措置の発動に関しては，中国は反対の立場をとっていた．2006 年以降，中国の対北朝鮮政策には変化が見られないが，その背後には地方発展戦略の問題もある．

六者会合に対する北朝鮮の態度の硬化，ミサイル発射実験の強行により，多国間枠組みで北朝鮮の核開発を抑制しようとする中国の戦略はほころびはじめた．中国が六者会合に復帰するよう各方面に呼びかけを続けている中，アメリ

カは北朝鮮との直接対話に応じる姿勢を見せた．2006年12月にアメリカは米朝直接会談に応じる用意があると北朝鮮側に伝え[44]，その後2007年1月16日から18日にかけて，六者会合の北朝鮮首席代表である金桂寛外務次官とクリストファー・ヒル（Christopher R. Hill）国務次官補がベルリンで2回にわたり協議を行った．

米朝直接会談の成果を踏まえて開かれた六者会合では，「共同声明の実施のための初期段階の措置」が採択され（2007年2月13日），その見返りとして北朝鮮に対するエネルギー支援も合意された．この初期段階の措置に基づき，2007年寧辺の核施設の活動停止および封鎖に着手した．

そして2007年3月5日と6日の両日にわたり，六者会合の米朝関係正常化に関する作業部会がニューヨークで開かれた．同作業部会で，核計画の完全申告など核放棄に向けた「次の段階の措置」が協議された．アメリカの対北朝鮮政策に変化が現れるなか，2007年10月には盧武鉉韓国大統領が軍事境界線を跨いで北朝鮮に入り，南北のトップ会談も行われた．

2007年9月27日〜30日に開かれた第6回目の六者会合第2セッションでは，「共同声明の実施のための第2段階の措置」が採択された．北朝鮮のすべての核施設の無能力化およびすべての核計画の完全かつ正確な申告が義務付けられた．

こうした流れを踏まえ，2008年10月11日にアメリカは北朝鮮のテロ支援国家指定を解除した．その後，第6回六者会合に関する首席代表者会合が12月8日から11日にかけて開かれたが，非核化措置のための検証の具体的な枠組みに関しては合意に至らなかった．

このように，2006年以降，米朝直接交渉に応じるようになったというアメリカの対北朝鮮政策の変化もあり，六者会合における中国のプレゼンスは著しく低下した．北朝鮮の核問題をめぐる交渉のプロセスは，韓国・アメリカ会談→米朝直接会談→六者会談の3つのステップと化してしまった[45]．

無論，この間も中国の外交努力が払われていた．外相補佐胡正躍，中連部部長王家瑞が中朝国交60周年のイベントで2009年1月に訪朝し，「共通して関心を持っている地域問題や国際問題について意見を交換した」[46]としているが，大きな成果は得られなかった．

(2) 2009年のミサイル発射と核実験

　2009年4月，北朝鮮はテポドン2号を発射した．ミサイル発射の前に，中国政府は自制を求めたというが，北朝鮮は自らの権利であると主張し，ミサイル発射を強行した[47]．ミサイル発射を受け，アメリカが「長距離ミサイルに使えるロケット発射」[48]は国連安保理決議第1718号に違反するとの認識を示したのに対し，中国は北朝鮮が発射したのはロケットであり，核実験とは性質が異なるとして北朝鮮を擁護した．しかし，その後中国は譲歩し，合意された国連安保理議長声明は，北朝鮮の行為は国連安保理決議第1718号に対する違反であるとし，結局は北朝鮮を非難した．

　北朝鮮はこの議長声明に強く反発し，軽水炉の自力建設への着手，使用済み核燃料棒の再処理，核実験および長距離弾頭ミサイル発射を行うことを表明した．そして同年5月には，北朝鮮は核実験を実施した．これに対して，国連安保理は6月12日，北朝鮮を非難する決議第1874号を採択した．これを受け，北朝鮮はさらにプルトニウムの兵器化，ウラン濃縮への着手を発表した．北朝鮮は7月には複数発の弾頭ミサイルを発射し，11月には，8000本の使用済み核燃料棒の再処理に8月末までに成功したと発表した．

　2009年は中朝国交60周年に当たり，同年10月4日に温家宝首相が訪朝し，経済関係の発展について話し合ったが，北朝鮮の六者会合への復帰の約束を引き出すことはできなかった．北朝鮮は，六者会合復帰のためには，国連安保理決議に基づく対北朝鮮制裁の解除が必要であるとし，非核化措置の前に朝鮮戦争終結のための平和協定締結の協議を求めるとの立場を固持した．

　2010年に入ると，3月26日に韓国哨戒艦沈没事件が発生した．韓国の天安哨戒艦沈没事件後，中国は事件の真相を不明とし，北朝鮮が行った行為とは断定できないとした．7月9日に発表された安保理議長声明でも，沈没事件の責任者に関する言及はなかった．そして，事件を南北の問題として捉える中国は，この問題を国際化しようとする韓国の行動に対し苛立ちを感じていた[49]．

　他方，北朝鮮の挑発に対抗して，米国と韓国は7月25日から28日にかけて総兵力約8000人という過去最大規模の合同軍事演習を日本海で実施した．空母を参加させたこの共同軍事演習はもともと黄海で行う予定であったが，中国

は6月30日から7月5日に東海艦隊による実弾訓練を突如実施した．中国からの反発を軽減するために，米韓の共同軍事演習は予定を変更して日本海で行うこととなったという．

しかし，北朝鮮の挑発行為はさらにエスカレートし，11月23日に延坪島砲撃事件が発生し，さらに同じく11月には訪朝したアメリカの科学者に対して北朝鮮はウラン濃縮計画などを公表した．これに対し，米韓両国は中国を刺激しないよう配慮しつつも，11月28日から延坪島から110km離れた黄海で共同軍事演習を実施した．

11月27日に国務委員戴秉国が韓国を訪問し，六者会合の開催を呼びかけた．しかし，中国の提案をアメリカ，韓国，日本は拒否し，12月6日に米日韓の三国外相会議がワシントンで開かれ，六者会合の開催条件を示した．戴秉国国務委員が12月8日から北朝鮮を訪問し金正日総書記の説得にあたったが，六者会合に復帰する約束は得られなかった．

2011年2月8日と9日に行われた南北高位級軍事会談の予備会談も決裂に終わった．その後，7月22日にインドネシア・バリにおいて核問題を巡る六者会合首席代表による南北対話が，7月28日から29日にはニューヨークで米朝直接対話が実施された．そして9月21日には韓国と北朝鮮の核問題を巡る六者会合の首席代表による会談が，10月24日から25日には南北対話および米朝対話がそれぞれ再度実施された．しかしいずれの場合においても，北朝鮮は非核化を拒否した．

2011年12月の金正日死去，金正恩体制の発足後，2012年2月23日から24日に北京で第3回目の米朝対話が実施され，2月29日に長距離ミサイル発射，核実験，ウラン濃縮活動を含む寧辺での核関連活動のモラトリアムの実施を含む合意内容が発表された．

2012年4月13日，北朝鮮は「人工衛星」と称する長距離弾頭ミサイルを発射した．これを受け，4月16日に国連安保理は発射を非難する議長声明を発表した．7月に米朝高官がニューヨークで非公式接触を行ったが，両者の主張は平行線のままで物別れに終わったという．こうした中，北朝鮮の観光局副局長趙成奎が台湾と北朝鮮の直行便の可能性を探るため，10月11日から14日にかけて秘密訪台したという[50]．

2012年12月12日，北朝鮮は再度，長距離弾頭ミサイルを発射した．これに対し，アメリカは制裁強化に向けて拘束力のある国連安保理決議の採択を求めたが，中国はミサイル発射強行を非難しつつも，過度の圧力には反対の姿勢を示した．

このように，2009年からの北朝鮮の一連の挑発行為に対し，中国は北朝鮮を非難しつつ，六者会合の維持に腐心していたが，他方において，北朝鮮に対する宥和姿勢が目立っていた．北朝鮮に対する宥和姿勢の背後には，中朝の経済関係強化という思惑が強く働いていた．図表2-3に示しているように，2000年から2011年にかけて，金正日は8回にわたり中国を訪問した．しかも，訪問先は主に中国の改革開放で成功したモデル地区や企業に集中していた．こうした金正日の動きが，北朝鮮の改革開放に対する中国の期待を高めることとなったのである．北朝鮮と中国の経済協力と引き換えに，中国が経済援助を行うというパターンが繰り返されている．

実際，中国と北朝鮮の経済関係はこの時期に進展が見られた．2010年5月初め，金正日総書記が訪中した際に，胡錦濤国家主席が中国と北朝鮮の関係を発展させるうえでのトップ交流の保持，戦略的意思疎通の強化，経済貿易協力の深化，人的交流の拡大，国際問題や地域問題における政策協調の強化という5つの提案を行った[51]．しかし，5月6日の会合で温家宝首相が国連決議に反した援助は行えないと発言したことで，金正日は訪問日程を切り上げて帰国した．中朝のぎくしゃくとした関係がメディアで取りざたされていたが，実際のところ，羅先[52]経済貿易区と黄金坪，威化島の2つの経済区における中朝の共同開発はこの訪中を通じて両国間で合意されており[53]，5月26日に中朝両国の間で，図們江開発についての実務協議が行われた[54]．

2010年8月には，韓国哨戒艦沈没事件後2度目の金正日総書記の訪中が実現した．5月の訪中に関する報道と異なり，新華社は胡錦濤国家主席が「天安号事件後の朝鮮半島の新たな動向」について言及し，朝鮮半島の平和維持と非核化を主張し，六者会合の早期再開を主張したと報道した[55]．同時に，胡錦濤国家主席は「政府が主導し，企業を主体とし，市場メカニズムのもとで，ウィンウィンの経済協力を築く原則」を提起し，北朝鮮と協力していく意向を示し，北朝鮮の改革開放を強く促した[56]．そして，周永康中共中央政治局常務委員が

同年10月に北朝鮮を訪問した際に，北朝鮮への経済援助の継続を約束したのである．

延坪島砲撃事件が発生して約6ヵ月を経た2011年5月，金正日総書記は再度訪中した．胡錦濤国家主席は北朝鮮との5つの原則を繰り返し，中国と北朝鮮の経済貿易の発展が強調された[57]．2011年は中国と北朝鮮で締結された友好相互援助条約の50周年にあたる年であったが，双方は「両国の友誼」の伝承を強調したものの，条約そのものに関する言及はなかった．他方，中国の国内では北朝鮮の改革開放路線の可能性について報道が過熱化し，羅先や黄金坪などでの図們江開発の進展を匂わせた[58]．翌6月に中朝間で羅先，黄金坪，威化島の共同開発に関する共同指導委員会の第2回会議が開かれた．

2011年8月には2000年以降8回目の金正日総書記の訪中が実現した．国務委員戴秉国が同行したが[59]，このニュースは金正日訪中の4ヵ月後に報じられたものである．実際のところ，胡錦濤国家主席が長春入りし，金正日総書記と3時間にわたり秘密会談を行ったという[60]．

金正恩政権に入ってからの2012年8月，中国と北朝鮮の経済関係は新たな展開を見せた．北朝鮮の張成沢国防副委員長が8月に訪中した際に，中国から格別の高い待遇を受け，胡錦濤国家主席や温家宝首相も張成沢が率いる北朝鮮代表団と会見した．中国と北朝鮮が共同開発する羅先経済貿易区と，黄金坪，威化島経済区の共同指導委員会第3回会議の様子が華々しく報道された[61]．そして翌9月に長春で投資説明会が行われた．

以上のように，2000年代以降の中国の対北朝鮮政策において，経済関係の要素が台頭し，中国は北朝鮮に市場経済路線への転換を促しつつ，両国の経済関係を強化していった．他方，エスカレートする北朝鮮の挑発行為に対する宥和政策には，大きな代償も伴った．中国の対北朝鮮政策はアメリカや韓国には，中国が北朝鮮を擁護する立場をとっているとしか映らず，米中，中韓の関係にマイナスの影響を与えた．

2000年代半ばごろから，中韓の経済関係の親密化が増し，2008年に戦略的パートナーシップ関係を樹立したとはいえ，領土問題，歴史認識などをめぐり対立イシューは後を絶たない．韓国哨戒艦沈没事件における中国の対応は中韓関係にさらに悪影響を及ぼした．

2000年代前半，脱北者が日本，韓国，カナダ，アメリカなどの駐中国大使館や総領事館に駆け込む事件が多発し，日本や韓国の嫌中感情に拍車をかけた．こうした雰囲気の中，韓国哨戒艦沈没事件が発生した．この事件における中国の対応は，韓国の官民を問わず中国に対する強い不満を引き起こした．また2011年末に韓国の海洋警察官が違法操業の中国漁民に刺され死亡する事件が発生し，その2ヵ月後の2012年2月には数十名の脱北者が北朝鮮に送還されたことから，韓国で反中デモが発生するほど中国に対する反発がさらに高まった．

六者会合の意味が薄れる中，中国の対北朝鮮政策は大きなジレンマを抱えることとなった．こうしたジレンマのなかで，中国は北朝鮮との経済関係を促進することにより北朝鮮の改革開放を促進し，体制の安定性を確保するとともに，北朝鮮の挑発行為に対しては強硬な姿勢に転じつつある．

(3) 2013年の核実験

北朝鮮の挑発行為がエスカレートし，アメリカのアジア復帰戦略が展開される中，自国の安全保障に対する中国の危機意識が強まった．

中国にしてみれば，北朝鮮の挑発行為を契機に，中国の玄関先で日米韓の間で防衛態勢が強化されており，2009年4月のテポドン2号発射の際には，日米両国がミサイル防衛（MD）システムを初めて本格的に共同運用した．韓国も2009年5月の北朝鮮の核実験を受け，アメリカ主導の大量破壊兵器の拡散防止構想「拡散に対する安全保障構想（PSI）」に参加すると正式に表明した．またアメリカは北朝鮮をにらみ，北東アジアにおいて日本，韓国との共同軍事演習を繰り返し実施してきた．2012年12月の北朝鮮の長距離ミサイル発射実験の成功を受け，北朝鮮が核を搭載した大陸間弾頭ミサイル（ICBM）保有国入りにさらに一歩近づいたことで，アメリカの軍事専門家の間では日米韓のより緊密な協力を進め，日本が防衛面で貢献を拡大していくことを歓迎する声すら出ている．北朝鮮が核開発の道を進み続ければ，米日韓による軍事的封じ込め体制が出来上がることも現実味を帯びてきた．そして，こうした米日韓による封じ込め体制が将来中国に向けられることに対する懸念が中国にはある．

中国の安全保障上の危機意識が増幅するなか，2012年12月に北朝鮮は長距

離弾頭ミサイルを発射した．ミサイル発射に先立ち，中国はミサイル発射は国連安保理決議に違反するとの異例の反対表明を行った[62]．そしてミサイル発射を受け，2013年1月22日，発射に関与した北朝鮮の団体や個人の資産凍結，渡航禁止など厳しい制裁内容を盛り込んだ国連安保理の北朝鮮に対する制裁決議（第2087号）に，中国は賛成した．2006年の北朝鮮ミサイル発射の際には中国は同様の制裁措置を安保理決議に盛り込むことに反対し，2009年のミサイル発射に対しても中国は単なる「衛星の打ち上げ」だと主張し決議より弱い議長声明を支持しただけであった．また，2010年の韓国哨戒艦沈没事件と延坪島砲撃事件の際も，中国は安保理決議の採択に反対した．これまでの中国の一連の対応を考えるならば，2013年の北朝鮮の核問題に対する中国の態度は明らかに変化した．

1月の国連決議に強く反発した北朝鮮は，「六者会合はもはや存在しない」と言い放ち，名指しを避けつつも，アメリカになびく中国を批判した．そして，2月12日に3回目の核実験を行った．韓国のメディア報道によると，核実験の直前に，武大偉朝鮮半島問題特別代表が特使として説得のため北朝鮮入りしようとしたが，北朝鮮によって拒否されたという．北朝鮮の核実験の4時間後に，中国外交部は声明を出し，北朝鮮に非核化の約束を守るよう促し，また二度にわたり北朝鮮の駐中国大使を呼び，抗議した．

北朝鮮の暴走は中国の安全保障上の懸念をさらにあおることとなった．中国国営中央テレビ（CCTV）のニュースでは，北朝鮮の核実験の韓国や日本への影響について言及し，北朝鮮の核問題による核連鎖の可能性に触れて報道した．

北朝鮮に対する中国政府の不満を反映して，中国政府は北朝鮮問題に関するこれまで厳しかった報道規制を緩和した．そもそも対北朝鮮政策に関しては，中国国内では「戦略派」と「伝統派」と称される2つの対立する意見が存在していた．楚樹龍，張璉瑰などをはじめとする戦略派は，北朝鮮を中国の戦略的負担と捉え，中国はアメリカと協力すべきであるとし，強硬な対北朝鮮政策を主張している．第2次核危機の時にすでに，北朝鮮への全面支援の義務を見直し，相互援助の軍事協定を見直すべきだとの意見が学者から提起されていた[63]．他方，閻学通をはじめとする伝統派は北朝鮮を戦略的資産として捉え，中国は引き続き北朝鮮に援助を行うことにより地域情勢の安定化を図るべきだと主張

する．地域情勢の安定化を最優先課題としていた政府方針を背景に，学者の中では戦略派に比べ伝統派が圧倒的多数を占めていた[64]．しかし特に2009年春以降，中国政府は北朝鮮に対する批判に対してより寛容になり[65]，こうした報道規制の緩和を受け，これまで蓄積されていた北朝鮮に対する批判が一気に噴出した．また，共同通信によると，北朝鮮の核実験に対する抗議活動が，遼寧省，安徽省，広東省で行われたという[66]．

2013年3月7日，国連制裁決議第2094号が国連安保理で全会一致で採択された．この決議は国連全加盟国に拘束力を持ち，禁輸物資を積載した疑いのある船舶に対する強制検査や，核・ミサイル関連の金融取引凍結などの内容が盛り込まれた．この決議は米中の二国間で先に協議され，二国間で合意が得られてから他の理事国に提示されたものである．これにより，北朝鮮の核問題をめぐる米中の協調姿勢はさらに際立つこととなった．またこの制裁決議の履行においても中国は積極的であり，アメリカのデビッド・コーエン（David S. Cohen）財務次官も中国の積極姿勢を高く評価した[67]．

それでも北朝鮮は対決の姿勢を崩さず，3月31日に金正恩第1書記は核・ミサイル開発の続行を宣言した．4月6日，中国の王毅外相は潘基文国連事務総長との電話会談で，「対話による問題解決」と「朝鮮半島の非核化」の2つの原則を改めて強調し，「北朝鮮は中国の隣国である．われわれはこの地域における如何なる当事者の挑発的言動にも反対し，中国の玄関先で騒ぎを起こすことは許されない」と発言した[68]．王毅のこの言葉は中国で広く報道され，波紋を呼んだ．王毅の発言を通じて，中国は平和的解決という譲れない一線をアメリカに伝え，北朝鮮にこれ以上の挑発に対する警告を発したと一般的に解釈されている．そして5月には中国の大手国有銀行である中国銀行が北朝鮮の貿易決済銀行である北朝鮮貿易銀行に対し，取引の停止と口座の閉鎖を通知したが，これは中国が北朝鮮に対する独自の経済制裁に踏み切ったものと見られている．

このように，北東アジアにおける地域情勢の変化に伴い，対米協調が先決だと判断した中国は北朝鮮の核問題では強硬な姿勢で臨むようになり，経済関係強化の動きは一時頓挫した．しかしここで注意すべきことは，北朝鮮の対外開放を促し経済関係を促進する政策はすでに中国の対北朝鮮政策の重要な構成要

素となっており，この政策の柱が簡単に消え去ることはないということである．実際に，2008年以降，東北地域のみならず，浙江省と北朝鮮との経済関係も構築されるようになっている．こうした国内の動きも中国の対北朝鮮政策を突き動かしているのである（第3章第1節を参照）．

5. おわりに

冷戦終結後の朝鮮半島における核問題は一貫して中国の最重要の外交課題の1つである．北朝鮮の核問題に対処するうえで，中国は「朝鮮半島の非核化」と「対話による問題解決」という2つの原則を掲げてきた．こうした原則に基づき，一方で中国は北朝鮮の核開発を安全保障上の脅威としてとらえているが，他方においては中国の戦略的緩衝地帯である北朝鮮の政権崩壊を回避しようとしている．

北朝鮮の核問題に対処するプロセスのなかで，中国の対北朝鮮政策が徐々に形作られている．中国は長期目標である「朝鮮半島非核化」に向けて，多国間協議を通じて北朝鮮の核問題を管理しようとした．そして北朝鮮の改革開放を促し，中朝両国の経済関係を強化することで，北朝鮮の政権安定を図り，中国東北地域の経済を振興させようとした．対米戦略上の必要性に応じて，中国の対北朝鮮政策は北朝鮮の核問題と中朝の経済関係の強化という政策の選択肢の間で揺れ動いている．

2003年8月から開催された六者会合は中国が初めて取り組んだシャトル外交であり，多国間外交重視への転換として中国外交において画期的な意義を持つ．しかしながら，北朝鮮は中国の安全保障の傘ではなく，独自の核抑止戦略を追求している．こうしたなか，中国の経済援助が北朝鮮に核兵器を放棄させるうえで有効であるという保証はなく，六者会合における中国の役割は低下する一方である．韓国哨戒艦沈没事件以降，北朝鮮の核問題をめぐる交渉のプロセスは，韓国・アメリカ会談→米朝直接会談→六者会談の3つのステップとなっており，北朝鮮の核問題に関して，アメリカ，そして韓国が主導的な役割を果たすようになっている．

2000年代に形成された中国の対北朝鮮政策は中朝関係をも変容させた．

2000年代半ばごろ，中国は北朝鮮との関係強化を図りながらも，これまでのイデオロギーで結ばれた「援助 vs. 被援助」の二国間関係から企業活動によって支えられる「ウィンウィン」の二国間関係へ転換させようとし，経済貿易関係の強化により北朝鮮政権の安定化を図り，北朝鮮の改革開放路線を促進しようとした．2006年以降，六者会合の役割が低下し核問題における中国の影響力は衰えを見せたが，他方において羅先経済貿易区と，黄金坪，威化島経済区を中心に，国際的に孤立する北朝鮮との経済関係は前進した．

朝鮮半島の平和と安定にとって，北朝鮮の食糧の50%，輸入エネルギーの90%を供給しているともいわれている中国の対北朝鮮政策は大きな影響力を持つ．アメリカの政策変化に伴い，中朝両国の経済関係の強化と，北朝鮮の核問題の管理を両立させ，政策のジレンマを解消していくことが，中国にとって喫緊な外交課題といえよう．

2.2 東南アジア・南アジアと東南アジア諸国連合・南アジア地域協力連合

1. はじめに

　南シナ海の領有権をめぐり，中国とフィリピンやベトナムとの対立がエスカレートしている．また，パキスタン南部のグワダル，バングラデシュのチッタゴン，ミャンマーのシットウェなどでの中国の支援による港湾の建設や運営に対して，「真珠の首飾り」戦略として懸念の声が上がっている（第4章第1節を参照）．このように，中国と東南アジア諸国の関係，中国と南アジア諸国の関係は地域の安全保障にかかわる重要な問題として常に注目されている．

　本節では，東南アジアの地域組織である東南アジア諸国連合（ASEAN）および南アジアの地域組織である南アジア地域協力連合（SAARC）と中国のかかわりに焦点を当て，冷戦終結後に展開されている中国の周辺外交における東南アジアならびに南アジアに対する政策展開を分析したい．

2. 中国と ASEAN の関係構築

　ASEAN はインドネシア，マレーシア，フィリピン，シンガポール，タイ，ブルネイ，ベトナム，ラオス，ミャンマー，カンボジアの 10 ヵ国によって構成されており，総人口は 5.76 億人（2011 年 8 月時点）である．

　ASEAN は中国が最初に参加した地域機構の 1 つである．1990 年代初頭，周辺諸国との国境画定，関係改善と同時進行する形で，中国は地域機構に全面的に参加するようになった．ASEAN との接触は，1991 年 7 月に銭其琛外相が第 24 回 ASEAN 外相会議へ参加し，ASEAN との間で協議関係を結んだのを皮切りとして動き出したのである．中国は 1994 年には ASEAN 地域フォーラム（ARF）に参加し，1996 年には ASEAN の対話パートナー国となった．橋本龍太郎首相の提案を受けて，1997 年 12 月にはマレーシアのクアラルンプ

ールで初めての ASEAN + 3（日中韓）も実現した．このようにして，1997年までに，中国は ASEAN との間で徐々に協力の土台を築き上げたのである．

1995年のベトナムに続き1997年にラオス，ミャンマーが，そして1999年にはカンボジアが新たに ASEAN 入りしたことにより，ASEAN は物理的に中国の「南の隣国」となった．こうしたなか，中国は ASEAN 重視の姿勢に転じ，また1997年のアジア金融危機は ASEAN との協力をさらに後押しする結果となった．以下，中国と ASEAN の関係が急速に進展した1996年以降の ASEAN に対する中国の取り組みを中心に考察を行う．

(1) 中国脅威論の払拭：1996年〜2002年

日米安保再定義の動きに伴い，アメリカが主導する対中包囲網に対する危惧が高まるなか，中国は ASEAN 諸国へ急接近した．折しも，1997年のアジア金融危機において，人民元の引き下げをしなかったことから東南アジア諸国の間で中国に対する評価が高まった．これを契機に，中国は積極的な対 ASEAN 外交を本格的に展開した．しかしながら，ASEAN との関係を発展させるうえでは，中国が国際共産主義運動を支援していたという歴史の記憶，南シナ海をめぐる領海紛争など，様々な障害が横たわっていた．

冷戦終結直後に，中国はバンドン精神に復帰することを東南アジア諸国に宣言した．1991年6月に楊尚昆国家主席がインドネシアを訪問した際に，「中国は華人，華僑を利用して政治や経済の影響力を拡大させるつもりはない」[1]と強調したのである．2000年11月には中国は ASEAN 首脳会議で ASEAN・中国自由貿易圏（ACFTA）の提案を行い，また2001年11月に開催された ASEAN 首脳会議で2020年までに ACFTA を実現することが中国と ASEAN の間で合意された．これを受けて，ASEAN 諸国の間では，中国は「脅威ではなくチャンス」として捉えられ[2]，ASEAN 諸国は中国の成長を活用することに一歩踏み出したのである[3]．

中国と ASEAN の間に存在しているもう1つの大きな障害はスプラトリー（中国名：南沙）諸島，パラセル（中国名：西沙）諸島をめぐる領有権の問題である．領土にかかわる問題の解決は決して容易いものではないが，1990年代末ごろからその取り組みは始動した．1999年7月に，中国はシンガポール

で開かれた ASEAN と中国の首脳会議の場で,「南シナ海における地域的な行動規範（Code of Conduct on the South China Sea: COC）」（以下「南シナ海行動規範」）[4]を検討すると表明した．同時に，唐家璇外相は，東南アジア非核兵器地帯条約（SEANWFZ, 1995 年署名，1997 年発効）付属議定書について，核保有国 5 ヵ国のうち中国が最初の締結国になるとの決意をも合わせて表明した．無論，SEANWFZ をめぐり，中国と ASEAN の見解には大きな相違がある．中国は，SEANWFZ の締結国に対して核兵器での攻撃を行わず，威嚇もしないという中国の約束の適用範囲には排他的経済水域（EEZ）や大陸棚は含まれないとしている．

2000 年に，中国と ASEAN との実務レベルの高官協議[5]のもとに設置されたワーキンググループは 4 回の協議を行い，南シナ海行動規範の草案について議論した[6]．南シナ海行動規範をめぐっては，中国と ASEAN との間で以下の 4 点において大きな隔たりがあった[7]．

① 中国は南シナ海行動規範の適用範囲をスプラトリー諸島に限定したい意向であったが，ASEAN 側はパラセルも含めるべきだという立場をとっていた．

② 中国と異なり，ASEAN 側は実効支配している係争中の島嶼（岩礁，砂州，サンゴ礁などを含む）での建造物の新設や工事の再開，また実効支配していない島嶼の占領を禁止する条項を書き入れるべきだと主張した．

③ スプラトリーの領有権を主張する係争国とアメリカとの軍事協力の強化を警戒して，スプラトリーとその近辺での他国をターゲットにした軍事演習について中国は懸念を示した．

④ スカボロー礁（中国名：黄岩島）における中国漁民の操業問題での中国とフィリピンの対立[8]を受け，中国は係争地域での正常な漁業の自由を主張した．

2000 年からのこうした南シナ海行動規範の成立に向けた一連の交渉を経て，中国と ASEAN 双方が歩み寄り，2002 年 11 月に中国と ASEAN の間で「南シナ海における関係国の行動に関する宣言（Declaration on the Conduct of Parties in the South China Sea: DOC）」（以下「南シナ海行動宣言」）[9]が発表された．フィリピン政府の主導により，ASEAN は行動宣言では適用する地理

的範囲に言及しないことで妥協した．中国は，現在居住に適さない島嶼（岩礁，砂州，サンゴ礁などを含む）での居住行為を自制することに同意し，また合同軍事演習については「自発的な通告」，係争海域での漁業問題については「正当で人道的な処遇を与える」という表現で譲歩した．

南シナ海行動宣言の締結により，中国とASEAN諸国との関係は大きく前進した．2003年10月には中国はASEAN域外国として初めて東南アジア友好協力条約（TAC）に調印し，ASEANとの間で平和と繁栄のための戦略的パートナーシップを結んだ．

(2) 東南アジアに対する中国の取り込み戦略：2002年～2006年

中国を国際秩序ないし地域秩序に取り込もうと，アメリカや日本，そしてASEAN諸国が精力的に取り組んでいる中，2000年代に入ってから，中国はアジア諸国の取り込み戦略に転じた．2002年11月に開催された中国共産党第16回全国代表大会で，中国は21世紀の最初の20年間を「戦略的チャンス」として捉え，周辺国はもっとも重要な地域として重視されるようになったのである．また2003年3月に第10期全国人民代表大会第1回会議で，「ACFTAを促進し，ASEAN諸国と多領域にわたる協力を強化する」と，ASEANに言及した地域協力方針を明確に打ち出した[10]．

こうした政策に基づき，中国は特に経済協力と非伝統的安全保障分野における協力を中心に，ASEAN諸国との関係強化を図っていく．2004年11月には，温家宝首相がASEAN諸国との政治，経済，文化における関係の強化を内容とする9つの提案を行った[11]．提案には，海上安全を含む非伝統的安全保障分野における協力の強化も含まれており，SEANWFZ議定書の早期署名，「南シナ海行動宣言」の実行及び南シナ海協力の早期始動，「争議を棚上げして共同開発する」という原則に従い，係争中の海域では共同開発方法を積極的に探ることなどが提案された．2013年9月現在，9つの提案のうち，海洋領有権にかかわる分野に関するものはまだ前進がみられないが，中国とASEANの間では経済や非伝統的安全保障など多くの分野において関係深化が実現されている．

ASEANとの経済分野の協力は2002年11月の「中国・ASEAN包括的経済協力枠組みに関する取り決め」の締結から本格的に動き出した．2003年10月

には中国と ASEAN のアクションプラン (2005-2010)[12]も調印された.

　脚光を浴びる ACFTA と異なり，非伝統的安全保障分野における中国と ASEAN 諸国との関係強化はあまり注目を集めてこなかったが，ひそかな成果を上げている．いうまでもなく，1997 年の新安全保障観の提起は非伝統的安全保障を重視する中国の姿勢を反映したものであり，2002 年以降の ASEAN との協力を可能にした．2002 年 7 月に，政治・安全保障問題に関する対話と協力の促進を目的の 1 つとしている ARF の外相会議の場で，中国は「新安全保障観に関するポジション・ペーパー」を発表し，このポジション・ペーパーの公表と相前後して，中国と ASEAN の間での非伝統的安全保障分野における協力強化が動き出したのである．

　非伝統的安全保障という枠組みで進められた中国と ASEAN との協力は大まかに言えば，災害救助，海賊対策，パンデミック対策などの協力と，政府やシンクタンク間の軍事交流の 2 種類に集約できる．

　新安全保障観に関するポジション・ペーパーが発表される前の 2001 年 7 月にハノイで開かれた ARF 第 8 回閣僚会議でテロおよび越境犯罪を議論した際に，唐家璇外相は特に協力的な姿勢を示し[13]，中国は非伝統的安全保障分野における ARF の対話や協力に賛成し，また積極的に参加し，役割を果たす用意があると述べた[14]．そして 2002 年 5 月に，中国は ARF 高官会議に「非伝統的安全保障領域における協力の強化に関するポジション・ペーパー」を提出し，反テロリズム，麻薬，エイズ，海賊，不法移民などの非伝統的安全保障分野での協力を訴えた．同年 11 月には中国と ASEAN の間で「非伝統的安全保障分野における協力宣言」が，さらに 2004 年 1 月には「非伝統的安全保障分野での協力に関する了解覚書」（2009 年 11 月に改訂了解覚書）が締結された．双方は麻薬密輸，不法移民，海賊，テロ，マネーロンダリング，サイバー犯罪などの分野で協力を強化することで合意した．

　この時期において中国は政策提言のみならず，非伝統的安全保障分野における協力には積極的に参加し，主導的な役割を果たそうとした．中国はミャンマーとの共同議長により，2003 年 11 月 20 日から 22 日にかけて北京で信頼醸成措置に関する ARF インターセッショナル・サポート・グループ（ISG on CMBs）[15]を開催した．同会議上，中国は「麻薬の代替開発」の ARF セミナ

ー16),「非伝統的安全保障分野における協力促進 ARF セミナー」17)の2つの信頼醸成措置セミナーの開催に名乗りを上げた.

特に「ゴールデン・トライアングル」における中国,ミャンマー,ラオス,タイの4ヵ国による協力は顕著であり,成果も上がっている. 2000年からタスクフォースが形成され,麻薬取締りに関する4ヵ国間の協力が続いている18). ASEAN は2015年までにドラッグ・フリーの実現を目指しており,中国との間で2005年10月に,2005年から2010年までの行動プランに関する協定 (ACCORD Plan of Action on Drug Free ASEAN (2005-2010)) を結んだ.

中国が重視している非伝統的安全保障分野の協力は麻薬やマネーロンダリングなどの協力だけではない. 南シナ海行動宣言には以下の2つの含みがあると一般的に言われている19).

① 領有権をめぐる紛争の平和的解決を目指し,敵対的行動を自制する.
② 軍関係者の相互交流や環境調査協力を実施することで信頼醸成を図っていく.

①については関係国の間で合意が得られているものの,②に関しては関係国の間で温度差がある. こうした中,中国は2002年5月に ARF の会合で提出した「非伝統的安全保障分野における協力の強化に関するポジション・ペーパー」において,ARF メンバーによる合同軍事演習は事前通報の原則を貫き,公開し,視察できるようにすべきだという従来の立場を繰り返し強調した.

そして,1997年に新安全保障観が提示されてからは,中国は②に精力的に取り組んでおり,そのために ARF に積極的に関与している. 李肇星外相は2003年の第10回 ARF 閣僚会合でも反テロや非伝統的安全保障分野での協力強化を強調し,国防当局者の参加拡大の必要性を訴えた20). 2004年7月の第11回 ARF 閣僚会合では,中国はさらにハイレベルの軍および政府関係者による安全保障政策会議の開催を呼びかけた. 中国の提案は承認され,同年11月に「ARF 安全保障政策会議(ARF Security Policy Conference: ASPC)」の第1回目の会合が北京で開かれた. 同会合において参加国は自国の安全保障政策を紹介するとともに,非伝統的安全保障問題における防衛部門の役割について議論した21).

「非伝統的安全保障分野における協力」という枠組みにおける中国のこうし

た一連の動向から明らかなように,「非伝統的安全保障分野における協力」と称しつつも,中国はアジア諸国との実質的な軍事関係の強化を目指しており,また中国を仮想敵とした共同軍事演習を排除し中国に対する軍事的封じ込めの可能性を取り除こうとしているのである．そして,中国の軍事交流が従来の二国間交流から多国間協力に拡大したことは重要な意味を有する．

さらにここで特筆すべきは,こうした非伝統的安全保障分野における協力を通じて,中国が地域公共財の提供にも動き出したことである．2005年10月,中国とベトナムは「中越海軍北部湾（トンキン湾）合同パトロール取り決め」を締結した．両国の海軍は北部湾合同パトロール弁公室を設立し,年2回の合同パトロールと年に一度の会談を行っている[22]．

2000年代前半の中国の取り組みにより,ASEAN側の中国脅威論をさらに払拭できたばかりでなく,2010年時点で中国とASEANの国防チャンネルが30余りに達する[23]など,中国・ASEAN間の軍事交流が深化している．ASEANとの協力関係において,中国は「アメリカを排除しない方針」「主導権はASEANが有する方針」を掲げているが,地域協力の進行過程からみれば,既成事実としての一体化を強力に推進している中国の「陰」の力が浮き彫りとなる．

しかしながら,こうした協力から一定の成果は得られたものの,実質的な軍事交流はまだスタートラインに立ったばかりである．そうしたなか,海洋領有権の問題が再燃した．

(3) 地域協力の推進と南シナ海の領有権紛争の再燃：2006年～

第1章第3節で見たように,アジア地域統合のリーダーシップをめぐり,特に2000年以降日中の競合が顕著に繰り広げられ,2011年の秋ごろからは「アジアへの復帰」政策に伴い,アメリカがアジアにおけるアメリカの絶対的優位の維持を宣言した．これにより,ASEAN＋1[24],ASEAN＋3のほか,2005年12月にマレーシアのクアラルンプールで初めて開催された東アジアサミット（EAS）[25]に加え,アメリカが推し進める環太平洋パートナーシップ（TPP）の動きも活発化している．アジア地域において,パワー・ポリティクスを反映した地域機構の優位性をめぐる争いが熾烈化しているのである．

こうした地域情勢のなか，2006年以降，海洋主権問題をめぐり，中国とフィリピン，ベトナム，日本など一部の周辺国家との関係が著しく悪化した．そこで，中国が打ち出した政策は，領土問題で譲歩せず，1990年代後半以来のアジア政策を堅持し，特に領土問題のない国々との関係強化を通じて自国の政治・外交力を拡大させていくというものである．

地域協力の推進　国家主権と安全が国益として提起された2006年以降も，中国は経済協力と非伝統的安全保障分野における協力を中心に，ASEAN諸国との関係を引き続き強化しようとした．そのうえ，2000年代初頭に動き出した地域公共財の提供にも，熱心に取り組んでいる．

2010年1月1日に人口規模約19億人のACFTAが動き出した（カンボジア，ラオス，ミャンマー，ベトナムを含めたACFTAは2015年1月1日に始動予定）．中国政府は中国・ASEANビジネス投資サミット（2004年～）[26]，中国・ASEAN博覧会（CAEXPO）[27]などのプラットフォームを立ち上げ，中国とASEANとの貿易や投資を促進した．

2011年時点において，中国はASEANの最大の貿易相手国であり，ASEANは中国の第3の貿易パートナー，第3の輸出市場となっている．南シナ海をめぐる対立の影響を受け，フィリピンやベトナムとの貿易は著しく減少したが，ASEANの対中貿易依存度は依然として高く，貿易額全体の17.33%を占めている（2012年5月）[28]．また，ASEANに対する中国の直接投資は全体の5%しか占めていないが，緩やかながら増加傾向を示している[29]．

しかし経済交流の深化に伴い，それに付随する問題も顕著化した．ASEAN側の貿易赤字に加え，中国との貿易による恩恵は国内で等しく享受されておらず，中国問題が国内の政治闘争の具となっている国も多い[30]．

経済交流に続き，文化交流も強化されるようになった．2006年に中国・ASEAN文化産業フォーラムが立ち上げられ，広西チワン族自治区を中心に文化交流が推し進められている．そこでは書物の展示会や共同イベントが開催されている．2009年10月にはラジオ北部湾の声（Voice of Beibu Gulf）が放送を開始した．この放送は主にベトナムやタイに向けての放送であるが，英語，タイ語，ベトナム語，広東語と標準語の5つの言語の放送がある[31]．

非伝統的安全保障の枠組みに関しても，従来の推進姿勢が見られた．東南ア

ジアとの海上安全保障の協力に関しては,日本がこれまで積極的な役割を果たしているが[32)],2011年11月の第14回ASEAN・中国首脳会議で中国は海洋研究,環境保護,救難捜索,越境犯罪の取締りなどの海上協力のための「中国・ASEAN海上協力基金」の設立を表明した.基金の規模は30億元(約360億円)に上るという.

中国は,ASEANとの軍事協力の強化にも熱心に取り組んでいる.2007年1月の第10回ASEAN・中国首脳会議において温家宝首相は軍事協力の制度化を訴え,非伝統的安全保障分野における国防当局者の協力を推進する必要性を主張した[33)].2008年と2009年の2年間,中国はASEANとの防衛関係のハイレベル当局者・学者交流,防衛関係のシンポジウムなどを積極的に主催したが,2010年にはこうした交流を発展させ,中国版シャングリラ対話「防衛と安全保障に関する中国・ASEAN(10 + 1)対話」の初会合が北京で開催された.

また「非伝統的安全保障」という名のもとで,中国は多国間の合同軍事演習にも積極的に参加している.図表2-4は,2003年から2012年の間に,中国が参加した東南アジアならびに南アジア諸国との非伝統的安全保障分野における合同軍事演習を示したものである.ここからは中国の積極的な姿勢が浮き彫りとなるが,ASEAN諸国の間では特にタイが中国と定期的に合同軍事演習を実施しており,これは伝統的安全保障分野の交流と正比例している.

前述した中国・ベトナムの北部湾合同パトロールに続き,ミャンマー,タイ,ラオスによる合同パトロールが実施されるようになった.2011年10月5日に中国籍船員13名がメコン川で誘拐され殺害された「10.5事件」を機に実現した中国,ミャンマー,タイ,ラオスによる合同パトロールは,2011年12月から2012年8月まで合計5回行われており,また2012年8月に,中国・ラオス両国による合同パトロールの事務所が運用をスタートさせた[34)].

中国はこうした合同パトロールのネットワークをさらに拡大させていく姿勢をみせている.王民国国連次席大使は2012年7月,国連本部で「国際社会は協調を強化し,共同でソマリア沖海賊問題に対応しよう」と呼びかけた[35)].また王民国の発言に先立って,中国はASEANに対してアデン湾での合同パトロールを提案していた[36)].

その後の国際金融危機のなか,経済大国としての自負が強くなった中国は,

図表 2-4 ASEAN, SAARC 諸国との間で実施された主な合同軍事演習 (2003-2012 年)

実施年	名称	演習の種類	参加国（中国を除く）
2003 年	イルカ 0310	海上レスキュー	パキスタン
	イルカ 0311	海上レスキュー	インド
2004 年	友誼 2004	反テロ	パキスタン
2005 年	友誼 2005	海上レスキュー	パキスタン
	友誼 2005	海上レスキュー	インド
	友誼 2005	海上レスキュー	タイ
2006 年	友誼 2006	反テロ	パキスタン
2007 年	突撃 2007	反テロ	タイ
	手を携える 2007	反テロ	インド
	平和 2007	海上保安	パキスタンなど（多国間）
2008 年	突撃 2008	反テロ	タイ
	手を携える 2008	反テロ	インド
2009 年	協力 2009	反テロ	シンガポール
	平和 2009	海上保安	パキスタンなど（多国間）
	平和維持 2009	平和維持活動	モンゴル
2010 年	突撃 2010	反テロ	タイ
	友誼 2010	反テロ	パキスタン
	協力 2010	反テロ	シンガポール
	ブルー突撃 2010	反テロ	タイ
2011 年	友誼 2011	反テロ	パキスタン
	ARF	人道支援・災害救助活動	ASEAN
	勇ましい鷹-1	空戦訓練	パキスタン
		海賊対策	パキスタン（アデン湾で）
	鋭利な刀	反テロ	インドネシア
		海上レスキュー	韓国
2012 年		海上レスキュー	ベトナム
	ブルー突撃 2010	反テロ	タイ
	鋭利な刀	反テロ	インドネシア

東南アジアにおける様々な協力でリーダーシップを発揮しようとファンドを次々と立ち上げた．2009 年に中国は 100 億ドル規模の中国・ASEAN 投資協力ファンドを設立し，50 あまりのインフラ建設項目に対し 150 億ドルの貸付を約束し，2011 年には 40 億ドルの優遇貸付を含む 100 億ドルの貸付を追加した[37]．そして，2011 年 11 月の第 14 回 ASEAN・中国首脳会議において，温家宝首相はアジア地域協力基金を新たに 1700 万ドル増資することを表明した．

様々な分野における東南アジアの人材養成や人的交流にも中国は力を入れている．中国の発表によると，2006 年から 2011 年の間に中国で研修を受けた東

南アジアの公安警察幹部は約 1500 名[38]，東南アジアから中国で食糧生産の研修を受けた人数は数万人／回に上るという[39]．さらに 2010 年 10 月の第 13 回 ASEAN・中国首脳会議において，温家宝首相は 2020 年までに中国から ASEAN へ，そして ASEAN から中国への留学生をそれぞれ 10 万人にするという目標を提示した[40]．

南シナ海の領有権争いと ASEAN の求心力の低下　中国は経済，文化，軍事面での ASEAN との協力を強化する一方で，2006 年に領土主権問題を外交の原則の 1 つとして定義するようになり，国連海洋法条約の問題とも絡みあって，2007 年以降，中国と周辺国との間で海洋の領有権を巡る対立が多発した．

南シナ海では，ベトナム，マレーシア，ブルネイ，フィリピン，台湾の 5 ヵ国・地域との間（「5 国 6 方」）で領有権をめぐり紛糾している．マレーシアとブルネイは中国の主張との食い違いが相対的に小さく，中国が両国の安全と国益を阻害するような行為に出ない限り，両国における中国脅威論は急浮上しないであろうといわれている[41]．他方，ベトナムとフィリピンは中国と真っ向から対立し，また対立がエスカレートしている．

こうした状況に加えて，地域における影響力をめぐるアメリカや日本と中国の競争が問題をさらに複雑化し，南シナ海の領有権争いに際し ASEAN 諸国の間での立場の違いも目立つようになった．2010 年 7 月にハノイで開かれた ARF 第 17 回閣僚会合において，アメリカは南シナ海問題を取り上げ，中国と激しく対立した．27 の参加国・地域のうちブルネイ，マレーシア，フィリピン，ベトナム，インド，インドネシア，シンガポール，オーストラリア，欧州連合（EU），日本，韓国の 11 ヵ国・地域が海洋問題ないし南シナ海問題を提起した．他方，カンボジアやラオス，ミャンマーは南シナ海問題について触れず，さらにタイは中国に対して敵対的なスタンスをとらないようにもっとも熱心に呼びかけたという．

2010 年には ASEAN＋8 の新しい軍事交流のプラットフォームが始動した．拡大 ASEAN 国防相会議（以下，ADMM プラス）がそれである．10 月 12 日に開かれた初回の ADMM プラスには ASEAN 10 ヵ国に加え，中国，日本，アメリカ，ロシア，インド，韓国，オーストラリア，ニュージーランドの合計 18 ヵ国が参加した．ADMM プラスに先立って開かれた ASEAN 国防相会議

（ADMM）[42]では共同宣言で南シナ海問題に言及しないことについて合意していたが，ADMMプラス会議中にアメリカ，日本，韓国，オーストラリア，マレーシア，シンガポールならびにベトナムが南シナ海における領土紛争に触れた[43]．

　こうした事態を憂慮した中国は，対ASEAN外交をさらに重要視するようになった．中国は2009年にASEAN大使のポストを新設し，国際法の専門家である薛捍勤を初代の大使として任命した．2010年10月に薛捍勤の後任として佟暁玲が駐ASEAN大使に任命されたが，2012年に中国はASEAN大使を常駐の大使に昇格させ，元駐スリランカ兼モルディブ大使楊秀萍を初代の常駐大使に任命した．駐ASEAN大使の主な仕事は，南シナ海をはじめとする海洋問題である．楊秀萍は大使に就任して数日の間に，中国国家海洋局を訪問し，同局の副局長や海監総隊の責任者などと意見交換した[44]．また2007年以来，中国はハイレベルの国防当局者をシンガポールで開かれるアジア安全保障会議（シャングリラ対話）に毎年派遣している．

　人事面の補強のみならず，中国は南シナ海行動規範をめぐる交渉にも踏み切った．2010年のADMMプラスの直後に開催されたASEAN・中国首脳会議で合意された議長声明では，双方は南シナ海行動宣言の完全かつ効果的な実施を確認し，南シナ海行動規範の最終採択にむけて作業を行う方針が合意された．これを受け，2005年から頓挫していたASEAN・中国共同ワーキンググループ（JWG）の第4回目の会合が2011年4月に開かれた[45]．2011年7月に行われたASEAN・中国外相会談では「南シナ海に関する行動宣言のガイドライン（Guidelines for the Implementation of the DOC）」[46]が採択され，南シナ海問題での大きな前進と各界から評価された．また，ASEANとの行動規範をめぐる交渉と同時進行で，フィリピンやベトナムとの二国間交渉も行われている．2011年の10月には，中国とベトナム両政府は海洋問題の解決のための基本原則について合意した．

　しかし，より拘束力のある新しい行動規範を作成する点に関して，フィリピンと中国の意見は分かれている．フィリピンは中国が国連海洋法条約や国際法に基づく行動規範を受け入れるよう，ASEANの一致団結を呼びかけている．他方，中国は行動規範を「信頼の醸成と協力の深化」に限定するべきであると

考え，行動規範は領土紛争を解決するための法律的なものではないと主張している[47]．

こうしたなか，新しい行動規範の策定をめぐり ASEAN 諸国の間で共同歩調を保つことはさらに難しくなった．1995 年の第 1 次ミスチーフ礁（中国名：美済礁）事件[48]において ASEAN 諸国はフィリピンを一致して支持していた．中国はもともと飛行場を作る計画であったが，ASEAN 諸国の反対により，計画を中止した[49]．しかし，1998 年の第 2 次ミスチーフ礁事件[50]の頃から，ASEAN 内の足並みは揃わなくなったのである．当時，問題を「国際化」させようとするフィリピンの主張に対して一致した支持が得られなかった．2011 年 5 月に開かれた ADMM の共同宣言では，南シナ海の安定と平和の必要性について言及したが，その実現のための最善の手段について「二国間」協議と「多国間」協議のどちらが望ましいかについては明言を避けた[51]．2011 年 7 月の「南シナ海に関する行動宣言のガイドライン」は紛争の平和的解決に向けての大きな一歩であるが，ASEAN 諸国の立場の不一致をも顕著に表している．カンボジア，ミャンマー，タイは南シナ海問題で中国との対立をなるべく回避したく，しかもアメリカの陣営にも入りたくないようである[52]．2011 年 11 月にバリで開かれた ASEAN 首脳会議ではフィリピン政府は平和圏（Zone of Peace）を提唱し，ASEAN 諸国の共同声明の採択に動いたが，マレーシアやカンボジアの反対に遭い，支持を得ることができなかった[53]．

2012 年 7 月 9 日から 13 日にかけて開催された ASEAN 外相会議では共同声明についての合意が得られず，発表が見送られた．共同声明が出されなかったのは，ASEAN 設立 45 年の歴史のなかで初めてのことである．スカボロー礁に言及した表現を共同声明に盛り込もうとするフィリピンと，中国との関係を重視する議長国のカンボジアとの対立が，報道を通じてクローズアップされた．

ASEAN 諸国は既存の規範と制度に中国に入ってもらい，中国のパワーを「社会化（socialize）」し[54]，「飼いならす」戦略をとっている[55]．しかし，大国の主導権争いが激化するなか，「飼いならす」戦略を成功させるうえでも，ASEAN 諸国の求心力が問われ始めている．

3. 中国とSAARCの関係構築

　SAARCは1985年にバングラデシュで発足した．SAARCは歴史が比較的浅く，緩やかな地域協力枠組みとなっている．現在の参加国は南アジアの8ヵ国（インド，パキスタン，バングラデシュ，スリランカ，ネパール，ブータン，モルディブ，アフガニスタン[56]）に過ぎないが，オブザーバーとして参加しているのは9ヵ国・地域（日本，中国，アメリカ，EU，韓国，イラン，モーリシャス，オーストラリア，ミャンマー[57]）に上っている．

　南アジアは中国にとってさまざまな意味で重要な地域である．中国にとって，地域大国でありBRICSの一員でもあるインドは，地球温暖化対策，国際金融秩序の改革など多くの分野におけるグローバルな協力パートナーである．南アジアは中国に市場と天然資源を提供しているだけでなく，中国から中東，中央アジア，ヨーロッパに通じる経路の1つであり，重要な通商ルートとなっている．また，海上輸送のうち70％の石油がインド洋を経由している中国にとっては，この地域はエネルギー安全保障上重要な意味を持つ．さらに，アフガニスタンとチベットに隣接する南アジアの国々は反テロ，反分離主義の面での重要性もますます高まっている．

　SAARCにおいては，地域大国として最も大きな影響力を有しているインドと他の諸国の間で対立や摩擦も存在している．バングラデシュ，ネパール，パキスタンとインドの間では国境を巡る対立が続いており，インドと国境を接していないスリランカも分離独立を求めるタミル武装勢力を庇護するインド政府[58]に反発している．また水問題をめぐっても，インドとパキスタン，インドとバングラデシュ，インドとネパールの間では紛糾している．こうしたことを背景に，SAARCの一部参加国が，地域大国インドと対抗できる中国に対して期待を抱いていることも否めない．

　中国と日本は2005年11月の第13回首脳会議でオブザーバーとして承認された．中国のオブザーバーのステータスをネパールは強く支持し，同首脳会議で率先して根回しに回った．結局インドとブータンを除き，他のSAARC加盟国すべてが中国のオブザーバー入りに賛成票を投じた．他方，インドは対抗

措置として日本をオブザーバーに迎え入れた[59]．

　2002年から多国間協力を外交の重要な柱の1つとして掲げている中国政府からすれば，中国と隣接するSAARCへの接近は必然の流れといえるかもしれない．この接近の背後には，ほかにもいくつかの理由が考えられる．

　第一に，SAARCの8ヵ国の加盟国のうち5ヵ国（パキスタン，インド，ネパール，ブータン，アフガニスタン）が中国と国境を接しており，その長さは4700kmあまりに上る．中国にとって，西南部国境地域の平和と安定を確保するうえでSAARCとの良好な関係の維持は重要である．またチベットや新疆の独立運動を阻止するためにも，南アジア諸国との連携が不可欠だと中国は考えている．

　第二に，SAARC加盟国の人口は16億に上るが，中国の人口と合わせると世界人口の約40％を占める．SAARC加盟国が持つ巨大市場は中国にとって魅力的なのである．しかも2004年1月の第12回首脳会議においては，南アジア自由貿易協定（SAFTA）が結ばれ，加盟国の間では今後5年から10年の間に関税を現行の30％前後から5％以下に引き下げることが合意されている．

　第三に，SAARC加盟国との関係構築は中国にとってインド洋へのアクセスを確保するうえで戦略的な重要性を有している．SAARC 8ヵ国のうち，ネパール，ブータン，アフガニスタンを除く5ヵ国がインド洋に面している．これら諸国の港は中国の西北また西南地域にとり，海へのアクセスのための中継港の役割として期待されている．また陸地のルートでは，中国とネパールを結ぶ鉄道は中国の西南地域から南アジアへの貿易ルートとして期待が高い．青蔵鉄道が開通したのに引き続き，中国はラサからネパール国境近くのシガツェまでの鉄道の建設を進めている．

　第四に，アメリカや日本とインドによる中国封じ込め政策を未然に防ぐことも，中国のSAARCへの接近の動機付けとなっている．2004年1月にアメリカとインドが「戦略的パートナーシップの次のステップ（NSSP）」で合意し，2005年6月には米印防衛新枠組み（New Framework Agreement）が締結された[60]．2006年3月には，アメリカはインドと「原子力協定」を結び，国際原子力機関（IAEA）の査察を受けることを条件に平和利用のための原子力燃料や技術の提供をインドに約束した．日本もまたインドとの関係を強化してい

る．小泉純一郎首相は2005年4月の訪印の際に「日印パートナーシップ」[61]を提起し，また中国と対抗するためにEASへのインドの参加を強く支持した．その後も，2＋2（両国の外務省・防衛省幹部が行う四者協議），海上自衛隊とインド海軍との親善合同訓練，米国やオーストラリアを含めた合同訓練などが行われている[62]．

2005年という年に中国がSAARCのオブザーバーになったことも，決して偶然ではない．第4章第3節で詳述するように，中国で石油・天然ガス戦略に関する課題研究プロジェクトが正式始動したのは2003年5月であり，その中で西南石油輸送ルートとしてバングラデシュ，パキスタン，タイと中国を結ぶ石油パイプラインの可能性が検討された．インド洋へのアクセスを有するパキスタン，バングラデシュは中国のエネルギー戦略上重要な位置を占めていることから，石油・天然ガス戦略を検討している最中の2005年に中国はSAARCに接近したのである．そして現在でも，その重要性は失われていない．ミャンマーと中国昆明までのパイプラインはすでに着工し，2013年6月に天然ガスパイプラインが完成し，原油パイプラインも近く完成する見通しである．パキスタンのグワダル港やバングラデシュのチッタゴン港も中国の援助で建設を開始していることから，パキスタン，バングラデシュと中国を結ぶ石油輸送ルートプランも廃案になったわけではない．

SAARCのオブザーバーの資格を得るために，中国はインドとの関係改善，パキスタン，バングラデシュ，スリランカとの関係強化を図った．2005年4月にアジア協力対話第4回外相会議に出席するため，温家宝首相がパキスタンを訪れ，その後バングラデシュ，スリランカ，インドを訪問した．南アジア4ヵ国の歴訪では，合計53件の協定を結んだが，そのうち三分の二は経済貿易関連のものである．パキスタンとは2006年11月に自由貿易協定（FTA）に調印し，バングラデシュとは9つの協力協定をまとめ，スリランカには優遇条件のバイヤーズクレジットを約束し，インドとは約30件の取り決めを締結した．そしてインドに対しても中国政府はFTAの提案を行い[63]，FTAに関するフィージビリティ調査も動き出している[64]．

SAARCとの協力関係を築く上で，中国は「南・南協力」が双方の協力の基盤であるとしており，SAARCのオブザーバーの資格を得てから，SAARCと

の関係を非常に重視している．2007年4月，中国はオブザーバーとして初めてSAARCの首脳会議に参加したが，インドのニューデリーで開かれたこの第14回首脳会議では中国の李肇星外相が開幕式で発言し，「中国とSAARC加盟国はともに発展途上国である」[65]と強調した．また王光亜外交部副部長も2010年4月のSAARC第16回首脳会議で発言[66]した際に同じ立場を繰り返した．

SAARCの首脳会議には，初回を除いて，恒例として外交部副部長が参加している．2008年8月スリランカで開かれた第15回首脳会議には武大偉外交部副部長が，2010年4月ブータンで開かれた第16回首脳会議には王光亜外交部副部長が，2011年11月モルディブで開かれた第17回首脳会議には張志軍外交部副部長がそれぞれ参加した．

バングラデシュ，中国，インド，ミャンマーの4ヵ国協力も最近になって始動し，地域協力フォーラム（BCIM）も立ち上げられているが[67]，今のところまだ目立った成果は得られていない．

FTAをはじめとする経済協力に続き，中国は越境する麻薬の取締りや反テロを中心として非伝統的安全保障分野での協力をもSAARC諸国との間で推し進めようとしている．パキスタンとの反テロ共同軍事演習は2004年から実施されている[68]．またインドとの反テロ共同軍事演習は2007年と2008年の2回行われている（図表2-4を参照）．しかし，インド，パキスタンとの軍事交流がスタートしたとはいえ，SAARC諸国との軍事協力はまだまだ「願望」のレベルにとどまっているに過ぎない[69]．

それでも，SAARCに対する中国の外交攻勢は年々強化されている．2010年4月，ネパールは中国をSAARCの正式メンバーとして迎え入れるよう提案し，パキスタンやバングラデシュも提案に賛成したが，インドのロビー活動によりネパールの提案はブータンのティンプーで開かれた第16回首脳会議の議案から取り下げられた．正式メンバーは現段階では難しいと判断した中国は，その次の第17回首脳会議では，年に1回の「SAARC＋1」サミットを提案し，オブザーバーから対話パートナーへの昇格を狙った[70]．さらに中国は経済貿易，農業，インフラ建設，環境，人材育成，貧困撲滅，災害対策をSAARCとの重点協力分野にすることを提案し，SAARCの発展基金に30万ドルを寄付し

た[71]．2012年6月，中国政府はさらに中国駐SAARC代表のポストを新設し，駐ネパール大使楊厚蘭を代表に任命した．2013年3月には初めての中国・南アジア博覧会が中国の昆明で開かれた[72]．

このように，ASEANとの地域協力と同様，南アジア地域においても，中国は，経済，非伝統的安全保障といった分野を中心に関係強化を図り，またSAARCの基金に資金を拠出するなど地域公共財の提供を行った．しかし，南アジアにおける中国のプレゼンスの拡大にインドは難色を示しており，中国のSAARCとの地域協力はなかなか前進できないのが現状である．すなわち，SAARCとの関係構築はまだまだ入口に立ったばかりといっても過言ではない．

南アジアでの多国間協力に緩慢な進展しか見られない中，南アジアと中国の関係は二国間関係によって支えられている側面が強い．中国は，地域大国であるインド，パキスタンとの関係強化に力を入れており，またアフガニスタンへの関与を強め，チベットという「主権問題」に深くかかわるネパールとの関係を重視している．

1999年のカルギル紛争において中国が印パの間で中立的な立場に転じて[73]から，中印関係が改善の方向に向かうようになった．特に2003年6月のインド首相アタル・ビハリ・ヴァジパイ（Atal Bihari Vajpayee）の訪中において，インドはチベット自治区を中国の領土の一部として承認し，中国もインド北東部のシッキムをインド領として承認した．さらに2005年4月には「国境問題の解決に関する政治指導原則」について合意され，2011年9月には両国の戦略経済対話が始動した．少しずつ緊張緩和が進むなか，中国は地域大国であるインドに対して，南アジア地域協力をめぐる二国間の協議について打診した．しかし中国の提案に対して，インドからは前向きな答えは得られなかった．インド政府はアフガニスタン問題をめぐる中印の話し合いを逆提案したのである[74]．中国・インド両国は中央アジア，西アジア，アフリカの諸問題に関する対話のチャンネルがすでにあり，2013年はじめにアフガニスタン問題をめぐるインド[75]，ロシア，中国の三国の会談も実現したが，インドの逆提案により新たにアフガニスタン問題をめぐる中国・インド二国間の協議が合意されたのである．

パキスタンは中国の「全天候型の友」と称されており，アメリカのアジア復

帰政策が打ち出されてから，中国の対外戦略におけるパキスタンの重要性はさらに高まった．経済分野においては，2007年に中国・パキスタンのFTAが動き出し，2009年2月には「FTAサービス貿易協定」が締結された．また図表2-4で示されているように，中国とパキスタンの間での合同軍事演習は海上レスキューや反テロからスタートし，いまや空，海にまで拡大している．

ネパールとの関係改善は1990年代初頭からスタートしたが[76]，中国はネパールに対し支援を行い，両国の関係を強化しようとしている．いまや，ネパールは中国のバッファーだけではなく，橋渡しの役も担うようになった．すなわち，ネパールは中国のSAARC加入の積極的な支援者であり，そしてチベット問題に関して中国にとって非常に貴重な存在となっている．チベット人のネパールへの亡命を国境でせきとめようと，ネパールと中国との間で，国境の安全に関する協力が進んでおり，特に2008年以降，国境地域における安全保障面の管理が強化されたという．ネパール国内でも，ダライ・ラマの生誕を祝うなどの祭礼に対する取締りが行われ，2005年ネパール政府はカトマンズにおけるチベット亡命政府の事務所を閉鎖した[77]．しかしネパールと中国との関係強化は，インドの安全保障上の懸念を招きかねない．水資源をめぐりインドとネパールの間で紛争している[78]が，中国の支援を受けて上流国であるネパールでのダム建設が急ピッチで進められている[79]ことは，中印関係，インド・ネパール関係をさらに複雑化させる可能性がある．

アメリカが主導する北大西洋条約機構（NATO）軍が2014年にアフガニスタンから完全に撤退することを見据えて，中国はパキスタンとの関係を強化する[80]とともに，アフガニスタンとの関係強化にも乗り出そうとしている．しかし，2007年以降中国からアフガニスタンへの投資が増えているものの，中国とアフガニスタンの間に道路などのインフラが整備されていないがゆえに，経済関係の強化には限界があるとみられている．

4．おわりに

中国と東南アジアとの関係強化はアジア金融危機以降，特に2000年代に入ってからのことであるが，南アジアとの関係強化への取り組みは比較的遅く，

2005年ごろになってようやく本格化した．

　ASEAN，SAARC への接近時期には違いがあるものの，中国の取り組みのパターンには高い類似性が示されている．アメリカを刺激しないようにするとともに，FTA をはじめとする経済の連携を強化し，非伝統的安全保障の枠組みで災害救助，海賊，反テロなどの協力や軍事交流を拡大させている．また 2000 年代後半からは地域組織への資金拠出など地域公共財の提供にも尽力するようになった．こうした取り組みを通じて，中国は自国の政治的，軍事的影響力を高めようとしている．

　ASEAN，SAARC との関係構築を通じて，中国の影響力は地理的な拡大を見せているが，他方において，東南アジアにおいては日本そしてアメリカ，そして南アジアにおいてはインドとの主導権争いにより，期待した成果は得られていない．

　また，中国の影響力の拡大にはばらつきもみられる．その歴史的経緯から中国を最も脅威と見る可能性の高い地域である東南アジア地域の国々に対する中国の外交攻勢は成功し，ASEAN との関係を深化させた一方，インドの強い影響力もあって，南アジアへの中国の影響力の浸透はまだ入口に立ったばかりの段階にある．

2.3　中央アジアと上海協力機構

1. はじめに

　上海協力機構（SCO）加盟国の総面積はユーラシアの五分の三，総人口は世界の四分の一を占めている．SCOの前身は1996年に設立された「上海ファイブ」で，中国，ロシア並びに中央アジア三国（カザフスタン，キルギス，タジキスタン）がメンバーであった．2001年6月，上海ファイブは常設機構SCOへ格上げされ，新規加盟したウズベキスタンを合わせて，構成メンバーは現在の6ヵ国となった．2004年にモンゴル，2005年にパキスタン，イラン，インド，2012年にアフガニスタンがSCOのオブザーバーとなり，2009年にベラルーシ，スリランカ，2012年に北大西洋条約機構（NATO）の加盟国でもあるトルコが対話パートナーとして加わった．地域の安定を維持するうえでの重要な関係国が集まり，その範囲はインド洋と東ヨーロッパまで拡大したこと自体，SCOの重要性を物語っている．

　設立当初から，SCO設立の国際秩序に与える影響についてはさまざまな懸念が表明された．政治的な側面からSCOを「反米同盟」ないし「東側のNATO」と見る見方が存在し，特に2005年のアンディジャン事件を契機にこうした批判が一層高まった．政治学の視点からは，SCOを「独裁国家の復活」の証として，リベラルな欧米国家に挑戦する組織として位置付ける識者もいる[1]．また経済的な側面から，SCOを「核付きOPEC（石油輸出国機構）」や「エネルギークラブ」と揶揄する論調もある．他方，中ロ関係は単なる「便宜上の枢軸」[2]とも揶揄されている．このように多様な見方があるが，SCOが成立してまだ日が浅いということもあって，はたして政治同盟かそれとも経済ブロックかを結論づけるのにはまだまだ不透明な点が多い．

　中国で設立され，組織名に中国の地名を使用し，本部が中国国内におかれる地域組織であるSCOは，中国にとって特別な意味合いを持ち，中国が主導す

る地域組織モデルというシンボリックな存在である．しかし，設立当初から中国がこの地域機構の構築に精力的に努めてきた理由はむろんそれだけではない．中国にとってのSCOは様々な意味合いを有している．対外政策に関しては，SCOは対米政策とも密接に関連しており，国境確定や周辺国との関係構築は周辺環境の安定確保にとっても重要である．また石油，天然ガス，ウラン，水など豊富な資源を有する中央アジアは，中国のエネルギー政策の重要な対象国となっている．さらに，国内政治・経済のレベルでいえば，1990年代以降新疆地域における独立運動の高まりを背景に，新疆と文化，言語，宗教でつながっている中央アジア諸国で構成されるSCOは中国の国民統合を実現するうえで重要なカギを握っている．さらにシルクロード貿易は西部大開発を成功に導く上で，重要な要である．

このように，中国にとってSCOは様々な重要な意味をもつ地域機構である．そこで，本節ではSCOに対する中国の政策展開を分析し，中国とSCOとのかかわりを明らかにしたい．

2. 上海ファイブからSCOへ：1996年〜2001年

中央アジア諸国との関係を構築するうえで，中国がまず重視したのは国境地域の緊張緩和と新疆の経済発展であった．

ソ連の崩壊に伴い次々と独立を宣言した中央アジア諸国と中国はいち早く国交を樹立した．1992年の1月2日にウズベキスタン，1月4日にカザフスタン，1月5日にタジキスタン，1月6日にキルギス，1月7日にトルクメニスタンとの国交が樹立された．そして関係国間の国境地域の信頼醸成や国境画定の話し合いを主な目的として上海ファイブが1996年4月に設置され，中国と中央アジア諸国との間で定期的に協議する場が出来上がったのである．

中央アジアとの経済関係を強化したいという中国側の意向は，SCOが設置される前から表明されていた．1994年に李鵬首相が中央アジアを訪問した際，中央アジア外交に関する6原則を発表した[3]．6つの原則は以下のとおりである．

① 平等互恵の原則を堅持し経済のルールに従う
② 協力の形式を多様化する

③ 実際から出発し現地の資源を有効に利用する
④ 交通輸送条件を改善し新しいシルクロードを建設する
⑤ 中央アジア諸国に貸与する少量の経済援助は友誼の印である
⑥ 多国間協力を発展させ共同発展を促す

中国はこのように国境地域の緊張緩和と中央アジアとの経済関係強化の2つの問題に関心を持っていたが，上海ファイブは国境問題に特化した会合であり，しかも「4 vs. 1（ロシア，カザフスタン，キルギス，タジキスタン vs. 中国）」の形式で開催されていた[4]．しかし，1990年代末ごろになると変化が表れた．1998年にカザフスタンのヌルスルタン・ナザルバエフ（Nursultan Nazarbayev）大統領が，上海ファイブは国境問題に限らず，国際テロリズム，民族分離主義，宗教的過激主義（3つの勢力）も取り上げ，協力すべきだと提案したのである[5]．

上海ファイブは当初，国境問題を協議する場以上の意味が与えられておらず，立ち上げられた1996年の時点ではそもそも決まった名称もなく，記者による偶然なネーミングで「上海ファイブ」という呼び名が定着しただけであった．カザフスタンの提案を受けるまでは，中国には上海ファイブを格上げする発想が全くなかったという．しかし，カザフスタンの提案が出されてから，中国は提案を強く支持した．上海ファイブを地域協力機構に格上げするという中国の決心の背後には，以下のような考慮があったと考えられる．

① 1990年代後半の中国はアメリカによる封じ込めの打破を最大の外交目標としており，そのため，アメリカ以外の諸国との関係強化は中国にとって戦略上きわめて重要な意味を持っていた．ベオグラード中国大使館の誤爆問題などで米中関係がぎくしゃくしている中，アメリカの軍事的プレゼンスは中央アジア諸国へと拡大し，アメリカと中央アジア諸国との軍事関係が強化され，合同軍事演習も実施された．特にカザフスタンやウズベキスタンはアメリカとの間で軍事関係の協定やメモランダムを取り交わし，軍事戦略，人員養成，軍事産業の転換などについての対話をスタートさせていた[6]．中国にとっては，対中封じ込めを破り中央アジアでの戦略的緩衝地帯を確保する必要性が高まっていたのである．

② イスラム過激派やウイグル独立派の活動を抑制するうえで，ロシアや中

央アジア諸国との関係強化は重要な意味を有する．1990年代後半，新疆ウイグル自治区を中心にイスラム過激派の活動やウイグル独立運動が盛んになり，治安維持は新疆ウイグル自治区政府にとって最大の課題となった．1994年頃から，イスラムへの回帰を訴えるタリバンの勢力が拡大し，1996年9月にアフガニスタンの首都カブールを制圧，1999年に国土の9割を支配するまでに至った．2つのイスラム過激派組織——ウズベキスタン・イスラム運動（Islamic Movement of Uzbekistan: IMU）とヒズブ・タフリール（Hizb-ut-Tahrir）——の活動範囲には新疆も含まれているという．これを背景として，イスラム過激派の活動は中国でも活発化し，1996年から1997年の2年間に新疆政府当局者を狙ったテロ爆破や暗殺が多発した[7]．

中央アジアには30万のウイグル人が居住しており，そのうち21万人はカザフスタン，4万6000人はキルギス，3万人はウズベキスタンで生活している[8]．1991年ごろから，一部のウイグル独立運動家がその活動拠点をカザフスタンやキルギスに移した．

こうした意味で，ロシアや中央アジアとの関係強化は新疆の安定維持にとって有効であった．

③　中央アジア諸国は中国にとってエネルギー，資源の貴重な供給源であるとともに，重要な海外市場でもある．「西部大開発」が正式に中国で提起されたのは1999年であるが，1998年はまさに西部大開発戦略の最終の詰めの段階にあたり，資源やマーケットの面での中央アジア諸国に対する期待はこの時期において高まっていた．

以上のような考慮から，中国はカザフスタンの提案を支持し，積極的な外交攻勢を展開した．そしてその努力が実を結び，1998年7月に発表した共同声明では国境問題のみならず，経済協力も含めた新しい協力機構の方向性が示され，2001年6月に「相互信頼，互恵，平等，協調，多様な文明の尊重，共に発展」を上海スピリットとして謳ったSCOが設立された．そしてウズベキスタンが新たに加わったことで，加盟国は6ヵ国に拡大した．かくして，「4 vs. 1」で国境問題に特化していた上海ファイブは地域の安定を確保し，経済連携を強めることを目的とする多国間の地域協力機構へと変貌した．

SCOの加盟国は特に国境並びに地域の安定確保という安全保障上の目標に

おいて結束力が強い．それは，国境並びに地域の安定確保は SCO 参加国の国内政治の安定に直結しているからである．ウイグル問題（中国），チェチェン問題（ロシア），大ウズベク主義（中央アジア諸国）などの火種を抱えている SCO の加盟国は，国境を越えた民族運動を支援しないという SCO の合意により国内政治の安定を図ろうとした．2000 年 7 月にウズベキスタンのイスラム・カリモフ（Islam Karimov）大統領が上海ファイブの会合に参加し，上海ファイブに加入の意向を示したのも，反テロの考慮が働いたからだといわれている[9]．ウズベキスタンは 1999 年に独立国家共同体（CIS）の集団安全保障条約から脱退したが，その前後から深刻なテロ事件が多発するようになり[10]，国内の政治的安定を担保するうえで上海ファイブとの協力が必要だとウズベキスタン政府は判断したという．

1996 年に新疆で実施された中国の核実験に対しカザフスタンが強く抗議する[11]など国境地域の信頼醸成にはなお問題が残るものの，1996 年から 2001 年までの間に，上海ファイブを通じた協議により，19 世紀以来の国境紛争がほぼ解決され，中国にとって西北国境地域における緊張緩和や信頼醸成はおおむね達成できたといえる．そして，1990 年代半ばごろから，中国の要請により，中央アジア諸国におけるウイグル独立運動も制限されるようになり[12]，国民統合を図る中国にとっては朗報であったに違いない．

3. SCO の多難な船出と中国の強気の取り組み：2001 年～ 2005 年

SCO が設立されてから 3 ヵ月後に米国同時多発テロ事件（9.11 事件）が発生し，中央アジアを取り巻く国際環境も一変した．その後も，2003 年から 2005 年にかけての「色革命」[13]，2008 年のロシアによるグルジア攻撃，2010 年のキルギスの騒乱と，SCO には様々な試練が待ち受けていた．

9.11 事件以降，中国はいち早くアメリカの対テロ戦争への支持を表明し，アメリカとの関係改善を図った．同時に，中国は特に 2002 年から経済，軍事，エネルギー（第 4 章第 3 節を参照）などの分野において，SCO を中心に対中央アジア政策を本格的に展開した．そして，この時期のロシアの対外政策の転換も中国の中央アジア政策の追い風となった．2003 年から 2004 年にかけてプー

チン政権は政権当初の西側寄りの政策であった「大西洋主義」から部分的に「ユーラシア主義」へ転換し[14]，中国重視の政策を採用するようになったのである[15]．

こうしたなか，経済分野においては，SCOが発足した直後の2001年9月にはすでに加盟国の間で「地域経済協力の基本目標，方向性ならびに貿易や投資利便化プロセス覚書」が調印され，2003年9月に開催されたSCOのサミットでは「SCO経済貿易協力綱要」が締結された．中国政府は同サミットで「大口の経済技術協力プロジェクトを確定するとともに，交通，エネルギー，電気通信，農業及び家電，軽工業，紡績などの分野を優先する」ことを提案し，10年から15年の時間をかけてSCO加盟国間で自由貿易協定（FTA）を締結することを提唱した[16]．そして，2004年6月のSCOサミットでは，エネルギー協力と地域の重大問題における加盟国間の共同行動の重要性が提起された．なかでも，水力を含めたエネルギー協力について言及したことは，中国と水資源が豊富なキルギス，タジキスタンとの協力を後押しすることとなった．また，同サミットにおいてSCO開発銀行の設置に関する提案も行われた[17]．

軍事分野においては，2002年6月に開かれたSCOサミットで，国家調整協議会及び機構事務局の指揮下に地域対テロ機構（Regional Anti-Terrorist Structure: RATS）を設立することが合意された．RATSは国際テロリズム，民族分離主義，宗教的過激主義の3つの勢力と戦うために加盟6ヵ国が情報提供を含む軍事協力を行うための機関となっている．

文化面の交流も2002年から始動した．2002年4月11日から12日にかけて，北京で初めての文化大臣会合が開催され，文化大臣会合は2004年を除き，2年ごとに開催されている．2005年7月のSCOのサミットでは，胡錦濤国家主席が2006年から2008年の3年間でSCO加盟国から1500人を受け入れ，人材養成を行うといった数値目標を宣言した[18]．

9.11事件以降，アメリカとSCO各国との関係改善を背景に，中央アジアの国々はSCOの「非政治化」を強く主張し，特にタリバンの崩壊によりSCO諸国の共通の目標である反テロの意味も若干弱くなった[19]．中国の積極的な提案があったにもかかわらず，SCOの求心力の低下を反映して，機構の組織化の進行は緩慢なものであった．SCOの設置から3年後の2004年に，SCOの

図表 2-5　SCO 諸国との間で実施された主な反テロ合同軍事演習（2002-2012 年）

時期	名称	参加国	軍事演習の場所
2002 年 10 月	（反テロ合同軍事演習）	中国，キルギス	中国，キルギス国境付近 中国建国後初めての外国との共同軍事演習
2003 年 8 月	連合 2003	ウズベキスタンを除く 5 ヵ国	東カザフスタンと新疆（イリ） SCO 初の多国間軍事演習
2005 年 8 月	平和使命 2005	中国，ロシア	山東半島 SCO 加盟 6 ヵ国の国防長官が視察
2006 年 8 月	天山-1	中国，カザフスタン	新疆
2006 年 9 月	協力 2006	中国，タジキスタン	タジキスタン 中国建国後初めての海外での軍事演習
2007 年 8 月	平和使命 2007	SCO 加盟 6 ヵ国	ロシア
2009 年 7 月	平和使命 2009	中国，ロシア	瀋陽
2010 年 9 月	平和使命 2010	ウズベキスタンを除く 5 ヵ国	カザフスタン
2012 年 4 月	海上協力 2012	中ロ	青島 中国建国後初めての外国との海上軍事演習
2012 年 6 月	和平使命 2012	ウズベキスタンを除く 5 ヵ国	タジキスタン

秘書処（事務局）と RATS の 2 つの常設機構がようやく発足した．

　それでも，中国が指導力を発揮し，反テロという名の下で，SCO の加盟国の間で二国間あるいは多国間の合同軍事演習が 2002 年から実施されている．図表 2-5 で示されているのは，中国人民解放軍が成果として挙げている SCO の合同軍事演習である．SCO の加盟国間の合同軍事演習はこのように毎年のように行われているが，2002 年から 2007 年の 5 年間の間だけでも合計 20 回以上の二国間あるいは多国間の軍事演習が行われたという[20]．また，自国の影響力の低下を危惧して当初中国が賛成していなかった中央アジアにおける 2 つの主要地域組織である集団安全保障条約機構（CSTO）と SCO の合同作戦も，2005 年の協定により 2007 年に実現したことは，中央アジアの安全保障枠組みを考えるうえで重要な意味を持つ．

　しかし，SCO 加盟国の間で実施されたこうした合同軍事演習はあくまでも反テロを目的としたものであり，結局のところ，SCO は NATO のような軍事同盟でもなければ，CSTO のような軍事機構があるわけでもない[21]．こうした拘束力が弱く，緩やかな軍事交流にとどまってきた SCO は，2003 年から発

生した色革命において十分な影響力を発揮することができなかった.

2003年11月にグルジアのバラ革命[22], 2004年11月にウクライナのオレンジ革命[23], 2005年2月から3月にかけてキルギスのチューリップ革命[24]が相次いで発生し, 中央アジアで繰り広げられた色革命に対する「民主化のドミノ」への期待感が欧米先進国の間で高まっていた. 他方,「強権体制」や「半権威主義体制」と称される長期政権が続いてきた中央アジア諸国の間では, 色革命による自国の政権安定を危惧し, 自由を掲げるアメリカに対する懸念が強まった[25]. 民主化, 色革命の波が押し寄せるなか, 中央アジア諸国の指導者は中ロ両国の後ろ盾を得て, 強権体制を守ろうとする姿勢を強めていった[26].

中国は当初, 民主化革命の飛び火を強く警戒していたが, 2005年になると, それまでの低姿勢を一転させ, 積極的な動きを見せるようになった.

1997年からアメリカが中央アジアの国との間で実施していた軍事演習は中国からそれほど注目されていなかったが, 2001年以降の中央アジアにおけるアメリカのプレゼンスに対する懸念が高まるようになった[27]. アル・カーイダ及びタリバンを攻撃するために, 2001年10月よりアメリカ主導のアフガン侵攻が進められ, 2002年6月にはハーミド・カルザイ (Hamid Karzai) 暫定政権議長を大統領とする政権が成立した. そして9.11を機に, アメリカはウズベキスタンのカルシ・ハナバード (Karshi-Khanabad: K2) 基地, キルギスのビシュケク郊外のマナス (Manas) 基地を利用するようになり, 中央アジアにおいて軍事プレゼンスを拡大させた. 米軍の駐留, 特にキルギスの米軍基地は中国の国境から近いこともあり, 中央アジア政策を考慮するうえで, 地域の緊張緩和, 経済関係の強化に加えて超大国であるアメリカの存在も無視できなくなった. そして2005年5月に発生したアンディジャン事件を機に, SCO加盟国で高まる反米ムードに乗じて, 中国は強気の外交攻勢を展開したのである.

2005年はSCOの反米色が最も強く打ち出された年であった. ウズベキスタンは, アンディジャン事件でアメリカとの関係が悪化したことを受け, カルシ・ハナバード米軍基地の賃貸延長を拒否し, 7月29日に180日以内に撤退するよう米国に通告した. 同月SCOのアスタナ・サミットで採択された「首脳宣言」[28]では, 国連憲章の重要性を訴え内政不干渉の原則を強調するなど, アンディジャン事件を意識した文言が盛り込まれた. また同宣言において,

SCO 加盟国における外国軍は期限を設けて撤退の時期を明確にするようにとの要求も明示された．

さらに 2005 年の SCO 理事会ではアメリカのオブザーバー参加の申請が却下された一方で，2004 年のモンゴルに続きパキスタン，イラン，インドがオブザーバーとして迎え入れられた．

カルシ・ハナバードからの米軍撤退を受け，中国はウズベキスタンとキルギスにおける軍事基地の設置に意欲を示した．中国国内のメディアはキルギスでの解放軍駐留の可能性について報じ，「機が熟している」との見方も報道された[29]．外交部スポークスマンは軍事基地の設立の可能性について，あいまいながらも前向きとも取れるコメントを発した．「外国に軍隊を駐留させないことは中国の伝統的な政策」であると強調しながらも，中国が「キルギスに軍隊を駐留させることは，『3 つの勢力』に打撃を加えるのには有利であるかもしれない」と表明したのである[30]．

しかし，中央アジアにおける中国軍の駐留にはロシアが強く反対した．2004 年に，当時の第一外務次官であるヴャチェスラフ・トルブニコフ（Vyacheslav Trubnikov）は中国に言及しつつ，中央アジアにおけるいかなる外国の軍事基地にも反対であるとの立場を表明した[31]．そして，ロシア政府は中央アジアにおいて軍事基地を設置しようとする中国の動向を封じ込め[32]，タジキスタンの首都ドゥシャンベ近郊のアイニ（Ayni）でのインドの軍事基地新設を後押ししたのである．アイニの軍事基地はロシアとの共同管理下におかれるが，ロシアにとっては中央アジアにおける中国の影響力を牽制する上で，インドにとってはパキスタンを囲い込む上で重要な軍事施設となった．かくして，2001 年の 9.11 以降，アメリカ，ロシア，ドイツ[33]，フランス[34]，インドが中央アジアで軍事的プレゼンスを確保する一方で，中国は建国後初めての海外軍事基地の設置は実現できなかった．

また，中央アジアで繰り広げられた色革命に関して，中国は国際テロリズム，民族分離主義，宗教的過激主義と結び付け，「社会の発展モデルの輸出は正常な政治経済の発展プロセスを乱し，社会の後退をもたらす」との見解を示し[35]，反対の考えを示した．そして中央アジア諸国に対して支持を表明した中国はSCO の議長国としての存在感をアピールしつつも，色革命をチャンスとして

捉え自国の権益拡大に努めた．チューリップ革命でアカーエフ政権が崩壊した直後の 2005 年 3 月に，張徳広 SCO 事務総長が視察団を率いてタジキスタンを訪問し，SCO に対するそれまでの約束を果たすよう，タジキスタン新政権に促した．またアンディジャン事件後，ウズベキスタンのカリモフ大統領は予定通り中国を訪問し，中国との間で友好協力パートナーシップ条約を結んだ．中国はカリモフ大統領に対し，「国家と地域の安全と安定のためのウズベキスタンの努力」[36] に対し支持を表明した．7 月には呉儀副首相が 160 社余りの企業の経営者らを率いてウズベキスタンを訪れ，十数件の成約があった．

上記のような中央アジア地域情勢の不安定さや，中国との多国間経済協力に対する SCO 加盟国の関心の低さなどにより，中国が提案した SCO 加盟国間の FTA の実現はなかなか目処が立たない状況にある．他方，RATS は現在ユーラシアでのテロ活動の分析に加え，加盟国間でテロ組織に関する情報の交換や，反テロ政策の協議も行っている[37]．これにより，中国は中央アジアにおける安全保障に重要なアクターとしてコミットするようになった[38]．また，SCO 加盟国の間での合同軍事演習も毎年のように実施されており，軍事交流が継続し，深化している．

しかしながら，色革命における中国や SCO の無作為に対する失望感が生まれ，色革命後，キルギスやウズベキスタンなど中央アジア諸国はロシアに接近するようになり，中国や SCO の影響力は相対的に低下した．

4. 既定路線への回帰：2006 年～

2006 年以降，中国はアメリカとの対立を回避しつつ，SCO の加盟国との経済や軍事などの分野における実質的な関係強化をめざすという既定路線に回帰した．

SCO は欧米諸国が参加しておらず，中国のリーダーシップのもとで創設された地域機構であるだけに，SCO での中国の姿勢が注目される．2008 年のロシアのグルジア攻撃，2010 年のキルギスの騒乱に対応する中，SCO での中国の方針が徐々に形作られた．

SCO に対する中国の方針の第一は，国連原則の重視の姿勢にある．2006 年

にイランが SCO への参加申請を行ったが，ロシアは賛成の意向を示していたのに対し，中国は慎重な姿勢を崩さなかった[39]．2010 年に採択された「SCO にかかわる受け入れ条例」には，国連制裁を受けている国は参加できないとの一項が中国の強い主張で書き入れられている．この規定により，イランは事実上 SCO への参加が不可能となった．

　SCO で中国が掲げている第二の方針は，内政不干渉の原則である．2008 年 8 月のドゥシャンベ・サミットでは，中国は政権が不安定な国に対する内政不干渉の原則を前面に打ち出した．北京オリンピックの開幕式が華やかに行われる中，グルジア・南オセチア間の紛争再燃を契機に，2008 年 8 月 8 日にロシア軍がグルジアに対する攻撃を始めた．8 月 28 日にはロシアのグルジア攻撃後初めての SCO サミットがタジキスタンで開かれたが，同サミットで結ばれたドゥシャンベ宣言の第 3 条では，南オセチア情勢について次のように言及している．「関係者に対話を通じた問題の平和的解決を呼びかける」とともに，南オセチア紛争に関してロシアが提案した（8 月 12 日）6 原則を「歓迎」し，「当該地域の平和と協力におけるロシアの積極的な役割を支持する」[40]．つまり，ロシアに対して配慮を示す一方で，南オセチア，アブハジアの独立に関する支持はなかった．中国のこうした決断の背後には，中国の抱えているジレンマがある．ロシアのグルジア攻撃を NATO の東方拡大によるロシアと欧米諸国の権力闘争の結果とみている中国にとって，グルジア攻撃は欧米諸国との権力闘争におけるロシアの勝利であり喜ばしいことであるが，台湾問題を抱えているため南オセチア，アブハジアの独立には賛同できないのである．

　結局，中国は自国の目前の課題を優先させた．2008 年のドゥシャンベ・サミットで，中国は内政不干渉の原則を前面に打ち出したのである．ロシアは安全確保と対立の予防の観点から SCO 加盟国が共同行動をとれるように共同宣言にその内容を明文化しようとしたが，中国が強く反対し[41]，実現には至らなかったという．

　ここで鮮明に主張した内政不干渉の原則は，結局中国に跳ね返ってきた．2010 年 4 月にキルギスで再び大規模なデモが発生し，クルマンベック・バキーエフ（Kurmanbek Bakiyev）大統領が辞任した．6 月には南部オシュでキルギス系とウズベク系の住民の間で民族衝突が発生し，多数の死者を出した．

6月27日，キルギス新憲法案の是非やローザ・オトゥンバエヴァ（Roza Otunbayeva）暫定大統領の信任などを問う国民投票が実施され，オトゥンバエヴァは同年7月3日に大統領に就任した[42]．大規模デモが発生した直後の4月7日，中国政府は事態に深い関心を示し，「秩序の早期回復を希望し，法的手段による問題解決」を呼びかけた[43]．4月下旬，支援は行うが軍隊の派遣はしないというCSTOの方針が発表された．アメリカ，欧州連合（EU），ロシアがキルギスに対する人道的援助を発表する中，中国も1.22億人民元（約2000万ドル）の援助を拠出し[44]，6月16日，ウズベキスタン大使やSCO副事務総長を歴任した高玉生が率いる中国代表団がキルギスを訪問した．SCOは6月21日，犯罪と違法活動の停止を呼びかける声明を発した[45]．事態がおおむね収束した7月21日，SCOは再度声明を発表し，キルギス人の選択を尊重すると表明した．

　エネルギー輸送ルートの一端を担っているキルギスの情勢安定は，中国にとって極めて重要な意味を有している．またアメリカの介入により，キルギスが第二のアフガニスタンに陥るとの懸念[46]も国内には根強く存在する．その上，キルギスの騒乱で現地の中国ビジネスが大きな損害を被ったばかりでなく，現地の中国人の生命も危ぶまれた．こうしたなか，SCOに対する期待は中国国内でも強く，6月13日付の『環球時報』はさらに，キルギス暫定大統領オトゥンバエヴァがCSTOやSCOに軍隊派遣の要請を行ったと報道した[47]．しかしながら，中国政府は「第三者」の立場を貫き，6月に6機の専用機を派遣し869人の中国人を中国国内に退避させただけであった[48]．

　他方，国連原則の重視，内政不干渉の原則を掲げている中国は2006年以降，SCOの加盟国との経済や軍事などの分野における実質的な関係強化に努めてきた．

　中国はSCOのFTAを強力に推し進めている．2009年6月SCOに100億ドルの信用供与を表明し，2011年にはSCO第10回経済貿易大臣会議においてFTAに関する共同研究を提案した[49]．すでに2005年にはSCO銀行間連合体とSCO実業家委員会が設立されていたが，2010年11月に温家宝首相が金融協力の深化を提案し，100億ドルを原資とするSCO開発銀行の設立の可能性を検討するよう提案した．2012年6月の北京サミットでは中国の発案によ

り，SCO 開発銀行の創設や共同口座の開設が検討された．

軍事協力においては，ロシアへの配慮から，中央アジア諸国に対する中国の武器輸出は少なく，ロシアの武器輸出に影響を与えるものではない[50]．他方，非伝統的安全保障分野においては中国と中央アジア諸国との間の協力が進んでいる．図表2-5で示されているように，SCO 諸国の間で合同軍事演習が毎年のように行われている．また麻薬密輸が盛んな中央アジア地域において，非伝統的安全保障分野における中国と他の SCO 諸国の防衛当局者の協力が行われている．たとえば，カザフスタンは2007年に中国との二国間の安全保障関係を特に重視する新しい軍事ドクトリンを公表し，2008年以降カザフスタンと中国の間で合同軍事演習が数回行われたが，それらは麻薬密輸の取締りに重点を置いたものである[51]．また麻薬取締りの分野において，中国は SCO の人材養成も行っており，これまで140人あまりが研修に参加したという[52]．

2006年以降，中国は言語や文化面での攻勢を強め，エリート養成に力を入れている．SCO 諸国の間で教育協力協定が2006年6月に結ばれたのに伴い，中国は孔子学院，留学生の受け入れの拡大に努めた．2006年から中国国営中央テレビ（CCTV）はカザフスタンやキルギスでも視聴できるようになったという[53]．しかし，現状では，教育文化交流は基本的に二国間で行われ，多国間の交流はまだ実現できていない[54]．

経済力をつけてきた中国は，近年これまで以上に SCO 間の協力でリーダーシップを発揮しようとしている．道路などのインフラ，エネルギー，人材育成に集中していたこれまでの対中央アジア援助[55]を基礎に，中国は2008年に SCO 大学（2010年に設立）の構想を打ち出した．中国政府は2012年には SCO に対し，100億ドルの貸付を新たに行い，今後3年間で SCO のために1500名の専門家を養成し，今後10年間で他の SCO 加盟国に3万名の政府奨学金の枠を確保し，1万名の孔子学院の教員ないし学生を受け入れ，中国での研修を受けさせることを約束した[56]．中国は2012年6月時点までに120億ドルの貸付を SCO 加盟国に提供してきたと自負している[57]．

SCO を地域組織として機能強化するために，中国は加盟国間の定期交流の制度的な枠組みの構築，政策協調体制の構築を推進している．毎年の首脳会合，首相会合，定例外相会議のほか，SCO の加盟国間で，経済貿易とともに交通

インフラ，文化，環境，司法，教育など様々な分野における協力が始動し，これらに関連する協議や会合を定例化させ，さらに実務レベルのワーキンググループなども設置されるようになった．

キルギスの騒乱で地域の安定確保における SCO の役割が疑問視されているが，中国はむしろ地域のホットイシューであるアフガニスタン問題に SCO の影響力拡大の活路を見出そうとしている．実際，SCO 設立当初から中央アジア地域の安全保障の課題に関しては，加盟国間の平和と安定の確保とともに，アフガニスタン情勢を重要な議題としていた．アフガニスタンのカルザイ大統領が 2004 年にゲストとして SCO のサミットに初めて出席し，2006 年以降毎年ゲストとして参加するようになった．また 2009 年 3 月にモスクワでアフガニスタン関連の SCO の会合が開かれたが，国連事務総長潘基文や NATO，アメリカの高官も参加した．

SCO 諸国は現在アフガニスタン周辺で麻薬禁止の安全ベルトを築く[58]など，麻薬問題で協力しているが，アメリカが主導する NATO 軍が 2014 年にアフガニスタンから完全に撤退することになっており，アフガン情勢を安定化させるうえで，SCO の果たせる役割は大きい．

アフガニスタンと国境を接する中国にとって，無論，アフガン情勢は周辺の安定を確保する上で無視できない重要な問題である．中国は 2002 年 1 月 21 日から 22 日にかけて東京で開かれたアフガニスタン復興支援国際会議に参加し，アフガニスタンに援助を行うようになった．アフガニスタン問題に関しては，中国は「6 + 2」（隣国の中国，タジキスタン，ウズベキスタン，トルクメニスタン，パキスタン，イランの 6 ヵ国とロシア，アメリカの 2 ヵ国）の枠組みを支持している．

アフガニスタン情勢の安定は中国とアフガニスタンの経済協力にも影響を与えるだけに，中国は多国間のみならず，アフガニスタンとの二国間協力にも尽力している．アフガニスタンでは，2004 年 6 月に中国人が襲撃され 11 人が死亡，5 人が負傷する事件が，また 2010 年初めには中国人エンジニア 2 名が誘拐される事件が発生した．こうした状況の中，中国はアフガニスタンに対する支援に積極的である．2012 年夏，中国とアフガニスタンの間で協定が結ばれ，中国はアフガニスタンの警察官の訓練養成に乗り出したのである．

このように，中国は SCO 加盟国間の FTA を推し進め，非伝統的安全保障分野で SCO 加盟国間の協力を強め，教育文化面の協力にも力を入れ，SCO 開発銀行の設立などにおいてリーダーシップを発揮してきた．また，SCO の影響力拡大の方策として，アフガニスタン問題への関与を考案している．

「3 つの勢力」との戦いは，中国にとって最も成果を上げている分野である．2009 年に起きた新疆暴動の際も，SCO は中国に安心を与えた．キルギス，カザフスタン，タジキスタンは新疆と国境を接しているが，特にカザフスタンは中国と 1500km にわたり国境を接し，20 万人以上のウイグル族が居住しており，ウイグル人の運動拠点ともなっている．新疆暴動直後の 7 月 10 日に SCO は声明を出し，「新疆ウイグル自治区は中国の一部であり，新疆で起こったことは中国の内政問題である」との認識を示し，「3 つの勢力」と戦うために更に協力する姿勢を改めて明確にした．そして 2011 年には，中国の圧力によりカザフスタンやキルギスに在住するウイグル独立運動家がアメリカで開催される会合への参加を禁止される事件も起きた[59]．

非伝統的安全保障分野における SCO の協力は緩やかで，拘束力も弱い．SCO 諸国の間で毎年合同軍事演習が行われているが，図表 2-5 で示されているように，ウズベキスタンが参加したのは 2007 年のみであった．その背後には，ダム建設をめぐるタジキスタンとの対立が強く作用しているともいわれているが，2012 年にタジキスタンで行われた共同軍事演習に際して，ウズベキスタンはカザフスタン軍のウズベキスタン通過をも拒否した[60]．他方，カザフスタンも軍事演習のための中国人民解放軍の国内通過を拒否しているという[61]．加盟国間の相互不信が軍事交流の進展の障害となっている．

軍事交流は無論のこと，ロシアを含め組織的犯罪が政治的影響力すら有している中央アジアでは越境する麻薬密輸に対する取締りも容易ではない．その上，東南アジア諸国との協力と異なり，安定を重んじる新疆ウイグル自治区といった地方政府による積極的な参加がないまま，SCO の協力はいまのところ実のある成果を上げていないのが実情である．

中国の努力にもかかわらず，中央アジアにおける SCO の影響力が低下する一方で，ロシア主導の地域統合は着実に進展している．中国が当初構想していた 2020 年までにモノ，サービス，資金，技術の自由化を実現するという目標

が達成されることは困難であり，金融面ではSCO発展基金，SCO開発銀行などが中国の主導のもとで設立されたが，その後ほとんど進展していない．他方，ユーラシアで統合を推し進め影響力の拡大を図ろうとするロシアの戦略は進んでおり，SCOのFTAと競合するロシア主導のCIS FTAは2012年9月に発効した[62]．中国は人民元の国際化を推進しているが，2012年12月，CISの首脳会議で11ヵ国の参加国が統一通貨に関する協議[63]に署名し，CIS FTAは2020年までのルーブル決済を目指している．ユーラシア経済共同体（EAEC）[64]もすでに2001年に発足しているが，ウラジーミル・プーチン（Vladimir Putin）首相は2011年10月に「大西洋から太平洋まで広がる」経済圏——「ユーラシア同盟（Eurasian Union）」[65]——の創設を提唱し，基盤となる関税同盟[66]の参加国であるカザフスタン，ベラルーシがすでに参加を表明した．

また，中国の強い主張により，SCOが「内政不干渉」を掲げ，SCO加盟国の国内問題に二の足を踏むなか，2011年12月に，CSTOの最高意思決定機構である集団安全委員会で次のような決議が出された．CSTO加盟国以外の国がCSTO加盟国で軍事基地を設置する場合は，CSTO加盟国の全会一致の承認が必要である．そして，CSTO加盟国は同機構に武器の提供や，人員養成などの軍事援助を求めることができる．こうしたCSTOの決議は中央アジア諸国に安心を与える内容となっており，中央アジアにおける同機構の存在感を高めることとなった．

5. おわりに

中央アジアはまさに大国が影響力を競い合い，グレート・ゲーム（great game）を繰り広げる地域となっている．

2011年7月，ヒラリー・クリントン（Hillary Clinton）米国務長官が2014年以降の地域安定策として新シルクロード構想を打ち出した．そして，中央アジアの軍事基地については，米軍がアフガニスタンへの兵員・物資輸送に使っているビシュケク郊外のマナス基地も1年ごとの契約ではあるが，当面維持されることになっている[67]．ウズベキスタンも2009年以降NATO軍の国内通

過を許可し，2009 年にはアメリカとの間で軍の人員養成や軍事教育交流に関する合意に調印した[68]．

　EU も中央アジア地域の重要なプレーヤーであり，東方パートナーシップを推し進めている．現在 EU 27 ヵ国に加え，ウクライナ，モルドバ，アゼルバイジャン，アルメニア，グルジア，ベラルーシの東方近隣 6 ヵ国が参加している．ベラルーシの参加は，東方パートナーシップを「反ロ包囲網」の一環としてとらえるロシアから強い不満を招いた．

　日本も 2004 年 8 月，中央アジア諸国との対話と協力の枠組みとして「中央アジア＋日本」対話を立ち上げた．これまで外相会合に加え，高級実務者会合，「中央アジア＋日本」東京対話，経済フォーラムなどを重ねてきた．

　中央アジアにおけるロシア，アメリカ，日本，EU，中国のグレート・ゲームにおいて，中国はその一極にすぎない．その上，グレート・ゲームにおける「小国」は大国の主導権争いのなかバランス外交を展開している．SCO の関係国のバランス外交は中国の影響力の抑止に働くが，他方，中国のプレゼンスをも歓迎している．

　中国は SCO を通じて，自国の影響力を拡大しようとしている．CIS や CSTO と異なり，SCO には中ロの 2 つの大国が存在している．旧ソ連から独立した中央アジア諸国からすれば，SCO は中国の影響力ならびにロシアの影響力に対する緩衝地帯となり，自らの活動空間の拡大につながる組織となる[69]．つまり SCO という多国間組織は，中国やロシアのプレゼンス拡大の防波堤ともなっており，モスクワや北京との 1 対 1 の関係を回避することができる．こうした意味で，中央アジアにおいて中国のプレゼンス自体は歓迎されている．

　しかしながら，SCO で影響力を拡大しようとする中国は，難しい課題をも多く抱えている．国連安保理常任理事国であり，BRICS の一員でもあるロシアとの協力が必要不可欠であるが，両国の協力関係の構築にも大きな障害が横たわっている．第一に，両国が SCO に対して求めている戦略的目標が当初から異なっている．中国にとって SCO は中央アジアへのプレゼンス拡大の重要な足がかりとなっている．他方ロシアは対米戦略の必要性から SCO を重視しているが，CSTO と EAEC のほうがむしろより重要である[70]．第二に，エネルギー問題，中国への武器輸出問題，ロシアの極東地域への中国人の流入問題

などで中ロ関係が揺れ動いてきたのも事実である．第三に，ロシア国内には中国脅威論や嫌中派が根強く存在している．そして中国の急速な経済成長を背景に，こうした論調は徐々に強くなっている．2009年5月に採択された「2020年までの国家安全保障戦略」は，より広い意味のセキュリティを提起し，敵と危険に対する定義も変化した．この広い意味のセキュリティで言及されている戦略的不確実性やロシア南部での非伝統的安全保障の脅威は，まさに中国を意識しているものにほかならないとも言われている．

　欧米に対する姿勢，政策のプライオリティ，歴史的な相互不信などさまざまな要因により，SCOにおいて加盟国の間で結束した共通の政策を打ち出すことは容易ではない．このため，「反米同盟」や「東側のNATO」，「権威主義クラブ」でもなければ，「エネルギークラブ」や「経済ブロック」にもなっていないSCOは，国際秩序を変容させる影響力をほとんど有していないのが実情であり，しかも中央アジアにおける存在感は低下している．中国の国内でも，SCOは現行では「シンボリックな存在で，重大な時に自分の立場を表明する場」71)に過ぎないとの評価が一般的である．

　SCOに対して異なる思惑を有しているものの，中ロ両国にとってもSCOは協力のパイプとしての役割が大きく，NATOの東方拡大に対する緩衝地帯にもなっている．こうした安全保障上の必要性は，いまでもSCO加盟国を結束させる上で重要な基盤を提供している．

　SCOでは「欧米に対抗する政治機能を重視しているロシアと対照的に，中国は経済的メリットを追求している」と一般的に言われている．しかしながら，対米協調姿勢を保ちつつも，SCOを通じて国際舞台におけるプレゼンス拡大を追求する狙いが中国には決してないとは言えない．国際秩序の「一極」としての役割を果たすには地域機構の育成と，国際的認知度の向上がまず必要であると中国は認識している．

　「非同盟，第三国や他の地域と対抗せず，対外的にも開かれた地域機構」というSCOの原則は，同機構の国際的認知度とプレゼンスの向上に寄与すると中国は認識している．目下，国連，CIS，東南アジア諸国連合（ASEAN），EAEC，CSTO，EUなどがSCOのアプローチの対象となっている．SCOが設立されてからの進展は決して速いとは言えないが，緩慢なりといえども地域

組織としての制度的な枠組みが徐々に出来上がりつつある．

　中国は国連重視，内政不干渉の原則，アフガニスタン問題の重視，国際的認知度の向上を通じて SCO を影響力のある組織に育成する姿勢を明確に打ち出しつつ，他の SCO 諸国との経済や軍事などの分野における実質的な関係強化に動いた．中国は SCO の中核的な存在として，積極的に SCO の機能強化，経済，司法，教育など様々な分野における政策連携，対外交流を推進している．国際秩序における多極化を作り出し，その一極を通じて存在感を発揮するために重要な場である SCO において，中国は今後も精力的に牽引役を果たしていくものと思われる．

結　び

　冷戦終結後，中国はアジアの地域機構に積極的に参加し，また地域機構で指導的な役割を果たそうとしている．こうした中国の対外行動は，冷戦後の中国のアジア外交における最大の特徴の１つとなっているといえる．
　中国のアジア政策の変化に伴い，冷戦終結後の中国はアジア地域における影響力の拡大と低下の浮き沈みを経験している．北東アジア，東南アジア，中央アジアに共通しているが，2000年代前半においてはアジアにおける中国のプレゼンスが拡大し，その影響力も高まっていたのに対し，2000年代後半になると，地域機構における中国の影響力の低下が顕著にみられる．
　積極的な外交展開により，アジア地域における中国のプレゼンスは拡大している．しかしながら，アジア地域における中国の影響力の拡大には限界もあった．これはパワーバランスの原理が強く働いているからにほかならない．アジア地域における日中，米中の主導権争いが展開されている．このほか，中央アジアにおいては中国とロシア，南アジアでは中国とインドの主導権争いも顕著にみられる．さらに，アジア地域の多くの国々がどの大国にも与せず，バランス外交を展開する傾向にあるため，現在アジアにおいて，アメリカ，日本，中国，ロシア，インドなどの大国がすべて参加し，また地域の重要な問題を網羅的に対処できる地域機構は存在しておらず，多層・多チャンネルの協力枠組みが構築されている．アジア地域におけるこうした現状は，中国の経済力的影響力を政治的影響力に転化させることのむずかしさを如実に物語っている．
　北東アジア，東南アジア，南アジア，中央アジアのそれぞれの地域機構における中国の政策から，中国の対アジア政策が同心円的な展開を見せていることが浮き彫りとなる．冷戦終結後に展開されてきた中国のアジア外交は以下の３つの柱からなり立っている．
　第一は，経済関係の促進により，中国を媒介としてアジア地域に実質的な一体化を促進することである．すなわち，中国はアジア諸国を積極的に取り込む

ことにより，アジア地域における自国の影響力を高めようとする戦略を採用してきた．そしてアジア復帰を訴えるアメリカの一極が主導する地域秩序を回避するために，中国は今後も自由貿易協定（FTA）の締結を通じて，多層的な地域協力枠組みを築きあげることに尽力するであろう．

第二は，非伝統的安全保障という枠組みの中で，実質的な軍事交流を促進することである．具体的に言えば，中国は災害救助，海賊対策，反テロなどの分野において合同軍事演習をはじめとする多国間の軍事交流を積極的に行い，北部湾，メコン川をはじめとする合同パトロールを意欲的に拡大させていく姿勢を見せている．これは，東南アジア，南アジア，中央アジアで共通の政策展開である．

第三は，中国の国力増大に伴い，地域公共財の提供に努め，リーダーシップを発揮することである．中国は北朝鮮，アフガニスタンなどの重要な地域問題に関与し，また2000年代後半以降，地域の共同パトロール，災害救助，海賊対策，麻薬取締りなどに積極的に関与してきているだけでなく，地域協力や地域機構にも資金拠出を行い，指導的な役割を果たそうとする姿勢も見られ，いわば，地域公共財もすこしずつではあるが提供するようになった．こうした政策により，結果として経済分野や非伝統的安全保障分野における中国の影響力の拡大が見られている．

冷戦終結後のアジア外交はアメリカとの対立を徹底的に回避するなかで展開されており，また自由や民主主義に反する規範を打ち出そうとしているわけではなく，打ち出せてもいない．国際秩序における発言権の拡大を狙う動きもみられるものの，結局のところ，今の中国は修正主義を志向しつつ，既存の国際秩序の中で自国を成長させていく道を歩んでいる．

第 3 章　アジア経済一体化の戦略と実像

　中国のアジア外交の重要な柱の1つは，経済関係の促進により，アジア地域において中国を媒介とした実質的な経済統合を促進することである．中央政府が主導するアジア地域組織における戦略的な取り組みも重要であるが，14ヵ国と国境を接している中国にとって，国境地域に位置する地方政府の政策展開も，実質的なアジア一体化戦略の成否を左右している．

　改革開放以降，中国では沿海部の開放に続き，内陸開放，沿辺開放，西への開放が実施されてきた．こうしたプロセスを通じて，各地方政府は1990年代初頭から積極的にサブリージョナルな地域協力に参画しており，いまでは中国のアジア外交の重要な推進力となっている．しかしながら，地域経済の振興を最優先する地方政府の政策は，アジア地域における影響力の拡大を目指す中国政府の思惑と必ずしも合致しない．各地方政府がそれぞれどのような地域振興戦略を採択し，そして，地方政府の立場がどのように集約されていくのかは，中国の対外政策決定を考えるうえで重要な問題となる．

　陸上において他国と国境を接しているのは，黒龍江省，吉林省，遼寧省，内モンゴル自治区，甘粛省，新疆ウイグル自治区，チベット自治区，雲南省，広西チワン族自治区の9つの省，自治区である．目下アジアにおいて進行中のサブリージョナル・レベルにおける地域経済協力は多数存在するが，中国と関連性の高い地域経済協力には，北東アジアの図們江地域開発，中国西南地域と東南アジアの間で進展する大メコン川流域（GMS）開発と汎トンキン湾経済協力，そして中国西北地域と中央アジア諸国との経済協力である．

　そこで，本章では，国境地域に位置する各地方政府がそれぞれどのような地域振興戦略を採択し，どのようにサブリージョナルな地域協力に関与しているのかを明らかにする．こうした考察を通じて，経済的な要素による中国の地方政府と周辺国家との関係の変化を解明し，対外政策決定における地方政府の関与に対する理解を深めたい．

3.1　図們江地域開発と北東アジアの経済協力

1. はじめに

　北東アジアの地域協力を推進するうえで重要な役割を果たしている地方政府は黒龍江省，吉林省，遼寧省の東北三省である．

　黒龍江省は中国の最北に位置する省で，総面積が47.3万k㎡であり，国境線の長さは3045km[1)]で，ロシアと隣接している．吉林省の総面積は18.74万k㎡であり，朝鮮族が密集して居住している地域である．国境線の長さは1384.5km（うち，中朝1138.5km，中ロ246km）であり，ロシアと隣接し，北朝鮮とは図們江（朝鮮名：豆満江），鴨緑江を境界線としている．遼寧省は総面積が14.8万k㎡で，北朝鮮とは鴨緑江（国境線）を隔てており，南側は黄海，渤海に面している．

　北東アジアでは，1990年代初頭から始動した図們江地域開発のプロジェクトが進行している．中国が推し進める北東アジアにおける地域協力は，この図們江地域開発を主体としつつも，多様な展開を見せている．

　本節では，地域協力に関する黒龍江省，吉林省，遼寧省のそれぞれの取り組みと役割をまず明確にしたうえで，北東アジアにおける中国の地域協力の主要戦略の1つである図們江地域開発について考察を行う．

2. 東北三省の経済振興策と地域協力

　ロシアに隣接している黒龍江省は一貫してロシアとの経済協力に地域振興の可能性を求めている．1988年5月の国務院通達により，吉林省，内モンゴル自治区，新疆ウイグル自治区とともに，黒龍江省もロシアとの国境貿易が許可された[2)]．以降，黒龍江省はロシアとの国境貿易に力を入れており，認可された25の国境貿易地点のうち，15ヵ所はロシアとの国境貿易地点となっている．

3.1 図們江地域開発と北東アジアの経済協力　　　　　　　　　　149

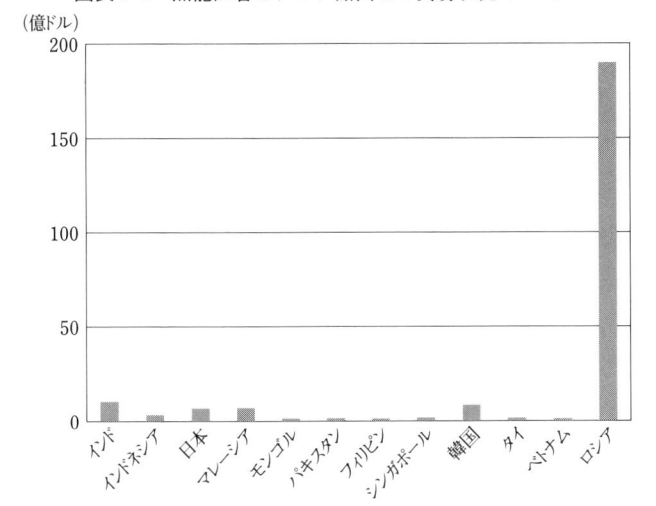

図表 3-1　黒龍江省とアジア諸国との貿易状況 (2011年)

(億ドル)

出所:『黒龍江統計年鑑 (2011)』より筆者作成
注 : 対象国はアジア諸国のうち,黒龍江省との貿易額が 1 億ドル以上の国

　図表 3-1 で示している通り,黒龍江省の対外貿易はロシアに圧倒的に依存しており,しかも対外貿易依存度が高い[3].

　1990 年に黒龍江省政府は「南側の中国大陸と連結し,北側のロシアに開放する(南聯北開)」というスローガンを掲げ,次のような地域振興戦略を制定した.①ハルピン,黒河,綏芬河を国際都市に発展させる.②国境貿易に依拠し,国境地域の経済発展を促進する.③チチハル,牡丹江,佳木斯,大慶などの鉄道沿線,川沿いの都市を中心に国内経済との連携を図る[4].こうした戦略に基づき,1990 年 6 月に,初めてのハルピン国際経済貿易交易会が開催された.

　しかし,黒龍江省政府の地域振興戦略は期待通りの成果が得られなかった.ロシアとの国境貿易は 1992 年までは順調な増加傾向を示したが,ロシア側が国境貿易に対する制限措置をとるようになった[5]1993 年後半以降,著しく減少するようになった.

　こうしたなか,1997 年 11 月にロシアのボリス・エリツィン (Boris Yeltsin) 大統領がハルピンを訪問した.これを受け,黒龍江省政府は翌 12 月にロシアとの経済貿易強化に関する会議を開き,ロシアとの貿易をさらに促進す

る方針を定めた[6]．その後ロシア側の政策転換もあり，1998年には黒龍江省とロシアとの貿易額は増加に転じた．こうしたなか，黒龍江流域における中国，ロシア，モンゴルの地域協力[7]や，日本との経済貿易協力の強化[8]など様々な提案がなされ，それらの可能性もあわせて検討されるようになった．

　2005年になると「旧工業基地である東北の対外開放の一層の促進に関する国務院弁公庁の実施意見」が公布され，中国政府は東北地域の経済振興に本腰を入れる姿勢を示した．同年開催された第16回ハルピン国際経済貿易交易会からは，商務部，国務院東北弁公室，中国国際貿易促進委員会，浙江省政府も主催者として加わり，地方レベルの交易会から国家レベルに格上げされた[9]．これに伴い，黒龍江省政府はロシア，モンゴル，北朝鮮との経済関係強化というこれまでの政策を再確認し[10]，中国，日本，ロシアの三角貿易を結びつける架け橋という役割[11]を明確にし，「ロシアを中心に，北東アジアを視野に」という新たなスローガンを提起した．具体的には，黒河，綏芬河，琿春などロシアに近い地域の振興に依拠し，ロシアなどとの経済協力を拡大させる戦略が描かれた[12]．こうしたなか，当時建設中の黒龍江大橋を中心に中ロ自由貿易区を設立するという構想も黒河市の政策研究室によって提案された[13]．また，綏芬河市の市長からは綏芬河とロシアの自由貿易区の構想が打ち出された[14]．

　黒龍江省政府は当初からロシアに狙いを定め，その後，香港，マカオ，台湾からの投資をも強調したが，2007年には，韓国との経済関係強化に関する政策も打ち出した[15]．黒龍江省政府は韓国との貿易に活路を見出し成功した山東省や遼寧省を見習い[16]，経済的に発達している韓国との経済協力強化を正式に省の戦略として定めたのである．さらに2008年には，日本との経済協力も黒龍江省の発展計画に盛り込まれた[17]．ここには，ロシアとの経済協力だけではなかなか地域振興を実現できなかった黒龍江省政府の焦りと決断が見え隠れしている．

　こうしたなか，中国政府は国境地域の開放を改めて促進する国家戦略を採用した．2009年6月に胡錦濤国家主席が黒龍江省を視察した際に，北東アジアの地域協力における黒龍江省の橋頭堡としての役割を言明したのである[18]．そして9月に，中ロ両国政府が「中国の東北地域とロシアの極東および東シベリア地域との協力企画綱要（2009-2018）」に調印した．

このようにして，中国とロシアの両国政府の強力な後押し，そして中央政府から与えられた北東アジア地域協力における中心的な地位という絶好の発展のチャンスを，黒龍江省政府は手に入れたのである．こうしたチャンスを生かすため，黒龍江省政府は新たな地域振興戦略を練り上げ，2015 年までに黒龍江省を，中国の加工基地と経済貿易・科学技術の協力のモデル区に仕上げる目標を掲げた．こうした目標に従い，様々な具体的な戦略が打ち出された．黒龍江省政府はロシアとの貿易協力の橋頭堡の地位を再確認し，中国とロシアとの貿易の中継地としての役割を果たそうとした．同時に，ロシアに対する高い貿易依存度の是正にも力を入れ，アメリカ，欧州連合（EU），韓国，日本，東南アジア諸国連合（ASEAN）との貿易促進にも努めた[19]．ハルピン，牡丹江，綏芬河，東寧などの国境貿易地点を中心に，ロシアのウスリースク，ウラジオストックと連結し，加工貿易などを中心に経済協力地域を形成する構想にも取り組んだ[20]．黒龍江省の強い働きかけにより，2009 年に綏芬河総合保税区[21]が中ロ国境地域での最初の総合保税区として国務院によって認定され，2010 年 8 月に正式に運用を開始した[22]．

こうした一連の政策が打ち出されてから，黒龍江省とロシアとの間で森林資源に関する協力やインフラ建設が進み，またロシア国内において中ロ経済貿易協力区も設置された．代表的な経済貿易協力区には，ウスリースクの靴製造基地，ロシア沿海地方の工業基地，ユダヤ自治区の木材加工基地などがある[23]．

2009 年以降の黒龍江省のこのような地域振興戦略は，明らかにロシアに軸足を置きつつも，北東アジアの地域協力を視野に入れたものである．ハルピンを中心に，国内の他の省との連携を強めつつ，東側の日本，韓国，西側のロシアと連結するというのが黒龍江省の戦略である[24]．むろん，こうした戦略の実現にはまだまだ課題が多い．インフラ整備の不足に加え，日韓との経済連携も遅々として進んでいないという[25]．

他の国境地域同様，黒龍江省は人民元の国際化にも取り組んでいる．2008 年の時点では，黒龍江省とロシアの貿易に関して，ドル決済が 85.5%，ルーブル決済が 14.1% を占めており，人民元による決済は 0.07% しかなかった[26]．2009 年になると国家外為管理局黒龍江省分局がロシアにおける人民元による直接投資について重点的に調査を行い，一連の政策を打ち出した[27]．その結果，

2012年には，中ロ貿易における人民元決済はルーブルを大きく上回った[28]．

現在，吉林省と遼寧省は図們江地域開発を推進する主力の地方政府である．海へのアクセスを持たない吉林省は，「中国図們江地域協力開発企画綱要――長春，吉林，図們江を開放開発先導区とする」という国務院の政策が批准される2009年8月までは，海へのアクセスを求めて，北朝鮮との経済協力に望みを託し，図們江の地域開発を通じて地域振興を図る戦略を積極的に推し進めていた．

他方，東北三省のなかで唯一海に面している遼寧省は，その地の利を生かし，改革開放30年の間に主要貿易相手国は一貫して日本，韓国，アメリカであり[29]，輸出先も一貫して日本，アメリカ，韓国となっている[30]．遼寧省最大の国境都市は丹東市であり，丹東市を通じた北朝鮮との貿易は2005年以降，拡大を続けた[31]．しかし，北朝鮮の支払い能力に問題があるため[32]，対北朝鮮貿易が遼寧省の貿易総額に占める割合は低下の一途を辿った．

2009年に「中国図們江地域協力開発企画綱要」が打ち出されてからは，遼寧省はそれまでの地域振興戦略を調整し，北東アジアの地域協力にも力を入れるようになった．

このように，吉林省と遼寧省はそれぞれの地域振興策の違いにより，図們江地域開発への参加は異なる様相を呈している．以下，1990年代初頭から始動した図們江地域開発を中心に，吉林省や遼寧省の図們江地域開発への参画プロセスを詳しく見ていくこととする．

3. 吉林省，遼寧省と図們江地域開発

1991年10月，国連開発計画（UNDP）が図們江地域開発構想を発表した．図們江は中国，ロシア，北朝鮮の3ヵ国を流れる全長516kmに及ぶ国際河川であり，上流と中流は中国と北朝鮮，下流の15kmは北朝鮮とロシアの国境河川となっている．

1990年代はじめ，「北東アジア経済圏あるいは環日本海経済圏」，「華人経済圏あるいは大中国経済圏」，「南中国経済圏」など，様々な地域協力の構想が打ち出されたが，中でも図們江地域開発の構想はもっとも有望視されていたプロ

ジェクトであった．しかしその後，北朝鮮の核開発問題，図們江地域開発に対する参加国の温度差，資金の欠如などにより，図們江地域開発の構想が発表されてから20年近く経っても，進展はほとんど見られなかった．こうしたなか，2009年以降，中国とロシア，そして中国と北朝鮮の経済協力が急速に動きだし，こうした二国間関係によって支えられた図們江地域における協力はこれまでとは異なる様相を呈し，大きく変容したのである．

これまでの中国と図們江地域協力のかかわりを振り返れば，おおまかに以下の3つの段階に分けることができる．

(1) 図們江地域開発の積極的推進：1990年代初頭〜1996年

図們江地域開発構想が浮上した1990年代初頭は，関係国である中国，モンゴル，北朝鮮，韓国，ロシア，日本の6ヵ国[33]の間で，緊張緩和の機運が高まった時期でもあった．1989年5月にソ連のミハイル・ゴルバチョフ（Mikhail Gorbachev）書記長が訪中し，中ソ対立は終結を告げた．1990年9月には韓国とソ連が国交を樹立し，1991年9月には韓国と北朝鮮が南北国連同時加盟を果たして，1992年8月には中国と韓国が国交を樹立した．こうした地域情勢を受け，中国，北朝鮮，ロシアの国境隣接地域である図們江地域は「北東アジアの香港」に成長していけるという希望が膨らみ，図們江地域開発に対する期待も高まっていた．

図們江地域開発構想はもともと，中国によって提起されたものである．宋健国務委員の指示で，1989年2月から約1年半をかけて国家科学技術委員会が図們江開発に関する実地調査を行った[34]．さらに，国家海洋局と吉林省も1990年5月と1991年6月の2度にわたり図們江の下流の実地調査を行った[35]．その間，1990年7月には長春で「北東アジアの経済技術発展」をテーマとする国際シンポジウムが開催され，中国の学者が国際協力による図們江開発計画を提起した．翌1991年には江沢民総書記（1月），朱鎔基副首相（6月），田紀雲副首相（6月）が相次いで琿春を視察し，12月には国家科学技術委員会と吉林省共催の図們江開発対策研究会議が開かれ，1992年1月には国家科学技術委員会，国家計画委員会，対外貿易部，吉林省が連名で図們江開発の強化を求める文書を国務院に正式に提出した．

このような経緯を経て 1992 年 4 月，中国の図們江開発参加が正式に国務院によって承認された．その後，国家科学技術委員会，国家計画委員会，対外経済貿易部，交通部，吉林省政府，国家海洋局からなる前期研究調整グループ[36]が設立された．7 月には，前期研究調整グループの初回会議が開かれた．同会議において，中ロ，中朝の協力から出発し，「緊密な中ロ協力」，「緩やかな中朝協力」を行う方針が示された[37]．

当事者である吉林省は，構想段階から深く関与しており，図們江地域開発を積極的に推進する姿勢を示した．図們江地域開発への参加に関する政府承認に先立って，1992 年 3 月にはすでに，吉林省政府は図們江開発指導小組を吉林省政府の中に設立していた．図們江地域開発の正式参加が決まった 4 月には，吉林省図們江開発計画課題グループが「図們江地域国際協力・開発にかかわる戦略的構想」を提案し，9 月 3 日から 30 日にかけて，65 人からなる吉林省の代表団を北朝鮮，ロシア，日本，韓国に派遣した．

図們江地域開発を推し進める中国政府は，「緊密な中ロ協力」という方針に従い，ロシア政府から協力を引き出そうとロシア政府に対して積極的に働きかけを行った．中国外交部は 1992 年 11 月に銭其琛外相が訪ロする際に，図們江地域開発計画についての協議をロシア側に打診した．また同年 12 月のエリツィン大統領訪中の際に，外交部はわざわざロシアの沿海地域の共同開発計画について話し合うため，エリツィン大統領と吉林省政府との協議の場を設けたという[38]．中国の働きかけに応じる形で，ロシア政府からもハサン地区開発の構想が提案され，ザルビノ港の共同開発と利用に関する合意書が中ロの間で締結された．

中国とロシア両政府のみならず，当時の北朝鮮も図們江開発に特に熱意を示していた．1992 年 8 月に中国と韓国が国交を樹立したことにより，中国と北朝鮮の関係は一気に冷え込み，1999 年まで両国のトップレベルの交流が途絶えたが，北朝鮮が図們江地域開発での中国との協力を中断することはなかった．1992 年 2 月にソウルで開かれた「図們江開発計画管理委員会（Programme Management Committee: PMC）」第 1 回会議に北朝鮮は代表団を派遣し，同会議で「先鋒，羅津における自由貿易区の設置」[39]を改めて発表し，積極的に参加する姿勢を示した．

1992年9月に孔徳湧中国国家科学技術委員会発展研究センター主任と金正禹北朝鮮対外経済協力推進委員会委員長は平壌で図們江地域開発に関する4つの合意に達し[40]，翌93年2月と3月に中朝両国政府の間で図們江開発に関する意向書が締結された．また93年9月には，北朝鮮はさらに中国の敬信圏河の対岸に達するよう羅津・先鋒自由経済貿易地帯の面積を621km²から746km²に拡大した．

1994年4月には，金正禹北朝鮮対外経済協力推進委員会委員長が再度吉林省を訪問し，羅津港の共同建設，先鋒港の一部の埠頭の共同利用，化学工場の共同経営などを含む12項目からなる協定を吉林省政府と締結した[41]．そこで，同年6月に，国務院特区弁公室が琿春で国境地域（沿辺）開放と開発問題について議論した．

中国はロシア，北朝鮮のみならず，さらにモンゴルを巻き込んで図們江地域協力を推し進めようとした．1993年3月に，中国国家科学技術委員会が李鵬首相のモンゴル訪問の際に北東アジア地域協力問題についてモンゴル側と協議することを決めたという．

しかし，図們江地域協力が進行するなか，中国と北朝鮮の意見の食い違いも目立つようになった．重要な対立点の1つは，図們江による海へのアクセスの問題である．

図們江の上流は中国と北朝鮮，下流15kmは北朝鮮とロシアの国際河川である．図們江による海へのアクセスの問題は1980年代から中国で議論されている問題である．図們江による海へのアクセスの問題は，1984年にある学者によって提起されたが，1986年に当時の著名な政策ブレーンであった宦郷を通じて，中央でも議論されることとなった．1987年に，宋健国務委員の指示で，国家海洋局と海洋政策専門家は図們江通行権の問題に関する実地調査を行った．こうしたことを背景に，中ソ国境交渉の場でも中国政府は図們江における中国の通行権を主張し，1988年に旧ソ連はこの問題で譲歩を示し，1991年5月に締結された「中ロ国境の東の部分に関する国境協定」で，図們江での中国船舶の通行権が明記された．

図們江における中国の通行権をロシアから獲得したものの，北朝鮮の同意がなければ中国船舶は結局図們江を通行して海へ出ることはできない．図們江は

吉林省から海へアクセスするうえで最短のルートとなるため，吉林省は北朝鮮の港を借り受けることで海へのアクセスを獲得しようと考えた．他方，北朝鮮は羅津，先鋒，清津などの港湾建設を優先させようとし，図們江での中国の通行権に対して消極的な態度をとった．

こうしたなか，中央政府の助力を求めるため，1994年8月に金哲洙吉林省副省長は外交部副部長の戴秉国と会い，北朝鮮との交渉にさらに力を入れるよう求めた．これに対し，戴秉国は「外交部も対外貿易部も尽力しているが，北朝鮮の態度が二転三転している」と説明し，こうした膠着状態の打開策としてはロシアを通じて海へのアクセスの確保を加速すべきだと提案した．そして，外交部は吉林省を説得しつつも，銭其琛副首相は1994年8月20日に国家科学技術委員会の起永正から図們江開発の進捗状況について報告を受けた際，外交部の意図に沿って同年9月に予定される江沢民国家主席のロシア訪問の会談内容に図們江による海へのアクセスの問題を付け加えて，北朝鮮と交渉することを約束した．

図們江地域開発に一定の進展がみられ，中ロ，中朝の間で図們江地域開発をめぐり交渉が続けられていたこの時期は，北東アジア経済協力を根幹から揺るがす事件が朝鮮半島で起きていた時でもあったことに注意する必要がある．1993年3月に北朝鮮は核拡散防止条約（NPT）から脱退し，さらに1994年6月に国際原子力機関（IAEA）からの脱退を宣言したのである．この核危機はその後の米朝高官協議（93年6月〜）を経て，94年10月に米朝枠組み合意が締結されたことで終息した．

朝鮮半島の核危機の終息をうけ，図們江地域開発の動きが再び活発化した．第1次朝鮮半島核危機終息後の1995年に，中国は北朝鮮に対する友好価格制を復活させ，本格的な経済援助を再開し[42]，北朝鮮とロシアの港の実地視察を再度実施した．そして同年12月にUNDP「図們江開発計画管理委員会」第6回会議において，「図們江地域開発調整委員会」と「図們江経済開発区及び北東アジア開発のための諮問委員会」の設置に関する協定，「図們江経済開発区および北東アジア開発の環境問題に関する覚書」が調印されたのである．

こうした地域の動きを見据えて，中国政府は図們江開発を国家の第9次5ヵ年計画に組み入れた．1996年6月に江沢民国家主席が琿春を視察に訪れた際，

「琿春を発展させ，図們江を開発し，北東アジアとの友好関係を発展させる」との指示を出した．

　北朝鮮との経済協力は続けられてはいたが，もちろんのこと，核危機の影響を強く受けざるを得なかった．1996年4月，済州島で行われた米韓首脳会談で四者会談が正式に提案されたが，中国は北朝鮮の「新しい平和保障体系」がもたらす米国の影響力拡大を阻止する目的で，態度をあいまいにしつつも好意的な反応を示した[43]．他方，北朝鮮にとって四者会談は中国と韓国の関与を許すことで米朝協議が攪乱されるだけではなく，朝鮮問題が米中両国に「共同管理」されることを意味していた[44]ため，北朝鮮は一貫して米朝協議を求め，中国の関与に対しては拒絶反応を示した．さらにこの時期，台湾問題も中朝関係をぎくしゃくさせる重要な要素として浮上し，北朝鮮は台湾問題を利用して中国に揺さぶりをかけていく．1994年7月に金日成が死去してから，北朝鮮と台湾は北東アジアの経済開発をめぐり関係を緊密化させていった．95年には台湾経済使節団が訪朝し，羅津，先鋒自由貿易地帯への開発協力や，経済事務所の相互開設などについて協議を行った．中国は北朝鮮と台湾の関係強化を防ぐために，1996年5月に北朝鮮と経済技術協力協定を結び，北朝鮮に対し多額の援助を約束したという[45]．

　こうした国際情勢の中，中国は1992年に制定した中ロ，中朝を中心とする図們江開発計画を再検討することとなった．1996年9月に中国政府は北朝鮮の羅津，先鋒の発展が今後停滞するとの判断を下した．それでも吉林省の地域振興にとっては図們江地域開発プロジェクトが必要不可欠であるため，中国政府は引き続き協力していく方針を明示した．

(2) 停滞する図們江地域開発：1997年～2009年

　1997年のアジア金融危機で図們江地域開発は停滞局面を迎えた．図們江開発をめぐり，吉林省政府のトップは幾度も交渉のためロシアに出向いたが，目立った成果は得られなかった．

　こうした中，1992年に設立された政府の横断的組織である中国図們江地域開発前期研究調整グループは図們江地域開発の参考にするため，97年8月に北米自由貿易協定（NAFTA）加盟国に視察団を派遣した[46]．視察団の報告書

は，アメリカが冷戦後に超大国の地位を保持できた理由の1つがNAFTAにあると指摘し，「NAFTAにより，アメリカはその経済力が増強されたのみならず，その勢力範囲も同時に確保された」との認識を示した[47]．この報告書が提出されたのと同じ1997年に，中国は図們江開発の常設機構を北京に置くよう提案し，その後さらに積極的に図們江地域開発を推進しようとした．

中国政府は再び図們江地域開発に積極的な姿勢を前面に打ち出したが，ちょうど同じ時期にロシアと北朝鮮にも政策転換の兆しがみられ，こうした政策転換は中国の積極的な姿勢を後押しした．1998年にロシア政府はシベリアと極東地域での経済発展を重視する対北東アジア政策に転じた[48]．また同年，北朝鮮も市場経済を試験的に取り入れる動きに出て，中朝国境での市場（「互市」）も開設されるようになった．そして1999年6月に金永南朝鮮最高人民会議常任委員長が訪中し，中韓国交樹立以来中朝間の高官の相互訪問が途絶えていた状態に終止符が打たれ，中朝関係は大きく改善した．

ロシアと北朝鮮の政策変化を受け，また2000年に始動した西部大開発に合わせて，中国政府は図們江地域開発の断行を再度決断した．中国政府は北東アジアの経済協力は依然として二国間の経済協力の域を超えていないと認めつつも，1999年4月初めに国内の反対を押し切って，図們江地域開発前期研究調整グループを国家図們江地域開発調整グループに格上げし，構成メンバーを6から14に増やした．12月にはさらに国家計画委員会が「中国図們江地域開発計画」を承認した．

しかし，2001年に米国同時多発テロ事件（9.11事件）が発生し，さらに2002年10月には北朝鮮の高濃縮ウラン計画の発覚を契機に第2次朝鮮半島核危機が浮上し，高まる図們江地域開発ムードに一気に逆風が吹き始めた．

2005年9月，図們江開発の関係5ヵ国（中国，北朝鮮，韓国，モンゴル，ロシア）は計画をさらに10年間（2015年まで）延長することで合意した．翌2006年1月に訪中した金正日総書記に対し，温家宝首相は「政府が主導し，企業が参加し，市場メカニズムを活用する」と発言し，これまでと異なった市場メカニズムに基づく中朝経済関係という新しい方向性を提示したのである．

このように，1997年以降，中国は引き続き図們江地域協力を推し進めようとしたが，図們江地域開発は頓挫したままで，進展は一向に見られなかった．

他方，金正日総書記は2000年以降計8回の訪中を行い（図表2-3を参照），中朝間の経済協力に関する話し合いが進められていたのである．

こうしたなか，中朝二国の経済関係は発展を遂げてきた．1999年の金正日総書記訪中以降，2002年と2009年を除き中朝貿易は増加傾向を示しており（図表2-1を参照），バーター貿易で行われていた中朝貿易に関して，人民元による決済の可能性も2000年代初頭から議論されている．特に2005年に中朝の間で「投資保護協定」が締結されてから，資源を中心に中国から北朝鮮への投資が動き出した．同年12月には，中朝両国はさらに「海上石油共同開発に関する協定」に合意し，黄海における石油開発でも協力することになった[49]．

こうしたことを背景に，地方政府である吉林省も，北朝鮮の羅先の港までのインフラ整備に資金を投下し，引き続き物流ターミナルの実現に向けての努力を続けた[50]．

(3) 中ロ，中朝の二国間協力によって支えられる図們江地域開発：2009年〜

2009年に，中国は1992年，1999年に続く三度目の図們江地域開発の決定を行った．2009年8月，国務院が「中国図們江地域協力開発企画綱要——長春，吉林，図們江を開放開発先導区とする」を批准したのである．この「中国図們江地域協力開発企画綱要」は，北東アジア地域の経済一体化の基礎を築くためのプロジェクトと謳っている地方政府主導のそれまでのスタイルを一変させ，中朝，中ロ間の経済協力といった二国間（バイ）経済協力に軸足を置き，政府による二国間協力によって推進されている点において，特徴的である．

「中国図們江地域協力開発企画綱要」は2009年から2020年にかけての図們江地域開発の計画となっている[51]．吉林省の長春市，吉林市と延辺州を中心に図們江地域開発を推し進め（図表3-2を参照），遼寧省，黒龍江省，内モンゴル自治区も視野に入れつつ，北朝鮮，日本，韓国，ロシアとの経済協力を強化していくという内容となっている．この企画綱要が実質上，北東アジアの地域協力を視野に入れたものとなっていることは明確である．他方において，2009年以降の実際の実行プロセスから見れば，以下の2つの特徴が浮き彫りとなる．

第一に，「中国図們江地域協力開発企画綱要」において，遼寧省，黒龍江省，内モンゴル自治区の重要性について触れられているが，実際のところ黒龍江省

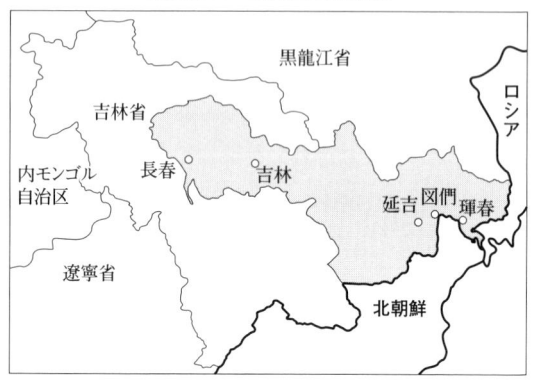

図表 3-2　図們江地域開発

出所：日本貿易振興機構「北朝鮮の貿易動向と中国・ロシア等との経済関係に関する調査」（2012年2月）を参考に筆者作成

や内モンゴル自治区に比べ，遼寧省が中国の図們江地域開発においてきわめて重要な位置を占めるようになった．

「中国図們江地域協力開発企画綱要」では，吉林省と吉林省の南に位置する省との連携強化の重要性が指摘され，特に遼寧省の南部都市や遼寧省沿海経済地域，また遼寧省の大連，営口などの港湾との連携強化が課題とされている．こうしたことを受け，遼寧省の第12次5ヵ年計画において，東北地域，特に長春，吉林，図們江経済区との全方位協力が重要な政策課題として盛り込まれた[52]．またその地理的な位置から，東北地域とロシア，日本，韓国を結びつける遼寧省の役割も大いに期待されている[53]．前述のように，遼寧省とロシアとの貿易規模は小さい[54]ものの，日本，韓国は常に遼寧省の貿易相手国として上位3位にランクインしている．その上，吉林省の海へのアクセスに関しては，ロシアや北朝鮮を通じてのほうが距離的には短いが，経済コストから見れば，遼寧省の大連と営口を通じたほうがはるかに安い[55]．こうしたさまざまな理由から，2009年7月の国務院常務会議において，遼寧省の沿海経済地域が国家戦略に格上げされた[56]．その後，遼寧省が策定した「遼寧省沿海経済地域発展企画」も国務院で批准されている．

第二に，「中国図們江地域協力開発企画綱要」は北東アジアの地域協力を視野に入れた内容となっているものの，現時点においては，中ロ，中朝の二国間

3.1 図們江地域開発と北東アジアの経済協力

協力を中心に中国の図們江地域協力開発が進められている．

2009年3月，「中国東北地域とロシア極東及びアラブ地域の協力綱要（2009-2018）」が締結された．この中ロ間の協力綱要は，2007年3月の胡錦濤国家主席の訪ロ，また同年11月の温家宝首相の訪ロの際に，中国側からロシアの極東開発と中国の東北振興政策をタイアップさせる計画として提起したものである．その後2年かけて協議が続けられ，2009年3月に両国の調印という運びとなったが，これにより，中国東北三省とロシアの極東地域の経済開発が結び付けられ，開発利益の共有に向けて協力する基盤が出来上がった．中国は図們江地域開発を中心に東北地域の経済振興を図っているが，ロシア政府は2012年5月に極東の開発のための専門の組織を立ち上げ，2020年までに東シベリアと極東地域のGDPを2010年の4倍にする計画を打ち出した[57]．

北東アジアの地域協力において，北朝鮮もまた重要なカギを握っている．前述のように2000年以降，中朝の経済関係に少しずつ進展が見られたものの，2009年に北朝鮮はミサイルを発射し，「中国図們江地域協力開発企画綱要」が発表されて数ヵ月も経たないうちに北朝鮮は図們江地域開発からの離脱を表明した．その後，2010年3月に韓国哨戒艦沈没事件が，11月には延坪島砲撃事件が立て続けに発生し，朝鮮半島の地域情勢が一気に緊張した．

2009年はちょうど中朝国交60周年に当たり，その祝賀式典への出席のために温家宝首相が10月に北朝鮮を訪れたが，その際に温家宝は北朝鮮に大型援助を約束したという．中国は北朝鮮の六者会合への復帰の約束を引き出せなかったが，経済関係に関しては話し合いが行われ，大きな進展がみられた．

北朝鮮は2010年1月に羅先市を直轄の特別市に格上げし，羅先経済貿易区に関する法律を改正した．そして2月には図們江開発に再び参加する意向を表明した．5月の金日成総書記訪中の際には，羅先経済区と黄金坪[58]，威化島の2つの経済区における共同開発について中朝両国は合意した．

こうした政府間合意を背景に，2009年ごろから中朝両国の経済関係が急速に動き出した．2009年から朝鮮半島における核危機をめぐる緊張が高まるなか，図們江を除き，琿春，南坪，臨江，長白，集安などの対北朝鮮輸出入額は軒並み上昇傾向を示している[59]．「中国図們江地域協力開発企画綱要」の公表に伴い，延辺朝鮮族自治州が海に最も近い州として新しい開放の窓口となり，北朝

鮮との関係強化が図られた．延辺州による北朝鮮への投資はタバコ，薬品，紡績，鉱物資源，水産品，加工業，観光業を中心に行われており，2010年時点で，北朝鮮で登録されている延辺の中国企業は20社余りで，投資総額は6823万ドルに達したという[60]．延辺州の国境貿易は吉林省の国境貿易総額の80％以上の割合を占めている．こうした情勢を受け，延辺州は図們江自由貿易区構想を打ち出し，また人口9万人の長白県は長白県を北朝鮮に対する貿易基地にするとの構想を提起した[61]．

遼寧省の丹東市と北朝鮮との経済関係も活発化した．2009年の時点において丹東市で北朝鮮との交易を行う商社は500社を超え，丹東市経由の対北朝鮮貿易は中朝貿易総額の80％を占めている[62]．多くの中国の報道では，北朝鮮は丹東市と鴨緑江を隔てて接している威化島と，丹東から十数km離れたところにある黄金坪を，ノービザの自由貿易区にする予定であるという．

核危機のさなかに急速に動き出した中国と北朝鮮との通商関係は，無論のこと，国際社会から厳しい視線を集め，批判の的となった．中国外交部のスポークスマンは2010年2月に，「威化島と黄金坪の対中開放は，中朝間の正常な貿易であり，国連条約に違反するものではない」[63]とのコメントを出し，反論した．

こうした状況の下，2011年6月に，中朝両国が共同開発，共同管理を行う羅先経済貿易区プロジェクトが正式に始動し，開幕式には陳徳銘中国商務部長，張成沢北朝鮮国防委員会副委員長・労働党行政部長が出席した[64]．翌7月には吉林省と羅先市が「中朝羅先経済貿易区（2011-2020）計画枠組みに関する取り決め」を締結した．8月14日には，羅先・黄金坪中朝共同指導委員会会議が北京で開かれ，同月下旬には，金正日総書記が最後の訪中の際に，胡錦濤国家主席と長春で3時間にわたり秘密会談を行った[65]．

また，中ロ，中朝の経済協力により最も恩恵を受けている吉林省は，「港を借りて海に出る（借港出海）」の戦略を明確に打ち出した．羅先経済貿易区プロジェクトの正式始動に先立ち，琿春市政府は2011年4月に1.5億人民元を投資して圏河から羅先までの道路[66]の拡張工事を始動させたのである．

金正恩政権に入ってからの2012年8月，中国と北朝鮮の経済関係は新たな展開を示した．北朝鮮の張成沢国防副委員長は8月に訪中した際，中国から格

別の高い待遇を受け，胡錦濤国家主席や温家宝首相も張成沢が率いる北朝鮮代表団と会見した．この時期になると，北朝鮮に関する報道も，これまでのように控えめで原則論を繰り返すだけのものから一変した．中国と北朝鮮が共同開発する羅先経済貿易区と，黄金坪，威化島経済区の共同指導委員会第3回会議の様子は中国国内で華々しく報道されたのである[67]．

ここで留意すべきなのは，現在進行中の中国の図們江地域開発の視点からみれば，ロシア，北朝鮮のみならず，日本，韓国も中国の北東アジア地域協力におけるきわめて重要な戦略的相手国であることである．これは，中国の図們江地域開発の目玉プロジェクトの1つである中国図們江地域（琿春）国際協力モデル区の在り方からも一目瞭然である．中国図們江地域（琿春）国際協力モデル区は2012年4月に国務院によって設立が認可された[68]．ロシア，北朝鮮と接しているという地の利から，中国図們江地域（琿春）国際協力モデル区では，中ロ，中朝の経済関係の強化が最も重視されており，協力が推し進められている一方で，日本や韓国との経済関係の強化にも力を入れている[69]．

他方，北東アジアの地域協力を視野に入れているがゆえに，中国の図們江地域開発を成功させるうえで，ロシア，北朝鮮，日本，韓国からの政治的協力のみならず，ハード面のインフラ整備も必要不可欠である．中国，ロシア，北朝鮮，韓国，日本を結びつけるうえで，特に琿春は重要な意味を持っている．中国の琿春とロシアのザルビノを結ぶ鉄道は2004年に運行が中断していたが，図們江地域開発が進む中，2011年2月に琿春—ザルビノ鉄道が運行を再開した[70]．この鉄道は中国—モンゴル鉄道と連結することで中国からユーラシアへの物流が大幅に促進されると期待されている．

また，図們江より西側に向けて「東方大通路」も計画されている．この東方大通路と称される図們江—阿爾山—喬巴山を結ぶ鉄道は，モンゴルを通過した後，ユーラシアに連結する計画という．これにより，西部地域は図們江を通じて海へのアクセスを得ることができ，また東北地域と中央アジア，ヨーロッパとの物流も促進される見込みである．

2012年8月には「北東アジアに向けた中国東北地域の開放計画要綱」が国務院によって認可された．これにより，中国政府は今後「東北地域東部の丹東，集安，臨江，図們，琿春，綏芬河，撫遠，同江など17の国境都市の計画を実

施し，ロシア，北朝鮮との貿易を強化し，陸・海・川の輸送インフラを推進していく」という[71]．

中国は図們江地域開発に際して，地方政府を含めて海へのアクセスをきわめて重視している．中国はすでに数年かけて，東北三省（遼寧省，吉林省，黒龍江省）から4つの交通インフラの整備を進めている．海への4本のアクセスルートとは，①丹東港から海への直接のアクセス，②琿春市からロシアのザルビノ港を経由する海へのアクセス，③琿春市から北朝鮮の羅津港[72]を経由する海へのアクセス，④ロシアのウラジオストック港を経由して綏芬河から海に出るルートである．現時点において，中国政府は「港を借りて海に出る（借港出海）」戦略はおおむね完成し，成功したと宣言している．そして，ザルビノ，羅津港とともに，中国政府は中国，ロシア，日本，韓国の間の環日本海の輸送ルートの整備や新設にも力を入れている[73]．

以上のように，中国の図們江地域開発は中ロ，中朝の政府間協定によって保証され，また二国間の経済協力を中心に進展している．こうした展開は，中国政府が精力的に推し進めている図們江地域開発をめぐる多国間協力から明らかに大きく変容している．二国間協力を基礎にした図們江地域開発は，北東アジアの地域経済協力を視野にいれた戦略の第一歩にすぎない．

4. おわりに

中国の東北地域に位置し，中国の地域一体化戦略を推し進めるうえで重要な地方アクターは黒龍江省，吉林省，そして遼寧省である．黒龍江省はロシアとの経済関係強化に尽力しており，吉林省や遼寧省は図們江地域開発の重要な推進力となっている．

改革開放以降，地方政府と中央政府の関係は大きく変容している．ピーター・チョンとジェームズ・タンは，外交関係について中央と地方を対立軸で見る二分法的な研究手法は有効ではなく，地方のイニシアティブは必ずしも中央の政策とのコンフリクトを意味するものではないと説く[74]．蘇長和も，地方政府は具体的な執行プロセスにしかかかわっておらず，権限は限られていると指摘する[75]．そして最新の日本の研究では，中央と地方の「融合－委任型モデ

ル」との主張が主流になりつつある.磯部靖によると,省指導者は「地方の利益」のために中央と対立するわけではなく,むしろ一貫して従属的な立場にあり,人事面からみても中央と地方指導者には回転ドア現象がみられる.こうした状況においては地方分権が進んでも,地方の権限は制約される[76].また,益尾知佐子も汎トンキン湾地域協力を事例に,この「融合‐委任型モデル」を支持している[77].

他方,中国の国内問題に焦点を当てた研究では,中央と地方との間で権限の分担が不明瞭であるため,利益の多元化を背景に,中央と地方の利益衝突は激化したと指摘する研究が多く存在している[78].

図們江地域開発をめぐる中央政府と地方政府の政策展開を振り返れば,利益の多元化のなかでも中央政府の国家戦略と地方政府の政策の融合といった先行研究で指摘されている点が見られるものの,対立あるいは従属だけでは捉えきれない「中央政府と地方政府の協議型」がむしろ特徴的である.

1990年代初頭から始動した図們江地域開発を中国政府は一貫して積極的に推進しているが,その在り方は大きな変貌を見せている.吉林省は図們江地域開発の構想段階から積極的にかかわり,中央政府の協力を仰ぎつつも,中央省庁や外交部に働きかけ,主導力を発揮していた.こうした「中央政府と地方政府の協議型」の多国間協力は,2009年以降,「中央政府主導型」に変貌を遂げ,図們江地域開発は中国政府主導のもとで,中ロ,中朝の二国間関係によって支えられて急速に進展するようになったのである.そして,遼寧省も重要なアクターとして参加するようになった.

中国の図們江地域開発は,アジアの実質的な一体化という中国の対外戦略の一環である.現行の中ロ,中朝の二国間協力によって支えられている中国の図們江地域開発は,中ロの自由貿易協定(FTA),日中韓のFTA,日中韓ロを含めた北東アジアにおける地域経済協力を促進する期待や役割を帯びている.こうした意味で,中国の推進する北東アジア地域協力において,ロシア,北朝鮮,日本,韓国が重要な協力相手国となる.

2009年以降急ピッチに進む中国の図們江地域開発は,対外政策と密接に連動している.2009年から進められている図們江地域開発により,中ロの経済関係が強化されてきた.2011年,ロシアの沿海地方に対する中国の投資総額

は 3370 億ドルで，当該地域の外資総額の 41.7％を占めていた[79]．こうした動きは，アメリカのアジア復帰戦略が鮮明に打ち出されてから，ロシアとの関係強化に傾く中国の対外政策を強力に後押ししている．またロシアとの政治関係を重視する中国政府は，今後中ロ両国の経済関係の強化をさらに促す可能性を秘めている．習近平国家主席は 2013 年 3 月の就任後，最初の外遊先としてロシアを選び，訪ロ中に二国間で石油，天然ガス，電力，石炭など多分野にわたる経済協定が結ばれた[80]．

そして，中朝貿易の発展により，今後中国が北朝鮮に対して市場経済の導入を一層促進する可能性も高くなっている．北朝鮮における中国の投資は 2004 年には 5000 万ドルであったが，2011 年になると 3 億ドルに上った[81]．カーラ・フリーマンが指摘しているように，図們江地域開発を通じて中国は一貫して北朝鮮に対する取り込み戦略をとってきた[82]．こうした地域のダイナミズムのなか，中朝の経済関係も一方的な経済支援ではなく，「ウィンウィン」と称される互恵をめざす二国間の経済関係へと変貌し，両国の関係も変質を遂げつつある．

さらに，図們江地域開発の進展により，吉林省など北朝鮮との経済関係の強化を求める地方アクターが出現しており，こうしたアクターは今後さらに増える可能性がある．中国の対北朝鮮投資の 70％は鉄鉱石，銅，モリブデンなどの資源に向けられているが，なかでも，吉林省の鉄鋼グループは北朝鮮茂山の鉄鉱石の 50 年にわたる採掘権を得たという[83]．東北三省のみならず，河北などの他の省の企業も北朝鮮に進出している．そして，2008 年から北朝鮮は観光，資金と技術の導入のために浙江省との経済関係の強化に動き，浙江省に数多くの貿易代表団を派遣したという[84]．

2013 年以降，北朝鮮の挑発行為がエスカレートし，自国の安全保障に対する危機意識が強まった中国は北朝鮮に対し，より強硬な姿勢で臨むようになった．しかし，この間も中国の図們江地域開発は進められている．中国の対北朝鮮政策は，安全保障の側面とともに，経済的な要因にも強く影響されている．北朝鮮が引き起こした幾度もの核危機により，中国を取り巻く地域環境は悪化しているが，図們江地域開発が続行している限り，中国の対北朝鮮政策の抜本的な方向転換は容易いものではない．

このように，図們江開発をめぐる地域協力はロシア，北朝鮮の戦略に強く左右されつつ，緩慢ながら前進を続けている．今後も中央，地方政府の「二人三脚」の取り組みにより，進められていくであろう．

3.2 大メコン川流域開発と汎トンキン湾経済協力

1. はじめに

2009年9月に中国政府は「国際金融危機に対処し,西部地域における安定したかつ速い経済発展の維持に関する意見」を公表した.この「意見」では,中国西南開発の牽引役は雲南省と広西チワン族自治区であると明記されている.

中国の西南開発区には2つの地域協力モデルが併存している.1つは雲南省が中心的な役割を果たす大メコン川流域 (Greater Mekong Sub-region: GMS) 開発計画で,もう1つは広西チワン族自治区主導の汎トンキン湾経済協力である.

雲南省と広西チワン族自治区はともに1990年代初頭から周辺国家との協力を構想・推進し,積極的に中央政府に働きかけていた.雲南省はミャンマー,ラオス,ベトナムと接しており,国境線の長さは4060kmである.国境線沿いに16の少数民族が集中して居住している.広西チワン族自治区はベトナムと接しており,国境線の長さは1020kmである.国境線沿いにチワン族,漢族,瑶族,苗族など60万人が居住している[1].

同じく中国の西南に位置しているチベット自治区はミャンマー,インド,ブータン,ネパールと国境を接しており,自治区の西側はカシミール地域に隣接している[2].中国はブータンとは国交を結んでおらず,チベット自治区の国境貿易は主にインド,ネパールとの間で行われており,なかでもネパールが圧倒的な割合を占めている.チベット自治区には,4つの国境通関貿易地点と27の国境貿易市場があるが,4つの通関貿易地点はすべてネパールとの国境地域に設置されており,チベット自治区とネパールの国境貿易が行われている.インドとの間では9つの国境貿易市場がある.1992年にチベット自治区とインドの国境貿易は30年ぶりに再開し,2006年にはかつてのシルクロードの一部であるシッキム州と中国チベット自治区間の交易路が44年ぶりに再開した[3].

3.2 大メコン川流域開発と汎トンキン湾経済協力

図表 3-3 東南アジア，南アジアにおける主な経済協力枠組み

名称	参加する地域大国	それ以外のメンバー	発足年	主要な会議
GMS 協力	中国	カンボジア，ラオス，ミャンマー，ベトナム，タイ（+ADB）	1992	首脳会議，経済閣僚会議
黄金の四角協力		ラオス，ミャンマー，タイ	1993	各種閣僚級会議
AMBDC		ASEAN 諸国	1996	閣僚級会議
汎トンキン湾経済協力		ベトナム，シンガポール，マレーシア，インドネシア，フィリピン，ブルネイ	2006[1]	専門家会合
インドシナ総合開発フォーラム（FCDI）	日本	カンボジア，ラオス，ベトナム，その他多数の国，機関	1993	閣僚級，高官会議，作業委員会
インドシナ産業協力ワーキング・グループ		ASEAN 諸国	1996	ASEAN・日本経済閣僚会議傘下の専門家会合
日・ASEAN 経済産業協力委員会（AMEICC）		ASEAN 諸国	1999	ASEAN・日本経済閣僚会議傘下の専門家会合
日本・CLV 協力		カンボジア，ラオス，ベトナム	2004	首脳会議，外相会議
日本・メコン協力		カンボジア，ラオス，ミャンマー，ベトナム，タイ	2008	首脳会議，外交会議，経済相会議
メコン川下流域開発（LMI）	アメリカ	カンボジア，ラオス，ベトナム，タイ	2009	外相会議
メコン下流域フレンズ閣僚会議	アメリカ，日本，韓国，豪州，ニュージーランド	カンボジア，ラオス，ベトナム，タイ，ミャンマー（オブザーバー）（+ ADB）	2011	外相級会議
メコン・ガンガ協力	インド	カンボジア，ラオス，ミャンマー，ベトナム，タイ	2000	閣僚級会議
ベンガル湾多分野技術経済協力のための構想（BIMSTEC）（当初）		ミャンマー，タイ，バングラデシュ，スリランカ	1997	閣僚級会議
BIMSTEC（拡大）		ミャンマー，タイ，バングラデシュ，スリランカ，ネパール，ブータン	2004	首脳会議，閣僚級会議
BCIM	中国，インド	ミャンマー，バングラデシュ		地方政府会合
メコン川委員会（MRC）		カンボジア，ラオス，タイ，ベトナム	1999	閣僚級
イラワジ・チャオプラヤ・メコン経済協力戦略（ACMECS）		カンボジア，ラオス，ミャンマー，ベトナム，タイ	2003	首脳会議，経済閣僚会議

出所：白石昌也「メコン地域協力と中国，日本，アメリカ」（『ワセダアジアレビュー』No. 12, 2012 年 8 月，11 頁）を参考に筆者が一部加筆修正
注（1）：汎トンキン湾経済協力フォーラムは 2006 年 7 月に初めて開催．汎トンキン湾経済協力の専門家会合は 2008 年 7 月に初めて開催．

2000年に「チベット自治区国境貿易に関する政策」が打ち出されてから，国境貿易は増加する傾向にあるが，2008年の「3.14」チベット騒動の時もそうであったように，チベット自治区の不安定な政情により国境貿易はしばしば閉鎖され，中断されている[4]．ブータンとは国交未締結，インドとは国境未画定というチベット自治区を取り巻く周辺環境，またチベット自治区内の不安定な政情などにより，チベット自治区の対外開放がこれまで政治日程に上ったことはほとんどない．こうしたことから，本節では雲南省と広西チワン族自治区のみを取り扱うこととする．

図表3-3で示しているように，GMS開発計画や汎トンキン湾経済協力は東南アジアや南アジアにおける数ある経済協力の中の一プロジェクトに過ぎず，また，中国が唯一のメインプレーヤーではない．こうしたことを念頭に，本節ではこの2つのプロジェクトへの中国の参画プロセスを考察し，雲南省，広西チワン族自治区のそれぞれの取り組みと中国のアジア政策における役割を明らかにする．

2. 雲南省とGMS開発計画

メコン川は中国，ミャンマー，ラオス，タイ，カンボジア，ベトナムの6ヵ国を経由する東南アジア最長の国際河川である．GMS構想は1992年，アジア開発銀行（ADB）の主導のもとでスタートした．当時の中国政府はGMSを国際資金の導入により雲南経済を底上げするための手段としか見ておらず，積極的に参加することはしなかった[5]．そのため，GMSの経済閣僚会議には中国人民銀行の所長（処長）というランクの低い幹部を派遣していた．他方，当事者である雲南省はGMSを大きなチャンスとしてとらえ，1992年10月に開かれた初回のGMS経済閣僚会議に参加し提案を行うなど，積極的に関与していた．

1990年代初頭から，雲南省は以下の2つの戦略を地域振興の柱に据えた．1つは対外開放であり，もう1つは瀾滄江（メコン川上流），金沙江，怒江（サルウィン川上流）などの河川でのカスケードダムの建設（第4章第4節を参照）である[6]．1990年12月に瑞麗でのミャンマーとの国境貿易が認められ，雲南

省の対外開放は動き出したが，改革開放当初から雲南省政府は対外開放のターゲットを東南アジアに定めていた．こうした文脈のなかで，雲南省が積極的にGMSに参加したのである．

1993年にGMSの名称が正式に定まり，これに伴い，中国政府は1994年7月に中央レベルで「瀾滄江・メコン流域開発の前期調整グループ」を立ち上げた．そして1996年に雲南省政府も，省庁が直々に指揮する「瀾滄江・メコン流域開発における経済協力指導グループ」を設立した[7]．

1996年から97年にかけて，中国政府はアジア外交を本格的に展開し，また多国間外交に積極的に取り組むようになったが，こうしたなか，中国政府はGMSを重視する姿勢を示すようになり，二国間と多国間の協力強化に動き出した．中国政府は1998年に初めて財政部副部長を団長とする代表団をGMSの会議に派遣し，また1998年から2000年の間にGMSの参加国であるタイ，ミャンマー，ラオス，カンボジア，ベトナムとそれぞれ二国間協力協定を結んだ．

2002年の中国共産党第16回全国代表大会でアジア地域に対する外交の重要性が再度強調されたことに伴い，中国政府は東南アジア諸国連合（ASEAN）との間でASEAN・中国自由貿易圏（ACFTA）に関する合意，東南アジア友好協力条約（TAC）の調印，平和と繁栄のための戦略的パートナーシップの締結など重要な協定を結び，協力関係を強化した．こうした関係強化の動きの中，2002年はGMS開発計画にとっても重要な年となった．11月にプノンペンで初めての「GMSサミット」[8]が開かれ，5つの戦略，9つの優先課題を含めた経済協力10ヵ年戦略枠組みが採択された．こうした機運に乗じて，中国は「GMS協力への中国の参加に関する国家報告」[9]を公表した（11月）．同時に，中国はカンボジア，ラオス，ミャンマー，ベトナム（CLMV）の債務免除を含めた「アジア債務削減計画」を表明し，貿易，直接投資，経済援助をフルに活用し，CLMVへの関与を強化していった[10]．

これを好機として捉えた雲南省政府もGMSと同省の経済発展を結びつけて，地域振興戦略を練り直した．雲南省政府は河口，磨憨[11]，瑞麗などの国境貿易地点を試験区として国務院に認可を求めると同時に，雲南・ベトナム，雲南・ミャンマー，雲南・ラオス・タイの3つの経済圏の形成をめざす戦略を打ち出

したのである[12]．こうした戦略に従い，雲南省は2004年10月22日から23日にラオス（北部9つの省）とのワーキンググループの会議を主催した．このワーキンググループの会合は2005年から1年おきに開かれており，交通，資源開発，農業，観光，貿易投資などの7つの分野を中心に協力することが合意され，また国境管理，麻薬取締りなど非伝統的安全保障分野における協力も約束された[13]．

しかしながら，ミャンマー，ラオス，ベトナムと国境を接している雲南省は省全体の94％が山岳地帯であるため，周辺国と経済交流を発展させるうえで，インフラの問題が大きなネックとなった．

他方，GMS経済協力で最も重点が置かれているプロジェクトは経済回廊（図表3-4）である．そのうち，南北経済回廊は中国の雲南と東南アジアを結ぶ道路であり，中国の物流の南下にとって重要な意味を持つ．

南北経済回廊はGMSサミットで正式に承認されてから，中国政府のリーダーシップのもとで推し進められ，順調に進展した．南北経済回廊のミッシング・リンクとなっていたラオス領内の道路整備の一部を中国が担当し，メコン

図表3-4　GMS経済協力の3つの経済回廊

名称		ルート
東西経済回廊		ベトナム・ダナン—ドンハー—ラオス・サワンナケート—タイ・ムクダハーン，ピサヌローク—ミャンマー・モーラミャイン
南北経済回廊		タイ・バンコク—ピサヌローク，チェンラーイ—中国雲南省南部（ラオス経由とミャンマー経由の二股ルート），昆明
		中国昆明—ベトナム・ハノイ，ハイフォン
		ベトナム・ハノイ—中国広西チワン族自治区南寧（2005年に，南寧が正式にGMSに参加したことに伴い，追加されたプロジェクト）
南部経済回廊（第2東西経済回廊）	南部中央サブ回廊	タイ・バンコク—アランヤプラテート—カンボジア・ポイペト—バッタンバン—プノンペン—ベトナム・ホーチミン—ブンタウ
	南部GMS南側沿岸サブ回廊	タイ・トラート—カンボジア・コンポート—ベトナム・ハティエン—ナムカン
	南部北側サブ回廊	カンボジア・シソポン—シェムリアップ—ストゥントレン—ラッタナキリー—ベトナム・クイニョン

出所：石田正美「大メコン圏経済協力と3つの経済回廊」(http://d-arch.ide.go.jp/idedp/JBR/JBR000400_005.pdf) に基づき筆者作成

本流にかかるラオス・タイ間の第4国際橋の建設が，タイ政府と折半する形で行われた[14]．2010年に雲南省と周辺国を結ぶ国際道路網のひな型がようやく出来上がり，経済回廊はメコン川架橋を機に新たな段階を迎えようとしている[15]．

鉄道網に関してもASEANメコン流域開発協力（ASEAN Mekong Basin Development Cooperation: AMBDC）の枠組みの中で進められている．雲南省に関連した鉄道網のルートは3つある．東ルートはシンガポール―タイ・バンコク―カンボジア―ベトナム―中国雲南省を，中央ルートはタイ・バンコク―ラオス―昆明を，西ルートはタイ・バンコク―ミャンマー―中国雲南省を結ぶ．中国政府は中国と東南アジアを結ぶ鉄道網の建設を強く提唱し，また積極的に役割を果たそうとしている．中国は東ルートにあたるカンボジアでの鉄道建設のフィージビリティ・スタディに出資して2010年に完了させ，2011年には中央ルートにあたるラオスでの鉄道建設，西ルートにあたるミャンマーでの鉄道建設のフィージビリティ・スタディを完成させた[16]．同時に，中国は国内鉄道の建設を着々と進めている．東ルートでは，中国玉渓―蒙自―ベトナム・ラオカイは2013年に完成予定である．中央ルートは昆明―玉渓―磨憨までであるが，2014年完成予定である．昆明―東通の西ルートも2013年完成予定となっている．

他方，雲南省にとっては，長い間，交通インフラが整備されていなかったため，その地域振興戦略は実現不可能の状態に陥っていた．交通の不便さから，瑞麗姐告国境地域貿易区，河口国境地域協力区，磨憨経済開発区も含めて，雲南省と他のGMS参加国との間で結ばれていた経済協力協定の履行すら難しかったという[17]．2000年の段階で，雲南省はすでに東南アジアや南アジアと結ぶ3つの国際道路[18]の建設を計画していたが，国家プロジェクトとしての認定が下りなかったため，中国側（雲南省）が負担すべき道路建設費用が捻出できずにいた[19]．結局のところ，2010年代においても，雲南省は東南アジアとの主な輸送手段はメコン川，紅河（ベトナムまで鉄道），イラワジ川（ミャンマーまで鉄道）に頼るしかないという[20]．

こうしたなか，同年に中央政府はGMSへの広西チワン族自治区の参加を認め，2004年11月の中国・ASEAN博覧会（CAEXPO）の開催地を南寧に決め

た．広西チワン族自治区のGMSへの参加が認められた主な理由は，その立地条件にある[21]．雲南省は山に囲まれ，周辺国への道路が整備されておらず，また隣接しているミャンマー，ラオス，ベトナムの3ヵ国は経済的に発達していない．他方，ACFTAの締結を受け2002年からASEANとの交流を重視するようになり，CAEXPOを南寧に精力的に誘致した[22]．広西チワン族自治区はベトナムと国境を接し，地理的利便性からGMSへ新たに加わったのである．

そこで，雲南省政府は引き続きGMSに積極的に参加するとともに，それ以外の経済協力——南アジア諸国との経済協力——にも力を入れるようになった．

西部大開発の始動に合わせて，雲南省政府は1999年にはすでに同省の役割を中国と東南アジア，中国と南アジアを結びつける通路に求めていた[23]．1998年11月にインドで開催された中印経済協力会議で雲南省発展研究センターの車志敏が「中国・インド・ミャンマー・バングラデシュのサブリージョン協力区」と題する論文を発表したが，インドから思いのほか積極的な反応が得られたという．帰国後，雲南省発展研究センターとして会議でのインドの反応をまとめた報告書を外交部と雲南省に提出し，「中国・インド・ミャンマー・バングラデシュのサブリージョン協力区」を正式に提案した[24]．翌99年8月，外交部の許可を得られた雲南省は昆明で第1回の「バングラデシュ・中国・インド・ミャンマー地域協力フォーラム（Bangladesh-China-India-Myanmar Forum for Regional Cooperation: BCIM）」を開催した．雲南省政府は当初，上海協力機構（SCO）をモデルに「昆明経済協力組織」の設立を構想していたが，中央政府からの支持は得られなかったという[25]．BCIM構想は関係4ヵ国の地方政府のレベルで調整が続けられ，毎年会議は開かれていたが，中央政府からバックアップがないままであり，構想実現に向けた動きはほとんど見られない．

雲南省政府は2008年ごろからGMSへの積極的参加，そして，南アジア諸国との関係強化の方向性を再確認した．2008年4月に雲南省は中国の河口とベトナムのラオカイ，中国の瑞麗とミャンマーのムセ（Muse），中国磨憨とラオスのボーテンを越境経済協力区にする構想を打ち出した．また同年，雲南省副省長は商務部に対し，「GMS経済回廊フォーラム」を昆明で開催するよう求めるとともに[26]，専門組織を立ち上げ中央の各省庁に働きかけた[27]．そして，

同年6月にはGMS経済回廊フォーラムが正式に開催された．

他方，GMSに参加していながらも大きな進展がみられず，ACFTAが発効したとはいえ雲南省がそこで得られるメリットは多くないと判断し[28]，雲南省政府は再び南アジアに目を向けた．2008年ごろから，雲南省はBCIMでの協力を強化し，南アジアを重点に雲南の対外開放を進める方針を明確にしたのである[29]．雲南省政府はBCIMをトラックⅡからトラックⅠの政府間協力に格上げするよう積極的に推進し，また，インドの東北地域との協力を強化する提案も出された[30]．

2009年になると胡錦濤国家主席が「雲南を西南開放の橋頭堡に」と発言し，中国の国家戦略における雲南省の地位が高まった．同年12月には，全国国境経済協力区の工作会議が昆明で開かれ，「国境経済協力区の発展の精緻化と促進に関する意見」が出され，国境経済協力区に関する10項目にわたる優遇政策を公布した[31]．こうしたなか，2010年6月に中国政府は南アジアと結ぶ道路の建設を正式に提起し，また瑞麗を開発開放の試験区として指定した．さらに2011年5月には，国務院が「西南開放における雲南の橋頭堡建設の加速を支持する意見」を発表し，2012年8月に国家発展改革委員会が開いた会議で，雲南省の瑞麗が広西チワン族自治区の東興と内モンゴル自治区の満州里とともに，開発開放の実験区に指定された[32]．

こうした中央政府の方針に乗じて，雲南省政府は東南アジアと南アジアの基本戦略に加えて，西に向かう「第3のユーラシア・ランドブリッジ」の建設を提案した[33]．さらに雲南省は「一洋四区」のスローガンを提起し，インド洋を利用し，南アジア，東南アジア，西アジア，アフリカ北部インド洋沿岸国家の50余りの国々との協力を目指すとの目標を設定した[34]．

こうした戦略のもと，雲南省はGMSにおける自らの役割を高めようとした．すでに胡錦濤の橋頭堡発言後，雲南省政府はGMS諸国とのさらなる関係強化に動いていた．雲南省政府は2010年6月に，ベトナムのラオカイ省政府との間で「中国河口・ベトナムラオカイ越境経済協力区の構築に関する枠組み取り決め」を締結した．そして9月にはシーサンパンナ磨憨経済開発区管理委員会がラオスのボーテン政府と「中国磨憨・ラオスボーテン越境経済協力区に関する枠組み協定」を結んだ[35]．

また，雲南省政府は南アジアとの関係構築にも力を入れている．2010年8月29日から9月7日にかけて，秦光栄雲南省長が200人余りからなる代表団を率いて，バングラデシュ，スリランカ，モルディブを訪問した．その際，バングラデシュとは農業，観光，電力，教育に関する覚書，スリランカとは農業，教育，通信，エネルギー，貿易投資に関する覚書ないし協定，モルディブとは観光に関する覚書と，3ヵ国と合わせて14の協力協定を結んだという[36]．こうした協定のほかに，雲南省とバングラデシュとの間では，中国（昆明—瑞麗）からミャンマー（マンダレー，マグウェー），バングラデシュ（チッタゴン）までの道路建設に関して合意したという[37]．そして，2011年には雲南省商務庁が調査団を派遣し，インド，パキスタン，モルディブとの経済協力の可能性を検討した[38]．こうしたなか，雲南省政府は「中国・汎南アジア経済協力区」の構想を打ち出し，これを橋頭堡の重要な政策に組み入れ，政府からの財政支援を引き出そうとした[39]．さらに，「中国・南アジア地域協力連合博覧会」が昆明で開催されるよう積極的に中央政府に働きかけていくことも決定した．雲南省は2008年から南アジア商品展示会を開催してきたが，2013年に中央政府の支持が得られ，同展示会は中国・南アジア博覧会に昇格した．

雲南省が南アジアとの連携の橋頭堡として重視しているのは保山である．雲南省は2010年9月に，保山猴橋の国境経済協力区の実現に向けて猴橋国境経済協力区管理委員会を設立した[40]．しかし，ミャンマーにおける中国の投資の不確実性が高まる中，その経済協力区の必要性に関しても異議の声が上がった．目下，保山からミャンマーへ結ぶインフラが整備中であるが，地理的条件から道路建設のコストが高く，またミャンマーやインド北部との経済協力のメリットについても異議が出されている[41]．またミャンマーとインドとの間に通関窓口が未整備である関係で，保山と南アジアの貿易は実際には瑞麗を通るしかなく[42]，しかも保山と南アジアとの貿易協力は極めて小さい規模にとどまっている[43]．

このように，雲南省は当初から周辺諸国との経済協力を積極的に推進しようとして，また中央の戦略に合わせてGMS諸国または南アジア諸国との協力を模索していた．国内政策決定プロセスからみても，雲南省は当初からサブリージョンにおける地域協力の政策決定にかかわっていた．GMSの場合，雲南省

は中央レベルの「前期調整グループ」副グループ長のポストを設置当初から占めており，中央の政策決定に参加した．「GMSサミット」が開催されてからも，経済閣僚会議に参加する中国代表団の副団長は引き続き雲南省が担当していた．BCIMの場合は，雲南省はSCOをモデルに昆明で「昆明経済協力組織」の設立を構想し，実現に向けて地方レベルで働きかけを行った．現在，雲南省が積極的に参加している主な地域協力は，GMS，BCIMのほかに，雲南・タイ北部ワーキンググループ（2004年4月～），雲南・ベトナム5省経済回廊協力会議＝雲南・ベトナム国境合同ワーキンググループメカニズム（2004年9月～），雲南・ラオスワーキンググループ（2004年9月～），雲南・ミャンマー協力商務フォーラム（2007年6月～）などがある．

　雲南省政府の積極的な取り組みにより，図表3-5のようにASEANや南アジア諸国との貿易額は順調に増加している．ASEANや南アジアとの貿易をさらに推進するうえでは，インフラ整備が必要不可欠となる．しかし，雲南省の財政収入は2010年の時点で1809.3億元であり，国家からの財政支援は隣接の四川省や広西チワン族自治区より少ないという[44]．インフラ投資額も相対的に少ない．雲南省自身の財源のみで地域協力を推進していくことは難しく，また

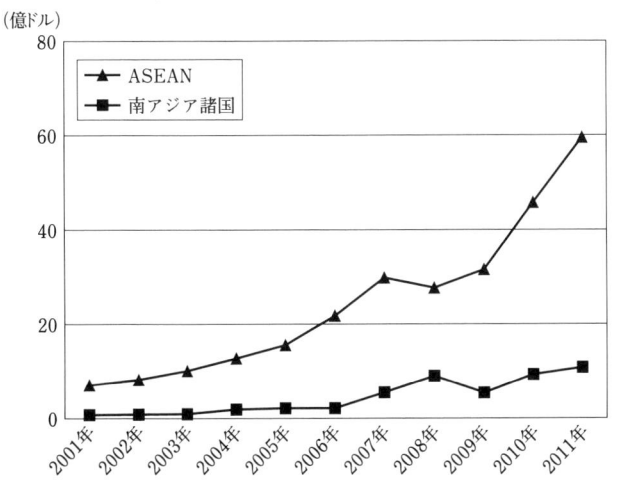

図表3-5　雲南省とASEAN，南アジア諸国の貿易（2001-2011年）

出所：雲南省商務庁統計資料により筆者作成

周辺国の間でも中国との経済協力に温度差があることから，協力は期待していたほど進んでいないのが現状である．

3. 広西チワン族自治区と汎トンキン湾経済協力

雲南省と異なり，広西チワン族自治区は海に面しており，広西から出航すれば，東南アジア，アフリカ，ヨーロッパへの最短の海上ルートを実現できると自負している．こうした地の利から，広西チワン族自治区政府は，海沿い，国境沿い，川沿いの地域を優先的に発展させる地域振興戦略を定め[45]，自らの役割を，中国華南・華中地域とASEANとの玄関口に求めた．

広西チワン族自治区は1982年9月から1988年9月の間にすでにベトナムとの間で9ヵ所の国境貿易地点を開放していた[46]．その後，国境貿易は急速に発展したが，広西チワン族自治区は国境貿易による経済発展の可能性は小さいとの認識のもと[47]で，川，海に面しているという立地条件を利用して，北海，欽州，防城などの沿海の埠頭を西南地域を代表する主要貿易港に変身させた[48]．

2000年になると，中国によるASEAN諸国とのACFTA提案を受け，広西チワン族自治区政府はASEANとの関係を重視するようになった[49]．広西チワン族自治区は2002年には広西におけるCAEXPOの開催を正式に中央政府に申請，2003年に商務部から許可が得られ，2004年11月に第1回CAEXPOが南寧で開かれた．インフラの不備により，雲南省を中心とした東南アジアとの経済協力がなかなか進まない現状のなかで，広西チワン族自治区は2004年にGMS開発計画を申請し，2005年にGMSの承認を得て正式のメンバーとなった．

東南アジア諸国との経済協力を通じて省の経済振興を図ろうとしてきた雲南省と異なり，広西チワン族自治区は政府の方針を受けて，地域協力に動き出したのである．2004年5月に，ベトナム政府から温家宝首相へ，「二廊一圏（2つのルート，1つの経済圏）」が提案された．2つのルートとは，昆明―ラオカイ―ハノイ―ハイフォン―クアンニンと，南寧―ランソン―ハノイ―ハイフォン―クアンニンであり，1つの経済圏とは汎トンキン湾経済圏である．

これを受け，翌2005年第10期全国人民代表大会第3回会議において，広西

代表団は「トンキン湾経済協力圏構築の推進・加速を求める議案」を提出し，国家戦略の中にトンキン湾経済圏を位置づけ，資金面でも支援するよう求めた．

　2006年ごろから，広西チワン族自治区は中国・ASEANのM字型戦略を積極的に提案するようになった．このM字型戦略は，南寧—シンガポールの経済回廊50)を1つの軸，汎トンキン湾経済協力とGMSを2つの翼にたとえるもので，「一軸両翼」戦略とも呼ばれている．

　2006年7月に劉奇葆広西チワン族自治区共産党委員会書記が，南寧で開かれた第1回汎トンキン湾経済協力フォーラムにおいて初めてこのM字型戦略を提起した51)．広西チワン族自治区は，雲南省が主導するGMSと，広東省が主導する汎珠江デルタ経済圏構想との谷間に陥っているとの危機感から，自ら主導する地域協力プロジェクトである汎トンキン湾経済圏構想を立ち上げたという52)．この戦略は同年11月の自治区第9期党大会の決議に盛り込まれ，広西チワン族自治区は台湾，香港とマカオ，日本，並びに韓国を広西の対外開放の重点地域として指定し，GMSと汎トンキン湾経済協力圏の経済関係を通じて東南アジアおよび南アジアとの経済協力を強化していく方針を明確にした53)．

　汎トンキン湾経済協力の参加国は中国，ベトナム，シンガポール，マレーシア，インドネシア，フィリピン，ブルネイの7ヵ国である．汎トンキン湾経済協力プロジェクトは2008年に国務院で国家プロジェクトとして採択された．また汎トンキン湾経済協力フォーラムも，毎年開催されている．しかし，汎トンキン湾経済協力がようやく動き出したのは2012年になってからである．同年7月の第7回汎トンキン湾経済協力フォーラムでは，7つの協力計画を含む汎トンキン湾経済協力に関するロードマップが中国政府により起草され，関係国が審議に入った54)．

　広西チワン族自治区はGMSや汎トンキン湾経済協力を強力に推し進めると同時に，雲南省同様，二国間の経済協力にも力を注いでいる．2007年，広西チワン族自治区とベトナムの地方政府との間で，中国憑祥・ベトナムドンダン（Dong Dang）越境経済協力区，中国東興・ベトナムモンカイ（Mong Cai）越境経済協力区，中国龍邦・ベトナム越境経済協力区の設置に関する枠組み協定に調印した55)．2011年には，広西チワン族自治区とベトナムの国境地域で作られた憑祥総合保税区の運用がスタートした56)．この保税区は貿易，物流，加

工，輸送での保税を一体化した総合保税区であり，この種の保税区は中国では初めてである．また同年中国で認可された6つ目の保税区として欽州保税港区も運用が始まったが，港の保税区は全国として初めてという[57]．

また，中越間には中国の1つの省とベトナムの多くの省が共同で建設した経済回廊という国境を跨ぐ経済協力モデルも構築されている．この経済協力モデルは，広西北部湾経済区とベトナムのランソン，ハノイ，ハイフォン，クアンニンとの間で行われる地域協力である．2008年2月に中国政府は広西チワン族自治区北部湾経済区の発展計画を，同年7月にベトナム政府がランソン，ハノイ，ハイフォン，クアンニン経済回廊の発展計画を批准し[58]，広西チワン族自治区とベトナムの4つの省との経済協力が動き出した．

2005年末に，商務部はシンガポールをモデルにして[59]，国外での経済貿易協力区の設置構想を打ち出した．そして2006年6月には国外における経済貿易協力区の基準と申請手続きを公布した．商務部は今後50の海外経済貿易協力区を設置するという数値目標を設定し[60]，20億元の補助金を用意した[61]．2007年と2008年の2年間に19の国外経済貿易協力区が認可されたが，その中でアジア地域は10件に上っている．広西チワン族自治区は積極的にこの政策を利用し，インドネシアのブカシ（Bekasi）で経済貿易協力区（joint industrial zone）を，マレーシアではクアンタン産業園区（Kuantan Industrial Park），欽州産業園区（Qinzhou Industrial Park）を，またタイとの産業園区（China-Thailand（Chongzuo）Industrial Park）を設立した[62]．今後はベトナム，ラオス，ミャンマー，カンボジアでも同様な経済協力区を設置する予定である[63]．広西チワン族自治区は海外への投資のみならず，自治区内におけるASEANからの外資誘致にも積極的である．インドネシアとは防城で共同の不動産開発を行うことになっている[64]．

図表3-6で示しているように，東南アジア諸国は広西チワン族自治区のアジアにおける主な貿易相手国となっているが，広西チワン族自治区は東南アジア諸国との文化関係にも力を入れている．広西チワン族自治区政府は東南アジアからの留学生を積極的に受け入れており，また2011年に奨学金を設立してASEANからの留学生の誘致に積極的に取り組んでいる[65]．もっとも，留学生以外の文化交流はほとんどないのが現状である[66]．

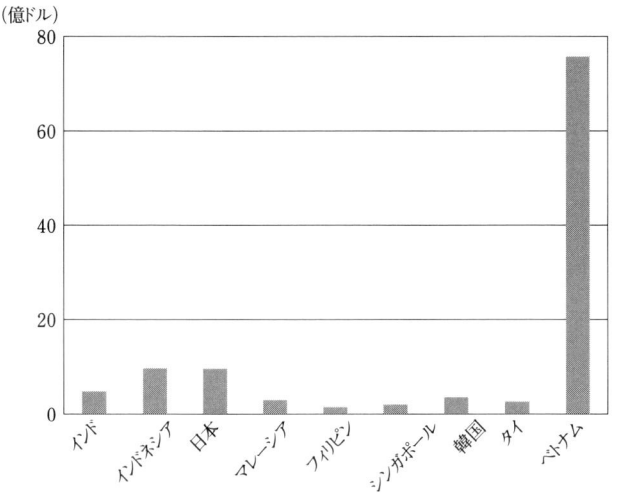

図表 3-6　広西チワン族自治区と主要アジア諸国との貿易 (2011年)

(億ドル)

※棒グラフ：インド、インドネシア、日本、マレーシア、フィリピン、シンガポール、韓国、タイ、ベトナム

出所：『広西チワン族自治区統計年鑑 (2012)』より筆者作成

4. 人民元の国際化の推進

2000年代から，中国政府はアジア地域における人民元の流通の拡大に力を入れている．2005年に，中国はASEAN側に貿易に使用する通貨の問題を提起し[67]，ACFTA がスタートした2010年の8月には，ASEAN との経済閣僚会議において，中国は再度ASEAN との貿易で人民元決済を拡大することを提案し，協議に入ったという．

北東アジアや西北地域に比べ，西南地域における人民元の国際化は進んでいる．2002年から，ミャンマー政府は中国から観光客を呼び寄せるために，ミャンマー国内で人民元による支払いを許可した[68]．2004年からは雲南省とミャンマー，ラオス，ベトナムとの国境貿易において，人民元決済に対する税制上の軽減措置が取られ[69]，2006年と2007年の雲南省の国境貿易における人民元の決済率は91％に達した[70]．

広西チワン族自治区も，積極的に人民元の国際化を推し進めている．広西チワン族自治区は2001年から国境貿易で人民元決済を導入したが，2012年時点

で国境に接している省・自治区の中で人民元決済の率が最も高いという[71]．

　2008年，国務院は雲南省と広西チワン族自治区で試験的にASEAN10ヵ国との人民元決済を導入することを決定した[72]．これに伴い，東南アジア地域における人民元の流通がさらに拡大したという．

　こうした中，雲南省は昆明を，また広西チワン族自治区は南寧をアジアの金融センターに変身させていく計画をそれぞれ打ち出したのである．

5. おわりに

　中国の西南地域に位置し，地域一体化戦略を推し進めるうえで重要な地方アクターは，雲南省と広西チワン族自治区である．雲南省はGMSとBCIMの2つの枠組みを中心に，東南アジアと南アジアとの協力を積極的に推進している．他方，広西チワン族自治区はGMSとの協力に精力的にコミットし，隣国であるベトナムのみならず，国外での経済貿易協力区の設置を通じて，他のASEAN諸国との協力を推進している．

　雲南省に関して言えば，道路などのインフラ整備の遅れが東南アジアや南アジアとの関係を構築するうえで，大きなネックとなっている．こうした意味で，インフラさえ整えば，雲南省は東南アジアと南アジアとの関係を強化する十分な潜在能力と可能性を有している．

　現段階においては，雲南省にとってミャンマーは格別な意味を有している．2008年，中国とミャンマーは30年間の天然ガス販売・輸送契約を結んだ．また2009年には，両政府は石油パイプライン，天然ガスパイプライン，水力発電の共同開発に関する政府間協定を締結した．これを受け，ミャンマーからのパイプラインの終点に位置する雲南省は新しいエネルギー基地としての役割を帯びることとなる．2013年5月には，雲南省で中国石油天然ガス集団公司（CNPC）が年産1000万トンの製油所を建設するプロジェクトが発表された[73]．

　こうした国家戦略を背景として，雲南を中国・ミャンマー・インド・バングラデシュを連結する石油天然ガスの国際輸送通路にするという構想を雲南省政府は打ち出した[74]．雲南省はミャンマーのチャウピュー，あるいはバングラデシュのチッタゴン（3330km），インドのコルカタ（3978km）との距離において，

マラッカ海峡を通るルートより短く，マラッカ海峡のリスクを回避できると強力にアピールしている[75]．また前述のように，雲南省政府はバングラデシュとの間で，中国（昆明―瑞麗）からミャンマー（マンダレー，マグウェー），バングラデシュ（チッタゴン）までの道路建設に関して合意した．エネルギー基地としての雲南省の役割が今後高まることになれば，南アジアに位置するバングラデシュの重要性も高くなるものと見込まれている．

　GMS開発や汎トンキン湾経済協力からわかるように，地域協力に関していえば，中国の中央政府と地方政府はともに精力的に取り組んできた．雲南省は国家戦略に先んじて，地域協力に積極的にかかわっている．他方，広西チワン族自治区は国家の戦略が徐々に形成されていくなかで，地域協力に取り組むようになった．こうした違いはあるものの，「中央戦略の地方化」という点では，両者とも同様の戦略を採用している．言い換えれば，地方政府独自の地域振興戦略を国家戦略レベルに格上げさせ，国家から財源を引き出すという戦略において，雲南省と広西チワン族自治区は共通しているのである．こうした意味で，2つの地方政府は互いに競い合いながら，地域協力に取り組んでいる．

　中国の中央・地方関係の視点から見れば，地方政府の財政難が存在しているがゆえに，地方の政策と中央の戦略には対立の構図は生まれず，むしろ相互補強の側面が強い．広い意味で言えば，雲南省と広西チワン族自治区のGMS参画は「中央政府と地方政府の協議型」である．そしてBCIMの場合は，「地方政府主導型」であるといえる．

　雲南省のGMS参画の初期段階のように，地方政府が国家戦略に先んじて，独自に設定した地域振興戦略を実行に移し，周辺国と協定を結び関係強化を図るケースは比較的多くみられる現象である．現段階において，インフラ整備に必要な費用を捻出できないため，地方政府の独自の地域振興戦略は実らず，最終的に地方の地域振興戦略は中央が制定した国家戦略に組み込まれる．こうした動きは，周辺国と中国との関係の土台作りの役割を果たし，国家戦略の可能性を広めている．他方においては，中央と地方をめぐる状況に変化が生じるならば，「中央政府と地方政府の協議型」から「地方政府主導型」に変貌する可能性も秘められている．

3.3　西北地域開発と中央アジアの経済協力

1. はじめに

　中国の西北地域に位置し，中央アジア諸国やモンゴルとの関係を強化し地域協力を推進するうえで重要な地方政府は，新疆ウイグル自治区，甘粛省，内モンゴル自治区，寧夏回族自治区である．

　中国の西北地域の対外開放のカギを握っているのは新疆ウイグル自治区である．新疆の総面積は166.49万km²であり，中国陸地総面積の約六分の一を占めている．新疆ウイグル自治区内の国境線の長さは5600kmに及び，モンゴル，カザフスタン，キルギス，タジキスタン，ロシア，アフガニスタン，パキスタン，インドの8ヵ国と国境を接している．その地政学的な特徴から，新疆は古くから中国において中央アジア，ヨーロッパ，西アジア，南アジアへの玄関口として考えられている．

　甘粛省は総面積19.2万km²であり，東西が680km，南北が550kmである．細長い地形から，甘粛省内の国境線の長さはわずか65kmであり，モンゴルと隣接している．

　内モンゴル自治区は総面積が118.3万km²であり，モンゴルとロシアの2ヵ国と隣接しており，長さ4221kmの国境線を有している．内モンゴル自治区には，隣接するモンゴルやロシアとの関係強化のみならず，中国の東北地域とロシア，ヨーロッパ諸国を結ぶ中間地域としての役割も期待されている．

　寧夏回族自治区は面積が6.64万km²であり，回族が密集して居住している地域である．寧夏回族自治区は国境と接していない，いわゆる「内陸」自治区である．しかし，回族が集中している地域であるだけに，西北地域の対外開放の重要な担い手となっている．

　本節では，地域協力に関する新疆ウイグル自治区，甘粛省，内モンゴル自治区，寧夏回族自治区のそれぞれの取り組みと役割をまず明確にしたうえで，西

北地域の対外開放のカギを握っている新疆ウイグル自治区と中央アジアの地域協力について考察を行う．

2. 西北地域の経済振興策と地域協力

新疆ウイグル自治区，甘粛省，内モンゴル自治区，寧夏回族自治区はともに中国の西北地域に位置しているが，対外開放に関しては，4つの地方政府はそれぞれの力点が異なっており，直面している状況も違っている．

新疆ウイグル自治区はモンゴル，カザフスタン，キルギス，タジキスタン，ロシア，アフガニスタン，パキスタン，インドの8ヵ国と隣接していることから，中央アジア，ヨーロッパ諸国，西アジア，南アジアを連結する地域としての役割に対して大きな期待が持たれている．しかし実際のところ，インフラが整備されていないため，自然の障壁により，新疆ウイグル自治区と周辺諸国との直接の交流はいまだに困難である．こうした状況において，新疆ウイグル自治区はカザフスタンやキルギスをはじめとする上海協力機構（SCO）諸国との地域協力における役割が大きく，またそのための取り組みも展開されている．図表3-7からわかるように，新疆ウイグル自治区は中央アジア諸国の中でもカザフスタン，キルギス，タジキスタンとの経済関係が密接である．

甘粛省はモンゴルとしか隣接しておらず，省内の国境線の長さも極めて短い．1990年代初頭，国境地域の開放という中央政府の政策に伴い，1992年9月に馬鬃山が国境貿易を行う地点として認可された[1]．しかし，翌93年8月にモンゴルは酒泉と国境貿易を行うモンゴル側の通関を閉鎖した[2]．その後，中国とモンゴルの間では国境貿易を再開する話し合いは行われているものの，今の

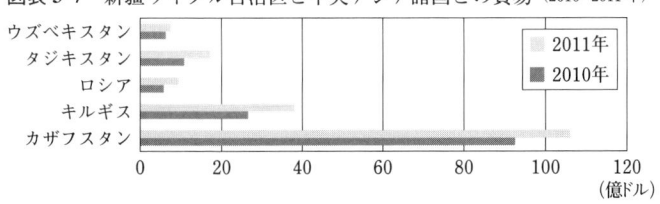

図表3-7　新疆ウイグル自治区と中央アジア諸国との貿易（2010-2011年）

出所：『新疆ウイグル自治区統計年鑑（2012）』より筆者作成

ところまだ貿易再開は実現に至っていない．こうしたことから，甘粛省は中央アジアやモンゴルとの地域協力を推進しにくい状況におかれている．

モンゴル，ロシアと隣接している内モンゴル自治区は1991年から対外開放を始動した．1991年に内モンゴル自治区の満州里が国境貿易地点として認められ，また1992年には二連浩特などの13の都市も国境貿易地点として認可された[3]．満州里と二連浩特は内モンゴルの重要な二大国境貿易地点であるが，しかしながら，内モンゴルの国境貿易に関しては物流の中継地点としての意味合いが強く，ロシアやモンゴルと内モンゴル自治区との経済関係は一定の増加がみられるものの，大きな進展は得られていないという[4]．

内モンゴル自治区にとって，ロシアとモンゴルは第1と第2の貿易相手国となっている．ロシア，モンゴルとの二国間貿易に関して共通しているのは，大きな貿易赤字の存在である[5]．内モンゴル自治区からロシア，モンゴルへの輸出は主に農産物であり，しかも輸出量は少ない．他方，ロシア，モンゴルからの輸入額は大きい．

中国の中央銀行である中国人民銀行は2001年にモンゴルと，2005年にロシアと本国通貨の決済に関する二国間協定を締結し，その後，内モンゴル自治区はロシアやモンゴルとの間で人民元による決済を積極的に推進した．ロシアとの間では，2007年に初めての人民元による決済が実現したものの，実際のところ，ロシアとの貿易に人民元はほとんど使用されておらず，ロシア国内での人民元の使用も難しいようである[6]．他方，モンゴルとの間では，2002年に初めての人民元決済が実現し，2005年にはモンゴルの銀行で人民元業務がスタートし，人民元による決済はスムーズに進み，モンゴル国内でも人民元が使用できるところもあるという[7]．

内モンゴル自治区は牧畜の他，石炭では全国第2の埋蔵量を誇示しており，レアアースなどの鉱産物も豊富である．これまでの内モンゴル自治区の経済振興は主に牧畜や資源に依存しており，資源開発を推進するためにも外資誘致は極めて重要である．開発におけるニーズなどから言えば，内モンゴル自治区がロシア，モンゴルとの地域協力を積極的に推進するインセンティブは相対的に弱い．

それでも，中国政府は「西部大開発第12次5ヵ年計画」において，内モン

ゴル自治区を北への開放の橋頭堡として位置付けている．こうしたなか，内モンゴル自治区から，実現の可能性は今の段階においてきわめて低いながら，中国，ロシア，モンゴルの3ヵ国による自由貿易協定（FTA）構想が打ち出された[8]．つまり，内モンゴル自治区は牧畜や資源に依存した地域振興戦略に軸足を置きつつも，対外開放にも力を入れているのである．

寧夏回族自治区は国境に接していない「内陸」自治区であるが，イスラム教という宗教的な結びつきを活用し，アラブ諸国との「紐帯」としての役割を果たそうと積極的に動いている．2002年12月，対外開放を推し進めるために，寧夏イスラム国際経済友好促進会が寧夏で設立された[9]．2004年9月には，1990年に提案された「中国・アラブ国家協力フォーラム」の設置が中国政府とアラブ連盟の間で合意され，「中国・アラブ国家協力フォーラム・アクションプラン」も締結された[10]．その後，貿易，エネルギー協力，孔子学院やメディアを含めた人文科学の交流，反テロを軸にした軍事交流などが進展した．こうした中央政府の政策に呼応する形で，寧夏回族自治区は2005年8月に初めて投資貿易会を主催した．2008年には国務院から「寧夏の経済・社会の発展をさらに促進する若干の意見」が出され，寧夏の経済振興は重要な国策として格上げされ，推進されることとなった．これに伴い，地方レベルの寧夏投資貿易会は国家レベルの「中国（寧夏）国際投資貿易会」への昇格を果たし，2009年5月に初会合が開催された．しかも中央省庁である商務部，中国国際貿易促進委員会も主催側に加わった．「中国・アラブ国家経済貿易フォーラム」の開催も2010年5月に国務院によって認可され，9月に最初の会合が寧夏の銀川で開かれた．その後，同フォーラムと「中国（寧夏）国際投資貿易会」は中国・アラブ国家博覧会に変身し，中国・ASEAN（東南アジア諸国連合）博覧会（CAEXPO），中国・北東アジア博覧会（前身：中国吉林・北東アジア投資貿易博覧会）に続く3つ目の国家博覧会となった[11]．2012年9月には，寧夏回族自治区はさらに中国で初めての内陸開放型試験区として認定された[12]．こうした機運のなか，中国とアラブ連盟とのFTA構想が寧夏回族自治区から提案された[13]．

寧夏回族自治区からアラブ首長国連邦，サウジアラビアなどアラブ諸国への輸出，またクウェートやサウジアラビアなどのアラブ諸国から寧夏回族自治区

への投資も順調に増加している[14].寧夏回族自治区は中国とアラブ諸国の関係を促進するうえでの重要な担い手となったのである.

　以上のように,西部地域の対外開放をめぐり,新疆ウイグル自治区,甘粛省,内モンゴル自治区,寧夏回族自治区が置かれている状況はかなり異なっている.また,新疆ウイグル自治区,内モンゴル自治区,寧夏回族自治区はそれぞれの地域振興戦略が異なっていることから,地域協力に対して温度差があり,重視している地域協力の対象地域にも違いがみられる.本書の主題である中国のアジア外交の視点からみれば,新疆ウイグル自治区は中国と中央アジア諸国との関係強化の大きな推進力となっている.

　そこで次項では,西北地域の対外開放のカギを握っている新疆ウイグル自治区と中央アジアの地域協力の関係を詳しく見ていきたい.

3. 新疆ウイグル自治区と中央アジア諸国との地域協力

(1) 対外開放から安定重視へ：1992年〜1996年

　人口の60%がイスラム教を信仰している[15]新疆ウイグル自治区にとって,安定と発展は常に二大政策課題である.安定と発展の二大政策課題は1963年に新疆の政策課題として初めて明示されたが,冷戦終結までの中国政府の政策プライオリティは常に安定に置かれており,中国政府は長い間同自治区の開放に対して消極的な姿勢をとっていた.そして,新疆ウイグル自治区政府の意識の中でも国境地域の郷,鎮を「問題区,回避区,禁区」とし,「開発開放しなくても問題さえ起こさなければよい」という考え方が根強かった[16].しかし,中国政府は1980年代の沿海地域の開放に続き,1992年に社会主義市場経済の推進を決め,国境地域の開放に踏み切ったのである.

　1990年代初頭はユーラシア経済圏に対する期待が一気に高まった時期でもあった.1990年9月,中国東部の連雲港と西ヨーロッパに位置するオランダのロッテルダムを連結する新ユーラシア・ランドブリッジ(ユーラシア横断鉄道)が開通した.中国政府はこれを好機としてとらえ,1992年に新疆の対外開放にゴーサインを出し,開放の中で新疆の社会的安定と経済発展を同時に達成する「積極的防御戦略」に打って出た.

1992年6月，国務院は新疆ウイグル自治区の対外開放に関する指示を出し，ウルムチ，伊寧，博楽，塔城（タルバガタイ）の4都市に優遇政策を与え，また奎屯と石河子を開放した．これにより，新疆ウイグル自治区において3つの経済技術開発区（ウルムチ，奎屯，石河子）と3つの国境経済協力区（伊寧，博楽，塔城）の合わせて6つの開放地域が設立された．そして，同年9月には第1回目のウルムチ国境地域経済貿易商談会（「烏治会」）が開かれた．

この時期，新疆ウイグル自治区はみずからを中国国内と国外，また東アジアと西アジアの連結点として位置付け[17]，「2つの戦線で開放し，貿易により地域振興を図る（両線開放，貿易興辺）」戦略を打ち出した．2つの戦線とはまさに中国の国内政策で提唱されている国境地域の開放と，ユーラシア・ランドブリッジの沿線の開放である．こうした政策のもとで，新疆ウイグル自治区政府は伊寧，博楽，塔城の3つの国境経済協力区と，鉄道沿線のウルムチ，石河子，奎屯の3つの経済技術開発区を重点地域として，地域経済の振興に取り組んだ[18]．

しかし，ユーラシア・ランドブリッジが新疆にもたらした恩恵は新疆ウイグル自治区政府の期待をはるかに下回った．ユーラシア横断鉄道は開通したものの，鉄道のレール規格が中国とカザフスタンとで異なっているため，輸送能力には限界があった．また，新疆ウイグル自治区から周辺アジア諸国へ通じる道路の輸送能力も地形や天候によって大きく左右されており，365日，24時間通行可能な道路はほぼ皆無だった[19]．

その上，新疆とパキスタン，アフガニスタン，中央アジア諸国との間に存在している文化的，言語的，宗教的な絆は新疆ウイグル自治区政府にとって常に悩みの種であった．1980年代以降，新疆において分離独立を求めるウイグル族の騒乱が次第に増加したが，特に旧ソ連の崩壊により，中央アジアにおける東トルキスタン運動がさらに活発化した．1991年5月には，塔城で武装した群衆が政府の庁舎屋を占拠し，トルコ系民族の独立を要求した[20]．その後，新疆ウイグル自治区でテロを含めた民族騒動が急増し，国外の組織とのつながりが強くなった[21]．しかも，新疆ウイグル自治区での民族騒動は海外でもクローズアップされるようになり，問題は国際化した．こうした情勢の中，中国政府や新疆ウイグル自治区政府の危機意識は募る一方であった．そこで，1995年

に新疆ウイグル自治区党委員会書記に就任した王楽泉は,「安定第一」政策を前面に打ち出した.

このように,冷戦終結後の新疆ウイグル自治区は2つの統合という使命を帯びている.1つはウイグル族を中国に統合し,中国の国民国家建設を総仕上げするという使命である.新疆ウイグル自治区はまた中国と中央アジアをつなぐ重要な担い手であり,中国と中央アジア諸国の実質的な一体化——地域統合——を推し進めるというもう1つの大切な使命を背負っている.

ソ連崩壊後,中央アジア諸国での動向に連動する形で,新疆においても汎イスラム主義,汎トルコ主義アイデンティティが高揚し始めた.しかもトルコのトゥルグット・オザル(Turgut Özal)大統領は1992年に,中央アジア諸国のソ連からの独立に触れ,今度は東トルキスタンの番だと発言し[22],東トルキスタンの独立を公に支持したという.

東トルキスタンの独立と新疆の中国への統合との熾烈な綱引きのなか,中国の求心力を危惧する心理は常に中国政府そして新疆ウイグル自治区政府に存在していたが[23],1995年になると,王楽泉新疆ウイグル自治区党委員会書記はついに対外開放から安定重視へと舵を切ったのである.

(2) 安定重視のなかの地域協力:1996年〜2009年

1996年は中央政府が宗教問題に全力を挙げて取り組んだ年であるといわれる.同年3月に,「新疆の安定を脅かしている主な問題は民族分裂と不法宗教活動にある」と判断した[24]中国政府は宗教に関する指令(中央7号文件)を公布し,海外の宗教団体から独立し自ら管理する(「自弁」)原則や「政教」分離の原則が再度強調された.

他方,1996年と1997年は新疆において漢族統治に抵抗する運動が大きく動いた年でもあった.1996年10月に新疆の10を超える州,県から民族独立を求めるウイグル人たちが集まって秘密集会を行い,「イスラム・アラー党」を設立した.その後,イスラム・アラー党は新疆ウイグル自治区での活動を活発化させ,1996年から1997年の2年間に新疆政府当局者を狙い撃ちしたテロ爆破や暗殺が多発した[25].中央政府はこうした事態を非常に重視し,1996年と1997年の2年連続で中央政治局常務委員会において新疆問題を検討する専門

会議が開かれた[26]．そして，積極的な対外開放をスローガンにしてきた新疆ウイグル自治区は対外開放よりも安定を重視する姿勢を一層強めた．

第2章で詳述したとおり，中国政府は1996年ごろから地域協力に積極的に動き始めた．西北においても，こうした外交姿勢が顕著に現れた．1995年に上海ファイブが設立され，1997年に国務院が「新疆経済社会の発展をさらに促進するための若干の意見」を公布し，中央アジアに向けて新疆の対外開放をさらに拡大させる戦略を明確に打ち出し，新疆を中央アジア，南アジア，西アジア，そしてヨーロッパとの通商貿易センターにしていく構想を明示したのである[27]．しかし，対外開放を拡大せよという中央の方針にもかかわらず，新疆における民族騒乱の活発化を受け，発展よりも安定を重視する地方政府は現実的な政策を実行した．

2000年には西部大開発のプロジェクトが始動した．そしてSCOが発足してからわずか3ヵ月後の2001年9月にカザフスタンのアルマトイで開かれた首脳会議で「地域経済協力の基本目標・方向性，ならびに貿易や投資利便化プロセスをめぐる覚書」が締結され，加盟国が「貿易投資障壁の撤廃，交通インフラの整備，商品と技術の共通基準の調整，司法交流の拡大，相互投資の増進と保護」という地域経済協力メカニズムの樹立と発展の目標について合意した．また2003年には，中国はSCO加盟国間でのFTAの締結を提唱した．

中央アジアにおける地域協力の機運の高まりの中においても，新疆ウイグル自治区政府が制定した地域政策は基礎インフラ，生態保護，科学技術と教育という3つの政策に終始し，対外開放よりもむしろ国内政策に主軸をおいた極めて保守的な内容であった．

2001年の米国同時多発テロ事件（9.11事件）以降，中央アジアにおける東トルキスタン運動をめぐる国際環境は大きく変化していく．東トルキスタン・イスラム運動（East Turkistan Islamic Movement: ETIM），東トルキスタン解放組織（East Turkistan Liberation Organization: ETLO），世界ウイグル青年連盟（World Uyghur Youth Congress: WUYC）[28]，東トルキスタン情報センター（East Turkistan Information Center: ETIC）など，様々な運動が展開されているが，2002年5月に，アメリカはETIMとETLOの2つをテロリスト組織として指定した[29]．そして8月には，アメリカ政府はさらにアメリカに

おけるETIMのすべての資産を凍結した[30]．

1990年代半ばごろから，中国の要請により，中央アジア諸国におけるウイグル独立運動も制限されるようになり[31]，またパキスタン政府もETIMのナンバー3とされるイスマイル・カディル（Ismail Kadir）を中国に引き渡すなど中国政府に協力的である[32]．

こうした状況の中，2002年以降，新疆ウイグル自治区中国共産党委員会は安定を第一としながらも，カザフスタン，ロシアなど周辺国家との貿易を重点的に発展させるようにした[33]．そして，新疆ウイグル自治区において，中央アジア地域経済協力，アルタイ地域の多国間協力，中国とカザフスタンとの協力によるコルガス国境経済協力センターの3つの地域協力プロジェクトがこの時期に動き出したのである．

中央アジア地域経済協力　アジア開発銀行（ADB）の呼びかけにより，1997年に中央アジア地域経済協力（Central Asia Regional Economic Cooperation: CAREC）が動き出し，2002年にはCARECの協力枠組みが固まった．CARECには，2013年9月現在，中国を筆頭に，カザフスタン，キルギス，ウズベキスタン，タジキスタン，アゼルバイジャン，アフガニスタン，モンゴル，パキスタン，トルクメニスタンの10ヵ国が参加しており，ADB，世界銀行，国際通貨基金（IMF），国連開発計画（UNDP），欧州復興開発銀行（EBRD），イスラム開発銀行（IDB）の6機関がかかわっている．

1997年から1998年にかけてADBの主導のもと中国，カザフスタン，ウズベキスタン及びキルギスの4ヵ国がインフラ建設について検討し，協力の重点領域とプロジェクトの確定作業を行った[34]．検討結果に基づき，1999年から2001年にかけてCARECの枠組みが形作られた．2001年にフィリピンのマニラで開かれたCAREC経済協力高官会議でCAREC5ヵ国構想が提言され，2002年3月のCAREC第1回閣僚レベル会議でCARECの重点領域が確定された．2006年10月のCAREC第5回閣僚レベル会議では「ウルムチ宣言」が発表された．「CAREC総合アクションプラン」（ウルムチ宣言）がいよいよ実施段階を迎え，地域インフラのネットワーク（交通回廊，貿易やエネルギー関連のインフラ整備など），知識とキャパシティ・ビルディング，貿易・投資ならびにビジネスの発展，地域公共財の4領域が中央アジア協力における重点領

域とされた．

　2011年11月には，CARECの10ヵ国による第10回閣僚会合で，今後10年間の開発戦略枠組みとなる「CAREC 2020」が正式に承認された．「CAREC 2020」には，2020年までの開発優先事項として，交通インフラへの投資，貿易円滑化，エネルギー問題などが盛り込まれている．そして，貿易の拡大，競争力の強化とともに，経済回廊の建設を重要な戦略目標として位置付けたが[35]，その6本の経済回廊のうち，4本[36]は新疆と中央アジアを結びつけるものである[37]．

　中国は積極的にCARECを推進している．特に，中国と中央アジアを連結している道路は限られており，しかも道路があっても整備状況はきわめて劣悪であることを考慮すると，中国がCARECに積極的に参加する理由は容易に想像がつく．

　CARECにかかわる中国の国内実施体制に関しては，次のようになっている．国家発展改革委員会は国内のコーディネーターとなり，企画，特にエネルギー協力に責任を負う．財政部は対外連絡とコーディネート，外交部は対外政策，交通部は交通協力，商務部は貿易政策の協力，税関（海関総署）は貿易利便化の協力にそれぞれ責任を負う．プロジェクトの執行を担当するのは新疆ウイグル自治区人民政府のみであったが，国務院の決定により2008年4月に内モンゴル自治区もプロジェクトの執行に参加するようになった[38]．中国はADBのプランに協力しながら，中国自身も資金を提供し，地域一体化を促進している．たとえば，交通インフラ整備を促進するために，2003年に中国政府は中国・キルギス・ウズベキスタンを連結する道路建設のため6000万人民元の無償援助を提供した．

　CARECは地域機構ではないものの，中国とSCOとの間で進められている経済・交通一体化と密接な関係を有しており，地域協力関係の構築を促進する上で重要な役割を有している．また地方政府，特に新疆ウイグル自治区政府は積極的にCARECに参加している．

　アルタイ地域の多国間協力　中国，ロシア，モンゴル，カザフスタンの4ヵ国，6つの地方政府（中国の新疆ウイグル自治区，ロシアのアルタイ共和国とアルタイ地区，モンゴルの南西部，カザフスタンの2つの地方政府）が参加するア

ルタイ地域多国間協力は2000年に始動した．このアルタイ地域の多国間協力をめぐる構想は1995年にまでさかのぼり，新疆ウイグル自治区科学技術委員会によって提起されたものである[39]．その後，新疆ウイグル自治区科学技術委員会の主導のもと，ロシア，モンゴル，カザフスタンの地方政府に呼びかけるとともに，国家科学技術部の認可の獲得に動いた．2000年2月にアルタイ地域の多国間協力に関する国際シンポジウムの開催に関する許可が科学技術部から下り，同年7月19日から21日の間に新疆ウイグル自治区で中国，ロシア，モンゴル，カザフスタンの4ヵ国の40名あまりの専門家が参加する国際シンポジウムが開かれた．その後2002年9月にアルタイ地域国際協調委員会のワーキンググループが設置された[40]．

アルタイ地域の多国間協力に関する国際シンポジウムは2000年から，またアルタイ地域国際協調委員会のワーキンググループは2002年から定期的に会議を開いているが，目に見える成果がいまだに得られていないのが実情である．アルタイ地域においてインフラが整備されていないことが地域協力の大きなネックとなっているが，各国の中央政府から政策面の優遇や資金面でのバックアップが得られていない状況においては，新疆ウイグル自治区を含め各地方政府独自の力でインフラを整備することはほぼ不可能に近い．

コルガス国境経済協力センター　2005年に，中国とカザフスタンはコルガス国境経済協力センターの設置について調印した．

中国とカザフスタンの国境地帯で自由貿易区を設置する構想は，2003年6月に胡錦濤国家主席がカザフスタンを訪問した際，カザフスタン政府から提案されたことがそもそもの始まりである[41]．カザフスタン政府の提案を受け，中国政府は新疆ウイグル自治区に中国とカザフスタンの間での「新疆イリ・カザフスタンアルマトイ自由貿易区」設置を提案し，そして実現の可能性について検討するように指示した．新疆ウイグル自治区は検討を重ね，3つの案を提示した．1つ目はコルガス自由貿易区であり，2つ目はイリ・アルマトイ自由貿易区であり，3つ目は新疆ウイグル自治区・アルマトイ州自由貿易区であった[42]．新疆ウイグル自治区の3つの提案について，商務部はフィージビリティ調査を行い，最終的には中国の鉄道や国道がともに通過し，しかもエネルギーパイプラインも通過するコルガスに国境経済協力センターを建設することを決

定した.

　2004年9月，中国とカザフスタンの間でコルガス国境経済協力センターに関する取り決めが調印された．そして2005年7月に胡錦濤国家主席がカザフスタンを訪問した際，正式に二国間条約を結んだ．2006年3月には，国務院がコルガス国境経済協力センターに関する具体的な優遇政策を公布した．

　前述したように中国はSCO諸国に対しFTAを提案し，その後加盟国間でいくつかの経済貿易協定が結ばれ，経済協力分野の確認やモデルプロジェクトの確定といった準備作業が進められたが，中国が当初構想していた2020年までにモノ，サービス，資金，技術の自由化を実現するという目標については達成できる見込みはない．こうしたなか，中国政府は将来SCO諸国とのFTAにつながる試金石として，コルガス国境経済協力センターを立ち上げたのである．こうした意味で，コルガス国境経済協力センターは単なる経済協力区ではなく，中国が主導する実質的な経済統合に向けた重要な一歩であり，決して失敗が許されない国家プロジェクトとなっている．

　以上のように中国政府は1996年ごろから周辺外交を本格的に展開し，また2001年にSCOが設置されてからはSCO加盟国間の経済協力を積極的に推し進めた．他方，新疆ウイグル自治区は民族の分離独立運動の高まりにより，1990年代半ばから安定第一の政策を採用するようになった．そして，社会的安定を重視する政策[43]の中で，新疆ウイグル自治区は地域協力を展開した．

　1990年代後半から始動した新疆ウイグル自治区の3つの地域協力プロジェクトはそれぞれ性質が異なっている．アルタイ地域の多国間協力は新疆ウイグル自治区主導のもとで実現したが，CARECは中央政府主導のプロジェクトであり，コルガス国境経済協力センターは中央政府と新疆ウイグル自治区との間で協議を重ねた末に形作られたものである．いずれにしても，中央アジア諸国との地域協力において，新疆ウイグル自治区は大きな推進力を発揮している．

(3) 国内の求心力の強化と地域協力の推進：2009年～
　2008年のチベット暴動に続き，2009年には「7.5事件」と称されるウイグル族の騒乱が新疆ウイグル自治区で発生した．

この「7.5事件」は，中国の指導者にとって「統一と安定」という建国以来の国家課題を眼前に突き付けられた出来事である．事態を重く見た中央新疆工作座談会準備工作指導小組は，2009年11月に全国64の機構から500人余りを視察のため新疆へ派遣した．翌2010年5月17日から19日にかけて，中央新疆工作座談会が開かれた．座談会には新疆ウイグル自治区から60人余りが参加したが，新疆に関するこうした大型座談会が開催されたのは中国建国以来初めてだという[44]．座談会において新疆ウイグル自治区の現状について審議され，今後の基本方針が決定された．新疆ウイグル自治区に関する基本方針は一言でいえば，「発展をもって安定を図る」，すなわち地域の経済発展を通じて国家統一と民族問題の解消を図るというものである．そこには，2つの政策が内包されている．

　第一の政策は，新疆ウイグル自治区の経済発展である．中国政府は「7.5事件」が発生した原因について，「新疆の主要矛盾は高まる物質文化のニーズと遅れた社会生産の矛盾」にあると判断し，挙国体制で新疆ウイグル自治区の経済発展を支援することを決定した．新疆の1人当たりGDPが2015年までに全国水準に，2020年までにまずまずの水準（「小康水平」）に到達するという目標を設定した．

　中国政府にとっての政治的脅威は少数民族の騒乱よりもむしろ漢族の騒乱にあったことが「7.5事件」で浮き彫りとなったため，少数民族の優遇策を拡大して不満を解消する政策が採りにくくなった[45]と言われている．それでも，新疆の経済を発展させる方策として総額100億元を超え，19の省・市が新疆に対する支援を行う（「結対支援」）国内支援策が決定された．その背後には，国内の求心力を強化し，新疆ウイグル自治区の社会の安定を図る中国政府の意図が見え隠れしている．

　第二の政策は，新疆ウイグル自治区の対外開放である．「7.5事件」以降，SCO加盟国との協力は，中国にとってさらにその重要性が高まった．SCO諸国にとって国境並びに地域の安定確保とともに，国内の政治的安定を担保するうえでも加盟国間の協力はますます重要な意味を持つ．ウイグル問題（中国），チェチェン問題（ロシア），大ウズベク主義（中央アジア諸国）などの火種を抱えているSCO加盟国は，国境を越えた民族運動を支援しないというSCO

の合意により国内政治の安定を図ろうとしているが，2009年の新疆騒動の際も，SCOは中国に安心を与えた．新疆暴動直後の7月10日にSCOは声明を出し，「新疆ウイグル自治区は中国の一部であり，新疆で起こったことは中国の内政問題である」との認識を示し，3つの勢力（テロリズム，民族分離主義，宗教的過激主義）と戦うために更に協力する姿勢を改めて明確にしたのである．

また，8ヵ国と隣接し，中央アジア，ヨーロッパ諸国，西アジア，南アジアを連結する新疆ウイグル自治区の特殊な地理的条件を考えるならば，中国と中央アジアの実質的な経済統合を推し進めるうえで，新疆ウイグル自治区の対外開放が必要不可欠であることは明白である．かくして，中央新疆工作座談会で，中央アジアは中国の西への開放の最重要地域として定められたのである．

こうした方針を反映して，2011年から中国政府は内陸部の対外開放に関する方針を次々と打ち出した．雲南は西南開放，内モンゴルは北部開放，黒龍江は国境地域におけるそれぞれの橋頭堡として指定されるとともに，新疆ウイグル自治区のカシュガル（喀什），コルガスに経済開発区を設立することも批准された．またその後の図們江地域協力にかかわる琿春国際協力モデル，広西チワン族自治区の東興，雲南の瑞麗，内モンゴルの満州里が重点開放実験区として認定を受けた．こうした一連の政策からわかるように，中央アジア諸国との関係を強化するうえで，中国政府は新疆や内モンゴルの対外開放に大きな期待を寄せている．

そして，「7.5事件」後に新疆ウイグル自治区党委員会書記に着任した張春賢は，1991年から15年間にわたり同書記を務めた前任の王楽泉の「安定第一」の政策を改め，「発展と安定をともに重視する（発展与穏定並重）」政策[46]に転換した．この目標を達成するために，張春賢は対外開放経済区の建設を速め，カシュガル経済開発区[47]，コルガス経済開発区[48]，並びにウイグル自治区とカザフスタンの国境に位置するコルガス国境経済協力センターを成功させるとの決意を表明した[49]．

2010年8月には，新疆ウイグル自治区にカシュガル，コルガス経済開発区に関する指導小組が設置された[50]が，2011年10月，国務院が正式に「カシュガル，コルガスの経済開発区建設を支持する若干の意見」を承認し，新疆の対外開放の第1ステップとなるカシュガル経済開発区，コルガス経済開発区は国

家戦略に格上げされた.

　2007年から建設工事がスタートした新疆ウイグル自治区とカザフスタンの国境に位置するコルガス国境経済協力センターは，2012年4月に正式に始動した．中国側が3.43km²，カザフスタンが5.28km²を提供して設立されたこのコルガス国境経済協力センターは，中国・ロシア，中国・モンゴル，中国・タジキスタン，中国・ウズベキスタン，中国・キルギスのFTA，最終的にはSCOのFTAに結びつける[51]第一歩として重要な役割を担っている.

　そして，カシュガルはキルギス，タジキスタン，アフガニスタン，パキスタンを通じて中国が中央アジア，西アジア，南アジア，そしてインド洋へアクセスする交通上の要塞である．カシュガル経済開発区は2015年までに開発区のインフラを整備し，2020年までに物流・金融センターとすることを目標としている[52]．そして，カシュガル経済開発区の設置決定と同じ時期の2010年6月に，胡錦濤国家主席が「中国・タジキスタンの国境貿易の協力」を提案した[53]．コルガス経済開発区の基本構想は，新疆ウイグル自治区の提案をそのまま受け入れた形で，「一区三園」である．すなわち，コルガス経済開発区のなかで，コルガス国境経済協力センター，伊寧市の産業区，清水及び河配の産業区の3つのプロジェクトが含まれている[54]．

　インフラ整備の状況により，新疆ウイグル自治区での国境貿易には現段階において限界がある．ロシアとは直通の道路がなく[55]，鉄道も第三国を経由する必要があり[56]，またアフガニスタンとの間の道路条件も悪く，2013年9月現在ロシア，アフガニスタンとの国境貿易を行う拠点は設けられていない．パキスタンとの間では国境貿易地点は1ヵ所で，2005年の両国政府の協定により運用を開始した．モンゴルとの間では国境貿易を行う地点は1ヵ所のみであるが，二国間協定により2004年から年間を通して国境貿易が行えるようになった[57]．インドとの間でも，2006年になってようやく国境貿易が44年ぶりに再開した．タジキスタン，キルギス，カザフスタンとは比較的に円滑な交易ができる状況であるが，国境貿易の増加は緩慢である[58]．国境貿易は地理的な要因から強く影響を受けながらも，国境地域の貿易額は新疆ウイグル自治区貿易総額の50％以上を占めている.

　近年，新疆ウイグル自治区の貿易総額は緩やかに増加している．新疆ウイグ

ル自治区の貿易の80%は中央アジア諸国との貿易である[59]が，新疆の中央アジア諸国，特にカザフスタンに対する貿易依存度は高く，2000年以降，年平均56.18%となっている[60]．

　新疆ウイグル自治区は1990年代初頭から対外開放を地域振興戦略の重要な柱に据えていたが，その具体的な実現方策を打ち出せないまま今日に至っている．新疆ウイグル自治区は1990年代初めに「中国東部と西アジアを連結する（東連西出，西来東去）地域として自らを位置づけたが，1990年代半ばには周辺国との貿易を促進し，周辺国との貿易を新疆ウイグル自治区の産業振興の起爆剤とする（「貿易先行，産業連動」）政策に転じた．1990年代初頭の政策も，1990年代後半の政策も不発に終わったが，2009年以降，新疆ウイグル自治区は経済開発区や国境経済協力センターを成功させることにより，新疆ウイグル自治区を「中央アジア，西アジア，南アジアの商業・貿易センター，輸出商品の加工基地と物流の中継基地，輸入エネルギー・輸入鉱物の国際通路」に育てあげる戦略を採用した．カシュガル経済開発区，コルガス経済開発区，コルガス国境経済協力センターはいわば，こうした国境貿易や他国との貿易を拡大させるうえでの有効な方策として考案されたものである．

　カシュガル経済開発区，コルガス経済開発区，コルガス国境経済協力センターにおける地域協力が推し進められる中，広西チワン族自治区，雲南省などの地域における人民元決済の試験的な取り組みに関する国務院常務会議決定（2008年）を受け，新疆ウイグル自治区でも人民元決済の可能性が議論され，2009年にカシュガル経済開発区の中国・パキスタンの国境貿易において，初めて人民元決済が導入された[61]．認可を受けた20の省・市の1つとして，新疆ウイグル自治区は2010年10月に正式に人民元決済を推進することとなった[62]．しかし，内モンゴル自治区と同様，人民元決済はモンゴルとの貿易において進んでいるものの，他の中央アジア諸国との間では依然としてドル決済が主流のままである．それは，新疆ウイグル自治区の貿易が黒字を計上していることや，国境貿易が新疆ウイグル自治区の貿易の主軸となっていること[63]に起因するものであるといわれているが，中央アジア諸国と中国政府との金融協力が遅々として進まないことも重要な一因となっている．

　東北，西南の地域協力と同じように，中国政府は交通インフラの整備を非常

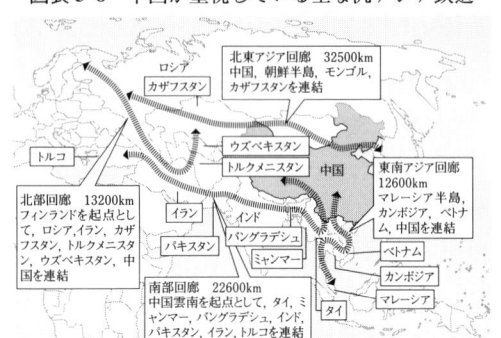

図表 3-8　中国が重視している主な汎アジア鉄道

北東アジア回廊　32500km
中国、朝鮮半島、モンゴル、カザフスタンを連結

北部回廊　13200km
フィンランドを起点として、ロシア、イラン、カザフスタン、トルクメニスタン、ウズベキスタン、中国を連結

東南アジア回廊　12600km
マレーシア半島、カンボジア、ベトナム、中国を連結

南部回廊　22600km
中国雲南を起点として、タイ、ミャンマー、バングラデシュ、インド、パキスタン、イラン、トルコを連結

出所：「亜欧鉄路一体化的大国機会」，『瞭望東方週刊』2012 年第 443 期

に重要視している．汎アジア鉄道網（Pan-Asian Railway）のなかでも，中国政府は図表 3-8 で示されている 4 本の鉄道を最も重視していると言われているが，それぞれの鉄道を敷設し，開通するまでの道のりが長いことも中国は認識している[64]．カシュガル経済開発区の重要性が中国で提起される中，新疆で特に注目されているのは，中国とキルギス，ウズベキスタンを結ぶ鉄道である．

中国・キルギス・ウズベキスタンの 3 ヵ国を結ぶ鉄道の敷設は 1997 年に，三国の取り決めにより決定されている．その後，中国がリーダーシップを発揮してこの鉄道の実現に向けて取り組んできた．1999 年，蘭州の鉄道部が中国・キルギス・ウズベキスタン鉄道のフィージビリティ調査を完了させ，南と北の 2 つのルート案を提言した[65]．そして 2004 年 1 月の「中長期鉄道網の企画」を検討する国務院会議において，キルギスの鉱物の産出地域を通る北ルートが決定された．この案はキルギスからの支持も得られたという．

中国とユーラシア大陸を結ぶ鉄道は中国・キルギス・ウズベキスタン鉄道を含めて 3 本あるが，マラッカ海峡の不測事態に備えた石油輸送ルートを考慮して，この中国・キルギス・ウズベキスタン鉄道は重要な意味を持つという．

中国・キルギス・ウズベキスタン鉄道建設において，最も問題とされているのがキルギスでの鉄道建設である．2000 年に中国の資金提供でキルギスでの鉄道建設に関するフィージビリティ・スタディが完了し，2005 年に着工にたどり着いた．その後のチューリップ革命で鉄道建設が中断されたが，2006 年

にキルギス新政権が中国・キルギス・ウズベキスタン鉄道を再度承認した．2009年には，いわゆる「資源とプロジェクトのトレード（『資源換項目』）方式」が採択された．すなわち，キルギス政府が中国企業にキルギスでの金鉱の採掘権を与え，それと引き換えに，中国の国家開発銀行の融資でキルギスでの鉄道建設費用を賄うというものである．その後，この方式により鉄道建設に若干の進展がみられた．しかし，2010年に国内紛争によりキルギスの政権交代が行われ，この「資源とプロジェクトのトレード方式」がキルギスの議会で否決された[66]．2012年の選挙戦で，中国・キルギス鉄道建設は政争の具となり，国民から注目される大問題にまで発展した．選挙戦終了後も，中国・キルギス鉄道建設の前途は危ぶまれている．

以上のように，新疆ウイグル自治区の「7.5事件」以降，中国政府は新疆の経済発展に力を注いでおり，「対口援助」と称される国内あげての新疆支援政策を採択した．その結果，成果も上がり，2012年には同自治区は10.7%のGDP増を実現した[67]．経済発展とともに社会の安定にも力が注がれており，「社会の安定を破壊する」集団を断固として取り締まっていく[68]姿勢が前面に打ち出され，「32の措置，24の方法，16の要求」と称される政策[69]が実行された．

中国政府は国内の求心力を強化すると同時に，新疆ウイグル自治区の対外開放をさらに促進する方針を打ち出した．カシュガル経済開発区，コルガス経済開発区，コルガス国境経済協力センターにおける地域協力が推し進められる中，中国政府は周辺国とのインフラ整備にも指導的な役割を果たそうとしている．

道路，鉄道などの整備に伴い，インフラは中国の影響力をも運んでいるという議論[70]もあるものの，新疆ウイグル自治区と中央アジア諸国とのケースからいえば，周辺諸国に通じる道路，鉄道などのインフラ整備そのものはまだスタートラインに立ったばかりである．

4. おわりに

中国の西北地域に位置し，中国の地域一体化戦略を推し進めるうえで重要な地方アクターは，新疆ウイグル自治区，甘粛省，内モンゴル自治区，寧夏回族

自治区であるが，中国と中央アジア諸国との関係からみれば，新疆ウイグル自治区と内モンゴル自治区の動きは注目に値する．

中国政府は2010年以降再び国境地域の対外開放を重視する戦略を打ち出し，目下「国境地域開放・開発計画」を作成中である．これをチャンスとしてとらえた甘粛省は国境貿易の再開を促し，国境経済協力区の設置を提案した[71]．中央アジアやモンゴルとの地域協力を考えるうえで，甘粛省の動向も注視していく必要がある．

地域振興戦略の違いなどにより，新疆ウイグル自治区と内モンゴル自治区の中央アジア諸国との経済協力に対する熱意は明らかに異なっている．内モンゴル自治区は牧畜や資源に依存する戦略に立脚し，中央アジア諸国との地域協力へのインセンティブはそれほど高くない．他方，新疆ウイグル自治区は1990年代以降，有効な地域振興戦略を打ち出せておらず，また貿易に関しても中央アジア諸国に著しく依存していることから，中央アジア諸国との地域協力に対する期待は高く，実際に精力的に取り組んでいる．裏を返せば，中国と中央アジア諸国の政策形成において，その意欲の差により地方政府の影響力も異なっており，新疆ウイグル自治区は中央アジアとの地域協力において重要な推進力となっている．内モンゴル自治区は中国の東部沿海地域とユーラシアを結ぶ仲介役としての役割が期待されているがゆえに，鉄道などの交通網の建設が優先されており，対外的な開放が後回しにされている側面は否めない．

温度差があるにせよ，各地方政府は地域振興の「省益」から，中央アジア諸国との実質的な一体化という国家戦略に深く関与し，また人民元の国際化といった中央の政策を忠実に実行している．中央アジアとの地域協力において，「地方政府主導型」（アルタイ地域の多国間協力），「中央政府主導型」（CAREC），「中央政府と地方政府の協議型」（コルガス経済開発区，コルガス国境経済協力センター）の3つの政策形成パターンが併存している．

地方政府の地域協力への参画の結果，本節で言及している多種多様なFTA構想のように，さまざまな地域協力構想が独り歩きしているなか，中央政府と地方政府の実質的な政策展開に鑑み，地域協力に関する4つの構想が今後注目される．1つ目はCARECであり，2つ目はアルタイ地域の多国間協力であり，3つ目はコルガス国境経済協力センターであり，4つ目は中国・キルギス・ウ

ズベキスタンの3ヵ国の地域経済協力である．CARECやアルタイ地域の多国間協力，コルガス国境経済協力センターは現在進行中である．中国・キルギス・ウズベキスタンの3ヵ国地域経済協力は中国とキルギス，ウズベキスタンとの道路が開通すれば可能性もあるが，現段階ではまだ構想の段階にすぎない．

また地方政府の視点からみれば，西北地域における地域協力において最も重視されているのはSCO諸国であるが，なかでもカザフスタン，キルギス，ウズベキスタンが重要な協力相手国となる．また，タジキスタンとの協力も今後強化される可能性がある．

中国政府は1995年ごろから，特に2000年代に入ってからSCO加盟国との関係を強化しようとしたが，民族騒動が多発する新疆の事情により新疆ウイグル自治区政府は安定第一の政策を優先せざるをえず，この結果，新疆の対外開放は遅々として進んでいない．また，SCO加盟国の多くが中国との経済協力に対する熱意を欠いていたことも，西北開発区における「一体化」戦略の推進の足かせとなっている．さらに，インフラの不備も中国と中央アジア諸国との協力を強化するうえで大きな障害となっている．

2009年の「7.5事件」以降，「安定と開放」の両方を重視する折衷策が模索され，中国政府は新疆ウイグル自治区のカシュガル，コルガス経済開発区の建設，コルガス国境経済協力センターの立ち上げに取り組んだ．中国政府は国内の求心力を強化しつつ，新疆ウイグル自治区の開放を推し進めることにより，ウイグル族の中国への統合，中国と中央アジアの地域統合という「2つの統合」を同時に実現しようとしている．

2009年に始動した新疆ウイグル自治区の開放には，南新疆の開放も含まれている．北側と異なり，南新疆は国際テロ組織の勢力が浸透している地域といわれており，またカシュガルの80%の住民がウイグル族である．インフラの整備，地域の統合は，人々の考えの変化，武器や人の流れをも加速しており，南新疆の対外開放に伴うリスクについては中国政府や新疆ウイグル自治区政府は常に強い意識を有している[72]．

経済さえ発展すれば新疆ウイグル自治区の社会的安定が保たれるとする政策に関しては，中国国内からも疑問視する声が出ている．暨南大学の姚新勇は「経済発展自体は公平と公正をもたらすものではなく，社会の安定維持には，

経済発展の利益が各階層，各エスニックへ均しく配分される必要がある」と主張する[73]．

　こうした意味で，東トルキスタンの独立と新疆の中国への統合との熾烈な綱引きは今後もなお続きそうであり，その行方により，中央アジア諸国に対する中国の政策，新疆ウイグル自治区の地域振興戦略，中国と中央アジア諸国の関係も大きく左右されることとなろう．

結　び

　中国のアジア外交の最も重要な柱の1つは，アジア地域における中国を媒介とした実質的な経済統合の促進である．1990年代後半から，中国政府は自由貿易協定（FTA），地域経済協力などの経済的連携をテコに政治・外交の影響力を強化するといった戦略を推し進めている．他方，国境地域に位置する一部の地方政府もサブリージョナルな地域経済協力に積極的にかかわり，また中央政府の地域戦略に深く関与している．

　経済連携を拡大させ，実質的な地域ブロックを作り上げるうえで，北東，西南，西北地域において，中国政府は積極的に人民元の国際化を推し進めている．中国の国際金融戦略は人民元国際化，地域での通貨協力，国際通貨体制の再建という3つの柱から構成されているが，中国政府は近年，人民元の国際化を政策の重点にしている．こうした意味で，アジア地域において人民元を貿易決済や投資などで幅広く使えるよう促す人民元の国際化政策は，中国の国際金融戦略の一環であり，アジア戦略の一環でもある．こうした人民元の国際化を通じて，中国政府は大国としての地位を実現し，多極化を促進しようとしている．

　地域振興戦略の違いにより，周辺国との関係強化には地方政府の間でも温度差があるが，周辺国家との地域協力に地域振興の活路を求めている地方政府は，中国のアジア外交に関する国内の強力な推進力となりうる．そして，地方政府の地域振興政策の展開により，中国にとっての周辺国の重要性にも変化が見られた．吉林省は北東アジアの地域協力を積極的に推進しており，なかでもロシア，北朝鮮との関係を重要視しているが，日本，韓国も重要な協力相手国である．雲南省は東南アジアおよび南アジアの諸国との関係強化を求め，なかでもミャンマーとの関係が最も重要である．そして中央アジア，西アジア，南アジアの結節点に位置する新疆ウイグル自治区に対する中央政府の期待も高いが，新疆ウイグル自治区の地域協力戦略からみれば，カザフスタン，キルギス，ウズベキスタンが重要な位置を占めている．また対アジア政策ではないが，アラ

ブ諸国との関係強化に関しては，寧夏回族自治区が強力な国内推進力として浮上している．このように，国内の地方政府の間でも，特定の対外政策を擁護し推進する勢力が生まれている．

さらに地域の視点でいえば，これまでアジア諸国と国境を接している省・自治区だけがアジア外交に参画してきたが，今後，国境地域以外の省とアジア諸国との経済的な結びつきが強化されれば，アクターの地域の広がりも考慮に入れる必要がある．

アジア地域協力においては，「地方政府主導型」，「中央政府主導型」，「中央政府と地方政府の協議型」の３つの政策形成パターンが併存しているが，現段階においては，「中央政府と地方政府の協議型」が主流となっている．

各地方政府と中央の「協議」プロセスからわかるように，各々の省／自治区の利益から出発した異なる対外政策の主張は「地方政策の国家戦略化」を通じて，最終的に調整，集約されており，結果として，「中央戦略の地方化」の現象が生じている．そして，各地方政府は独自の地域振興戦略を国家戦略に組み込んでもらうことで，省（自治区）益を実現しているのである．

国家戦略化されなかった地方政府の独自の地域振興戦略から出発した地域協力のほとんどは，現段階において，頓挫したままである．それは，地方政府に限られた権限しかないという理由もあろうが，インフラ整備に必要な予算を捻出できないという財政事情によるところが大きい．

いずれにしても，国境地域を中心に進展するサブリージョナルな地域協力は，中国のアジア外交における経済的要素の重要性を高めている．地方政府の動きは，周辺国と中国との関係の土台を築き上げ，対外政策の多方向性に寄与していると同時に，地方と中央の政策の乖離を生み出す可能性も孕んでいる．

第4章　アジアをめぐる中国の安全保障

　冷戦終結後，中国にとって，海洋主権の問題，エネルギー問題，水問題などが新しい安全保障問題として浮上してきた．そして，アジア地域において特に，伝統的安全保障分野と非伝統的安全保障分野で海洋主権問題と水問題がそれぞれ重要性を増しており，安全保障問題の導火線となりうる問題といわれている．

　中国の台頭に伴い，海洋問題で不信感が渦巻くなか，海洋をめぐる領有権の問題が注目を集めている．中国を取り巻く安全保障情勢が変化する中，海洋主権問題とエネルギー安全保障問題が中国の対外政策の中で最も変化の大きい領域となっている．

　アジアの地域主義の特質からみれば，環境問題，資源，移民，麻薬，HIV/AIDS や SARS，テロなど非伝統的安全保障も極めて重要である．アジアの多くの河川は中国に源流をもっており，上流に位置する中国でのダム建設は下流の周辺諸国にとって安全保障，経済，国民生活に影響を与えうる重大な問題である．国際河川における中国のダム開発において，上流・下流の利益，中国企業の経済活動と政府の対外政策の方針，非政府組織（NGO）の活動をはじめとする社会と国家の関係，権威主義体制の世論の在り方など，多くの問題が渦巻いている．1990年代後半から非伝統的安全保障問題を重視するようになった中国において，金融危機，気候変動，核拡散，エネルギー安全，水資源，食糧の安全などが「新しい脅威」として認識されていることからもわかるように，中国の対外政策における水資源問題の重要性は比較的高いといえよう．

　そこで本章では，まず中国の台頭とアジア地域の安全保障情勢を概観したうえで，領土問題，エネルギー問題，水問題をめぐる中国の政策を検討し，中国と周辺国の関係を考察する．

　領土問題，エネルギー問題，水問題は外交問題であると同時に，国内の経済発展戦略にも深く関わる問題であり，さまざまな省庁，地方政府，国有企業が世論を巻き込んで政策形成に関わっている．そこで，本章においては，関連の

政府省庁や地方政府，国有企業，世論がそれぞれ対外政策の形成において果たす役割についてあわせて考察する．

4.1　中国海軍の台頭とアジア地域の安全保障

1. はじめに

　アジア地域を取り巻く安全保障情勢は大きく変容しており，特に国連海洋法条約の問題を契機に，海の領有権をめぐりアジア地域において緊張が高まっている．こうした安全保障情勢の変化の背後にはさまざまな要素が複合的に作用しているが，なかでも中国の台頭の作用が大きい．

　中国は「富国強兵」の道を歩んでおり，経済力の上昇に伴って海軍力を含めた軍事力が増大しているのはある意味において自然の流れかもしれない．歴史的に大陸国家と海洋国家は異なる海の戦略を採用する．三面が陸に囲まれ一面が海に面しているという中国の地政学的な特徴から，中国は「海陸複合国家（陸海兼容型）」であるという認識が中国国内で近年急速に浸透している．

　海外でも中国は大陸国家か海洋国家かをめぐる議論が続いている．近年の海軍の動向を分析する数多くの研究[1]のなかで，ロバート・ロスは大陸国家という特質から中国の海軍戦略は「海洋拒否（Sea Denial）」を中心とした海軍力の増強になろうと論じた[2]．これに対し，ミシェル・グロスニとフィリップ・サウンダーズは海陸複合国家という特徴から，大陸からの脅威が低下するなかで中国はシー・パワー（sea power）を追求することもありうると反論した[3]．

　中国が大陸国家なのかそれとも海洋国家なのかをめぐる意見は大きく分かれているが，中国が海軍力の増強に力を注いでいるのは確かである．そもそも代表的な大陸国家論者の葉自成のように，大陸発展戦略の重要性を唱える大陸国家論者には，海軍を中心に海洋パワーを目指すべきだとする考えも根強く存在している．こうした状況の中，中国では，アルフレッド・マハン（Alfred Thayer Mahan）によって提起されたシー・パワーの概念が近年非常に重視されており，マハニズムへの信仰は篤い．

2. 海洋問題の浮上と中国海軍の台頭

　急速な経済発展に伴い，海洋は中国にとって重要な安全保障問題として浮上しており，なかでも海上交通路（sea lines of communication: SLOC）の安全確保が最も喫緊の課題となっている．米中間，そして日中間の安全保障上の相互不信が高まる中，海上交通路に関するアメリカや日本に対する懸念は中国で高まってきた．中国の経済発展戦略により，沿海地域は最も経済的に発達しており，2010 年現在貿易量の 86％ が 5 つの海上ルートに依存しているが[4]，朝鮮海峡から北米への海上ルートは大隅海峡を経由し，米軍横須賀基地から約 400 海里，米海軍佐世保基地から約 200 海里しか離れていない．また太平洋，中南米への海上ルートは日本に近い宮古海峡，もしくはフィリピンに近いバシー海峡，バリンタン海峡，あるいはマラッカ海峡を経由している．石油の対外依存度が高まる中国の輸入石油の 90％ は海上輸送ルートに依存しており，そのうちの 80％ はマラッカ海峡を経由している．こうしたことからも海上交通路は注目を集めている．

　海洋問題の重要性が高まるなか，中国海軍のプレゼンスは沿海から，近海，そして遠洋へと確実に拡大している．改革開放までの中国の海軍力は沿海防御に主軸を置いていたが，劉華清の海軍司令官[5]へ就任（1982 年）後の 1983 年に開かれた海軍作戦会議では，遠洋訓練の重視が海軍の今後の目標として提起され[6]，中国の海軍戦略が大きく転換した．中ソ関係の改善によりソ連の核の脅威から解放されたことも，中国の海洋戦略重視を後押しした[7]．

　1991 年になると湾岸戦争勃発後の 6 月に湾岸戦争に関する解放軍内のハイレベル会議が 3 回にわたって開かれ[8]，湾岸戦争を契機に，中国はハイテク兵器による局地戦争に備える軍事戦略に転換した．そして 1993 年には「新しい作戦要綱」が公布され，防衛空間を「本土」から「空・地上・海，宇宙」に改定し，海空軍力の優先的発展が強調されるようになった[9]．

　さらに，2004 年 6 月に召集された中央軍事委員会拡大会議においては，ハイテク戦争は本質的に情報戦であるとされ，情報技術の重要性が強調されるようになった[10]．中国の軍事戦略の方針は一貫して「積極的防御」におかれてい

るが[11]，今日の中国の国防近代化政策の目標は，対米抑止力と台湾解放を中心に据えており，そして近年，遠洋に出撃できる総合作戦能力が目標として浮上している[12]．

海軍力の増強により中国海軍は，第1列島線の中で近海200海里から1000海里の範囲で10-13日以内の展開が可能[13]という体制から，いまや，黄海，東シナ海，南シナ海，宮古海峡，台湾より東の海域を通って太平洋に進出し，第1列島線を突破しようとしている[14]（巻頭の地図を参照）．言い換えれば，中国海軍は沿海を防御できるブラウンウォーター・ネービー（brown water naval power）から，ようやく200海里を防御できるグリーンウォーター・ネービー（green water naval power）へと転身している段階であり，遠洋での展開が可能なブルーウォーター・ネービー（blue water naval power）にはまだ程遠い．

3. アメリカ主導の海洋秩序と中国の海洋戦略

アメリカは日本，フィリピン，韓国，マレーシア，タイ，マーシャル諸島，グアム，ウェーク島に基地を有しており，しかも中国の12海里領海のぎりぎりの場所で日常的に軍艦を航海させている．中国はこうした包囲網を打開するために，接近阻止・領域拒否（Anti-access/Area-denial: A2/AD）戦略[15]をとっているといわれており，空母，各種の水上艦艇，潜水艦，戦闘機，爆撃機，巡航ミサイル，弾頭ミサイル，対艦弾頭ミサイル（ASBM）[16]などを増強あるいは開発している[17]．道下徳成によれば，中距離弾頭ミサイルや長射程の巡航ミサイルは前方展開された米軍や在日米軍基地に脅威を与えることができるが，しかしASBMは技術的には実現困難で，米海軍にとって現実的な脅威となりえない[18]．

そして，中国のA2/AD作戦に対抗するために，2010年の国防計画見直し（Quadrennial Defense Review: QDR）でアメリカの新しい作戦概念として「エアシーバトル（air-sea battle: ASB）」が提起された．すなわち，中国の監視システム，発射システム，ミサイルその他の武器を破壊するために，長距離攻撃能力の向上や海空軍の共同作戦能力の強化を進めようとするものである[19]．「エアシーバトル」は日米両国共同で実施することになる．

2008 月 12 月に，海賊対策のために中国海軍の戦艦がソマリア沖に派遣されたが，これを沿海防衛型から遠洋型の海軍への転換とみて警戒する向きも強い．しかし，中国海軍の近代化は進んでいる[20]ものの，現段階においては海軍と空軍の統合，ASBM，ナビゲーション・システムなどにおいて課題を抱えており[21]，なによりも沿海への攻撃や海洋封鎖にもろいといわれている[22]．2012年9月現在，世界で合わせて22隻の空母があり，アメリカはそのうちの11隻を保有しており，2位のスペインとイタリア（2隻を保有）を大きく引き離している[23]．中国は空母を1隻しか保有しておらず，しかもロシアの空母とほぼ同じレベルで，アメリカに比べると技術的にかなり遅れをとっている．

中国は遠洋用の艦船を3隻，海上補給できる艦船（replenishment-at-sea: RAS）を5隻しか保有しておらず[24]，数量的に不足している．そして，グローバルな軍事プレゼンスを維持する上では，戦艦のみならず，停泊，給油，修理やメンテナンスなどをサポートする兵站のネットワーク作りも必要である[25]．アメリカは冷戦時代にこうしたネットワークを築き上げたが，ソ連はキューバ，シリアやアフリカの友好国での埠頭利用しか確保できていなかった．現在の中国の戦略には不透明な部分が多いが，「真珠の首飾り（string of pearls）」と称されている戦略[26]は，まさにこうした遠洋航海に必要な補給や補修などをサポートするネットワーク作りの一環といえる．

「真珠の首飾り」戦略によれば，カンボジア，ミャンマー（シットウェ：Sittwe），バングラデシュ（チッタゴン：Chittagong）[27]，スリランカ（ハンバントタ：Hambantota），パキスタン（グワダル：Gwadar）[28]などの湾岸施設を確保することで，中国は南シナ海，マラッカ海峡，インド洋などにアクセスするための重要な軍事拠点を確保しようとしている（巻頭の地図を参照）．

2013年3月の習近平国家主席の初外遊では，タンザニアとの間でダルエスサラームの北西部にあるバガモヨで埠頭の建設と関連インフラの整備のために100億ドルを投資する覚書が交わされた．バガモヨはアフリカ，そしてペルシア湾を含む同地域の最大級の埠頭の1つになる見込みである．また，モザンビークとの間でベイラ港の使用について合意された．こうしたなか，中国はジブチ，イエメン，オマーン，ケニア（ラム），タンザニア（ダルエスサラーム），モザンビーク（ベイラ）を中心とした西インド洋の補給体制，セーシェル，マ

ダガスカルを中心とした中・南インド洋の補給体制を構築しようとしているとの憶測もある[29]．

こうした埠頭建設はもともと商業用として進められたプロジェクトであるため，遠洋航海のための補給や補修などをサポートするネットワーク作りには有効であるが，軍事基地としての転用には問題が大きいと一般的に言われている．つまり，これらのほとんどの埠頭は防御する体制がとりにくく，地政学的な視点から見れば，戦争時の価値はほとんど皆無であるという[30]．

4. おわりに

このように，中国の海軍力は増強されつつあるが，アメリカは依然として圧倒的な海洋軍事力を持っており，中国海軍の台頭は到底アメリカが主導する海洋秩序を崩せるものではない．中国はアメリカの圧倒的海軍力によって保障されている海上航行の自由に依存している．

とはいえ，大陸国家から海洋国家への中国の戦略転換は無論アジアの安全保障情勢に大きな影響を与えている．平松茂雄は，中国は国境線ではなく「失地回復主義」に基づき，「中華帝国」を目指していると指摘する．そして海の問題に即していえば，中国は「海上の戦略的辺疆」の拡大を目指し，「中国の海」を取り戻そうとしていると警鐘を鳴らしている．平松によれば周辺諸国が「中華世界」に飲み込まれることなく，独立国家を維持していけるかどうかは，死活の問題である[31]．他方，シン・チャンは，能力的にも意図的にも中国は海洋におけるアメリカの支配に挑戦することはないと主張する[32]．

こうした中国の意図をめぐる論争の是非にかかわらず，中国の海軍力の増強は，アジアにおいて海洋をめぐるパワーバランスにも変容をもたらしている．従来，アジア地域においてはアメリカのほか，日本，インドは海軍力が高く，重要なシー・パワーであった．特に日本の海軍能力は，アメリカの同盟国の中で最も高い部類に入る．現在，インドや日本も，中国の海洋進出を警戒を持って見守っている．

中国海軍の真の台頭はまだ道のりが長いが，アジアにおいて相互不信を背景とするセキュリティ・ジレンマを引き起こす可能性は大いに潜んでいる．

4.2 海洋主権

1. はじめに

　領海問題をめぐり，近年アジア地域において緊張が高まっており，海の領有権をめぐる紛争はアジアの安全保障を脅かす喫緊の問題として言及されるようになった．なぜ今日領海問題が多発するようになったのか，中国はどのような海洋政策をとっているのかについて国際的な関心が高まっている．

　中国は1.8万kmあまりの海岸線を有し，約300万k㎡の領海を主張しているが，そのうちの半分が隣国と係争中である．東シナ海では，中国は日本との間で尖閣諸島の領有権，そして東シナ海の排他的経済水域（EEZ）について対立を抱えており，蘇岩礁（韓国名：離於島）の領有権をめぐり中韓両国が対立している．また南シナ海では，ベトナム，マレーシア，ブルネイ，フィリピン，台湾の5ヵ国・地域との間（「5国6方」）[1]で領有権をめぐり係争が生じている．マレーシアとブルネイは中国の主張との食い違いが相対的に小さく，中国が両国の安全と国益を阻害するような行為に出ない限り，両国における中国脅威論は急浮上しないであろうといわれている[2]．他方，ベトナムとフィリピンは中国と真っ向から対立し，紛争がエスカレートしている．

　2007年以降，海洋領有権をめぐり中国と関係国との間の対立が一気に高まった．これは，経済成長で自信をつけた中国が強硬な対外姿勢に転じたためであると一般的にみられている．ロバート・ロスは，中国の海洋主権政策を「ナショナリスティックな外交政策（nationalist diplomacy）」と呼び，中国政府が国内社会の政治的安定措置としてナショナリズムにますます依存するようになってきていると論じている[3]．他方，イアン・ジョンストンはこうした見方の問題性を指摘し，南シナ海をめぐる言動に限り中国はこれまでの姿勢と異なり強硬姿勢に転じているが，しかしこれを中国の対外政策全般の傾向として一般化することはできないと主張する[4]．

中国の海洋政策に対する理解が異なれば，むろんのこと，異なる対中政策が導き出されうる．こうした意味で，海洋秩序の形成に際して成長する中国がどのような政策を採択しているかに対する理解は，アジア地域の平和と安定を左右する重要な問題である．そこで本節では，冷戦が終結してから中国で採用されてきた政策や国内の動向を析出し，今後の中国の政策の方向性を論じることとしたい．具体的には，まず第2項で，本節が採用するアプローチを説明する．第3項から第7項まででは，海洋主権にかかわる要素別に，外交政策，国内法の整備と執行，関連する国際紛争，地方政府の順に論じていく．そして最後に，海洋主権に関する中国の政策プロセスの特徴を総括することとする．

2. 海洋問題の管理体制

中国では従来，領海問題を所管しているのは国家海洋局，海事局，漁政局，税関，公安部の5つの組織で，「5つの龍が海を制する」と称されていた．

領海管理の権限が5つの組織に分散している状況において，縦割り体制の弊害を取り除くことが重要な課題として浮上し，様々な取り組みがなされてきた．2008年7月，国務院が国家海洋局に海洋事務の国内調整の権限を与えたが[5]，海洋政策における縦割り行政の現状を変えるまでには至らなかったという．2009年5月には，外交部に「国境・海洋局（辺界与海洋事務司）」が新たに設立されたが，その役割は陸・海の国境に関する外交政策の制定，国境・共同開発などの対外案件にかかわる交渉などにあり，国内政策に関する権限は限られている．

2013年3月に発表された国務院の行政機構改革案では，農業部の漁業監視船・漁政や漁業管理，また中国公安辺防海上警察部隊などの海に関する部門を海洋局に移行することとなった[6]．そして国家海洋発展戦略を制定し，海洋にかかわる重大事項を協議する「国家海洋委員会」も新設された．各部門の統合後，法執行能力が統一され，国家海洋局の権限が強化される内容となっている．

国家海洋局の権限強化により，領海問題に関する中国の政策は今後どのように展開するかを見極めるにはなお時間がかかるだろう．現時点においては海洋政策に関して地方，上述の官庁また学者の間から様々な声が上がっているが，

正式かつ統一した中央の決定はまだ出されておらず，いわば「討議はするが決定せず」[7]といった状態が続いている．権威主義体制という特定の政治システムのなかで各アクターが政策プロセスのそれぞれどのような政策に，そしてどのように政策プロセスにかかわっているかを考慮に入れて分析することが重要となる．

3. 近年の海洋主権問題をめぐる紛争の特質

中国は1996年7月に国連海洋法条約の締約国となったが，国連海洋法条約を批准した同年5月の第8期全国人民代表大会（全人代）常務委員会はその声明において，係争中の領土に対する所有権を改めて主張した．

2007年以降，海洋主権をめぐり，中国と関係国との対立がエスカレートしているが，これまでも領海問題をめぐり関係国との対立がなかったわけではない．例えば，南シナ海の領有権をめぐり，中国はベトナムと2回交戦した．両国は1974年1月にパラセル（中国名：西沙）諸島で永興島（Woody Island）をめぐり武力衝突し，そして1988年1月に中国が永暑礁（Fiery Cross Reef）を占領した後，3月にスプラトリー（中国名：南沙）諸島のジョンソン南礁（中国名：赤瓜礁）で再度交戦したのである．南シナ海艦隊502編隊の指揮者陳偉文は事前に「自らもめごとを起こさない，自分から第一発は打たない，しり込みしない，損はしない，面目を失わない」という「5つのノー」の指示を受け，そして「自らの決断」で赤瓜礁，永暑礁，華陽礁（Cuarteron Reef），東門礁（Hugh Reef），南薫礁（Gaven Reefs），渚碧礁（Subi Reef）の6つの島嶼を占拠した[8]．

フィリピンとの間では，1995年に第1次ミスチーフ礁（中国名：美済礁）事件が発生し，南シナ海領有権をめぐり緊張が高まったが，領土問題に関して冷戦終結後，中国と他の関係国の間で武力紛争に至ったケースはいまのところない．そして，これまで中国は周辺国への配慮から係争地域での石油開発も自粛してきた．1985年に国家海洋局がスカボロー礁（中国名：黄岩島）で視察を行い，その後スカボロー礁の埠頭を開発する計画を提案したが，許可されなかった[9]．また1992年には，アメリカの石油会社から南シナ海のベトナムと

の係争地域での共同開発の話があったが，当時の最高指導者はその契約を許可しなかった[10]．

1990年代後半から，中国と関係国との対立は一時沈静化したが，2007年以降，海洋主権問題をめぐり関係が再びぎくしゃくするようになった．その要因としては，主に以下の3つがあげられる．第一に，「海の憲法」と称されている国連海洋法条約（UNCLOS）である．1994年に発効した国連海洋法条約では，12海里の領海に加え，領海の基線から200海里までのEEZが新たに設定された．このEEZの設定は，新しい国際海洋秩序の形成をめぐる綱引きの幕開けとなった．実際，1990年代後半以降，アジア諸国の間で漁民の拿捕や釈放が繰り返され，さらに国連大陸棚限界委員会への申請文書提出期限（2009年5月12日）の前後に，海洋問題を巡る関係国の対立が一層白熱化した．

第二に，アメリカのアジアへの復帰政策が問題をさらに複雑化させている．アメリカの対外戦略に占めるアジアの比重が高まったことは，米中両大国間の権力争いがアジアの地域秩序形成に影を落とすようになったことを意味する．

第三に，2007年以降海洋領有権をめぐる対立が高まるようになったのには，中国自身の政策変化も重要な一因をなしている．2006年ごろから，従来の経済発展に加え，「国家主権と安全」が新たに国益として付け加えられるようになった（第1章第2節を参照）．領土問題に対して，中国は「領有権は譲らないが，争議を棚上げにし，共同開発する（主権在我，擱置争議，共同開発）」という原則を掲げているが，国益重視が鮮明に打ち出されてから，海洋政策の主軸は「争議の棚上げ，共同開発」から「領有権の主張と擁護」へと変化した．そして2006年に，中国政府は国連海洋法条約で規定されている国際司法あるいは仲裁を受け入れない声明を発表した．

以上のように，近年エスカレートしている海洋領有権をめぐる紛争は国連海洋法条約と深く関係しており，またアジア太平洋における米中の権力争いとともに，接近阻止・領域拒否（Anti-access/Area-denial: A2/AD）をめぐる米中の軍事的攻防も強く影響しているだけに，海洋主権問題をめぐる紛争は新たな特質を帯びることとなった．中国にとっては領土問題を単純に棚上げすることは難しい状態となっており，主権重視を掲げる対外政策への2006年の方針転換も，海洋問題をにらんだ動きであり，海洋主権における中国の不退転の意思

表示にほかならない．

4. 海洋主権問題をめぐる中国の外交姿勢

冷戦終結直後から，中国は東南アジア諸国連合（ASEAN）との関係構築，さらに中国脅威論の払拭に努めた．その取り組みの1つは南シナ海をめぐる領海紛争に向けられていた（第2章第2節を参照）．

こうした外交姿勢を反映して，中国は日本，韓国，ベトナムとの間でそれぞれ漁業協定を締結した．2002年11月には「南シナ海行動宣言」に，2003年8月には「平和と繁栄のための戦略的パートナーシップに関する共同声明」に調印し，また域外国として初めて「東南アジア友好協力条約（TAC）」への加盟を果たした（11月）．2004年6月には，中国とベトナムの間で中国として初めての海の国境協定が結ばれた．

2004年11月，温家宝首相はASEAN諸国との政治，経済，文化における関係の強化を内容とする9つの提案を行った[11]．提案には「東南アジア非核兵器地帯条約（SEANWFZ）」議定書の早期締結のほか，「南シナ海行動宣言」の実行及び南シナ海協力の早期始動を希望し，「争議を棚上げして共同開発する」という原則に従い係争中の海域では共同開発の方向を積極的に探るという内容も含まれていた．

温家宝首相が，領海やEEZの係争地域での共同開発を提唱した背景には，中国国内のエネルギー事情も大きく関係している．温家宝提案の1年前の2003年11月に，中国はすでにフィリピンのフィリピン国家石油公社（Philippine National Oil Company: PNOC）と石油の共同探査に関する契約を結んでいた．また温家宝提案後の2005年3月に，中国はベトナム，フィリピンの石油会社[12]と「南シナ海の協議地域における地震波の共同探査に関する取り決め」（期間3年）を締結し[13]，同年7月にはベトナム・フィリピンと南シナ海における共同探査に合意した．

黄海でも同様な動きが見られた．2005年12月に，中国は北朝鮮と黄海での共同開発に関する協定を結んだのである[14]．協定内容は公にされていないが，共同開発の対象地域は北黄海盆地である可能性が高いといわれている[15]．

4.2 海洋主権

　共同開発に加え，安全保障分野における協力の模索も続けられている．中国は 2006 年 5 月，フィリピン，ベトナムと南沙諸島周辺海域の安全保障協力を強化することに合意した．2007 年 11 月には，温家宝首相が ASEAN 諸国に対し，軍事交流と協力の強化および制度化を提案し，軍による非伝統的安全保障分野の協力を拡大させることを呼び掛けた[16]．温家宝提案後，中国はマラッカ海峡の安全確保への支援を表明し，海賊対策に関する地域協力に積極的な姿勢を示している[17]．

　しかし，国連大陸棚限界委員会へ各国が申請文書を提出する期限の 2009 年 5 月 12 日が近づくにつれ，中国と関係各国の対立は激化する一方であった．2010 年 7 月の ASEAN 地域フォーラム（ARF）での中国への対応をめぐる紛糾，尖閣諸島海域での中国漁船問題などの一連の出来事の中，戴秉国国務委員が 2010 年 12 月の『人民日報』で中国の平和的発展を強調する署名記事を発表し，「能力を隠して力を蓄える方針を堅持し，積極的に役割を果たす（堅持韜光養晦，積極有所作為）」という政策に修正する[18]など，中国は火消しに奔走した．その直前の 2010 年 10 月に開催された ASEAN・中国首脳会議で，中国は南シナ海行動規範の最終採択に向けて作業を行うことに同意し（第 2 章第 2 節を参照），対立を解消させるための話し合いにも参加している．また，2011 年 11 月に行われた ASEAN・中国首脳会議では，温家宝首相が海上実務協力の拡大を呼びかけ，中国・ASEAN 海上協力基金を設立することを提案し，30 億人民元の借款供与を表明した．2012 年 10 月には，中国は ASEAN に対し，ASEAN との海上協力基金借款供与の履行を再度約束した[19]．これに先立ち同年 3 月には，中国とインドの外相の間で，中印間の海洋協議を持つことを決めた[20]．

　こうしたなか，習近平国家主席は 2013 年 1 月に「中国は核心利益において取引しない」と発言し[21]，内外のメディアに広く取り上げられた．同年 2 月 21 日には，『解放軍報』が平和を守り，危機を抑制し，戦争に勝つために，戦争の準備をきちんとしなければならないと呼びかけた．

　こうした政策の展開から，協調姿勢と強硬姿勢を同時に持ち合わせていることが，現行の中国の海洋政策の大きな特徴の 1 つとみてとれる．2013 年 7 月に，習近平国家主席は国家の海洋権益に関して，「安定の維持と権益の擁護（維穏，

維権)」の2つを同時に重視しなければならないと発言した[22]．海洋権益の擁護という2006年の政策に，新たに安定の維持という政策目標がつけ加えられたことにより，中国の海洋主権政策が修正され，協調と強硬の両側面が政策として鮮明に打ち出されることとなったのである．

ここで1つだけ付言するならば，協調姿勢は外交分野に限ったものではない．国家海洋局は国際協調に対して極めて積極的であり，2006年8月に大連でASEANとの海上の法執行機構の協力について会合を開いた．海上捜索救助の国際協力ではこれまでも韓国，ベトナムなどとの間で合同演習が行われており，カンボジアとも同様な話し合いを進めている[23]．2010年には公安部主催の海賊対策に関する中国とASEANの会議が開催された．中国海軍も2011年6月，北部湾でベトナムの海軍との合同パトロールをスタートさせた[24]．インドネシアとの間では，2012年12月に初めての海上協力委員会の会合が北京で開かれた．

これまでの政策上の経緯から，中国は今後も伝統的・非伝統的安全保障分野における協力の強化を継続していくであろう．他方，国家主権と安全が外交目標として掲げられており，国連海洋法条約の影響を強く受ける今日，海洋権益をめぐる中国と周辺国との摩擦回避は必ずしも容易でなくなってきている．

5. 海洋主権に関する国内法の整備と執行

陸の国境線に対する取り組みと対照的に，建国後長期にわたり領海に対する中国政府の意識は相対的に低かった．中華人民共和国が初めて「領海声明」を発表したのは1958年のことである．中国は距岸12海里の水域を領海とし，東沙（プラタス），西沙（パラセル），中沙（マックレスフィールド），南沙（スプラトリー）諸島などに対する領有権を主張したが，領海基線の基点について触れておらず，この声明に関しては当時対外的に公開もしなかった．

海洋の調査と管理に対する取り組みの始動はさらに遅れた．建国後15年も経過した1964年になって初めて，海洋問題を管轄する国家海洋局が設立された．その後，文化大革命の影響もあり，国家海洋局が本格的に業務を開始し，海流調査や海洋調査船の製造と輸入に着手したのは，1970年代に入ってから

のことである．

　中国で領海画定，海洋立法と管理に対する意識が格段に高まったのは，1990年代以降のことである．1991 年に初めて海洋活動に関する全国会議が開かれ，領海関連の法律制定が本格的に始動した．こうした流れのなか，「海洋権益」という新しい概念が新たに制定された各種法律や法案に盛り込まれ，メディアでも頻繁に言及されるようになった．

　海洋主権を中心とした法律制定に関しては，1992 年 2 月，第 7 期全人代常務委員会で「中華人民共和国領海及び接続水域に関する法律」が採択された．この法律は 1958 年の領海声明を踏まえつつ，西沙諸島の領海基線を含めた領海基線の一部を宣言し，尖閣諸島（中国名：釣魚島）に対する領有権も明記した．この常務委員会では尖閣諸島の領有権を法律に書き入れることに関して激論が交わされたが，人民代表大会の法律工作委員会が強い姿勢を崩さなかったため，最終的に法律に書き入れられたという[25]．そして 1996 年 5 月に領海の基線に関する声明を初めて対外的に発表し，1998 年 6 月には「中華人民共和国排他的経済水域及び大陸棚に関する法律」を公布した．

　このように，1990 年代に入って中国はさまざまな法律を制定し，公布した．これらの国内法は国際法との間に依然として整合性を欠く部分がある[26]ものの，1990 年代の取り組みを通じて領海に関する法律は整ってきているといえる．法律制定に続き，中国は国内法に関連した管理規定の整備に着手した．中でも島嶼に対する管理強化が喫緊の課題であった．面積 500km²を超える 6500 あまりの島嶼が中国に点在しているが，そのうち 94％は無人島である．また中国が主張している 77 の領海の基点のうち，66 は無人島である．中国政府は 1988 年から 1996 年にかけて中国全土で行われた島嶼に関する調査結果に基づき，2001 年から無人島の管理規定の制定作業を開始した．そして 2003 年 6 月，国家海洋局，民政部，人民解放軍総参謀部連名の「無人島の保護と利用の管理規定」（2003 年 7 月 1 日発効）が公布された．この無人島管理規定によれば，個人は 50 年間を限度に無人島を借りることができる．2013 年 9 月現在，中国尖閣活動家の周文博などから尖閣諸島の借入れ申請が合わせて 4 件なされている[27]が，現時点において中国政府がいずれかの申請を許可した形跡はない．

　海洋主権に関する国内法，管理規定が整備されつつある中，島嶼保護に関す

る立法作業も進捗している．全人代で2003年11月に島嶼保護法起草小組が組織され，6年後の2009年12月に「島嶼保護法」が全人代常務委員会で可決された．

他方，国内法や管理規定の執行強化も着々と進行している．1999年1月，中国海監総隊が国家海洋局の組織として設立された．海監総隊はその後，同様の下位組織を中国の各沿海地域の省，県のレベルに設立した．これに伴い，海監総隊が巡航する海域も2000年代を通じて徐々に拡大した．2008年には「全海域巡航制度」が確立され，2009年から西沙，南沙を含め中国が実効支配している全海域で定期巡航が実施された．こうした巡航の目的は，無論「プレゼンスの誇示と実効支配の強化（顕示存在，体現管轄）」[28]にある．

島嶼管理の分野においては，2005年10月に島嶼命名のプロジェクトが全国で始動し[29]，同時に無人島に領海の基点を示す石碑を建てる作業も行われた．それに先立ち2004年2月には，「領海基点建設」と題する国家プロジェクトが国務院，中央軍事委員会で批准され，外交部と軍の総参謀部の指揮のもとで，海軍が具体的な作業に当たることとなった[30]．

このように，1990年代以降，領海関連の法律や管理規定の制定，法律の執行強化が着々と進められた．そして，海洋主権にかかわる立法プロセスを通じて，中国国内において海洋権益に対する意識が高まり，また国家の安全保障問題のなかでも議論されてきている．1997年に公布された中国の「国防法」には「海洋の権利と利益」の擁護が明記された．

整備された国内法に準じて，中国は法執行体制の充実を図り，海洋管理における実効支配を強化している．海洋主権にかかわる海洋法執行機構は国家海洋局である．国家海洋局は2002年を「海洋行政管理年」と定め，同年から海域使用の管理，環境保護，海洋権益擁護の3つの領域を中心に本格的に活動を展開してきた．これまで中国のEEZに入った外国の哨戒艦や偵察機に対して「重大な関心」を示すとともに，「中国の権利と関心を十分に尊重するように」と繰り返し外交ルートを通じて抗議してきたが，2002年の「海洋行政管理年」を契機に，中国は自国のEEZにおける中国海監総隊による巡航を実施するようになった．巡航の目的は，中国の主張するEEZにおける日本や韓国などの海洋調査やアメリカによる軍事探測に対する監視にあった[31]．

6. 海洋主権をめぐる国際的軋轢

海洋主権をめぐる国際的軋轢については，EEZ における軍事活動や軍事情報収集活動の問題，そして領海問題の2種類に分けて考える必要がある．そのほか，漁民による違法な操業も問題となっており，北朝鮮，韓国，ロシア，ベトナムとの間で摩擦は絶えない[32]．本項では，EEZ における軍事活動や軍事情報収集活動の問題，そして領海問題に焦点を当て，海洋主権問題での中国の対応の特質を析出したい．

(1) EEZ における軍事活動や軍事情報収集活動

国連海洋法条約においては，EEZ における他国の軍事活動や軍事情報収集活動についての規定は必ずしも明確ではない[33]．1982年12月に国連海洋法条約が結ばれたが，係争海域について，日本やインドネシアなどの23ヵ国は中間線の主張を提案したのに対し，中国は大陸棚の延長を主張した[34]．また当初，軍用船舶の無害通過に関して許可を得る必要があるのかについて議論があったが，結局条文（国連海洋法条約第19条）では無害通航権については「沿岸国の平和，秩序又は安全を害しない限り，無害とされる」との規定にとどまった．中国は当時，EEZ における外国の軍事活動と軍事設備に対する管轄権を主張していた[35]．また中国は国際海洋法裁判所（ITLOS）の考え方に否定的で，それにかかわる議定書に署名をしていない．

他方，アメリカは国連海洋法条約を批准しておらず，EEZ における軍事活動（情報収集活動）は認められるべきだという立場をとっている．1995年の第1次ミスチーフ礁事件後，アメリカは南シナ海における航行の自由を保障すべきだという態度を表明していた[36]．これに対して中国は，「排他的経済水域及び大陸棚に関する法律」や「海洋科学研究管理規定」といった自国の法律・管理規定において，EEZ における軍事情報収集活動を含めた海洋調査活動に関しては，事前に通告し，許可を得る必要があると定めている．

こうした立場の違いから，中国の EEZ における米軍の活動をめぐって両国の対立が続いている．2001年4月，中国海南島沖でアメリカ軍偵察機と中国

軍戦闘機が空中で接触する事件(EP-3米中軍用機接触事件)が起きた.事件後の『人民日報』で中国は「米国側による中国近海上空での偵察活動は,中国の国家安全保障と国防の利益に著しい損害を与え,海洋法条約で定められた飛行の自由の範疇から大きくはずれており,航空自由の乱用である」と主張し,「中国の国家主権に対する挑戦である」と強く非難した[37].

近年,中国のEEZにおける米軍による情報収集活動が活発化している.他方,中国はこのEP-3米中軍用機接触事件後に領海やEEZに対する管理を強化してきた.こうした背景から,海洋主権をめぐる米中間の緊張は2000年代以降,続いている.

2002年9月,黄海のEEZに入った米海軍調査艦ボーディッチ(USNS Bowditch)が中国の哨戒機によって進路妨害をうけた.2003年5月にも黄海で同様の事件が起きたが,2009年に入り,こうした衝突が多発するようになった.2009年3月及び5月,中国黄海で情報収集活動を行っていた米海軍調査艦ビクトリアス(USNS Victorious)は退去を迫る中国側の妨害行為を受けた.また南シナ海でも,同年3月,中国船5隻が海南島南方約70海里で調査活動中の米海軍調査艦インペカブル(USNS Impeccable)に接近し,海域から出ていくよう進路妨害し,米調査艦が放水で対抗するという事件が発生した.こうした問題が生じるたびに,中国はアメリカの偵察活動は国連海洋法条約違反だと批判し,アメリカは中国の危険行為に強く抗議して,米中間の非難合戦が続いている.

調査船のみならず,両国海軍同士の憂慮すべき事件も起きている.2006年10月,中国の宋級潜水艦が米空母キティホーク(USS Kitty Hawk)の近傍に浮上し,また,2009年6月には中国潜水艦が米海軍駆逐艦ジョンマケイン(USS John S. McCain)の水中音響ソナーに衝突する事件があった.

米中両国は対立を抑制するために,2009年10月,海上安全の促進を含む7つの優先分野で軍事交流と協力を行うことで合意した[38].また同年11月,バラク・オバマ(Barrack H. Obama)大統領が訪中した際にアメリカはこの問題で一定の譲歩を見せ,米中共同声明において米中双方は「国際法に従い,管轄権と利益を尊重する上で軍事的安全保障と海上安全問題を適切に処理する」ことに同意した.この文言は中国の立場に配慮したものと理解できる.

4.2 海洋主権

しかし，アメリカの歩み寄りの姿勢は長くは続かなかった．2010年8月に開かれたARFで米中は南シナ海における航行の自由をめぐり激しく対立し，翌2011年1月に胡錦濤国家主席が訪米した際に出された米中共同声明は2009年11月の共同声明から大きく後退した．2011年の声明には，7つの分野での軍事交流の推進が明記されたものの，「管轄権と利益を尊重する上で軍事的安全保障と海上安全問題を適切に処理する」という2009年の文言は盛り込まれなかったのである．

(2) 領海問題

南シナ海の領有権をめぐる紛争　南シナ海において，中国は9つの点をつなぐU字線（nine-dotted line, U-shape line）の海域を主張し，2009年5月にその主張に沿った地図を国連に提出した．フィリピン，ベトナムなども海洋主権に関連した国内法の整備に力を入れている．国連海洋法条約には内容が不明確なところが多く，実効支配を強化する動きが海洋利害の対立をさらにエスカレートさせる場合も多くみられる．南シナ海の領有権をめぐる動きはまさにその典型的な事例である．

南シナ海の領有権をめぐり，中国，ベトナム，フィリピンなど関係国間の非難合戦が1990年代以降続いたが，2000年代後半になると対立は激しさを増している．2005年には中越両国の係争は北部湾での銃撃戦にまで発展した．2007年12月にはベトナムのハノイとホーチミン市で2週間にわたり，海洋の領有権問題で中国の行動に抗議するためのデモが発生した．

2011年2月，フィリピンはリード・バンク（Reed Bank, 中国名：礼楽灘）の開発に着手したが，これに対し中国政府と台湾当局は強く抗議した[39]．3月には，フィリピンがチャーターしたイギリス社の調査船が中国の巡視船による妨害を受けたという[40]．5月には，スプラトリー（南沙）のエイミー・ダグラス礁（Amy Douglas Reef, 中国名：安塘礁）で中国が建造物の新設を始めたことが発覚した．こうした行為は2002年に中国が署名した南シナ海行動宣言に著しく反するものだと非難されている．そして2011年6月には南シナ海で作業中のベトナム船が中国漁船に資源探査用ケーブルを切断される事件が発生し，中越の非難合戦が過熱した．

こうした対立は結局，これまでの協調的な動向にも影響を与えることとなった．前述した 2005 年に締結された「南シナ海の協議地域における地震波の共同探査に関する取り決め」に基づき，中国とベトナム・フィリピンの共同探査が行われ，油田も発見された．しかし，2008 年にフィリピン国内で共同開発に対する批判が高まったことにより，中国政府から 20 億ドルの援助の申し出があったにもかかわらず，契約は満期に伴い，失効した[41]．フィリピン政府は 3 ヵ国による共同開発を拒んだのち，イギリス社と契約した．

対立が高まるなか，2012 年から中国は領土問題において強硬姿勢を強め，経済制裁の手段を用いて現状を変える行動に出た．2012 年 4 月はじめにフィリピンの海洋監視船がスカボロー礁付近で操業中の中国漁民を逮捕しようとしたことから，中国とフィリピンの監視船が対峙するまでに対立し，膠着状態に陥った．フィリピンにとって 3 番目の貿易相手国である中国が 4 月下旬フィリピン産のバナナの検疫を厳格化し，また 5 月に渡航自粛勧告を行うなど，事実上の経済制裁措置を発動したのである．そしてその後，海洋監視船によるパトロールを常態化し，フィリピンの実効支配の現状を一変させた．これに対して，フィリピン政府は事実上の占拠（de facto occupation）[42]と強く批判している．

2012 年 5 月，中国は新版のパスポートを発行したが，このパスポートの表紙には南シナ海を含めた中国の領土が印刷されており，ベトナムやフィリピンから強い反発を招いた．これに続き，7 月 18 日には中国海洋石油総公司（CNOOC）が南シナ海のベトナムとの係争海域での共同開発に外国企業の入札を募る計画を発表した．前述のように，中国はこれまで係争海域での石油開発を自粛してきたが，この動きは，これまでの政策を大きく転換させたといえよう．

2012 年 6 月 21 日には，ベトナム議会で「ベトナム海洋法」が可決され，西沙，南沙をベトナムの領土とした．中国はこれに反発し，同日，西沙，南沙，中沙諸島およびその海域を管轄する三沙市の設立を発表した．また同年 12 月には海南省が，中国の海域に違法侵入した船舶を拘束することができる規定を公布した[43]．

2013 年 1 月には，フィリピンが ITLOS に仲裁を申し出た．もともと ITLOS の考え方に否定的である中国は，フィリピンの動きに対し，南シナ海

行動宣言に違反するとして強く批判し,仲裁を拒否した.

3月には,中国の最大級のドック型揚陸艦「井崗山」を含む公船4隻がマレーシアと係争中の曾母暗沙に接近した.曾母暗沙はマレーシアから約80km,ブルネイから200km弱しか離れておらず,特にマレーシアから強い反発を招いた.そして5月に,中国の公船3隻が仁愛礁／アユンギン礁 (Second Thomas Shoal, 中国名：仁愛島,フィリピン名：Ayungin Shoal) に接近した.フィリピン政府はこれを中国の挑発的で違法な行為として強く非難した[44].第2次ミスチーフ礁事件後の1999年に,フィリピン政府は軍艦 (BRP Sierra Madre) を意図的に仁愛礁／アユンギン礁で座礁させ,その後軍隊を軍艦に駐在させ続けている.またフィリピン政府は2010年,中国との係争海域であるリード・バンク付近でのアングロ・フィリピノ (Anglo-Filipino) 社によるガス田開発を許可した.2012年に中国公船が出現したことによりガス田開発は中断しているが,2013年の仁愛礁／アユンギン礁への中国公船の接近は,軍艦に駐在している兵士への補給を遮断することができ,フィリピンに駐在軍隊の撤退を迫る狙いがあるといわれている[45].

特に2000年代以降の領海問題をめぐる中国の対応は,ベトナムやフィリピンによる係争海域における油田開発や実効支配の強化に対抗する形で取られたものが多い[46]が,経済制裁の発動,係争海域の石油開発,実効支配の打破という新しい手法が見られ,以前に比べ強硬に転じている.

海洋主権をめぐる日中関係 尖閣をめぐる日中台の係争は1968年にまでさかのぼる[47]が,日米同盟による抑止,実効支配の尊重,紛争拡大防止策の採用などの理由で[48],日中国交正常化以降の長い間,尖閣諸島問題の紛争拡大は日中両国政府によって抑制されていた.しかし,国連海洋法条約の発効により,日中両国はEEZ・大陸棚の重複から海洋主権をめぐる新たな火種を抱えるようになり,2000年代以降,領海,EEZをめぐる日中間の攻防はエスカレートする様相を呈している.中国側の政策の変遷プロセスから見れば,東シナ海や尖閣問題に対する意識が高まるなか,国家海洋局主導のもとで2002年以降,実効支配の強化を図る監視や巡航が強化された.これに対し,日本は強く抗議するとともに,実効支配を強化する海洋政策を展開した.

「海洋行政管理年」にあたる2002年に,2001年末に奄美大島沖に出没し海

上保安庁の巡視船に銃撃を加えた末に沈没した北朝鮮の工作船とされる不審船を日本の海上自衛隊が引き揚げる事案が発生した．引き揚げをめぐって中国政府が示した慎重な姿勢について，当時多くの日本メディアは，米国や在日米軍による問題関与への警戒，北朝鮮への配慮などと分析していたが，沈没現場は中国のEEZで，また前述したEEZに対する実効支配の強化という国内の動きが背景にあったため，事件当初から中国政府や国内世論はこの問題を海洋権益の視点で捉える傾向が強かった．外交部スポークスマン孔泉は引き揚げに同意したことについて日本が中国の管轄権を認めた点を強調したコメントを出し，『中国海洋報』には引き揚げ問題はEP-3米中軍用機接触事件（2001年4月）以来の中国の海洋権益に関わる重大事件と分析した記事が掲載された[49]．実際，2002年4月から100日あまりにわたり中国海監総隊による空中からの監視が，引き揚げ日には海陸双方による監視が行われた．こうした活動は中国の海洋権益擁護の象徴的な行動であるという認識が中国国内で広く浸透していた．

　この時点では，日中両政府には不審船引き揚げによるナショナリスティックな政治対立を回避する姿勢が見られた．当時の日本のメディア報道を見ると，中国の監視船派遣について作業で船内燃料が漏れ出すことで漁業資源に影響を与える恐れがあるからとする分析がほとんどであった．また日本における漁業補償への関心とは対照的に，日本が中国に漁業補償を支払った事実についても，中国のメディアでは報道されていなかった．

　しかしその後，日中両国は東シナ海ガス田問題をめぐり紛糾し，その対立が急速にエスカレートした．2004年7月，日本はノルウェーの調査船をチャーターし，地下構造に関する調査を行った．日本の海底調査に対する中国側の監視も強化された．2004年7月から2005年6月までの12ヵ月の間に，中国海監総隊は146回の飛行，18回の巡航を行ったという[50]．このように，自国のEEZであると主張する日中両国の行動が対立をエスカレートさせている．

　これに先立ち2004年3月7日には，中国の尖閣活動家7人が尖閣諸島に上陸する事件が起こった．沖縄県警はこの7人を出入国管理法違反の容疑で逮捕し，2日後に国外退去させた．東シナ海ガス田問題で紛糾するなか，両国政府はこの問題を穏便に処理する姿勢を見せた．国外退去処分は甘すぎるという批判もあったが，日本政府が尖閣諸島を実効支配していることを世界に示せたの

で，両国関係を徒に悪化させない「必要十分な対応」[51]であるとの判断であった．他方，中国政府も尖閣に対する領有権を主張し，中国人拘束に対して抗議し，外交部副部長張業遂が日本側と約 10 回の交渉を行ったことを国内に強くアピールしたが，7 人が国外退去させられた後は，メディア規制を通じて，問題の拡大を抑制した．

中国尖閣活動家による尖閣上陸事件後，日本は尖閣諸島への実効支配を強め，上陸阻止の警備体制を更に強化し，2005 年 2 月 9 日には尖閣諸島での「魚釣島灯台」の管理を開始した．

海洋をめぐる日中間の緊張関係が続く中，「海洋法の問題に関する協議」の開催，漁業協定の締結，海洋調査活動の相互事前通報の枠組みに関する合意，東シナ海の白樺（中国名：春暁），翌檜（中国名：龍井）ガス田の日中共同開発[52]などからもわかるように，紛争問題のリスク・マネージメントにおいて一定の成果も得られた．

しかし，外交面における協調は海洋主権の領域へは波及しなかった．この時期，中国海軍の軍艦通行問題や，海上自衛隊護衛艦への異常接近事件も相次いで起きていた．2006 年から中国海監が東シナ海での定期巡航を実施し，2008 年 12 月 8 日には，中国が保有している最新鋭の海洋調査船（中国漁政 310）が初めて尖閣諸島の 12 海里内に入り，尖閣諸島を 3 周半周り，島から 0.96 海里まで接近し，「海洋権益を擁護する活動」を行ったという[53]．これに対して，日本は外交ルートを通じて強く抗議し，最新の巡視船や大型ジェット機による巡回警備を強化した．

2010 年 9 月 7 日には，尖閣諸島海域で操業していた中国漁船が海上保安庁の巡視船に体当たりする事件が生じた．その後，中国はレアアースの対日輸出を停止させ，軍事管理区域に侵入した日本企業の社員を拘束するなど，強硬な対日姿勢を見せたことは，広く報道されているところである．

2012 年 8 月 15 日，香港の活動家 7 人が尖閣諸島の魚釣島に上陸した．その後 9 月 11 日に，日本政府は尖閣諸島を国有化した．この日本政府による尖閣諸島の国有化の問題をめぐり，中国国内では大規模な反日デモが発生した．中国政府は 9 月 10 日に尖閣諸島の領海基線を公布し，9 月 13 日には国連に尖閣諸島に関する基点，基線の座標表と海図を提出，9 月 16 日には大陸棚限界委

員会に東シナ海 200 海里とそれ以外の大陸棚案を提出した．そして，9月25日に発表された『魚釣島は中国固有の領土』と題する白書では，尖閣問題は「ポツダム宣言」と結び付けて語られている．その論拠の正否は別として，ここから，尖閣問題を戦後秩序の受諾問題に関連付けることで国際世論の支持を獲得しようとする中国側の意図が浮き彫りとなる．このように，尖閣諸島が日本によって国有化されてから，中国は法律戦，実効支配の事実化，情報・宣伝戦といった一連の措置を採用し，外交攻勢を仕掛けたのである．

尖閣問題は，中国の最高指導部の中でも特に重要視されている．習近平は 2012 年半ば，中国共産党海洋安全指導小組の責任者となり，同年9月に日本政府が尖閣諸島を国有化した直後には，尖閣問題対応弁公室の責任者となった[54]．しかし，習近平は責任者に就任してから，尖閣問題対応弁公室の会議には出席していないという[55]．

尖閣問題をめぐる日中の対立がエスカレートするなか，アメリカでは 2013 年度国防授権法（NDAA）[56] が 2013 年 1 月 2 日に成立した．同法は，尖閣諸島は日本の施政下にあると認めたうえで，日米安全保障条約の第 5 条を尖閣諸島にも適用するとした．

7. 海洋主権の擁護を推し進める地方政府

1993 年には中国初の「全国海洋開発計画」が，そして 1995 年には海洋資源の持続的開発と保護をキーワードとする「中国海洋アジェンダ 21」が制定された．2002 年に開かれた中国共産党第 16 回全国代表大会（第 16 回党大会）で江沢民国家主席が行った報告に「海洋開発」方針が盛り込まれたことは，海洋開発とその管理が重要な政策アジェンダとなったことを意味する．その後「全国海洋発展規画綱要」（2003 年 5 月），「海洋管理をさらに強化する若干の問題に関する通達」（2004 年 9 月）などが国務院によって次々と制定された．更に，2006 年 3 月には海洋意識の強化，海洋権益の擁護，海洋管理の問題が，全国人民代表大会で承認された第 11 次 5 ヵ年計画においても言及され，2007 年 10 月に胡錦濤国家主席が第 17 回党大会で行った報告にも，「海洋産業の発展」の必要性が盛り込まれた．

2002年に海洋の開発と管理が国家の重要な政策となってから，沿海地方政府は積極的に地方産業を国家政策に組み入れてもらおうとする動きに出た．こうした地方政府の中でも，本項では主に，領土問題に直接かかわる海南省の動向をフォローすることとする．海南省は中国最南端の省で，漁業，石油開発，観光などを積極的に推進しているが，省の政策は中国の西沙，南沙政策と密接に絡み合っている．

　海南省は海洋政策が国家プロジェクトに組み込まれる2002年よりも前から，国家としての海洋政策策定の重要性を訴え，積極的に中央政府に働きかけていた．海南省は設立当初から，「海を以て島を振興させる（以海興島）」の「海洋大省」の構想を公にしていた[57]．1988年4月の第7期全人代第1回会議において海南省設立が決定されたのに伴い，西沙，南沙，中沙諸島の管轄権が海南省に付与された．海南省が管轄している海域面積は全国の三分の二にのぼるが，国家による漁業の数量指標において下から4番めに過ぎず，また石油・天然ガスの開発は海南省との契約ではなく，そこから得られるはずの税収も海南省に上納されていないという強い不満を海南省は持っている[58]．そこで，海南省は15にのぼる海洋計画を制定し，「漁業と石油・天然ガスを同時に」というスローガンを打ち出した．

　海南省の構想を実現させるには，海洋政策を国家の基盤政策の1つに盛り込み，中央政府からの財政援助を実現することが必要であった．2000年の全人代会期中に，海南省代表杜碧蘭が元海軍副総司令張序三などとともに，「海洋強国戦略」を提案し[59]，物議をかもした．そして2001年にはマレーシア，ベトナム，フィリピンなどによる石油開発を警戒すべきだとの声を上げ，南シナ海の開発を第11次5ヵ年計画に盛り込むよう主張した[60]．翌年，杜碧蘭は再度南沙諸島での漁業権，南シナ海での石油開発権を強く要望したという[61]．

　国務院の「全国海洋発展規画綱要」が公表されてから，海南省は同省の経済発展策を石油・天然ガスに求め，中央政府に同省を石油・天然ガスの生産基地に認定してもらうよう働きかけた[62]．特に，CNOOCの衛留成社長が2003年10月に海南省党委員会の副書記，2004年に海南省の省長に就任してからは，石油関連企業を誘致し，重工業を中心とした経済振興政策が本格的に展開されるようになった．2006年3月には，海南省政治協商会議の委員が連名で全国

政治協商会議に対して「南シナ海海洋権益の強化と擁護に関する提言」を提出し，南シナ海における石油開発の重要性を強調し，石油と漁業と観光の3本柱で海南経済を振興させる必要性を論じた．2007年3月には，海南省は引き続き西沙諸島の観光事業の実施や南シナ海での油田，天然ガスの探査と開発などを求めた[63]．

しかし，重工業への投資は環境汚染をもたらす一方で期待された経済成長を生み出さず，また中央政府からの財政出動もなかったため，海南省は政策を転じ，2007年4月の省党大会で国際観光島の構想を正式に提起した[64]．

その後，海南省はアクションプランを作成し，「観光立省」戦略を精力的に推し進めた．2008年には海南国際観光島のプロジェクトに関する様々な研究調査が行われ，2008年から2009年にかけて海南省政府や政治協商会議のメンバーが数回にわたり北京への陳情活動を行った．

2008年5月からフィリピンが南沙諸島の観光調査に着手したことを背景に，海南省の努力が功を奏して，2009年3月，賈慶林全国政治協商会議主席が政治協商会議の活動報告で，中央レベルの指導者として初めて「海南国際観光島」という名称を使用した．そして中央から100人余りからなる大型調査団が同年6月に海南省に派遣され，およそ10日間にわたり観光産業に関する調査を行った．

2010年1月には，中国政府は「海南国際観光島の建設と発展に関する国務院の若干の意見」を公布し，積極的かつ穏当に西沙開発を進めるとした．西沙諸島の観光開発に加え，南シナ海における石油・天然ガス，観光，漁業などの資源開発にさらに注力することにも言及している．これに対しベトナムは猛反発したが，中国は2013年4月に西沙諸島への観光ツアーを開始した．

以上の経緯から理解できるように，海南省はその立地条件から「海洋立省」の地域経済振興政策を策定し，石油・天然ガス開発，漁業，観光を政策の3本柱とした．政策の実現には海南省自身の財政だけでは甚だ不十分なため，国からの財政出動を引き出すよう積極的に動いた．同省はまず海洋の重要性を訴え，海洋政策を国策に組み入れてもらうよう働き掛けたのである．2002年以降は，中央政府の海洋重視姿勢を見据え，まず石油など重工業を中心とした政策を展開し，フィリピンやベトナムなどの石油開発の動向について警告を発し，南シ

ナ海における石油・天然ガス開発の許可を求めた．2007 年には観光政策が海南省の振興策の中心に据えられるようになり，2009 年に「海南国際観光島」政策が中央政府の承認を得られ，2010 年から本格始動している．

8. おわりに

　中国政府は 2006 年ごろから主権を国益として捉えるようになり，争議の棚上げ，共同開発を主軸においていたそれまでの海洋政策を変更し，海洋主権の擁護を前面に打ち出した．2007 年以降，海洋領有権をめぐる対立が高まるようになったのは，国連海洋法条約の問題，アメリカのアジア政策の変化に加えて，中国の政策変化も重要な一因をなしている．

　経済成長で自信をつけた中国は強硬な対外姿勢に転じているとも言われているが，海洋主権に関する中国の政策は決して一枚岩ではなく，省庁や地方によって主張やスタンスに温度差があり，それぞれの政策の変遷プロセスも異なっている．各自の権益から外交部，海軍，国家海洋局，沿岸地方政府などは海洋主権の擁護を強く主張しつつも，国際的な協調を拒んではいない．

　海洋問題について，今の中国には「協調，関与，強硬」の 3 つの姿勢が同時に存在している．これら 3 つの姿勢は具体的に次のような分野に現れている．第一に，マラッカ海峡の安全確保，海賊対策問題に見られるように，中国は伝統的・非伝統的安全保障分野における地域協力に依然として積極的な姿勢を示している．第二に，中国は国際海事機関（IMO），アジア海賊対策地域協力協定（ReCAAP）などの国際機構や地域機構に意欲的にかかわっており，国際秩序形成に積極的に関与しようとしている[65]．第三に，中国は海洋主権問題について自国の実効支配を強化している．縦割り体制のもとで，今後もこの 3 つの政策は同時に推し進められると考えられる．

　中国では，「五龍」における情報共有の問題，権力の分散の問題，政策の分断が問題視されていたが，現在，国家海洋局の機能が強化され，中央レベルでは国家海洋局，外交部，公安部，軍などの関連機構が参加する中央海洋権利弁公室が設立されている[66]．特に国際的に注目度の高い日本，フィリピン，ベトナムとの間の領海をめぐる対立については，漁業機構，国家海洋局，軍の間で

連携が強化された．海洋における法執行においては，民間の行動と軍の行動を明確に区別しており，軍は護衛は行うが，海洋紛争への直接介入を回避している．

他方，国内政策形成レベルにおいて，共産党の持つ巨大な権力は政策を実行する各省庁などに権限として分散されているという「分断化された権威主義」の基本的構図が変わったわけではない．海洋主権が重視されていくプロセスの中，中央政府の戦略を具現化した中央の政策には，各省庁や地方のそれまでの主張がそのまま組み入れられており，「地方政策の国家戦略化」，「各省庁の政策の国家戦略化」現象はここでもみられる．

海洋問題をめぐり，中国を含めた関係国はいずれも毅然とした態度で臨んでいる．領有権をめぐる国家間の紛糾は妥協や譲歩が難しく，解決にも相応の時間を要する．日中，米中の領有権をめぐる対立は国連海洋法条約の解釈の違いに起因するところが大きいが，中国と日米との安全保障上の相互不信も色濃く反映されている．こうした観点から日中両国並びに米中両国は早急に紛争回避のための行動指針を作る必要があり，また南シナ海行動宣言の実効性を高めるための行動基準作りも必要不可欠である．

4.3 エネルギー安全保障

1. はじめに

　エネルギー安全保障問題は，中国にとって喫緊の安全保障課題である．「飢えている巨龍」と揶揄されている中国のエネルギー安全保障政策の動向，とりわけ海外におけるエネルギーの獲得は，エネルギー需給のランドスケープを大きく変容させるだけではなく，グッド・ガバナンス（good governance）を促進するための欧米先進国の努力を侵食しているとも懸念されている．

　中国のエネルギー事情を，需給の側面から見た場合，急速に拡大する石油，天然ガスの需要に対処することが一貫した喫緊の課題である．中国は1993年に石油の，1996年に原油の，そして2007年には天然ガスの純輸入国に転じている（図表4-1，4-2を参照）．2009年には，原油の対外依存度が警戒ラインとされる50％を超えた．国家発展改革委員会エネルギー研究所は，2020年の石油の対外依存度は60-70％に達するであろうと予測している[1]．

図表4-1　中国の石油の対外依存度（1985-2012年）

出所：1985-2009年のデータはIEA, *China Energy Statistical Yearbook 2012*, 2010-2012年のデータは中国国土資源部公表の数値による．

図表4-2　中国の天然ガスの対外依存度（1985-2009年）

出所：IEA, *China Energy Statistical Yearbook 2012*

こうしたなか，21世紀に入ると，中国政府は国内と国際の両面からエネルギー安全保障戦略の再構築に着手するようになった．国内政策としては，省エネへの取り組み強化や，石炭，石油，天然ガス，新エネルギーといったエネルギー供給のバランス調整などの体質転換が中心である．他方，対外的には，政策の主軸はエネルギー調達先の多元化と輸送ルートの多元化におかれている．

輸出依存型経済によって成長を持続させている中国にとって，アジアは重要な市場と豊富な資源を提供している．中国と日本は世界における石油の二大輸入大国であり，ロシア，東南アジア，中央アジアの国々は世界の石油や天然ガスの重要な供給源となっている．また中国の輸入石油の90％は海上輸送ルートに依存しており，そのうちの80％はマラッカ海峡を経由している．こうした意味で，アジアは中国のエネルギー安全保障にとっても重要である．

本節では，中国のエネルギー輸送ルートを中心に，中国のエネルギー安全保障政策の形成プロセスを追うとともに，新たに形成されつつある中国のエネルギー安全保障戦略が中国とアジア諸国との関係にもたらした変化，ならびにエネルギー安全保障政策の形成における国有石油企業の役割を明らかにしたい．

2. 国家資本主義をめぐる議論からみる国有石油企業と政策決定

国家資本主義をめぐる議論が近年盛んに行われているが，しかしながら国家資本主義に関する明確かつ共通した定義は必ずしも存在しているわけではない．

関志雄は国家資本主義を「国家が国営・国有企業などを通じて市場に積極的に介入して経済発展を目指す」ものと説明する[2]．そして，イアン・ブレマーは次のように指摘する．「（権威主義体制は）さまざまな種類の国営企業を使って，国にとってきわめて貴重だと判断した資源の利用を管理したり，高水準の雇用を維持・創出したりする．えりぬきの民間企業を活用して，特定の経済セクターを支配する．いわゆる政府系ファンドを用いて余剰資金を投資に回して国家財政を最大限に潤そうとする．これら3つすべての場合において，国家は市場を通して富を創造し，上層部がふさわしいと考える用途にその富を振り向ける」[3]．

主に経済の視点から論じられた上記の定義からわかるように，国家資本主義

は決して中国に特有の現象ではない．政治学的な視点から論じるならば，国家資本主義は，いわば権威主義体制の一形態である「開発独裁」に相当するとみることが妥当であろう．こうした意味において，国家資本主義の中国を考えるうえでの問題は，中国政府が引き続き市場に介入するかではなく，むしろ中国がどのような管理国家であるかにある[4]．

　近年「国進民退」（国有企業が躍進し，民間企業が後退する）の議論が中国国内で展開されているが，この議論はまさに国家資本主義の賛否を問うものである．国家資本主義が公正な市場競争を妨げているとし，国家資本主義の拡大を警戒する声が最近アメリカを中心に強まっている．ブレマーは，国家資本主義の問題点はその動機にあると指摘し，次のように論じている．「国家資本主義は資本主義の一形態」であるが，「国家が経済主体として支配的な役割を果たし，政治面の利益を得るために市場を活用し」，そして従来の多国籍企業と異なり，「国家資本主義のもとで国営企業の経営者が何よりも関心を払うのは，株主ではなく政治指導者の要望に応えること」である[5]．

　ブレマーの議論を中国について敷衍するならば，国家資本主義に対する論争はまさに，改革開放以来問われつづけている「政治・企業関係」の問題であり，古くから汚職の温床とされている，いわゆる「官商」の問題である．本書の問題関心に即して言えば，中国のエネルギー戦略において三大国有石油企業がどのような役割を果たしているのかに対する考察は，国家資本主義の中での国家と企業の関係に帰結するといえる．

　国家統計局によると，2003年から2011年の間に国有企業の純利益は3262.3億元から1.94兆元に急増し，年平均の増加率は25.2%に上る[6]．また，中国政府の直接のコントロール下に置かれている国有企業は農業分野を除いて，GDPの40%を作り出している[7]．さらに，国有企業は金利などの面で様々な優遇を享受しており，海外進出の際に，外交政策を通じた国家による強力なバックアップも受けている．本節のテーマであるエネルギー安全保障（石油）で言えば，中国石油天然ガス集団公司（CNPC），中国石油化工集団公司（Sinopec），中国海洋石油総公司（CNOOC）の三大石油会社はまさにこうした国有企業である．

　中央政府と三大国有石油企業との関係をどうみるべきかについては，議論が

分かれている．欧米の多くの国際政治学者は，国有石油企業の海外進出はアメリカ一極支配に対抗し，政治的影響力を拡大させるための中国政府の戦略的手段であるととらえている[8]．こうした議論に対し，国有石油企業は必ずしも中央政府の戦略の筋書き通りに動いているわけではないとの主張も散見される．姜璐と肖佳霊はスーダンへの石油投資を事例として，石油企業が主導的な役割を果たしており，政府は企業の海外展開を庇護しているにすぎないと指摘する[9]．さらに，朱峰はCNPCなどの国有企業は自分の利益のために国家の利益を犠牲にし，中国の外交政策をむしろハイジャックしていると批判する[10]．またエリカ・ダウンズは，中央政府と国有企業の関係は2000年代半ばに変化が生じているとの見解を示している．ダウンズによれば，海外進出初期において国有企業の間で激しい競争（アフリカにおけるCNPCとSinopecの競争）が繰り広げられ，こうした競争により，海外における国有石油企業の経営活動は中国の国益にマイナスの影響を与えた．こうした意味で，国有石油企業に対する中央政府や外交部の統制力は限定的であった[11]．しかし，2002年ロシアのスラブネフチ（Slavneft）油田での入札の失敗，2005年アメリカのユノカル社買収の失敗などを経て，国内的には中央政府からの独立性を求めている国有石油企業と中央政府との海外における連携が目立つようになったという[12]．

以上のような先行研究を踏まえ，次項で中国におけるエネルギーの管理体制について紹介した上で，第4項で近年形成されているエネルギー安全保障戦略を明らかにする．第5項と第6項では，中国のエネルギー安全保障戦略の形成に影響を与えた東シベリア石油パイプライン問題とエネルギー輸送ルートの形成をケースとして，国有石油企業が中国のエネルギー安全保障政策の形成に与えた影響の分析を試みる．

3. エネルギーの管理体制

国家エネルギー部[13]が1993年に廃止されてから，中国のエネルギー政策は石炭部と電力部の2つの部によって管理されるようになった．国家エネルギー部の廃止後，中国ではエネルギー問題を総括的に管轄する組織の設置が急務であるとの議論が長い間続き，その改善策も取り組まれ続けていた．2001年に

は国家エネルギー委員会を復活させる提案があったが，2003年の国務院機構改革では実現に至らなかった．

　国家のエネルギー戦略を大局的視点から統括できるように，2005年2月に国家エネルギー指導小組が設置され，組長は温家宝首相，副組長は黄菊，曽培炎両副首相が担当した．エネルギー指導小組弁公室は国家発展改革委員会に設置されており，そのトップは副大臣クラスであった（弁公室の主任は国家発展改革委員会の主任馬凱）．この機構改革に伴い，エネルギー問題を管轄する機構は国家エネルギー指導小組とその弁公室のほか，国家発展改革委員会にあるエネルギー局と国家電力監視管理委員会の4つとなった．

　国家エネルギー指導小組は国家の最高指導者が参加するもので，その役割に期待が集まっていたが，しかし実際は2005年6月と2006年4月の2回しか開催されておらず，実質的に機能していなかった．国家エネルギー指導小組にはその後，専門家諮問委員会が設置された．専門家諮問委員会は40名の専門家（任期2年）から構成されていたというが，重要なメンバーとして邱中建，曹湘洪，曽恒一，張徳広らが参加していたことが各紙で報じられている．邱中建はCNPC，Sinopecでの勤務経験を有しており，曹湘洪はCNOOCの取締役，曽恒一はSinopecの総エンジニアであった．また，張徳広は上海協力機構（SCO）の事務総長であった．こうした専門家諮問委員会の構成メンバーからもわかるように，国家エネルギー指導小組の役割は主に調整機能におかれており，エネルギー政策の転換への力学が働く可能性は極めて低かった．

　エネルギー局は局レベルの機構であり，副大臣クラスがトップを務める国有石油企業に対する管理能力の発揮は難しいという．改革開放後の国有企業は，経済部門でありながら行政組織でもあり，「二重身分」を有している．1988年に石油工業部の撤廃と同時にCNPCが設置された．これは行政組織の省庁から企業への転身といわれているが，行政組織上，国有石油企業はそれらの管轄組織よりも高いランクを有している．国有企業のトップは国務院国有資産監督管理委員会のトップよりもランクが高く，中央組織部によって任命されている[14]．

　エネルギー問題の指導体制の構築が再度試みられたのは，2008年3月に公布された「国務院機構改革方案」のときであった．方案に従い，同年8月に，

国家エネルギー委員会と国家エネルギー局が正式に発足し，これに伴い，国家エネルギー指導小組とエネルギー指導小組弁公室が廃止された．新設の国家エネルギー局は副大臣クラスであり，国家発展改革委員会の中に設置されている．この国務院機構改革後のエネルギー問題の管理に関しては，国土資源部，国家電力監視管理委員会，国家発展改革委員会（同委員会に国家エネルギー局が設置されている），商務部，環境保護部などに権限が分散されている．

張国宝[15]を局長とする国家エネルギー局は「ハイレベルの事務協調」機構であり，実体のある機構ではない．その職務はマクロのエネルギー分野の管理機能，国家エネルギー安全とエネルギーの発展戦略においても協調を図ることにあり，その内部組織，権限，役割についてはいまだに明確ではない．その結果，エネルギー政策の調整機能すら果たせていないという[16]．

発足当時の国家エネルギー委員会には，温家宝首相，李克強副首相，外交部，安全部，商務部，財政部，国土資源部などの重要な行政機構や軍のトップが結集していた．国家エネルギー委員会の第1回会議が開かれたのは2010年4月である．会議上，温家宝首相は今後のエネルギー分野における政策の重点として，以下の6つをあげている[17]．

① エネルギー発展戦略の検討を強化する．
② 新エネルギーと再生可能エネルギーの利用を加速させ，2020年までに石油，天然ガス以外のエネルギーの比重をエネルギー消費全体の15%にまで高める．
③ 気候変動問題に積極的に対処し，2020年までにGDP単位当たりのCO_2排出量を40%〜50%削減する．
④ エネルギー関連の科学技術を高める．
⑤ 「海外進出」戦略を引き続き実施し，エネルギー分野における国際協力を深化させる．
⑥ エネルギー関連の法整備を強化する．

国家エネルギー委員会は，石炭，電力，石油・天然ガス，新エネ・再生可能エネルギー，エネルギー経済の5つの専門家諮問委員会を設置した．石油・天然ガス専門家諮問委員会主任の徐錠明は国家エネルギー指導小組弁公室の副主任でもあった．この専門家諮問委員会は以前の国家エネルギー指導小組の専門

家諮問委員会と同様に，行政から独立した機構ではなく，各関係省庁，企業の意見を中央のトップ指導者に届きやすくする機能を有した組織となっていた．石油・天然ガス専門家諮問委員会は9名の委員で構成されているが，CNPC副総裁賈承造，CNOOC取締役曹湘洪，Sinopecの総エンジニア曽恒一が名を連ねている．

2012年9月，中国エネルギー研究会が「エネルギー大部制」の設置を提言した[18]．中国エネルギー研究会は中国科学技術協会に属するシンクタンクの1つに過ぎないが，この報告書は大きな社会的反響を呼び，その後，大エネルギー部の議論が活発となった．しかし，2013年3月に発表された国務院の行政機構改革案では，国家エネルギー部の設置は実現できず，国家エネルギー局と国家電力監視管理委員会を合併した新しい国家エネルギー局の設置が決定されただけに終わった．国家エネルギー局は引き続き国家発展改革委員会の管轄下におかれるが，国家エネルギーの発展戦略を制定，実行し，エネルギー体制改革に関する提案を行い，エネルギーの監督管理に責任を負うと定められた．そして呉新雄[19]元国家電力監視管理委員会主席は，国家発展改革委員会副主任兼国家エネルギー局局長に任命された[20]．

以上のように1990年代以降，エネルギー問題に関わる管理体制でさまざまな取り組みがなされているが，改革はそれまでの管理体制を踏襲している部分が大きく，抜本的なものとはならなかった．2008年に国家発展改革委員会内に設置された国家エネルギー局は副大臣級であり，国有石油企業を管轄する権限は十分ではなかった．そして2013年に再編された国家エネルギー局が国有石油企業に対して今後強い指導力を発揮する可能性も現段階ではそう高くはない．

また縦割り体制のもとで，国有石油企業を所管する組織は国家エネルギー局のほかにも，国家発展改革委員会（石油価格），国土資源部などがある．石油エネルギーに関する管理は依然として整理されている状況とは言い難い．

4. エネルギー安全保障戦略の形成

エネルギー関連の改革は1993年に始動したが，これまで2つの段階でそれ

それ異なる取り組みがなされてきた．1993年から1998年までの第1段階においては，改革の主軸は世界貿易機関（WTO）加盟に備えての組織改革や強靭な石油企業の育成であった[21]．第2段階の改革である現行のエネルギー安全保障戦略の形成は，2000年代に入ってから行われたものであった．

中国のWTO加盟に備え，国際競争力のある産業を育てるために，中国政府は国営企業を再編し育成することに尽力した．1997年の党大会で朱鎔基首相は国有企業に対する今後の方針として，エネルギー，鉄鋼，運輸，電力，通信といった戦略的重点分野の大企業は党と国家が引き続き統制し，重点的に再編，育成を図る（「抓大放小」）と言明した．こうした政策のもとで，国有企業は政府から潤沢な補助金，海外進出への全面的な支援，銀行の貸付での有利な条件の付与などさまざまな優遇政策を獲得し，国際競争力を有する企業育成が展開されるようになった．ここで特筆すべきことは，中国のエネルギー安全保障戦略の形成は国有石油企業が改組され，巨大な産業組織として育成された後に取り組まれたことである．

2001年3月に公表された第10次5ヵ年計画ではじめて「エネルギー安全保障」というコンセプトが用いられるようになり，海外における石油・天然ガス供給基地の設置，石油輸入の多元化といった政策目標が立てられた．2001年の米国同時多発テロ事件（9.11事件）以降，石油産出地域におけるアメリカのプレゼンスが高まったことも，中国がエネルギー安全保障重視政策に転じた一因であるといわれている[22]．

こうした流れのなか，胡錦濤が共産党のトップに就任し胡錦濤体制が成立した2002年以降，中国は積極的にエネルギー問題に取り組むようになった．2003年3月に始まった，アメリカをはじめとする多国籍軍によるイラク進攻は，中国がエネルギー戦略に本格的に着手するきっかけとなった．2002年末ごろから2004年にかけての電力不足や2003年から2008年にかけての原油価格の急騰など，中国が深刻なエネルギー危機に見舞われていたことも，エネルギー戦略の形成を後押しすることとなった．

イラク戦争勃発後，中国原油の海上輸送ルートの安全およびイラクなど中東地域における中国の油田・鉱区権益問題を議論するために，胡錦濤国家主席や温家宝首相が王濤世界石油大会中国国家委員会主任（旧石油省大臣），馬富才

CNPC総裁,周永康党中央政治局委員らを招集し,特別会議を開いた[23]).

「石油安全保障」の概念も,2003年11月末に開催された中央経済工作会議で胡錦濤国家主席によって初めて提起された.会議上,胡錦濤は「中国の石油輸入は中東やアフリカに依存し,輸入原油の五分の四がマラッカ海峡を経由しているが,いくつかの大国がマラッカ海峡の海上輸送の通路に手を出し,コントロールしようとしている」と発言し[24]),アメリカに対する警戒感をあらわにした.

2004年6月に採択された「エネルギー中長期発展計画綱要(2006-2020)(草案)」は,中国のエネルギー政策の方向性を明らかにしているが[25]),エネルギー安全保障を非常に重視し,エネルギー供給の多元化を実現し,石油の戦略的備蓄体制を確立することが提唱された.2006年から,中国は戦略的石油備蓄問題に本格的に取り組み始め,2020年時点において90日間の戦略的備蓄を行うことが目標とされた[26]).

しかしながら,2000年代初頭から構築されている中国のエネルギー戦略は地域の戦略的構図を大きく変えるほどの影響力を有していない.2011年時点では,中国への主な原油供給国は依然としてサウジアラビア,アンゴラ,イランであり,中国のエネルギー供給の多元化はまだスタート地点に立ったばかりにすぎない.そして,2012年10月に公表された白書『中国のエネルギー政策(2012)』では,石油の海上輸送のリスクは高まっており,エネルギー備蓄が依然として少なく,中国を取り巻くエネルギー安全保障情勢は厳しいとの見解が示されている.中東のリスクをさらに軽減させるため,今後は,ロシア,中南米(ベネズエラ,ブラジル,コロンビアなど),アジア太平洋(インドネシア,オーストラリア,マレーシアなど)からの石油輸入の割合を増やそうとしている[27]).

原油採掘権の確保とエネルギー資源の調達先の多元化に加えて中国政府が重視しているのは輸送ルートの多元化であるが,現在,図表4-3のように中国の輸送ルート多元化の構図は徐々に出来上がっている.それは下記の4つのルート(「四面来油」)から成り立っている.

① 東北の中ロ石油パイプライン
② 西北の中国―カザフスタン石油・天然ガスパイプライン,中央アジア天

図表4-3 多元化する石油の輸送ルート

（図：カザフスタン，ロシア，トルクメニスタン，新疆ウイグル自治区，黒竜江省，北京，中国，雲南省，ミャンマー，海上ルート）

　然ガスパイプライン
③　西南の中国—ミャンマー石油・天然ガスパイプライン
④　海による輸送ルート

　東シベリア石油パイプラインをめぐる日中の競合は，まさに中国がエネルギー安全保障政策を策定するさなかに起きた出来事であった．結果として構築されている「四面来油」という中国のエネルギー安全保障の構図は，エネルギー問題をめぐる日中のこうした競合によってある程度影響を受けたものと考えるのが妥当であろう．以下，東シベリア石油パイプラインをめぐる日中競合と中国の4つのエネルギー輸送ルートについて詳述する．

5. 東シベリア石油パイプラインをめぐる日中の攻防

　ロシアの石油生産量は世界第2位，石油埋蔵量は世界第7位である．エネルギー安全保障の視点から，中東への石油依存度を下げ，マラッカ海峡を経由せずに石油が輸送できるシベリアの油田は，日本にとっても中国にとっても，その意味が大きい．

　中国とロシアの間ではロシアのイルクーツク州アンガルスク（Angarsk）から中国の大慶までパイプラインを敷設する東シベリア原油パイプライン計画があった．2005年から2030年の間に，ロシアから中国へ51.3億バレルを供給するという内容であった[28]．1994年にCNPCはロシアの民営石油会社ユコス

（Yukos）と覚書をかわし，大慶までの原油パイプラインの敷設に関する両社によるフィージビリティ・スタディがスタートした[29]．1996年4月には中ロ「戦略的協力パートナーシップ」が結ばれたことで，エネルギー分野を含めた二国間の協力が一気に動き出すようになった．中ロ両国政府はまず「石油・天然ガス協力委員会」を立ち上げ，1999年2月にフィージビリティ・スタディが終了したことを受け，中国の朱鎔基首相とロシアのエヴゲニー・プリマコフ（Evgenii Maksimovich Primakov）首相が「アンガルスク―大慶」石油パイプライン建設の事業化調査に関する協定に調印した[30]．ロシア政府によるフィージビリティ・スタディに先立ち，2001年7月，江沢民国家主席がロシアを訪問した際に，フィージビリティ・スタディの主要原則に関する取り決めが両国間で締結され[31]，2005年からロシアから中国に年間2000万t，2010年から年間3000万tの石油を供給する合意がなされた．「アンガルスク―大慶」石油パイプライン計画は2003年3月にロシア政府によって承認され，同計画は順風満帆のように見えた．

しかし，それに先立ち2003年1月に，小泉純一郎首相がロシアを訪問した際，「日ロ行動計画」[32]が調印された．小泉首相とウラジーミル・プーチン大統領の間で合意した「日ロ行動計画」の重要な柱の1つにはエネルギー協力があり，その核をなしているのは「太平洋パイプライン・プロジェクト」であった．こうした日本の攻勢を契機として，東シベリア原油パイプラインをめぐる日中の激しい対立と競争はパイプラインのルートがおおむね確定された2005年まで繰り広げられたのである．

小泉首相の訪ロ後，日本政府はさらに積極的な外交攻勢をしかけた．まず2003年2月に日本政府はロシア政府宛に手紙を送り，日量100万バレルの原油を受け入れる用意があると表明した[33]．パイプラインの建設を後押しするため，資源エネルギー庁の岡本巌長官も同年3月5日から7日までロシアを訪問した．国際協力銀行を通じた低利融資や油田開発の技術援助なども検討されていた[34]．

2003年5月にロシア政府は「太平洋ルート」を主要ルートとしつつ，日本海側と中国側とに枝分かれする統合ルートを発表した．統合ルートの発表後，日本海側と中国側のどちらのパイプラインを優先的に着工するかが日中競争の

焦点となった.

　2003年6月15日に森喜朗前首相が訪ロしたのち,27日に日本政府は太平洋ルートのパイプライン建設に,国際協力銀行などを通じて低利融資と石油公団などの貿易保険などを組み合わせて総額7500億円から9000億円規模にのぼる財政支援を決定した[35].28日には川口順子外相がナホトカに近いウラジオストックを訪問し,日本の求める「ナホトカ・ルート」をロシアが先行して建設することを条件に,同地域の油田の共同開発を行うと表明した[36].

　ロシア側はコスト高のナホトカ・ルートを実現するには,現在日量100万バレル程度と推定されている東シベリアの産油量を増やす必要があると指摘し,また同ルート実現の条件として油田開発にも協力するよう日本側に求めた[37].

　一方,胡錦濤はロシアを重視する姿勢の表れとして,国家主席に就任してから初めての外遊先としてロシアを選んだ(2003年5月).また,2003年9月,中国国家発展改革委員会主任馬凱がCNPC社長馬富才とともに訪ロし,石油パイプライン敷設が計画どおり遂行されるようロシア側に要請した[38].こうした努力にもかかわらず,2003年後半の情勢は中国にとって不利な方向に動いていた.ロシア国内には中国に対する根強い不信がもともと存在していたが,さらに2003年10月に中国の協力相手であるユコス社の社長が脱税で起訴され,そして同年秋にはロシア天然資源省が行ったバイカル湖周辺の環境影響調査で中国ルートによる湿地帯の環境悪化の懸念が指摘された.

　2004年に入ってから,ロシアはアンガルスク西方のタイシェトからナホトカにいたる新ルートの調査を始動させ[39],ナホトカ・ルート一本化へ事実上動き出した.2004年4月にはシベリアエネルギー発展会議がロシアで開かれ,ガス,石油のパイプラインは今後すべてハバロフスクからナホトカまでにすることが決定された[40].また同年12月には,ロシア連邦政府の決定として,総延長約4200km,輸送能力年間8000万tとする,タイシェトからナホトカ付近のペレボズナヤにいたる石油パイプライン建設の提案が採択された[41](図表4-4を参照).

　ユコス社社長の起訴問題について,中国外交部スポークスマンは「ユコス事件は中ロの協力に影響を与えることはない.ロシアは中ロの契約を履行すると約束した」(2003年11月4日)という簡単なコメントを発表したのにとどま

4.3 エネルギー安全保障　247

図表 4-4　東シベリア石油パイプライン構想

出所:「ESPO（東シベリア・太平洋）原油，サハリン開発が北東アジアの石油・ガス需給に与える影響」，http://www.pecj.or.jp/japanese/report/research/H24guide/h24data/3.1-2.pdf を参考に筆者作成

った[42]．他方，中国は「大慶ルート」が実現されなかった場合はロシアのWTO加盟を妨害するといった報復措置をとるのではないかという憶測[43]も広まるなど，中国政府は硬軟織り交ぜて強力に働きかけを行ったと言われている．

こうしたなか，東シベリア開発をめぐる日中の情勢は2004年後半あたりから徐々に逆転し始めた．2004年10月にプーチン大統領が訪中し，中ロ両国はエネルギー協力を強化することで意見が一致した．中ロ首脳会談を受け，ロシアの国営天然ガス会社ガスプロム（Gazprom）がCNPCと石油・天然ガス分野での戦略的協力関係の構築に合意．ユコスに代わって対中エネルギー協力の主役に躍り出た．そして，2005年2月，ロシアエネルギー庁のセルゲイ・オガネシアン（Sergei Oganesian）長官は「中国向け支線」を優先する考えを明らかにした．

「中国向け支線」を優先させるロシア政府の決定に日本は猛反発し，中川昭一経済産業相が中国向け支線を優先するならば資金協力を行わないとの意向をロシア側に伝えた[44]．日本側は太平洋ルートの建設を優先させることを条件に，建設費用の50%の50億ドルの融資や技術面での協力をロシア側に申し出たが，ロシア側に拒否された[45]．

2006年になると，中ロ両国はエネルギー分野における協力をさらに推し進めた．中ロの間で29項目にわたるエネルギー協力に関する合意がなされ，「ロ

シアの対中天然ガス供給に関する覚書」,「中ロ石油合弁企業の設立に関する基本原則」,「中ロパイプラインをめぐる会議録」などが調印された. 天然ガス分野の協力プロジェクト（アルタイから新疆までのアルタイ・パイプライン）も 2006 年半ばから協議されるようになった.「エネルギークラブ」としての SCO の機能をさらに強化したいというプーチン大統領の意向[46]もあって, エネルギー協力は SCO 協力の重要な項目の 1 つとなり, エネルギーに関するワーキンググループも SCO のなかで立ち上げられた.

　2009 年になると, 中国は「借款と石油のトレード（Loan for Oil）」戦略[47]に転じ, パイプラインをめぐる中ロの協力はようやく大きな進展を見せた. 2 月 17 日, 中ロの石油・天然ガス会社の間で計 7 つのエネルギー協力の合意に達した. 4 月 21 日には, 中ロ両政府による「中ロ石油分野に関する政府間取り決め」が最終的に調印された. 東シベリア原油パイプラインによって, ロシアは 2011 年から 2030 年までの 20 年間, 毎年 1500 万 t の原油を中国に輸出するが, 中国はロシア側 2 社に対してそれぞれ 150 億ドルと 100 億ドルの貸し付けを行うことになっている[48]. 中ロ間のこの協定は, 中国の「借款と石油のトレード」戦略が最初に適用されるケースとなった. そして, 2011 年 1 月に東シベリア石油パイプラインの中国向け支線が完成し[49], 毎年 1500 万 t の原油供給を開始した. そして同年, 南シベリアを経由する天然ガスパイプラインの建設も始まった.

　東シベリア石油パイプラインをめぐる日中の一連の攻防においては, 日本, 中国, ロシア 3 ヵ国の安全保障上の考慮, 経済権益へのこだわりなどさまざまな思惑が渦巻いているが, 最終的にはロシアの決断によって日中の対立は収束を見せた. 日中両国の対立には, 政府の戦略のみならず, 政府と企業の関係, 政府による市場への関与の仕方などの要素も大きくかかわっていることが浮き彫りとなった.

6. 東シベリア石油パイプラインと中国のエネルギー輸送ルート

　中東からアメリカが撤退してから, 中国が直面する最重要な問題は石油・天然ガス輸送の安全問題と指摘されている[50]. 中ロ間や中央アジアからの石油輸

送ルートは中東石油を代替できるものではないが，第三国を経由せず，欧米諸国の影響を受けないことで，中国国内で高く評価されている[51]．

石油輸送ルートについて，中国は中国―ロシア，中国―中央アジア，中国―ミャンマー，海上の4つのルートが完成したと宣言している．21世紀に入ってから中国が輸送ルートの多元化という政策課題に取り組み始めた時に，中国の新疆とパキスタンを結ぶパイプラインの敷設案，バングラデシュからチベットへのパイプラインの敷設案，タイのクラ地峡（Kra Isthmus）拡張案など[52]，複数の案が取りざたされていた．最終的に上述した4つのルートに決まった背後には，東シベリア石油パイプラインをめぐる日中の対立問題が大きく関与していた．

東シベリア石油パイプラインをめぐる日中競合が発生した後の2003年5月に，中国で石油・天然ガス戦略に関する課題研究プロジェクトが正式に始動した．この課題研究プロジェクトのチームは120名の専門家から構成されており，その諮問委員会は23名の専門家によって構成されている．会議には中国の国家指導者もしばしば出席していた[53]が，同チームは今後日中のエネルギー争奪はアフリカなどの地域でも展開されうると警鐘を鳴らした[54]．

エネルギー争奪戦が激化しうるという危機意識のもとで，国家戦略としてのエネルギー政策に関して制定，執行，調整を行う組織が必要との考えから，エネルギー安全保障の政策決定にかかわる機構改革に関する議論も行われた．しかし，結局のところ前述のように，各省庁，企業の利益調整を行う組織はなく，国家としてのエネルギー戦略を欠いたままの状況の中，日中のエネルギー争奪戦を契機に中国のエネルギー輸送ルート多元化の模索が動き出した．1997年9月に李鵬首相がカザフスタンを訪問した際，カザフスタンからパイプライン敷設について提案されたことをうけ，CNPCはカザフスタンとの間でパイプライン契約を結んだ[55]．カザフスタンにはロシアとイランへのパイプラインがあるだけだったため，中国とのパイプラインが完成すれば，ロシアの影響力をある程度軽減することができ，カザフスタン大統領ヌルスルタン・ナザルバエフの言葉を借りれば「中国をカザフスタンの最も近いパートナーにする」[56]ことは対外戦略上有利となる．他方，中国にしてみれば，カザフスタンとのパイプラインは必ずしもベストの選択とは言えなかった．まず，カザフスタンに隣接す

る新疆の石油埋蔵量は 328 億 t，天然ガス埋蔵量は 18 兆㎥で，それぞれ世界の総埋蔵量の 8%，5% に相当する．新疆は 2013 年 9 月現在，全国の石油・天然ガスの 30% を供給している．こうしたことから，カザフスタンから新疆までのパイプラインが完成した場合はカザフスタンからの石油や天然ガスの利用を優先するため，新疆の石油・天然ガスの生産を抑制する必要が生じる．また，カザフスタンのアタス（Atasu）地域から新疆へのパイプラインルートは凍結地帯を通るため，その対策としてカザフスタンで産出した石油にほかの油を混ぜる必要がある．このため，カザフスタンとの契約が結ばれたとはいえ，その後，計画は停滞した．そして，中ロ石油パイプライン（「アンガルスク—大慶」）の構想が順調に進むなか，中国は 1999 年に，中国—カザフスタンパイプライン計画の棚上げを決めた[57]．

しかし，日本の参入により「アンガルスク—大慶」石油パイプラインの先行きが不透明となり，中国はロシア以外の可能性を積極的に再考するようになった．その結果，2004 年 9 月末に，それまで棚上げされていた中国とカザフスタンを結ぶ石油パイプライン（Kazakh-China Oil Pipeline: KCOP）の建設が始まり，2005 年 11 月に竣工した．そして 2006 年 7 月にカザフスタンのアタスから新疆の阿拉山口までの全長 1240km の石油パイプラインが運行を開始し，20 万バレル／日の原油を供給している．さらに，2008 年 7 月には中国とカザフスタンの天然ガスパイプラインの建設がスタートした．

カザフスタンに続く中国と中央アジアを結ぶ 2 本目のパイプラインはトルクメニスタン，ウズベキスタン，カザフスタンと連結し，新疆のコルガスを経て中国国内の東西 2 つのパイプラインに接続している．中国とトルクメニスタンとのエネルギー分野における協力も，カザフスタンと同じパターンをたどった．1994 年 4 月の温家宝首相によるトルクメニスタン訪問後に，トルクメニスタンの大統領サパルムラト・ニヤゾフ（Saparmurat Niyazov）から，ガスパイプライン敷設の提案があった．両国の合意のもと，1996 年に CNPC とエクソン（Exxon），三菱商事によるフィージビリティ・スタディが終了したという[58]．このパイプラインが実際に建設の段階に移ったのは，東シベリア原油パイプラインをめぐる日中の攻防が激しくなってからである．2009 年 12 月に中央アジアガスパイプラインは運行を開始したが，2010 年春に中国とトルクメ

ニスタンが新たに毎年300億㎥から400億㎥へ輸送量を増やす契約を結んだことで，トルクメニスタン，ウズベキスタン，カザフスタンの3ヵ国の天然ガスの供給は中国の年間天然ガス消費の約80%を占めるにいたった[59]．

　中国南方の輸送ルートを確保するために，中国は海に面するパキスタン，バングラデシュ，ミャンマーの港まで道路，鉄道を整備している．こうした中国の動向は「真珠の首飾り」戦略と称され，海外において警戒する向きがある．第1節で見たように，「真珠の首飾り」戦略によれば，カンボジア，ミャンマー，バングラデシュ，パキスタンなどの湾岸施設を確保することで，中国は南シナ海，マラッカ海峡，インド洋などにアクセスするための重要な軍事拠点を維持しようとしている．こうした湾岸施設の整備が将来軍事転用できるかどうかはまだまだ未知数が多いが，中国国内の文脈からいえば，こうした湾岸施設の建設はもともとエネルギー輸送ルートの多元化を実現するために遂行されているものであり，しかもこうした国々と結ぶパイプライン敷設に対しても疑問視，あるいは反対する声が根強い．

　タイのクラ地峡を通じたルートに関しては，タイの運河開発委員会から幾度も中国に働きかけがあった．しかし，運河拡張には10年から15年かかり，しかも工事費が6億ドルと見込まれている．その上，アメリカの影響を受けやすいタイと結ぶエネルギー輸送ルートは政治的リスクが伴うと警戒されている．

　パキスタンのグワダル港から新疆ウルムチまでのパイプラインも検討されていた．パキスタンから中国へ結ぶパイプラインの建設に関して，パキスタン政府は非常に積極的であったが，パイプラインは寒冷地域を通過するため工事が難航すると予想されたことから，中国側が躊躇した．

　インドからも石油パイプラインの提案があった．2006年1月インドのマニ・シャンカル・アイヤル（Mani Shankar Aiyar）石油・天然ガス相が訪中し，インドを中心にパキスタン，バングラデシュ，ミャンマー，イランと連結するパイプライン構想を表明した[60]．他方，2006年2月にはパキスタンより，サウジアラビアの石油をパキスタン—中国のパイプランで運ぶ（パキスタン・グワダル港—中国カシュガル）構想が提起された．2001年に中国がグワダル港建設への援助を決定した[61]ことから，インド，パキスタンのパイプラインが決まらないまま，まずグワダル港の建設が先行された．しかし実際のところ，不

安定なグワダルの地域情勢により，グワダル港からは期待されている経済効果は得られていないという[62]．こうしたなか，グワダル—カシュガル間の鉄道をめぐる議論に進展があった．2013年に再選されたナワズ・シャリフ（Nawaz Sharif）首相は，グワダルとカシュガルを結ぶ道路と鉄道の建設についてパキスタンはすでに許可していることを明かし，中国政府もこの計画は中国・パキスタン経済協力の一環であると認めた[63]．これにより，グワダル—カシュガル間の道路並びに鉄道建設は一気に現実味を帯びてきた．

バングラデシュ—ミャンマー—雲南を結ぶルートも案として浮上した[64]．バングラデシュのチッタゴン港からチベットまでパイプラインを敷設する案もあったが，険しい山岳地帯を通過するため頓挫した．その後，バングラデシュのチッタゴン港からミャンマーに鉄道を敷き，中国とミャンマーとの間でパイプラインを敷設することとなった．

ミャンマーからのパイプラインの計画はもともと1990年代に提案されたものである．2001年の江沢民国家主席のミャンマー訪問の際に，ミャンマー政府は中国がインド洋への出口としてイラワジ川を使用することにも同意していた[65]．しかし，当時石油価格が下落していたこと，パイプラインのコストパフォーマンスの悪さから反対意見が強く，実現に至らなかった．

ミャンマーとのパイプライン計画が再浮上したのは2004年である．2004年8月，雲南大学国際関係学院のエネルギー問題の専門家呉磊などが雲南省発展改革委員会に中国昆明—ミャンマー・シットウェのパイプライン（総工費20億ドル）建設に向けて政策提言を行った．それを受け，東シベリア原油パイプラインをめぐる日中間の摩擦が一段落した2005年7月に，国家発展改革委員会とミャンマー政府がパイプラインに関する覚書に調印し，パイプラインの計画は地方レベルから国家レベルへと格上げされ現実味を帯びてきた．その後，雲南省政府，雲南省人民代表大会[66]，政治協商会議，CNPC，重慶市[67]などの強力な後押しにより，2006年4月にミャンマーとのパイプライン計画が国家発展改革委員会によって承認され，第11次5ヵ年計画に組み込まれるようになった．2008年には，ミャンマー，インド，バングラデシュを結ぶパイプライン・プロジェクトが頓挫したのを受け，石油パイプライン建設に先行して，天然ガスパイプライン・プロジェクトについて中国とミャンマー政府との間で

期間を 30 年間とする天然ガスの販売，輸送契約が結ばれた．さらに 2009 年 3 月には，中国政府とミャンマー政府との間で石油・天然ガスのパイプライン，水力発電の共同開発に関する政府間協定が結ばれた．

中国とミャンマーを結ぶパイプライン[68]は，年間最大 4000 万 t 〜 6000 万 t の原油と 120 億㎥の天然ガスを輸送する能力を持つという．パイプラインは全長 1100km で，うちミャンマー側のパイプラインは 793km となっている．環境保全，パイプライン建設に伴う移住問題など課題も大きい．2012 年 3 月には，100 名あまりのミャンマー人がデモを行い，パイプライン建設に伴う環境問題や人権問題を指摘し，建設反対の声を上げた[69]．このシュエ・ガスムーブメント（Shwe Gas Movement）は VOA，ロイター通信などの西側のメディアを通じて影響力を拡大させており[70]，中国国内からはミャンマー民主化の動きのなかでどのように変貌するかとの懸念の声が出ている．

パイプライン工事はまたミャンマーの反政府組織の影響も強く受けている．こうしたなか，中国はミャンマー政府とカチン州の反政府組織カチン独立機構（KIO）の和平交渉の仲介に乗り出し[71]，ミャンマーの安定維持に積極的に関与するようになった．また中国政府はベンガル湾にアクセスできるチャウピュー（Kyaukpyu）港での商業開発をも進めている．しかしベンガル湾を自分の裏庭としているインドから非難の声も上がっている．

このように，1993 年に中国が石油純輸入国に転じてから，エネルギー輸送ルートの多元化をめぐりさまざまな案が浮上したが，最終的な政策決定がなされないまま多くの計画は頓挫した．こうしたなか，東シベリア原油パイプラインをめぐる日中対立は，2000 年代初頭から行われてきたエネルギー安全保障に関する戦略策定を加速させるうえで一役を担ったといえる．

付言すると，9.11 事件以降，中央アジアにおけるアメリカのプレゼンスが拡大し，特にキルギスのアメリカ軍基地は中国の国境から近い．こうした状況の中，パイプラインの策定に当たっては，中国がアメリカ・ファクターを強く意識し，アメリカの影響力を強く受けない国々との協力を選んだのは自然の流れだったといえるかもしれない．

7. おわりに

　東シベリア石油パイプラインをめぐる日中の対立が契機となり，中国のエネルギー輸送ルートの多元化が推し進められた．1990年代にとり沙汰されていたさまざまな輸送ルート案のうち，安全保障における米中，日中，中印の相互不信を背景に，中国—ロシア，中国—中央アジア，中国—ミャンマー，海上輸送という4つの輸送ルートが現在構築されている．しかしながら，現状では中国はなお海上輸送ルートに大きく依存しており，アメリカの影響力を完全に排除できるわけではない．

　この4つのエネルギー輸送ルートの確立により，ロシア，カザフスタン，トルクメニスタン，ウズベキスタン，ミャンマーとの関係強化が中国にとって戦略的な重要性を有するようになった．中国はロシア，ミャンマーとの関係を強化しつつ，カザフスタン，ウズベキスタンとの首脳レベルの定期会合メカニズムの早期実現を促している．

　エネルギー分野の協力はSCOの経済協力の重要な柱となっているが，経済協力のみならず，中国の軍事協力の在り方も変化している．SCO諸国の間では，中ロを中心に「平和の使者」（平和使命）と称する軍事演習が行われている（第2章第3節を参照）．2005年の軍事演習の第1段階は東シベリア石油パイプラインの重要な通過点であるウラジオストックで実施された[72]．2007年と2008年に行われた中印の合同軍事演習の実施場所は昆明であったが，ここはミャンマーとの石油パイプラインの終点である．つまり，中国の軍事戦略はエネルギー安全保障に大きな比重を置いていると理解できる．他方，合同軍事演習の相手国は必ずしも反米国家ではないことにも留意する必要がある．言い換えれば，エネルギー安全保障を重視する中国の姿勢は反米ブロックに直線的に結びついてはいない．

　ロシア，カザフスタン，トルクメニスタン，ウズベキスタンとの関係強化は，いうまでもなく中央アジアにおける中国のプレゼンス拡大をもたらした．しかし，歴史的にロシアとの結びつきが強い中央アジア諸国にとって，中国との関係強化は直線的に中国を最重視する政策とはなりにくい．またロシアの極東地

域の人口が 600 万人であるのに対し，黒龍江省の人口だけでも 4000 万人に達している[73]．中国化に対する恐怖（yellow peril）もロシア側に根強く存在しており，中国の軍事力増強に対する脅威認識も強まっている．こうした要因は，極東地域における中国の影響力強化，またエネルギー分野における中ロの協力を妨げている．

　シェールガス革命，そして CNPC の蒋潔敏前会長や王永春副社長らの逮捕などにより，中国のエネルギー安全保障政策は今後大きく変容することとなるであろう．しかし，これまでの中国の石油エネルギー戦略形成においては，特に 2000 年代以降，日本との競合が激しくなる中，政府と国有石油企業との連携が顕著である．他方，中国の石油エネルギー輸送ルートの形成プロセスからも，国有石油企業の「企業戦略の国家戦略化」現象が見られる．すなわち，コストなどの問題で国有石油企業が試みていた輸送ルートは頓挫していたが，国家戦略が形成される過程において国有石油企業の提案は国家による財政面・外交面のバックアップをうけ，そのまま現実の中央政策とへ変身していく．国有石油企業が実際の石油エネルギー戦略のレールを敷いていたことは，国家の対外戦略形成における国有石油企業の影響力を如実に物語っている．

4.4　水資源

1. はじめに

　地球規模の気候変動，人口増加，経済開発などにより，今日において水は貴重な戦略的資源となりつつある．人類の歴史上，水をめぐる戦争は多くないが，水をめぐる紛争は決して珍しくない．

　アジアを流れる国際河川の多くはヒマラヤ山脈，チベット高原や天山山脈に源を有している．上流国である中国の水利用と環境保全は，下流国の安全保障，農業，漁業，自然環境などに多大な影響を与えうる．

　水をめぐり中国と周辺国の対立が近年多発するようになり，水資源問題はいまやテロ活動，核の安全とともに非伝統的安全保障上の重要な政策課題として位置づけられている[1]．そこで，本節では水資源に焦点を当て，非伝統的安全保障分野である水資源における中国の国際協調姿勢を検討するとともに，権威主義体制のもとでの多元化する世論と対外政策の関連性について論じたい．

2. 水資源をめぐる中国と周辺諸国の関係

　図表 4-5 に示しているように，アジアを流れる国際河川の多くが中国に源を発している．中国と周辺国との間で近年顕在化している水資源をめぐる対立は，大まかに次の 3 つに分類できる．

　第一は，中国国内の環境汚染による周辺国との対立である．2005 年 11 月 13 日に中国石油天然ガス集団公司（CNPC）の支社である吉林石油化学社がアニリンによる爆発事故を起こし，約 100 t のベンゼンがアムール川の最大の支流である松花江に流出した．事故発生から 9 日後の 11 月 22 日に中国政府はロシアに通報し[2]，翌 23 日に国家環境保護総局が松花江の水汚染を国民に公表した．その後，温家宝首相や李肇星外相がロシア側に謝罪し，水質検査のための

図表 4-5 中国を流れる主要国際河川／国境河川

所在	名称	全長(km)	流域国
東北	アムール川（黒龍江）（国境河川）	5498	中国，ロシア，モンゴル
	鴨緑江（国境河川）	795	中国，北朝鮮
	図們江（国境河川）	525	中国，北朝鮮，ロシア
	ウスリー川（国境河川）	905	中国，ロシア
	綏芬河（国境河川）	449	中国，ロシア
西南	メコン川（瀾滄江）	4909	中国，ミャンマー，ラオス，タイ，カンボジア，ベトナム
	ブラマプトラ川（ヤルツァンポ江）	2840	中国，インド，バングラデシュ
	ソンコイ川（元江）	677	中国，ベトナム
	サルウィン川（怒江）	3240	中国，ミャンマー
	イラワジ川（エーヤワディー川）	2714	中国，ミャンマー
	インダス川	2900	中国，インド，パキスタン
	北侖河（国境河川）	109	中国，ベトナム
西北	エルティシ川	4248	中国，カザフスタン，ロシア
	イリ川	1236	中国，カザフスタン
	ウルング川	821	中国，モンゴル
	コルガス川（国境河川）	137	中国，カザフスタン

機材などをロシアに無償で提供した．松花江の化学物質含有量をめぐるロシア側の疑念は消えていない[3]ものの，中ロ両国の環境当局の間で年2回ほどの頻度で松花江の水質回復に関する会合が開かれている[4]．

　第二は，上流国である中国の水利用による対立である．水資源をめぐる中国と周辺国の対立では，中国とカザフスタン，ロシアの対立，中印対立，メコン川問題が特筆される．

　中国とカザフスタン，ロシアの対立は，上流国である中国の経済開発やダム建設に起因している．水資源の乏しいカザフスタンの二大河川であるイリ川，エルティシ川はともに中国に源を有している．1997年に中国はウルムチ地域の灌漑などの水利用のため，全長300kmの運河を建設しはじめた．2020年に完成すれば，エルティシ川の20％の水量が運河に流れるという[5]．またエルティシ川の主流に3つのカスケードダム，支流に3つのダムが建設され，イリ川でも132のダムが建設されており，64の用水路が作られている．

　中国は2001年と2008年に，それぞれカザフスタン，ロシアと国際河川の利

用と保護に関する協定を結んでいるが，これまで具体的な問題に関する協議を回避し，3ヵ国の交渉には応じず，「いずれのケースも，個別のアプローチが必要」との立場を堅持している[6]．特にカザフスタンは中国による取水量に関する具体的な数値規制の明確化を強く求めているが，2001年に中国・カザフスタンの締結した枠組み条約にはこの点は明記されておらず，その後，両国の間で立ち上げられたワーキンググループによる交渉も難航している[7]．協議がなかなか進まないなか，カザフスタンのヌルスルタン・ナザルバエフ大統領は2008年に中国を強く批判した．2011年2月には中国とカザフスタンの間で国際河川の水質保護に関する協定が，6月には環境保護協力協定が締結されたが，取水量などの具体的な数値規制は依然として未解決のままである．

中国とインドの間では，2002年4月，中国チベット南部からインド北東部，バングラデシュを流れる国際河川であるブラマプトラ川の増水期（6月1日から10月15日まで）に中国が奴各沙，羊村，奴下の3ヵ所の水文情報をインド側に提供する覚書が締結された[8]．また2005年4月には，サトレジ川の増水期の水文情報の提供についても覚書が結ばれた．

しかし，ブラマプトラ川の上流の中国側の部分であるヤルツアンポ江での中国のダム建設や「南水北調（中国南方の水を水不足に悩む中国の北方に運ぶ）」プロジェクトが下流のインドに多大な不利益をもたらすことにインド側は常に懸念を抱いている．2010年11月，中国政府はヤルツアンポ江で蔵木ダムを着工した．中国外交部のスポークスマンは「ヤルツアンポ江の水の利用率は1％に満たない」[9]，「ダム建設は下流国家への影響を考慮している」[10]と強調し，ヤルツアンポ江でのダム建設はインドにほとんど影響を与えないと説明した．その後，中国とインドの間でワーキンググループが設置され，ヤルツアンポ江の問題について協議は継続しているが，インドの批判は鎮まることなく，インド側の懸念を打ち消すには至っていない．

第三は，他国の水利用で中国が影響を受けるタイプの対立である．アクス川はキルギスから中国に流れる国際河川であり，キルギスによる上流の水利用は中国のアクス流域とタリム流域の発展に影響を与えると懸念されている．

以上の3つは近年の水資源をめぐる中国と周辺国の対立の主な類型である．1997年5月に国連総会で採択された「国際河川の非航行的利用に関する条

約」について，中国は「紛争当事国の要求があった場合，強制的な事実調査を行う」という規定に反対し，採決において反対票を投じた[11]．中国は国際河川に関する多国間協議に後ろ向きであり，上流国の権益に固執する中国の姿勢が変容するか否かは中国と周辺国の関係に大きな影響を与えることとなる．

3. 権威主義中国の世論と対外政策

　世論と対外政策の関係について，「オーディエンス・コスト（audience cost）」が高ければ国際交渉での妥協が難しく，また自国のオーディエンス・コストの高さを相手に示すことで妥協の回避もより可能となると一般的にいわれている．オーディエンス・コストの概念は1994年にジェームズ・フィアロンによって初めて提起されたもので，民衆の総意に反し国際交渉で妥協した場合に国家指導者が負うコストを意味する．独裁国家と対照的に，民主主義国家は国内にオーディエンス・コストが存在しているがゆえに，自国の対外政策の意図をよりはっきりと相手に伝えることができる[12]と一般的に見られるようになった．

　近年，フィアロンなどの議論に対し，非民主主義国家（独裁国家や権威主義国家）にもオーディエンス・コストが存在すると論じる研究[13]が多くみられるようになった．中国の場合もナショナリズムの高まりにより，オーディエンス・コストが高くなっており，対外的に妥協的な政策の採択は難しくなっている．ジェシカ・チェン・ウェーズは2005年の反日デモを事例に，中国政府による反日デモの容認は自国の政権の安定を脅かし，自分の首を絞めるような行為であるが，他方，国内のオーディエンス・コストを上げることで，日本側に不退転の決意を伝えることに寄与したと主張する[14]．

　ウェーズが主張するように，権威主義国家が国際交渉を有利に運ぶために，国内のナショナリスティックな世論やデモを利用する側面は否めない．他方，権威主義国家のオーディエンス・コストが政府の意図に関わらず高まってしまうこともあるが，ナショナリズムの勃興を背景としつつも，「新外交」[15]と称される中国の国際協調姿勢も顕在化しつつある．特に1990年代後半から，中国は積極的に国際秩序に参加し国際ルールに従い，徐々にではあるが国際規範を

受け入れるようになってきている.

　日中関係にみられるように,中国政府が意図的にオーディエンス・コストを作り出し,非妥協的な対日姿勢をバックアップするようなケースもあれば,ナショナリズムが高揚する中で協調的な対外政策を採用するケースも多々見られる.本節で論じる怒江・メコン川（瀾滄江）ダム開発のケースは後者のケースに当たる.

　メディアは世論が表出する空間であり,世論を形成するうえで重要な役割を果たす.改革開放後,中国のメディアも市場化,分権化,グローバル化の3つの波にさらされるようになった.市場化はマーケット・メカニズムを取り入れるプロセス,グローバル化は国境を越えたヒト,モノ,カネ,情報の流れを指し,分権化は中央レベルにおける各省庁のマクロコントロールの権限強化に伴った分業体制への移行と,一部中央権力の地方への委譲プロセスを意味する.市場化の流れによってもたらされたメディアの報道の自由に着目してメディアの政治的役割を分析した研究は多数存在するが,政府の報道規制が厳しい中国において「鳥かごの中の自由」[16]しか享受していないメディアの自主性,果たせる政治的役割は常に疑問視されている.また,市場化と併存する分権化とグローバル化の進展によってメディアの役割がどのように変容したかについての研究はまだ十分といえる状況にない.そこで,ここでは水資源をめぐって中国と周辺諸国が対立している怒江・メコン川（瀾滄江）ダム開発をケースに,分権化,グローバル化の流れが中国メディアに与えた影響を検討し,世論と中国の対外政策の関係を明らかにしたい.

4. 国際イシューとしての怒江・瀾滄江ダム開発

　メコン川（中国国内の部分は「瀾滄江」と呼ばれている）は全長約4350kmで,中国,ミャンマー,ラオス,タイ,カンボジア,ベトナムの6ヵ国を流れる国際河川である.瀾滄江では15のカスケード水力発電所の建設が計画されているが,そのうち瀾滄江の中流,下流に位置する功果橋,小湾,漫湾,大朝山,糯扎渡,景洪,橄欖,勐松の8つのダムの先行建設が決まっており,2020年までに総発電容量は2000万kwを突破する見込みである[17].

サルウィン川（中国国内の部分は「怒江」と呼ばれている）は全長約2410kmで，中国，ミャンマーを流れる国際河川である．1990年代後半から怒江の電力開発戦略が浮上したが，西部大開発の号令が出されてから怒江ダム開発のフィージビリティ・スタディが本格的に始動し，2003年に怒江で13基のカスケード（連続水力発電）ダムの建設計画が発表された．

サルウィン川やメコン川のような国際河川の上流における大規模のカスケードダム建設に対しては国内のみならず，下流流域に位置する国家からの反発も強かった．1993年に瀾滄江本流での初めてのダムである漫湾水力発電所の着工前後から，ダム建設に対する批判が海外から寄せられた．怒江ダム開発に対しても，その計画が公表されると海外の非政府組織（NGO）から強い反対があった．他方，中国国内において2つのダム開発に対する批判がメディアで大きく取り扱われるようになったのもほぼ同じ時期で，怒江ダム開発を議論しているなかですでに完成した瀾滄江のダムの経済効果を疑問視する声が上がったのである．

2002年には中国はメコン川委員会（MRC）と水文データの交換に関する条約を結び，2003年に一時舟運整備を留保した[18]．2010年初めには中国西南部と東南アジア4ヵ国が干魃に見舞われ，NGOのみならず，アメリカ，そしてメコン川下流のタイやベトナムのメディアも，中国で建設されているダムが干魃を引き起こした元凶であると指摘するようになった[19]．日増しに高まる国際批判に直面した中国政府はダムと干魃の関連性を否定する一方，国際協調の姿勢も見せ始めた．3月に，中国は景洪，曼安の2つのダムの乾期の水位や降雨量に関するデータをMRC事務局に提供することを約束したのである．データ提供に応じた中国の行動に対してタイ政府やベトナム政府は歓迎するとの肯定的な見解を示したが，一部の環境保護派からは，中国は正確でタイムリーな情報を提供しておらず，情報を小出しにしている（drop by drop）との非難も出た[20]．

瀾滄江，怒江ダム開発をケースに中国の民主化の進行状況を分析した研究はすでにいくつかあり，政治プロセスにおける利益団体やNGOの役割について先駆的な見解が提示されている[21]．図表4-6で示しているとおり，NGOが国家環境保護部（前身：国家環境保護総局）と連携プレーを行い，ダム開発への

図表 4-6　ダム開発をめぐる中国国内の対立

ダム建設賛成派	ダム建設反対派
国家発展改革委員会 国家電力監督管理委員会 雲南省 電力会社　etc.	国家環境保護部 （前身：国家環境保護総局） NGO etc.

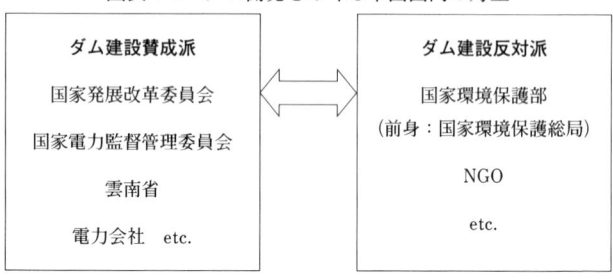

図表 4-7　中国の新聞の4つのカテゴリー

分類	新聞名
共産党の機関紙	『人民日報』
利害関係機構が所管する新聞	『中国経済導報』（国家発展改革委員会） 『中国電力報』（国家電力監督管理委員会） 『雲南日報』（雲南省） 『中国環境報』（国家環境保護部）
直接の利害関係を有さない商業紙	『新京報』etc.
NGOがメディア活動の拠点としている新聞	『中国青年報』etc.

反対活動を展開している．他方，国家発展改革委員会，国家電力監督管理委員会，雲南省などは，ダム建設の利点をアピールして応戦していた．また図表4-7で示しているような中国のメディアも，それぞれの所管する組織の「省益」に基づき報道を行った結果，メディア上では大きな論戦となった．以下ではまず怒江ダム開発をケースに，瀾滄江ダム開発と関連付けながらダム開発をめぐる国内世論の変遷プロセスを検討し，次に2010年の干魃災害に際しての中国の国内世論の動向ならびに中国の国際協調姿勢を明らかにする．

(1) 怒江ダムをめぐる中国の国内世論

2003年に怒江ダム開発計画が公表されるや否や，中国のメディアで住民の移住問題，環境への影響など様々な争点をめぐり，ダム建設の是非を問う大論争が繰り広げられ，世論は二分した．以下，怒江ダム開発をめぐる世論の動向を3つの時期に分け，考察を行う．

①賛否両論期（2003年〜2004年）　怒江での水力発電プロジェクトは西部大

開発が滑り出す以前から，国家発展戦略として計画されていた．雲南省がプロジェクトの主力省となっている．計画時は，国家発展改革委員会や地方政府はもとより，のちのダム開発反対の主力である国家環境保護総局（2008年3月に国家環境保護部に昇格）も賛成していた．

しかし，2003年6月に怒江水力発電プロジェクトが正式に始動するとニュースで報道され，同年8月に国家発展改革委員会が主催する審査会でプロジェクトが許可されると世論は二分し，国家環境保護総局も怒江ダム開発に反対の姿勢を明確にした．政府の容認姿勢を背景に，比較的自由な空気のなかで論争は行われ，各関係省庁はそれぞれの「省益」に基づき，各自が所管する新聞を利用してダム開発に関する政策提言を積極的に発信している．

怒江開発に反対の姿勢を示したのは国家環境保護総局である．前述のように怒江ダム開発の企画段階においては国家環境保護総局は賛成の立場であったが，特に2003年8月の国家発展改革委員会が主催した怒江ダム開発のアセスメントに関する会議において，環境保護総局は初めて反対の立場を明確にし，公にした．『中国環境報』は貴重な自然景観へのダメージ，地震災害を誘発する可能性を指摘し，また瀾滄江で運行に入った漫湾，大朝山の例を引き合いにしてダム開発は現地住民の生活改善につながらないと主張し，国家の政策決定プロセスにおけるNGOや一般民衆の参加を高く評価する記事を掲載した．

他方，賛成派は環境保護とダム開発の両立の可能性や現地住民の貧困脱出の必要性を強調した．国家発展改革委員会傘下の『中国経済導報』では，怒江ダム開発に関する報道は他紙に比べ比較的少ないが，2004年から水力発電と環境保護の両立の可能性を訴え[22]，水力発電のメリットを強調し[23]，生態環境保護は現地住民の貧困を代償にしてはならないと主張している[24]．

国家発展改革委員会と同じ立場に立っているのは，利害関係を有する政府機構が所管する新聞のうち，『中国電力報』と『雲南日報』である．『中国電力報』で報道された怒江ダムに関するすべての記事は，ダム開発を支持するものであった．しかし，その報道記事のトーンには変化もみられる．2003年，怒江ダム開発をめぐって，各メディアが一斉に論戦に参加するなか，『中国電力報』は「西電東送（西部で発電された電力を東部に送電する）」や「雲電外送（雲南が東南アジア諸国連合（ASEAN）諸国の電力市場を開拓する構想）」な

ど，雲南の輝かしい未来を描いていた．2004年2月以降は，『中国電力報』は怒江開発の賛成理由や怒江開発の慎重論者への反論に怒江関連報道のすべての紙面を割いた．

　怒江ダム開発を積極的に推進しようとしている地元の雲南省は，管轄下にある『雲南日報』を利用して自身の政策提言を発信している．雲南省は水力発電を同省の支柱産業に据える方針で，怒江ダム開発より以前に西部大開発のプロジェクトの一環として小湾，景洪[25]など多くの水力発電をすでに始動させ，またミャンマー，ラオス，ベトナムでもダム建設事業を展開していた．2003年8月の怒江ダム開発の環境アセスメントに関する会議で「怒江中・下流水力発電企画書」が正式に承認されたが，その2ヵ月前の6月13日，『雲南日報』は他のメディアに先駆けて怒江ダム開発計画を報道した．怒江ダム開発論議が繰り広げられる中，『中国電力報』と同様，『雲南日報』は議論によってダム計画が変更されることはないとの認識から，同省を水力発電基地に成長させる戦略とその進展状況しか報じなかった．

　ダム開発への反発の声は国内のみならず，海外からも上がった．2003年に怒江ダム開発が公表されてから，国際河川ネットワーク，サルウィン・ウォッチ，東南アジア河川ネットワークなどの国際環境NGOが怒江ダム開発に対して反対運動を起こし，中国国内のダム開発動向に目を光らせた．この時期，こうした海外NGOの動向や，怒江開発がタイやミャンマーの懸念を引き起こしているといった他国の反応も，中国国内メディアは広く報道していた．

　そして中国NGOと海外NGOとの協調行動も見られ，国内で報じられた．2003年11月末から12月にかけてタイで開かれた第2回ダム影響住民会議に，中国のNGOとして緑家園，自然之友，緑島，雲南大衆流域も参加し，同会議の名義で国連宛てに怒江の保護を求める書状を送ったという．2004年3月，韓国で開かれた国連環境計画（UNEP）の特別総会に参加した自然之友，緑家園の代表らはその場で怒江の環境保全を訴えた．

　ダム開発の議論はその後エスカレートし，またダム開発問題も徐々に国際イシューへと変質するようになった．2003年7月，「雲南三江併流の保護地域群」がユネスコの世界遺産（自然遺産）に登録された．しかし，怒江ダム開発の計画の影響で，世界遺産登録の3ヵ月後の10月から毎年ユネスコは三江併

流に対して「強い懸念」を示し，中国政府に対して質問状も送付した．

こうしたなか，温家宝首相は 2004 年 2 月，怒江ダム開発について「慎重に研究し，科学的に政策決定を行う」と述べた．1 月に怒江ダム開発の環境アセスメントが認可されてからの発言であるため，この温家宝指示は怒江ダム開発へのストップの号令と一般的に解釈され，開発をめぐる議論が一層白熱化した．

②開発と環境保全の両立へ（2004 年～2006 年）　2004 年 10 月に「水力発電と持続可能な発展フォーラム」が開催され，同フォーラムで国家発展改革委員会が「開発のなかでの保護，保護のなかでの開発」というスローガンを提起した．これを契機に，中国の世論において顕著な変化が見られ，開発賛成を唱える各政府機関も環境保全の必要性を認めるようになった．

開発推進派の急先鋒である雲南省はそれまで開発反対論を完全に無視していたが，2004 年後半になると，所管するメディアにおいて「開発のなかでの保護，保護のなかでの開発」というスローガンをキーワードに報道するようになった．しかしながら，これはもちろん雲南省の経済発展戦略の転換を意味するものではない．雲南省は『雲南日報』を利用して同省の極貧状態を訴え，理性的かつ客観的に水力発電を捉えるべきであり，水力発電は生態環境保護を促進できると主張し続けていた．また『中国電力報』は環境保護の重要性に触れつつ，水力発電の必要性と重要性を訴えるようになった．他方，2004 年以降の『中国環境報』は乱発する水力発電所の建設を「エンクロージャー」（囲い込み）と揶揄し，開発がもたらす新しい環境問題を厳しく糾弾した．また世界遺産に登録された三江併流をめぐるユネスコと中国政府の応酬や，NGO の意見や活動を紹介する記事を掲載し，怒江ダム開発への明確な反対表明を避けつつも，開発に異を唱えた．2006 年 6 月，『中国環境保護白書（1995-2005）』の発表の場で，国家環境保護総局副局長は「怒江ダム開発の環境アセスメントはまだ進行中で，国際社会の反響も考慮して，原案を大幅に調整する可能性が大きい」と述べ[26]，ダム開発にブレーキをかけようとした．

議論を通じて中国の国内において環境保全への意識が徐々に芽生えつつあるなか，怒江ダム問題は一段と国際化した．2005 年 12 月 26 日，『ニューヨーク・タイムズ』が怒江ダムの問題を報道した[27]．『ニューヨーク・タイムズ』の記事の全文が中国の活字メディアで紹介されることはなかったが，その後，

怒江開発賛成派である方舟子が人民網に『ニューヨーク・タイムズ』の記事に対する反論を掲載し，『ニューヨーク・タイムズ』の報道が中国でも知れ渡るようになった．

怒江ダム開発賛成論がやや劣勢になりつつある中，2005年7月に温家宝首相が「早く論証研究し，早めに結論を出すように」という発言を行い，雰囲気を一変させた．雲南視察の際に地方政府の陳情を受けてのこの温家宝発言は，前回と異なり，怒江ダム開発へのゴーサインとして広く受け止められた．これにより，怒江ダム開発は早晩始動するだろうとの悲観的な見方がNGOも含め，ダム反対派の間にも広がった．

③報道規制期（2006年〜）　2006年後半以降，特に2007年に入ると，政府所管新聞各紙はいずれも怒江ダム開発に関する報道を控えた．ところが，2008年に入ってから怒江ダム開発に関する報道は徐々に復活した（図表4-8）．こうした報道傾向から，2006年後半から2007年にかけて怒江ダムに関する報道規制が敷かれたことが浮き彫りとなる．

報道規制が敷かれる中，国内において政策再検討のプロセスが静かに始まった．2006年5月に怒江問題を解決する課題研究グループが設置され，国家発展改革委員会，国務院西部大開発弁公室，国家環境保護総局など8つの機構および雲南省と怒江州政府が参加した．同グループが怒江問題解決案として挙げ

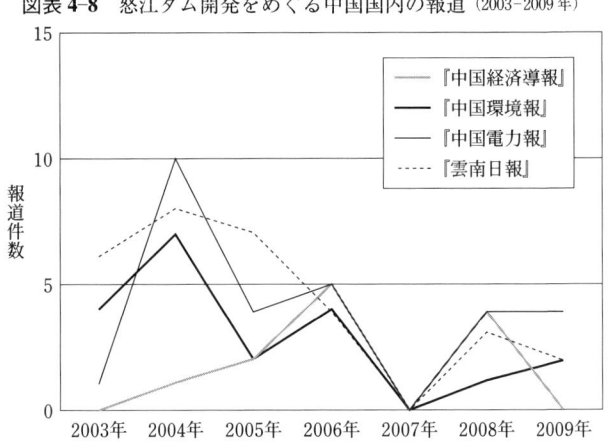

図表4-8　怒江ダム開発をめぐる中国国内の報道（2003-2009年）

たのは,「水力発電を基礎とした怒江州での生態補償メカニズム導入」であった．ここで打ち出された方針は，2004 年に提起された政策を継承する形で，環境保全と水力発電を両立させる内容であった．

　こうした政策を反映し，怒江ダム開発擁護派も怒江ダムの議論を慎重に扱うようになった．2006 年後半から怒江ダム開発という敏感な言葉が「怒江問題」に変わり，雲南省，電力の所管官庁，電力会社も水力発電プロジェクトが環境を保護する効果をもたらすとの論調を繰り返した．他方，国家環境保護総局も 2006 年 6 月以降は怒江ダム開発に関する論評を控え，2009 年以降は当初のスタンスから大きく後退し，「ダム建設に異を唱えることは中国の水力発電を否定するものではない」といった発言も散見されるようになった．

　他方，国内の報道規制に伴い，それまで報道されていた国外の動向に関する記事——国内 NGO と海外の NGO との協調行動，怒江ダム開発をめぐる国外の反応など——も国内メディアで姿を消した．2007 年 11 月 27 日には『ニューヨーク・タイムズ』に再び怒江ダムに関する記事が掲載されたが，中国でこれを活字にする報道機関はなかった．かくして，この時期，中国国内の公的メディアで接することのできる怒江問題関連の国際ニュースは，後述の世界自然保護基金（WWF）の報告書に関する報道，中国人 NGO 活動家が国際環境賞を受賞した際の関連報道など，間接的な報道だけとなった．

　無論，インターネット時代において，各 NGO はブログ，ホームページを利用して海外の動向や政府の政策と異なる意見などを発信することも可能である．しかし，中国の環境 NGO 活動は概して「合法的な抵抗」[28]，「政府との衝突を回避する集団行動」[29]といった特徴を有しているがゆえに，政府の言論規制が敷かれたころから，環境 NGO のホームページや個人ブログでも，怒江ダム開発に異を唱える海外 NGO 活動に関する記事は消失した．

(2) 瀾滄江ダムをめぐる中国の国際協調姿勢

　1993 年に漫湾ダムが，2002 年に大朝山ダムが，2008 年に景洪ダムが，2009 年には小湾ダムが運行に入り，瀾滄江で先行して建設することが予定されていた 8 つの水力発電所のうち 4 つが完成した．

　漫湾ダムが運行を始めた 1993 年から，海外の NGO は同年のメコン川流域

の干魃と瀾滄江ダム開発との関連性を指摘し，ダム開発に反対の姿勢を示した．現在に至るまで，瀾滄江ダム開発は海外 NGO を中心としたダム反対運動の対象となっている．

瀾滄江ダム開発に対する中国国内の反対論がメディアによって大きく取り扱われるようになったのは，海外の批判よりかなり遅れて，怒江ダム開発の議論が浮上した後のことである．これは，現在中国で一定の影響力を有している環境 NGO の多くが 1990 年代後半以降に設立されたという事情によるところが大きい．

ここでは，まず 1990 年代初頭から 2000 年代後半までの瀾滄江ダム開発をめぐる中国国内の議論や動きを考察し，次に国際批判が高まる 2000 年代末ごろからの中国の国内世論の動向を解明し，最後に 2010 年 4 月初めに開かれたメコン川サミットをめぐる動向を検討する．

①瀾滄江ダム開発をめぐる議論（1990 年代初頭～2000 年代後半）　漫湾ダムが運行を開始した 1993 年以降，メコン川下流国家が自然災害に見舞われると，海外 NGO は中国のダムがそうした災害をもたらしたと主張し，中国の自国利益中心の政策や非協力的な姿勢を非難した．前述のように，2003 年ごろまで中国国内では瀾滄江ダム開発問題はメディアのホットイシューとはならなかったが，メディアの過熱報道がなかったとはいえ，中国国内で瀾滄江ダム開発をめぐる海外の動向について全く認識されていなかったわけではない．

1990 年代から，瀾滄江におけるダム開発が中国と ASEAN との経済協力のネックであると指摘する声は浮上していた．東南アジア研究者の馬燕氷は「ダム建設が環境，水質，漁業に与える影響は今後ますます注目されるようになる」と指摘した[30]．しかし馬燕氷の現状認識は極めて甘く，彼はダムの影響を懸念しているのはラオス，カンボジアなどの一部で，タイやベトナムは中国に対して理解があるものと考えていた．

大メコン川流域（GMS）開発に強い関心を持ちメコン川流域諸国の動向を注意深く見守っていた雲南省も，早い時期から NGO の主張や反対運動について認識していた．1997 年，雲南省のシンクタンクの役割を果たしている雲南省社会科学院東南アジア研究所の陳建明が論文を発表し，1996 年に開かれた MRC 会議を詳しく紹介したが，陳建明は MRC 関係国の水資源への関心の高

さ，開発による生態環境への影響に対する危惧を指摘し，また持続的発展を提唱する NGO の主張も紹介した[31]．

　2003 年ごろになると，瀾滄江ダム開発問題は中国の国内問題として急浮上した．前述のように，2003 年から展開された怒江ダム開発をめぐる議論のなかで，瀾滄江ダム開発の経済効果を疑問視する声が上がったのである．漫湾発電所が着工した当初，「漫湾発電所が発電する日こそ，大衆が豊かになる時」というスローガンがうたわれていたが，その後，現地の人々は発電による恩恵を全く受けられず，却って貧しくなった人々がいるという実情がメディアによって明るみになった．

　住民移転問題や環境問題などの視点から瀾滄江ダム開発に反対を唱える声が高まるなか，2004 年後半から政府は「開発と環境保全の両立」のスローガンを提起した．こうした政府の環境保護重視の姿勢を背景に，環境政策の遂行のための調査が様々な政府機関で実施され，ダム開発の問題点は一層明確となり，それに関する認識も広まった．

　ダム開発推進派の雲南省でも，いくつもの研究調査が並行して進行していた．そして，ダム開発によるマイナスの影響を指摘する調査結果も出された．雲南省環境観測機構の観測結果によると，漫湾ダム，景洪ダムは水質に影響がないものの，乾期においては中国国内から流れ出す水量が減少し，特にラオスのビエンチャンまでの影響が著しい[32]．雲南師範大学観光・地理科学学院のレポートや，雲南省政府研究室と雲南財貿学院の研究成果でも，ダム開発のマイナス面が指摘された[33]．実際に調査に参加した著名なダム開発擁護派の何大明も論文を発表し，ダム開発の必要性を訴えつつも，越境する生態環境の問題をも重視する必要があると注意を喚起した[34]．

　中央レベルでも環境調査が実施され，2008 年初めに国務院研究室調査研究グループが長江，黄河，瀾滄江の水源地域調査を開始した．視察調査後の調査報告では，長江，黄河，瀾滄江の水源地域の生態環境保護は国家戦略として考慮するべきだとの提言がなされた．その理由について同報告書は，「長江，黄河，瀾滄江の水源地域での気候変動は中国，東南アジアひいては世界の大気循環にも影響を与えているため，同地域における生態環境保護は中国の国際的地位ならびに発言力とも密接にかかわっている」と述べている[35]．

以上のように，1990年代初頭から中国政府は瀾滄江ダム開発に対するNGOの主張や反対運動，また水資源に対するMRC関係諸国の関心の高まりについて認識していた．またダム開発をめぐり国内で大論争が巻き起こって以降，環境調査などを通じて，環境保全の重要性に対する認識も高まり，ダム開発の再考を促す流れが複合的に中国国内から沸き起こっていた．そして何よりも重要なのは，環境問題は経済発展の視点のみならず，国際的地位の向上，国際社会における発言力の増大といった国家利益と結びつけて捉えられるようになったことである．

　②国際イシュー化した瀾滄江ダム開発（2000年代末〜）　これまで瀾滄江ダム開発に対する反対の声は主にNGO，あるいは一部のMRC関係諸国から出されたものであったが，しかし近年，ダム開発の問題点を指摘する声は様々なところから上がり，中国にとって無視できない存在となった．

　2009年5月，UNEPがレポートを出し，メコン川でのダム建設に慎重に対応すべきであると警鐘を鳴らした[36]．2010年2月には「米中経済・安全保障再考委員会」が公聴会[37]を開いたが，公聴会では中国のダム問題も言及された．また同年ワシントンの研究機関であるスティムソン・センターの報告書は，「中国がメコン川の上流で建設を進めている一連の巨大ダムが原因で，下流流域諸国の経済や環境が蝕まれ，国家間の紛争を作り出すかもしれない」と警告した[38]．

　WWFも2010年7月，メコン川の巨大魚の現状についてレポートを発表した．メコン川における急激なダム開発により，巨大魚が絶滅の危機に瀕していると注意を喚起している[39]．

　WWFの報告について中国政府は反論することなく，レポートの内容も国内で広く報道された．しかし瀾滄江のダム開発に対する直接の批判に対しては，中国政府，ダム建設擁護派は厳しく反論した．たとえば，UNEPのレポートに対して，中国外交部スポークスマンが記者会見で反論する一方，2009年6月9日付の『中国能源報』も「瀾滄江ダム開発はむしろメコン川の水資源の危機を緩和している」と題する反論記事を掲載した．また，水力発電学会の副秘書長としてダム開発の強力な推進派であり，ネットオピニオンリーダーでもある張博庭も同じような論調を自らのブログで展開した．

そもそも中国のメディアは海外からの批判に対して一致して反論する傾向がある．2004年というダム開発に関しての報道が比較的自由であった時期においても，ダム反対派の牙城である『中国環境報』は，中国のダム開発は環境に悪影響を与えるという海外の非難に対し，MRCでの中国政府の見解を引用し，中国のダム開発が下流流域にむしろメリットをもたらしたという内容の反論記事を掲載していた[40]．

そしてダム開発をめぐる報道規制が敷かれるなか，国内メディアではそのままでは表出できないダム賛成論調も，海外発の中国非難に反論する形でたびたびメディアに登場した．前述したUNEPのレポートや，スティムソン・センターの報告書，米中経済・安全保障再考委員会の議論などが出るたびに，中国国内メディアでは，政府の公式見解や学者の意見など，様々な形式で反論記事が掲載された．その結果，メディアによって表出される世論はナショナリスティックな色彩が強く，ダム開発を擁護する論調が一段と強くなり，国民のナショナリズムを刺激する報道一色に染まっていった．

ほとんどすべての反論は，「瀾滄江からメコンに流れる水量は送水量の13.5％に過ぎず，ダム建設は干魃と無関係で，むしろダムによって干魃時に水量を調節できるというメリットをもたらしている」[41]という政府の公式見解に基づいている．

さらに，多くの中国の学者は2009年からスタートしたアメリカとメコン下流4ヵ国（中国，ミャンマーを除く）との大臣級会談や日本・メコン地域諸国（中国を除く5ヵ国）首脳会議に注目し，アメリカと日本は政治的・経済的な打算からメコンの水資源を虎視眈々と狙っており，そして水問題は外堀から中国を牽制するためのカードにすぎないと論じた[42]．メコン川へのアメリカ，日本の参入に対するこのようなパワー・ポリティクスの視点に基づくならば，中国は結局難しい立場に立たされるという．中国の専門家は「中国がMRCの正式メンバーになると，瀾滄江ダム開発がメコン川開発のプロジェクトに組み込まれ，ダムに関するデータも提供せざるを得なくなる．他方，中国がMRCの正式メンバーになれば，大国としてメコン川全体の発展計画や管理に関与することができる」と指摘する[43]．

以上のように，瀾滄江ダム開発が国際イシュー化し，海外の批判に対する反

論が報道の中心となったことから，表出された世論は対外強硬論が強く，ナショナリズムをあおるような論調がほとんどであった．そしてダム開発をめぐり，経済利益に加え，大国志向のメンタリティ，アメリカや日本との競争意識など様々な国家利益の観点が入り混じるようになった．言い換えれば，ダム開発は単なる経済発展の問題ではなくなり，中国の国家利益が問われるようになってきたといえる．

しかしながら，メディアの市場化が進んでいる今日の中国において，NGOの発言空間が全くなくなることはない．新華社通信，人民網など政府，中国共産党が所管するメディアや，関係官庁，地方政府が所管するメディアがこぞって海外の批判に反論するキャンペーンを繰り広げるなか，2010年3月23日に環境NGO活動家である汪永晨が『新京報』に署名記事を発表し，「中国の西南部で見舞われている干魃には人災の要素も含まれており，瀾滄江ダムと干魃とは関連性がないと言えるのか」と問題提起した．また瀾滄江からメコンに流れる水量は送水量の13.5%に過ぎないという中国政府の公式見解に対し，同じくNGO活動家である于曉剛は，ダムの場合乾期でも発電のために水をためる必要があり，下流流域に放水するわけにはいかないと指摘し，ダムが下流に利益をもたらすとする議論に対して疑念を提起した[44]．

③メコン川サミット　2010年4月4日から5日にかけてタイのホアヒンで第1回メコン川流域諸国首脳会議（メコン川サミット）が開催された．GMSの15年間の発展と成果を祝うはずであったこの会合では，メコン地域が50年来の大干魃に見舞われるなか，メコン川の水資源管理が主要な議題となった．

会議に先立って，中国政府は3月に景洪，曼安の2つのダムの水量や降水量のデータをMRCに提供することを約束した[45]．中国は2002年から景洪，曼安の雨季における水量データをMRCに提供し，2005年からMRCと洪水問題などで協議するようになったが，今回の雨季のデータ提供はこれまでよりも一歩前進したことになる．2010年6月になると，中国はMRCメンバーによる景洪，小湾両水力発電所の視察を受け入れた．

中国は国際協調姿勢を示しつつ，様々な場を利用してダム開発の正当性を主張した．2010年3月9日，中国外交部部長補佐胡正躍はバンコクで，メコン川の水位が低下したことと中国のダム建設の問題とは関係がないと釈明した．

3月11日にはバンコクの中国大使館が記者会見を開き，陳徳海参事官が中国も干魃の被害者であると強調し，3月12日の中国新華社や新華社傘下にある英字紙 *China Daily* で陳氏の発言が配信された．メコン川サミットを目前にした3月26日と30日には，外交部スポークスマンが水力発電所の運行による水の消耗や蒸発量は少なく，また瀾滄江がメコン川へ流れる水量は全水量の13.5％に過ぎない点を挙げ，中国は責任ある上流国であると主張した．メコン川サミットに参加した宋涛外交部副部長も中国の公式見解に基づいて釈明した．

中国は問題を認識しながら，協力の姿勢を示したが，「開発のなかでの保護，保護のなかでの開発」という既定路線を変更したわけではない．メコン川サミットで宋涛は「平等に協議し，協力を強化し，ともに助け合い，ともに勝ち，ともに発展する」というスローガンのもとで今後の協力分野を5つあげたが，そのうちの1つは「水力発電の開発協力を積極的に展開する」という内容であった．

確かに中国は景洪，曼安のデータ提供に応じたが，竣工した4つのダムのうち最大規模の貯水能力を有する小湾ダムのデータ提供に応じたわけではない．こうした中国の対応や釈明に，メコン川下流流域の国家は必ずしも納得したわけではない．ベトナムのMRC代表レェ・ドゥク・チュン（Le Duc Trung）は「水力発電は間違いなく影響をもたらす．問題はどのように，どれだけ影響を及ぼしているかなのだ」と不快感をあらわにした[46]．

5. おわりに

本節で論じてきたように，怒江・瀾滄江ダム開発問題は3つの段階を経てきている．

第1段階の2000年代半ばまでの間は，各省庁，地方，企業はそれぞれの権益を主張し，国家環境保護部やNGOといったダム開発反対派と国家発展改革委員会，雲南省，電力会社などのダム開発賛成派との間で激論が交わされていた．

怒江・瀾滄江ダム開発が国際イシュー化した第2段階になると，中国政府は国内メディアに対して情報統制を実施した．国際的批判が高まるのに伴い，国

内においてダム開発に反対する論調が根強く存在していたにもかかわらず，海外の批判に反論する形でダム反対論者である国家環境保護部でさえもダム開発の正当化を訴えるに至り，その結果ダム開発擁護論のみが表層に噴出し，ナショナリズムが高揚する様相を呈した．

表層で見られるナショナリズム高揚の背後に，国際的協調に向かわせる動きがいくつもあったことも見逃せない．まず，怒江・瀾滄江ダム開発問題が国際世論にさらされることによりダム開発反対論が表面には浮上しにくい状況にあったが，国際批判に同調するダム反対派は以前から活発に活動していた．また，ダム問題が国際イシュー化したことで，従来の「環境 vs. 開発」といった視点だけでなく，中国の国際的地位の向上など中国の国家利益と結びつけて捉えられるようになり，これがまた中国を国際協調に向かわせる1つの原動力となった．そして国内における論争を契機に，環境調査などを通じてダム開発の問題点が明確となり，ダム開発の再考を促す流れが深層部で複合的に沸き起こっていたことにも留意する必要があろう．

こうした深層の動向に動かされ，第3段階において，中国政府は国際協調姿勢を見せ，2010年4月に景洪，曼安のデータ提供に応じたのである．

水資源をめぐり中国と周辺国の対立が近年多発するようになったが，怒江・瀾滄江ダム開発のケースは国内のナショナリズムが高揚していながら，対外的に国際協調政策を採用する中国の行動パターンの1つを示している．しかし二分化した国内世論のなか，政府の大幅な政策転換は難しく，海外NGOの批判通り，小幅の政策調整とならざるを得ない．

中国では1990年代後半からナショナリズムの勃興が見られるが，しかし，ナショナリズムの高まりが非妥協的な中国の対外政策に直結するかどうかは見極める必要がある．反日デモのように中国政府が意図的に国内のオーディエンス・コストを上げ，相手国に不退転の決意を伝えるケースと，ダム開発のケースのようにナショナリズムが高まっていても，実際のオーディエンス・コストは必ずしも高いわけではないため，中国政府が国際協調路線を採択してもあるいは対外的に強硬路線を採択しても，国内から一定の支持が得られる場合もある．

中国の世論と対外政策とのこうした関係は，「分断化された権威主義体制の

下での市場化」というメディアの特徴に由来している．1980年代から進められてきた分権化（中央から各省庁・地方への権力の移行）が実行され，続く1990年代初めからメディアの市場化が進行した．メディアの分権化と市場化は中国の世論に2つの影響を与えている．

第一に，権威主義体制のもとで，中国のメディアは強い政治的規制を受けている．分権化がもたらしたのは中央から各省庁・地方への権力の移行であり，メディア報道に対する国家の管理権限の低下につながるものではない．各省庁・地方政府所管の新聞は，所管機構の組織の責任のもとで厳しい規制を受けている．こうした意味で，中国の世論は政府の政策によって強く統制されている．

政府の世論統制に加え，「合法的な抵抗」，「政府との衝突を回避する集団行動」を行う中国のNGOや活動家の行動にとり，中国の世論空間はまだ国境の壁が高く，グローバルなメディア言論空間が出現するのはなお難しい．

第二に，中国のメディアが厳しい規制を受けているという状況の下で，各省庁・地方政府が所管する新聞や雑誌はそれぞれの省庁・地方政府の利益を代弁する役割を果たしており，これが結果として中国の多様な言論空間を作り出している．

政治的民主化の程度を測るうえで，民主主義的な政治・社会の機構構築の有無は重要な指標である[47]．すなわち，権力から独立したメディアの存在により，争点に対する多元的な情報提供や自由な論争が確保されるのである．しかし中国の場合は，国家権力が分断化されているがゆえに，それぞれのメディアの自律性が欠如していても，メディアは多元的な言論空間を提供し，政策議題設定の機能を果たしている．ダム建設のケースからわかるように，各メディアはそれぞれの省庁・地方政府の立場しか発信できないものの，多元的な官僚政治（bureaucratic pluralism）を背景に，結果として賛成派，反対派双方の論点がはっきり提示され，多元的な情報提供と政策議題設定というメディア機能を保障している．

インターネットはここで2つの役割を果たしている．まずインターネットは各省庁・地方政府の意見を公表する場であり，また論争の場でもある．次に，各メディアが運営するネットニュースプラットフォームで各新聞・雑誌に掲載

されたニュースを転載していることから，新聞における報道件数などで劣勢側（ダム開発反対論者）の意見も，広く一般市民に知らしめることができる．

　水資源をめぐる中国と周辺国との対立は外交問題でありながら，国内の経済政策とも深く関わっている．中国の第12次5ヵ年計画は積極的に水力発電を発展させる方針を明確にしており，瀾滄江，ヤルツアンポ江などでのダム建設も計画に盛り込まれている．多発する水紛争において，世論形成のメカニズムや環境が大きく変わらない限り，中国の世論は二分したまま，国際的圧力が高まるとそれに反発する形でナショナリズムが高揚する一方，今後も漸進的に国際協調を図るパターンを繰り返すであろう．

結　び

　アジアの海洋秩序において，アメリカはこれまでも，そして今後も長期にわたり，他国を寄せ付けない圧倒的な海軍力を保持し続けるであろう．貿易でも，石油などのエネルギーでも，海上輸送ルートに関しては，今後も中国はアメリカの圧倒的海軍力によって保障されている海上航行の自由に依存することになる．

　他方において，中国の台頭に伴い，アジア地域を取り巻く安全保障情勢も大きく変化している．国連海洋法条約が契機となり，海洋主権問題をめぐり中国と関係国との間で対立がエスカレートしてきた．海洋主権をめぐり，関係諸国はともに毅然とした政策を採用し，妥協点がなかなか見出せないまま，偶発的な事件が誘発する軍事衝突の可能性は高まっている．

　領土問題に関して，中国には「協調，関与，強硬」の３つの姿勢が同時に存在している．中国は，経済制裁の発動，相手国の実効支配の打破など強硬な手段にも出ているが，他方において，国際海洋秩序の形成に積極的に関与しつつ，海洋問題における伝統的・非伝統的安全保障分野の地域協力にも積極的である．2002年から「人道的援助」が『国防白書』に書きくわえられてから，中国の非戦争軍事作戦（Military Operations Other Than War: MOOTW）の頻度が増加する一方である．

　安全保障面における中国と日米との相互不信を背景に，2000年代以降形成された中国のエネルギー政策は，中国と周辺国の関係を変容させつつある．中国とパイプラインで結ばれているロシア，カザフスタン，トルクメニスタン，ウズベキスタン，ミャンマーは，中国にとって格別な戦略的重要性を有するようになった．そして，エネルギー面での関係強化は，経済協力の強化にとどまることなく，対外関係の強化，そして軍事関係の強化にまで拡大している．

　また，パキスタン，バングラデシュ，タイとのパイプライン計画は現段階では中央の石油戦略に盛り込まれていないが，それに向けての企業活動はいまだ

に続けられており，その代替案も浮上している．たとえばパイプラインの代わりに，新疆のカシュガルからパキスタンのグワダル港を結ぶ鉄道計画が取りざたされ，この鉄道を利用してグワダルから中国へ石油を輸送するプロジェクトも推し進められている．こうした意味で，中国の石油エネルギー戦略において，パキスタン，バングラデシュ，タイも潜在的に重要な位置を占めている．

このように，中国を取り巻く安全保障情勢が変化するなか，海洋主権問題とエネルギー安全保障問題が中国の対外政策の中で最も変化の大きい領域となっている．他方，アジアにおける水資源の重要性が広く認識されるようになる中，国際河川をめぐる中国と周辺国との対立が近年多発しているが，突発的な事件が起きない限り，直ちに大きな政治的対立に発展したり中国の対外関係を大きく変容させたりする可能性は今のところ低い．

中国の対外政策決定における世論の役割は高まっている．対外関係で対立を抱えるたびに，中国ではナショナリズムが勃興しているが，それは中国政府の不退転の意思表明なのか，それとも中国政府の妥協もありうるのかについては，見極める必要がある．

そして，さまざまなアクターが対外政策の形成へ関与を深めている．国家戦略として指定されている戦略は，現状では，各省庁の政策が自動的に国家の対外政策として格上げされ，執行されていく傾向が強く，省庁・地方政府・国営企業の「政策／戦略の国家戦略化」が顕著にみられる．また，もともと経済的な原理に基づく国有企業の行動が国家間のパワー・ポリティクスのなかで，国家のエネルギー安全保障戦略に収斂され，国家戦略として格上げされていることにも注意を払うことが重要である．

終章　中国のアジア外交とそのゆくえ

1. 中国のアジア外交

　冷戦終結後，中国は積極的にアジア外交を展開してきている．アジア諸国との関係に取り組むなかで，中国はアジア地域を再発見した．中国にアジア地域主義が芽生え，そしてアジア外交は中国の対外戦略の重要な柱の1つとして据えられるようになった．

　パワー・ポリティクス，中国の自己認識，国家の統一と周辺地域の安定確保，そして経済発展戦略という4つの要素によって，中国のアジア外交は強く拘束されている．1990年代以降の中国のアジア外交の展開を振り返ると，以下の3つの時期を経て今に至っていることが浮き彫りとなる．

　①　関係の回復と改善：冷戦終結〜1996年

　冷戦終結から1996年までの中国のアジア外交は，関係回復と領土画定をキーワードに，周辺環境の改善に取り組んだ．

　1980年代後半からアジア地域において地域主義の潮流が押し寄せたが，経済的に立ち遅れており，アメリカや日本などの先進国の資金と技術を必要としていた中国は「南北の視座」に基づき，「開かれた地域主義」を支持し，アジア太平洋の枠組みでの協力に力点を置いていた．すなわち，中国はアジア太平洋における地域協力の動きをチャンスとしてとらえ，こうした動きに乗じて，自国の経済発展の起爆剤としての活用を試みたのである．

　②　取り込み戦略：1996年〜2006年

　1996年から2006年までの時期は，中国のアジア外交が積極的に展開された時期であった．中国は北東アジアでは六者会合を主宰し，東南アジアでは東南アジア諸国連合（ASEAN）との関係を進展させ，「南シナ海行動宣言」に署名し，「中国・ASEAN包括的経済協力枠組みに関する取り決め」を結び，東南アジア友好協力条約（TAC）に調印した．南アジアでは中国は南アジア地

域協力連合（SAARC）のオブザーバーとなった．中央アジアでは上海ファイブが上海協力機構（SCO）に格上げされ，中国が中心的な役割を果たしている．

アジア地域におけるこうした活発な外交展開は，いわば中国による取り込み戦略である．つまり，中国はアジアという地域枠組みにおいて，経済分野や非伝統的安全保障分野を中心にアジア諸国を取り込み，自国が指導力を発揮できる実質的アジア・ブロックの形成に努めたのである．

この時期の中国による取り込み戦略は，アジアにおけるアメリカのハブ・アンド・スポークの軍事同盟の黙認を前提としている．日米安保の強化や北大西洋条約機構（NATO）の東方拡大などによるアメリカ主導の中国封じ込めに対する強い懸念から，「新安全保障観」の概念を提起した中国は，アメリカとの対立を回避しつつ，非伝統的安全保障を切り口にアジア諸国との関係を強化し，アメリカによる封じ込め戦略の切り崩しを図った．

そして中国による取り込み戦略は，西部大開発とも密接に関連している．西部の対外開放には，周辺国と経済関係が強化されると同時に，西部の地域振興も達成できるという一石二鳥の効果が期待されていた．

③　領土紛争の再燃とパワー・ポリティクスの復権：2006 年～

2006 年以降，「国家主権，安全」の重要度が経済発展と同レベルに引き上げられ，中国のアジア外交において国家主権，安全，経済発展をともに重んじる姿勢が鮮明に打ち出された．中国の外交姿勢に生じたこうした変化は，「国連大陸棚限界委員会」への排他的経済水域（EEZ）に関する申請期限（2009 年 5 月）という時期的な問題とも相まって，2007 年ごろから中国と周辺国との間で，紛争が増大した．その結果，特に領土問題をめぐり中国と周辺国家の関係に不安定さが増している．

領土問題をめぐる紛糾がエスカレートする中，アメリカはアジア復帰政策を採択し，アジア太平洋地域の軍事同盟を強化するとともに，環太平洋パートナーシップ（TPP）を推し進め，アジア太平洋地域におけるアメリカの一国優位の維持を明確にした．アジア地域においてパワー・ポリティクスの原理が強く作用することとなったのである．

こうしたアメリカの動きは，アジアにおけるアメリカのハブ・アンド・スポ

ークの軍事同盟を黙認する中国のアジア政策を根幹から揺るがした．こうした状況において，中国はアメリカとの関係強化を最優先としつつ，アジア外交戦略を引き続き推進している．領土問題で譲歩しない姿勢を示しつつ，アメリカの主導する封じ込め戦略に風穴をあけるべく新たなアジア政策を模索している．

1990年代後半から展開されている中国のアジア戦略は，実質的なアジア地域統合の形成に特徴があった．アメリカのアジア復帰戦略により実質的アジア地域統合の実現可能性が遠のいたが，それでもアメリカの一極体制を回避する手段として，中国はこれまでの政策を引き続き推進している．1990年代から展開されている中国のアジア戦略は，以下の3つの柱からなり立っている．

第一は，経済関係の促進により，中国を媒介としてアジア地域で実質的な一体化を促進するというものである．2000年に中国はASEANに対してASEAN・中国自由貿易圏（ACFTA）を提案し，2003年にはSCO加盟国間での自由貿易協定（FTA）の提案を行った．また南アジアの地域大国であるインドに対してもFTAの提案を行っている．特に経済分野においてFTAを促進し，人民元の国際化などを通じて，自国の経済的プレゼンス，ひいては政治・外交のプレゼンスを拡大させようとしている．

中国を媒介としたFTA圏，そして中国がリーダーシップを発揮するアジア地域統合が実現できていないまま，アメリカがアジア復帰政策を打ち出した．これに対してアメリカ一極が主導する地域秩序を回避するために，中国としては今後もFTAの締結などを通じて，多層的な地域協力枠組みを築きあげることに尽力していくことが見込まれる．

第二は，非伝統的安全保障という枠組みの中で，実質的な軍事交流を促進するというものである．1990年代以降，中国人民解放軍は国境の安全確保を目的とした軍事協力とともに，災害救助，海賊対策，反テロなどの分野における多国間軍事活動といった非戦闘活動（noncombat operations）に積極的にかかわるようになってきている[1]．例えば，中国は国連常任理事国の中で国連平和維持活動（PKO）ミッションに対して最も多くの要員を派遣しており（2013年時点），1998年から2011年までに中国が災害救助に関わった回数は，日本同様，13回となっている[2]．2008年12月には，海賊対策としてソマリア沖のアデン湾にも中国海軍艦艇が派遣された．そして中国は反テロや海上捜索など

を目的としたアジア諸国との合同軍事演習にも積極的に参加し，北部湾，メコン川をはじめとする合同パトロールを意欲的に拡大させていく姿勢を見せている．

　第三は，中国の国力の増大に伴い，地域公共財の提供に努め，リーダーシップを発揮するというものである．中国による国際公共財の提供はアジア地域に集中しており，また経済関連の地域公共財が多いという特徴を有している．中国は2000年代後半以降，地域の共同パトロール，災害救助，海賊対策，麻薬取締りなどに積極的に関与してきているだけでなく，地域協力や地域機構にも資金の拠出を行い，指導的な役割を果たそうとする姿勢が見られ，いわば，地域公共財の提供を通じて自らの役割を増大させている．

　以上からわかるように，冷戦終結後の中国は地域機構を重視し，多国間協力を通じて影響力の拡大を図ろうとしている．こうした意味で，多国間協力は冷戦後の中国のアジア外交における最大の特徴の1つとなり，また領土や水などの問題を含めたすべての分野に浸透しているわけではないが，多国間主義も中国外交において芽生え始めている．

　アジア地域では「安全保障領域ではアメリカが依然として重要な役割を果たしているが，経済領域では中国が地域的中枢を担い始めている」といわれているが，こうした「経済と安全保障の不均衡」という「二重依存のジレンマ」は，中国のアジア外交の展開によって作り出されている側面もあり，中国のアジア外交を映し出しているといえるかもしれない．

2. 中国とアジア諸国の関係変容

　1990年代以降の中国のアジア外交により，アジア地域における経済分野や非伝統的安全保障分野における中国の影響力の拡大が見られている．しかしながら，経済分野の協力に比べ，安全保障分野における中国と他国の協力は緩やかにしか進んでおらず，アメリカのハブ・アンド・スポークの安全保障秩序への参入，あるいは新たな中国主導の安全保障ネットワークの構築はまだ実現できていない．そして，中国にとって，上昇する経済的影響力を政治的影響力に転化させることも容易ではないようである．これはいくつかの要因によっても

たらされている．

　第一は，パワー・ポリティクスである．相対的に力の弱い多くのアジア諸国は，もっぱらゼロサム・ゲームの観点から対外戦略を考案しているわけではなく，むしろ大国を引き入れることで戦略的空間を作り出そうとしている．こうした意味で，地域の一極として中国が成長できる土壌は十分にある．

　他方，北東アジアでも，東南アジアや南アジアでも，中央アジアでも，中国は唯一の大国ではない．北東アジアではアメリカ，日本などの大国がかかわっており，東南アジアや南アジアには，アメリカ，日本，インドが深く関与している．中央アジアでは，アメリカ，ロシア，NATOのプレゼンスが大きい．中国とアメリカ，日本，ロシア，インドなどの地域大国間の相互不信により，戦略的競争が繰り返されているのが実情である．

　経済的に台頭している中国はアジアにおいて政治的・外交的影響力も高まっているが，序章で引いたデビッド・カングが言及しているような，中国を頂点とするヒエラルキー的な中華秩序は，少なくとも今の段階では起こり得ず，中国はアジア地域の一極に過ぎない．

　第二は，中国の影響力の不均等さである．中国はアジア諸国との経済協力や伝統的・非伝統的安全保障協力に精力的に取り組んでいるが，他国の政策や国内情勢により，北東アジア，東南アジア，南アジア，中央アジアではその協力を支える基盤が異なっている．言い換えれば，アジアにおける中国の影響力は極めて不均等で，それぞれの地域によって状況を異にしている．

　多国間協力と同様に，こうした現象は二国間関係においても顕著である．政治関係，経済関係，文化関係，軍事関係の4つの分野における中国とアジア諸国の交流は，それぞれ異なる様相を呈している．つまり，それぞれの分野における中国の影響力は増大しているものの，アジアにおける絶対的な求心力に関しては，中国の力はまだまだ十分なものとは言い難いのである．

　第三は，中国経済の実態と外交戦略の遊離である．1980年代から1990年代初頭にかけて，中国は自らを発展途上国として位置付け，アメリカや日本をはじめとする先進国との協力を強化する外交戦略を採択した．そして，先進国の資金と技術を積極的に利用して自国の急速な経済発展を実現させた．しかし，経済戦略と外交戦略の相乗効果が得られた1990年代初頭と異なり，1990年代

後半から中国にアジアにおける大国という意識が高まり，アジア地域の枠組みにおいて中国は経済を中心とした実質的なアジア地域統合を推し進めたものの，西部大開発の担い手となるべき国境地域の地方は周辺アジアを牽引する力を有しておらず，サブリージョナルな地域協力を推し進めるうえで限界があった．外交戦略が必ずしも中国の現状に合致せず，中国経済の実態に整合していないことは，中国の経済力のスピル・オーバーを阻んでいるといえる．

2006年に中国は国益の再定義を行い，外交目標として国家主権，安全，経済発展の3つを求めるようになった．経済発展のみを追求していた時期とは異なり，こうした政策のもとでは，外交戦略と経済戦略の相克がさらに増幅する可能性を有しているものと考えられる．

以上のように，アジア地域において，中国は経済的にも，政治的にも，文化的にも，軍事的にも影響力を拡大し，そうした影響力は北東アジア，東南アジア，南アジア，中央アジアへと浸透している．中国は北東アジア，東南アジア，南アジア，中央アジアの地域パワー・ポリティクスの中の一極として成長したが，しかしながら中国は依然としてアジア地域の一極に過ぎず，アジア地域全体の力の均衡を変えるまでには至っていない．

中国の台頭によりアジア地域全体の力の均衡が劇的に変化したわけではないが，中国のアジア外交により，中国とアジア諸国の関係は大きく変容した．1992年に中国は「社会主義市場経済」を提起し，中国全土で改革開放を実施し，市場経済を本格的に導入した．こうしたなか，中国と周辺諸国の間で，イデオロギーで結ばれた関係とは一線を画した新しい関係の形成の流れがさらに加速されたのである．

アジア地域におけるパワー・ポリティクスの展開，中国の軍事戦略やエネルギー安全保障戦略などの変貌，経済発展戦略の必要性，少数民族の独立運動に関連した国民統合の問題など，様々な要素が作用する中で，中国の対外戦略におけるアジア諸国の重みは大きく変化している．改革開放後，特に冷戦終結後に構築された中国とアジア諸国の関係は，単純にポスト社会主義の一言では言い表せない複雑な関係を織りなしている．

中国は「大陸国家」から「海陸複合国家」への転身を図っている．こうしたプロセスのなかで，アメリカ，日本，インドなどのこれまでのシー・パワーと

の間での戦略的不信が増幅されるが，遠洋航海に必要な補給体制の構築の必要性から，アジア地域で言えばインド，パキスタン，バングラデシュ，スリランカといった南アジア諸国との関係強化も図られている．

2000年代初めから中国の新しいエネルギー安全保障政策が形成されたが，エネルギー輸送ルートの画定により，中国とパイプラインで結ばれているロシア，カザフスタン，トルクメニスタン，ウズベキスタン，ミャンマーは中国にとって格別な戦略的重要性を有するようになった．また，タイ，パキスタン，バングラデシュ，キルギスとの関係強化も中国にとって喫緊の政策課題として浮上している．さらにエネルギー輸送ルートの着実な確保という目的から，海外での共同軍事演習の多くはチョーク・ポイント（輸送ルートの要衝）で実施されており，これら諸国との軍事関係の強化も行われている．

また，チベット自治区，新疆ウイグル自治区の民族独立運動に対処すべくインド，ネパール，ブータンそしてSCO諸国といった周辺国との関係強化も推し進められており，各地方政府のサブリージョナルな地域協力構想も，中国と周辺国の関係に変化をもたらしている．吉林省はロシア，北朝鮮との関係を重要視しているが，日本，韓国も重要な協力相手国である．雲南省は東南アジア・南アジアの諸国との関係強化を求め，なかでもミャンマーとの関係が最も重要である．そして新疆ウイグル自治区からみれば，カザフスタン，キルギス，ウズベキスタンが重要な位置を占めている．

以上のように，冷戦終結後の中国とアジア諸国との関係の展開はアメリカ，日本など先進国が中国を国際秩序に取り込んでいくプロセスであり，またアジア諸国が中国を地域秩序に取り込んでいくプロセスであり，そして中国がアジア地域に関与し，アジア諸国を取り込んでいくプロセスでもある．こうしたプロセスの中で，中国とアジア諸国の関係は大きく変化し，複雑な様相を呈している．

3. 分断化された権威主義中国のアジア政策決定

中国はもはや一元的な社会ではなく，対外政策に関しても党・政・軍・地方・企業・世論の6つのレベルが政策形成や決定にかかわっているとも指摘さ

れている。冷戦終結後，中国における政策決定の様相は大きく変化しているのである。

序章で論じたように，分断化された権威主義である中国の政治システムの最大の特徴は，「権力の集中」と「権限の分散」にある。すなわち，中国では党国家体制が採用されており，中国共産党がいまだに絶大な権力を有しているが，政策レベルにおいては共産党の絶大な権力は政策を実行する各省庁，地方政府などに権限として分散されている。これが「分断化された権威主義」の基本的構図である。

こうした中国の政治システムを踏まえ，本書では，絶大な権力を持つ中央指導部と，個別の権限を有する各省庁・各地方政府を媒介変数としてとらえ，政策形成・決定のプロセスにおける政策決定者と世論の相互関係を検証した。分断化された権威主義体制における対外政策の特徴は，対外政策決定の2段階制，対外政策の多次元性，多方向性，硬直性にある。

対外政策決定の2段階制

権威主義中国の対外政策決定は，2段階で行われている。

中央指導部は，国家の対外戦略の原則や基本方針，あるいは重要とされる問題をめぐる対外政策を決定している。そして中央指導部が決定する対外戦略の原則や基本方針には，曖昧さが多分に含まれている。各省庁，各地方政府などは，曖昧な対外戦略の原則や基本方針を独自に解釈し，具体的な対外政策の決定・執行にかかわる権限を有している。

つまり，中国の対外政策決定は，中央の基本方針制定と各省庁・各地方政府の具体的な政策制定の2段階で行われているのである。

多次元性と多方向性

対外政策を実際に制定し執行する各省庁，地方政府などには「省益」とも言うべき利益を追求する志向が高まっており，これらの政府機構は自らの利益に即して，中央の基本方針の独自の解釈に基づき，「省益」の最大化を目指している。こうしたことは，中国の対外政策の多次元性と多方向性をもたらす。

対外政策決定の2段階制のもとでは，多様な利益に基づく多様な政策が国家

の対外政策に組み込まれており，対外政策には多次元性が生まれる．本書で詳述してきたように，対北朝鮮政策には国家の安全保障に関する考慮に加え，地方の経済発展戦略も重要な一側面として含まれる．海軍の海洋進出には，国家のエネルギー戦略も深く関係している．すなわち，対外政策は中央指導部や外交部によって定められた方針だけではなく，時としては石油や水力などの国内経済政策や地域振興策の論理が持ち込まれ，安全保障，経済，エネルギーなどの多次元によって形成されているのである．

前述のように，中央の政策方針にはあいまいさが多分に含まれており，また行政に対するチェック機能が欠如している．しかも近年，最も重要な戦略的決定に関しても，トップ指導者層は各中央省庁，地方政府，専門家と協議の上で政策決定を行っている．決定権を共有するケースが多くみられるなか，各省庁，地方政府間の政策の齟齬が政策決定の透明性を低下させ，多様な方向性を有し，時として矛盾するアドホックの政策対応をもたらす．

硬直性

一国の国家戦略は国内社会の選好に基づくものであるが，国内のアクターは各々の経済利益から対外政策の選好を有し，対外政策のビジョンも異なっている．対外政策決定はこうした対立する利益を集約し，合意を形成するプロセスである．

近年中国では，既得権益層の出現により，中央レベルにおける利益調整は困難を増しており，多くの場合において，統一された明確な中央の決定がなく，いわば「討議はするが決定せず」といった状態が続いている．こうしたなか，現行の外交政策の受益者を中心に現行の対外政策を強く擁護し推進する省庁や地方政府が存在している．「特殊利益集団」の存在に初めて公式に言及したのは2006年12月に開かれた中国共産党第16期中央委員会第6回全体会議の時であったが，既得権益層により国家の政策が分断化され，中国の成長モデルの構造的転換を阻んでいる．こうした現象はなにも国内政策に限ったものではなく，対外政策にも既得権益層が存在しており，中国の対外政策の硬直性をもたらしている．

権威主義体制のもとでは，中央指導部の政策方針は対外政策を決定する上で依然としてもっとも重要な意味を持つ．それゆえ，北東アジア，東南アジア，南アジア，中央アジアのそれぞれの地域機構における中国の政策展開は，常に同心円構造を示しており，同様の戦略が実施されている．

　他方において，軍，各省庁，地方政府，国有企業，世論なども対外政策に関与している．しかしながら，対外政策にかかわろうとしているすべてのアクターが政策決定に影響を及ぼしているわけではなく，軍，各省庁，地方政府，国有企業といったアクターが対外政策に関与できる度合いも異なっている．中国の対外政策決定の2段階制に即して言えば，その影響力の違いをもたらす大きな要因として，中央の基本方針と各アクターの財政基盤が挙げられる．すなわち，中央指導部に国家戦略として指定されて初めて関連のアクターが具体的な政策形成に発言権を有することとなるが，国家戦略に関連するアクターの中でも，財政基盤の強い各中央省庁，国有企業と財源の乏しい国境地域の地方政府とでは，対外政策へのかかわり方が異なっているのである．

　本書で取り扱っている国境に近い省は概して経済的に立ち遅れており，中央の財政支援を必要としている．このため，アジア地域協力においては「地方政府主導型」，「中央政府主導型」，「中央政府と地方政府の協議型」の3つの政策形成パターンが併存しているものの，現段階においては，「中央政府と地方政府の協議型」が主流となっている．

　他方，財政基盤の強い中央省庁の行動パターンは地方政府とは若干異なっている．中央の各省庁は，地方政府と同様，まず各自の管轄している分野の政策が国家戦略として採択されるよう，中央指導部に働きかける必要がある．自らの省庁の利益にかなった国家戦略が中央で採択されると，潤沢な財源を有する省庁は，国有企業と連携しながら，省益を最大化するよう各自の政策展開を行っていく．

　そして，財政基盤の強弱を問わず，各地方政府と中央の「協議」プロセスからわかるように，各々の省／自治区の利益から出発した異なる対外政策の主張は「地方政策の国家戦略化」を通じて最終的に調整・集約されており，結果として「中央戦略の地方化」の現象が生じている．

　権威主義国家における世論の役割とその影響力も，2段階の対外政策決定の

枠組みを通して考えることが可能である．権威主義体制のもとで，中国のメディアは強い政治的規制を受けているが，各省庁・地方政府に管轄の権限が分散化されている．こうした状況が中国の世論の多元化をもたらし，中国社会全体でみれば，メディアはアジェンダセッティング機能や，フレーミング機能を果たしている．

中国の対外政策決定における世論の役割は高まっているが，中央指導部の方針によっては，世論の役割とその影響力が異なる様相を呈している．対外関係で対立を抱えるたびに，中国ではナショナリズムが勃興しているが，それは中国政府の不退転の意思表明なのか，それとも中国政府の妥協もありうるのかについては，見極める必要がある．

さまざまな省庁，地方政府，国有企業が世論を巻き込んで政策形成に関わっているなかで，中国の対外政策はどのような原理に基づいて形成されているのか？　本書で論じてきたように，軍，各省庁，地方政府，国有企業はそれぞれの利益から出発し，特に各省庁，地方政府，国有企業は経済原理に基づいて行動する傾向がある．他方，中央指導部の政策決定においてはパワー・ポリティクスに対する配慮が強く作用する．こうしたなか，それぞれの社会的選好に基づく各アクターの政策は国家戦略に収斂され，国家戦略として格上げされていくプロセスにおいてパワー・ポリティクスの原理が強く働く．他方において，国家戦略に収斂されず，パワー・ポリティクスではなく，アクターの社会的選好に基づく様々な政策も依然として展開されている．

4．アジアの今後を考える

ヘンリー・キッシンジャー（Henry A. Kissinger）いわく，「石油をコントロールしたものはすべての国家をコントロールし，食糧をコントロールしたものはすべてのヒトをコントロールし，貨幣をコントロールしたものはすべての世界をコントロールすることになる」．冷戦後の中国は石油，食糧，通貨の重要性を十分に認識し，こうした問題に重点的に取り組んできた．「富国強兵」の道を歩んでいる中国の台頭は，アジア地域の平和と安定のみならず，国際秩序にとっても重要な意味をもつ．

既述のように，中国はアジアの一極として成長しているが，アジアのパワーバランスのなかの一極に過ぎない．2003年のボアオ・アジア・フォーラムでは，中国改革開放フォーラム理事長の鄭必堅が「中国の平和的発展の道」を提起し，また2013年の中国の『国防白書』では覇権を求めないと宣言した．しかしながら，中国が平和的台頭を実現できるかについては，まだ未知数が多い．

序章で論じたように，経済的相互依存関係，規範やコミュニティの形成などの紛争抑制への有効性，相対的パワーの最大化を追求する修正主義国家の危険性は多くの先行研究で指摘されている．中国の対外行動に限定すれば，以下のことが指摘できる．

繰り返しになるが，中国のアジア外交の最大の特徴は多国間協力にある．様々なレベルにおける多国間協力を通じて，冷戦終結後の中国は既存の国際秩序，そして地域秩序に積極的に参加しており，多国間主義も中国外交において芽生え始めている．こうした多国間主義により，中国のパワーの持つ強みを過度に利用せず，ある程度抑制することが可能であろう．

大国としてのリーダーシップを発揮するには，物質的なパワーの上昇に加え，他国を引き付ける規範的価値も必須である．多国間協議の場において中国は「国連原則の重視」と「内政不干渉」を原則として掲げており，「和諧世界」，「政治的影響力，経済競争力，イメージの親和性，道義上の感銘性」といったスローガンが次々と打ち出されているが，現段階において成功しているとは言い難い．結局のところ，冷戦終結後の中国のアジア外交はアメリカとの対立を徹底的に回避するなかで展開されており，また自由や民主主義に反する規範を打ち出そうとしているわけではなく，打ち出せてもいない．

他方，海の領有権をめぐり，中国と関係諸国間の対立がエスカレートし，セキュリティ・ジレンマの様相を呈しており，アジア地域の平和に不確定要素が増している．

A. F. K. オーガンスキーらの権力移行論（「パワー優位理論（power preponderance theory）」）は，現状に不満を持つ台頭国（興隆国），すなわちパワーを増している国家は戦争を起こしやすいと説明する．他方，デール・コープランド（Dale C. Copeland）の「パワー差異理論（power differential theory）」に代表される「予防戦争理論（preventive war theory）」は，衰退

国，すなわちパワーが低下している国家こそが戦争を引き起こしやすいと主張する[3]．こうした意味で言えば，アジアの平和維持は中国の対外行動だけではなく，他の大国やアジア周辺諸国の中国への対応によるところが大きい．

中国政府は目下，既存の対外方針を踏襲し，対外的な摩擦を回避しつつ，多国間の場での発言力を高め，経済関係の促進や経済協力を通じて影響力の拡大を狙っている．こうした対外政策を成功させるためにも，強い政治的決断のもとで明快な政策ビジョンを内外に提示し，国内における利益調整を敢行する必要がある．そして，政治システムの透明度の向上，行政に対するチェック機能の導入などの政治改革，市場経済化の一層の促進が待たれるところである．

中国の対外政策は強硬，協調と一言で括ることが難しく，協調，（国際秩序，地域秩序への）関与，強硬といった多様な方向性を内包している．中国においてナショナリズムが高揚していると一般的に言われているが，しかしその背後ではメディアの報道も各省庁，地方政府の「省益」に基づいており，その結果，中国の世論形成も縦割りで，分断化されている点も見逃せない．

分断化された権威主義体制のもとでは，曖昧な国家戦略には多様な政策的解釈が含まれており，経済発展戦略，地域振興政策など多様な政策が織り交ざっている．対外政策の中の曖昧性に秘められた多面性の1つ1つを見据えて，中国の政策決定プロセスを理解することは，中国をアジアそして国際秩序において建設的な役割を果たす方向に導くうえで極めて重要である．

現時点において，アジアには，アメリカ，中国，日本，インド，ロシアといった地域大国がすべて参加し，アジア地域の政治，安全保障，経済問題に包括的に対処できる地域機構がない．アジア地域はいまだに流動的なのである．このような流動的な要素の強いアジアの将来を見通すうえで，今後の中国のアジア政策の変容を注意深く見ていく必要がある．

注

序章

1) 「世界の潮流 2030」の全文は，http://www.acus.org/files/global-trends-2030-nic-lo.pdf（2013 年 7 月 2 日閲覧）を参照.
2) たとえばマイケル・コックスは，1995 年から 2009 年の間に，アジア地域の GDP 総額が世界 GDP 総額に占める割合が 29％から 31％へと，わずかしか増えていないことを指摘し，アジア時代の到来に疑問を投げかけている．Michael Cox, "Power Shifts, Economic Change and the Decline of the West?", *International Relations*, Vol. 26, No. 4, December 2012, pp. 369–388.
3) エヴァン・フェイゲンバーム「アメリカは変化するアジアの戦略環境にどう関わるか――経済と安全保障のバランス」，http://www.foreignaffairsj.co.jp/essay/201112/Feigenbaum.htm（2012 年 7 月 2 日閲覧）.
4) 加藤洋一「国際環境の変化の中の日米同盟」，『国際問題』第 608 号，2012 年 1・2 月，29 頁.
5) IISS, *2013 edition of the Military Balance*, http://www.iiss.org/en/about%20us/press%20room/press%20releases/press%20releases/archive/2013-61eb/march-c5a4/military-balance-2013-press-statement-61a2（2013 年 7 月 2 日閲覧）.
6) BRICS はブラジル，ロシア，インド，中国，南アフリカの 5 つの新興国を指している．2009 年 6 月にロシアのエカテリンブルクでブラジル，ロシア，インド，中国の 4 ヵ国による初の首脳会議が開かれた．2012 年 12 月から南アフリカも正式に参加するようになっている.
7) リンダ・ヤーコブソン，ディーン・ノックス著，岡部達味監修，辻康吾訳『中国の新しい対外政策――誰がどのように決定しているのか』岩波書店，2011 年.
8) Gideon Rose, "Neoclassical Realism and Theories of Foreign Policy", *World Politics*, Vol. 51, No. 1, October 1998, pp. 144–177.
9) Steven E. Lobell, Norrin M. Ripsman, and Jeffrey W. Taliaferro eds., *Neoclassical Realism, the State, and Foreign Policy*, Cambridge: Cambridge University Press, 2009, p. 28.
10) 中国の台頭がアジア地域秩序をどのように変容させていくのかをめぐる議論は以下を参照．Amitav Acharya, "Theoretical Perspectives on International Relations in Asia", in David Shambaugh and Michael Yahuda eds., *International Relations of Asia*, Lanham: Rowman & Littlefield Publishers, 2008, pp. 56–82. M. Taylor Fravel, "International Relations Theory and China's Rise: Assessing China's Potential for

Territorial Expansion", *International Studies Review*, Vol. 12, Issue 4, December 2010, pp. 505-532. Avery Goldstein, "Power Transitions, Institutions, and China's Rise in East Asia: Theoretical Expectations and Evidence", in G. John Ikenberry and Chung-in Moon eds., *The United States and Northeast Asia: Debates, Issues, and New Order*, Lanham: Rowman & Littlefield Publishers, 2008, pp. 39-78.

11) Aaron Friedberg, "Ripe for Rivalry: Prospects for Peace in a Multipolar Asia", *International Security*, Vol. 18, No. 3, Winter 1993/1994, pp. 5-33.

12) 須藤季夫『国家の対外行動』東京大学出版会, 2007 年, 59 頁.

13) こうした論調の研究には, 例えば Benjamin E. Goldsmith, "A Liberal Peace in Asia?", *Journal of Peace Research*, Vol. 44, No. 1, January 2007, pp. 5-27 などがある.

14) David C. Kang, *China Rising: Peace, Power, and Order in East Asia*, New York: Columbia University Press, 2008.

15) G. John Ikenberry, "The Rise of China and the Future of the West: Can the Liberal System Survive?", *Foreign Affairs*, Vol. 87, No. 1, January/February 2008, pp. 23-37. G. ジョン・アイケンベリー著, 細谷雄一監訳『リベラルな秩序か帝国か』(上, 下) 勁草書房, 2012 年.

16) 山本吉宣「地域統合の理論化と問題点」, 山本吉宣・羽場久美子・押村高編『国際政治から考える東アジア共同体』ミネルヴァ書房, 2012 年, 4-5 頁.

17) Ernst B. Haas, *Beyond the Nation-State*, Stanford: Stanford University Press, 1964.

18) Karl W. Deutsch *et al.*, *Political Community and the North Atlantic Area*, Princeton: Princeton University Press, 1957.

19) 山本「地域統合の理論化と問題点」4-5 頁.

20) Amitav Acharya and Alastair Iain Johnston, "Comparing Regional Institutions: An Introduction", in Amitav Acharya and Alastair Iain Johnston eds., *Crafting Cooperation: Regional International Institutions in Comparative Perspective*, Cambridge: Cambridge University Press, 2007, p. 1.

21) 李鍾元「東アジア地域論の現状と課題」,『国際政治』第 135 号, 2004 年 3 月, 2 頁.

22) Michael Yahuda, "The Limits of Economic Interdependence: Sino-Japanese Relations", in Michael Yahuda, *The International Politics of the Asia-Pacific*, London: Routledge Curzon, 2006, p. 11.

23) T. J. Pempel, *Remapping East Asia: The Construction of a Region*, Ithaca: Cornell University Press, 2005.

24) T. J. Pempel, "Soft Balancing, Hedging, and Institutional Darwinism: The Economic-Security Nexus and East Asian Regionalism", *Journal of East Asian*

Studies, Vol. 10, Issue 2, May-August 2010, pp. 209-238.

25) David Shambaugh, "Return to the Middle Kingdom? China and Asia in the Early Twenty-First Century", in David Shambaugh ed., *Power Shift: Asian and Asia's New Dynamics*, Berkeley: University of California Press, 2005, p. 25.

26) John W. Garver, "Development of China's Overland Transportation Links with Central, South-West and South Asia", *China Quarterly*, Vol. 185, March 2006, pp. 1-22.

27) 白石隆「中国の台頭と東アジアの変容」,http://nippon.com/ja/simpleview/?post_id=6688(2012年5月8日閲覧).

28) 中野亜里「対中関係に苦慮するベトナム」,http://www.rips.or.jp/research/ripseye/2012/post-155.html(2012年8月1日閲覧).

29) 山影進「大国を『飼い慣らす』ことをめざす小国の戦略——東南アジア諸国連合(ASEAN)の影響力に焦点を当てて」,http://www2.jiia.or.jp/pdf/resarch/H23_Japan_US_China/08_Yamaga.pdf(2013年7月2日閲覧).

30) Alastair Iain Johnston, "What (If Anything) Does East Asia Tell Us about International Relations Theory?", *The Annual Review of Political Science*, Vol. 15, 2012, pp. 53-78.

31) A. Doak Barnett, *The Making of Foreign Policy in China: Structure and Process*, Boulder: Westview Press, 1985. Lu Ning, *The Dynamics of Foreign Policy Making in China*, Boulder: Westview Press, 2000. 岡部達味編『中国外交——政策決定の構造』日本国際問題研究所,1983年.小島朋之『現代中国の政治——その理論と実践』慶應義塾大学出版会,1999年.国分良成『現代中国の政治と官僚制』慶應義塾大学出版会,2004年.

32) 浅野亮「中国の対外政策方針の変化——その決定メカニズムとプロセス」,『国際問題』第602号,2011年6月,36-47頁.

33) J. リンス著,高橋進監訳『全体主義体制と権威主義体制』法律文化社,1995年,141頁.

34) Kenneth Lieberthal and Michel Oksenberg, *Policy Making in China: Leaders, Structures, and Processes*, Princeton: Princeton University Press, 1988. Kenneth Lieberthal and David M. Lampton eds., *Bureaucracy, Politics, and Decision Making in Post-Mao China*, Berkeley: University of California Press, 1992.

35) Kenneth Lieberthal, "The 'Fragmented Authoritarianism' Model and Its Limitations", in Lieberthal and Lampton eds., *Bureaucracy, Politics, and Decision Making in Post-Mao China*, p. 8.

36) Ibid., pp. 9-10.

37) Andrew Mertha, "'Fragmented Authoritarianism 2.0': Political Pluralization in

the Chinese Policy Process", *The China Quarterly*, Vol. 200, December 2009, pp. 995-1012.

38) もっとも，ネイサンはその後の 2013 年には，その権威主義体制も限界に近づいていると論じた．Andrew J. Nathan, "Authoritarian Resilience", *Journal of Democracy*, Vol. 14, No. 1, January 2003, pp. 6-17. Andrew J. Nathan, "China at the Tipping Point? Foreseeing the Unforeseeable", *Journal of Democracy*, Vol. 24, No. 1, January 2013, pp. 20-25.

39) 中国の政治体制の強靭性に関する議論は，Minxin Pei, "Is CCP Rule Fragile or Resilient?", *Journal of Democracy*, Vol. 23, No. 1, January 2012, pp. 27-41 を参照．

40) 対外政策決定の諸モデルについては以下を参照．草野厚『政策過程分析入門［第 2 版］』東京大学出版会，2012 年．有賀貞・宇野重昭・木戸義宣・山本吉宣・渡辺昭夫編『講座国際政治② 外交政策』東京大学出版会，1989 年，39-94 頁．張清敏「外交政策分析的三個流派」，『世界経済与政治』2001 年第 9 期，18-23 頁．韓召頴・袁維傑「対外政策分析中的多元啓発理論」，『外交評論』2007 年第 12 期，75-83 頁．

41) Ryan K. Beasley, Juliet Kaarbo, Jeffrey S. Lantis, and Michael T. Snarr eds., *Foreign Policy in Comparative Perspective: Domestic and International Influences on State Behavior*, 2nd edition, Los Angeles, London, New Delhi, Singapore, Washington, D.C.: CQ Press, 2013, p. 18.

42) 大嶽秀夫『政策過程』東京大学出版会，1990 年，51 頁．

43) Kevin Narizny, *The Political Economy of Grand Strategy*, Ithaca: Cornell University Press, 2007.

44) 中川涼司「中国対外経済政策の新段階と政策決定主体，交渉チャンネル，政策指向性の変化」，『立命館国際地域研究』第 34 号，2011 年 10 月，127-157 頁．

45) 唐亮『現代中国の政治──「開発独裁」とそのゆくえ』岩波新書，2012 年，148-156 頁．

46) 青山瑠妙『現代中国の外交』慶應義塾大学出版会，2007 年，38 頁．

47) 「做一個永遠充満激情，中国改革開放的推動者，宣伝者」，http://www.infzm.com/content/82748（2013 年 10 月 4 日閲覧）．

48) 中居良文編『中国の政策決定過程』日本貿易振興会アジア経済研究所，2000 年．

49) Ka Zeng, "Multilateral versus Bilateral and Regional Trade Liberalization: Explaining China's Pursuit of Free Trade Agreements (FTAs)", *Journal of Contemporary China*, Vol. 19, Issue 36, September 2010, pp. 635-652.

50) Adrian Lema and Kristian Ruby, "Between Fragmented Authoritarianism and Policy Coordination: Creating a Chinese Market for Wind Energy", *Energy Policy*, Vol. 35, Issue 7, July 2007, pp. 3879-3890.

51) Wei Liang, "The Case of China's Accession to GATT/WTO", http://dss.ucsd.

edu/~mnaoi/Papers_files/Wei%20Liang.pdf（2012 年 8 月 30 日閲覧）.
52) Susan L. Shirk, "The Chinese Political System and the Political Strategy of Economic Reform", in Lieberthal and Lampton eds, *Bureaucracy, Politics, and Decision Making in Post-Mao China*, pp. 62–63.
53) ハルペリンの議論については，Morton H. Halperin, *Bureaucratic Politics and Foreign Policy*, 2nd edition, Washington, D.C.: The Brookings Institution, 2006 を参照.
54) Jerel A. Rosati, "Developing a Systematic Decision-Making Framework: Bureaucratic Politics in Perspective", *World Politics*, Vol. 33, No. 2, January 1981, pp. 237–238.
55) 日本の外務省は，アフガニスタンを中東地域に分類している.
56) 羽場久美子『グローバル時代のアジア地域統合――日米中関係と TPP のゆくえ』岩波ブックレット，2012 年，5 頁.
57) 三大イスラム国（インドネシア，パキスタン，バングラデシュ）がアジアに存在している.
58) SIPRI, "Backgroud Paper on SIPRI Military Expenditure Data, 2011", http://www.sipri.org/research/armaments/milex/resultoutput/trendgraphs/Top10bubble（2013 年 7 月 2 日閲覧）.
59) 世界の 9 つの核保有国とは，アメリカ，ロシア，イギリス，フランス，中国，インド，パキスタン，イスラエル，北朝鮮である.
60) Brantly Womack, *China among Unequals: Asymmetric Foreign Relationships in Asia*, Singapore: World Scientific Publishing, 2010.
61) *SIPRI Yearbook 2012: Armaments, Disarmament and International Security*, Oxford: Oxford University Press, 2012.
62) アメリカの非政府組織「ファンド・フォー・ピース」と外交専門誌『フォーリン・ポリシー』が共同で作成し，発表している「失敗国家」2012 年のランキングについては，http://www.foreignpolicy.com/failed_states_index_2012_interactive（2012 年 9 月 1 日閲覧）を参照.
63) Paul B. Stares, Scott A. Snyder, Joshua Kurlantzick, Daniel Markey, and Evan A. Feigenbaum, "Managing Instability on China's Periphery", http://www.chinausfocus.com/library/think-tank-resources/us-lib/peacesecurity-us-lib/cfr-managing-instability-on-china%E2%80%99s-periphery-september-2011/（2012 年 9 月 1 日閲覧）.
64) Tsuneo Akaha, "Seeking Non-traditional Security in 'Traditional' Ways: Northeast Asia and Emerging Security Challenges", in Ramesh Thakur and Edward Newman eds., *Broadening Asia's Security Discourse and Agenda: Political*

and Environmental Perspectives, Tokyo: United Nations University Press, 2004.

第1章
1.1
1) アメリカの支援で行われた国民党の海上封鎖により，現在中国の最大の漁業基地となっている舟山漁場が利用できなかったばかりでなく，上海から厦門までの沿岸では船舶の出航すら困難であった．
2) SEATO の事務局は 1977 年 6 月に解散したが，マニラ条約自体は廃棄されていない．米・タイの防衛義務はマニラ条約に基づいている．1962 年のタナット・ラスク共同声明（Thanat-Rusk communiqué）は，米・タイの防衛義務を再確認し，2003 年にアメリカはタイを重要な非北大西洋条約機構（NATO）同盟国と位置付けた．
3) 中共中央文献研究室編『周恩来年譜 1949-1976』(上巻), 人民出版社，中央文献出版社，1989 年，392 頁．
4) 中共中央文献研究室編『周恩来伝 1898-1949』中央文献出版社，1989 年，156 頁．
5) ジュネーブ会議における中国とアメリカ，イギリス，カナダ，西ドイツ，オランダ，スイス，ベルギー，フランスとの交渉内容については，中華人民共和国外交部档案館編『中華人民共和国外交档案選編（第一集）1954 年日内瓦会議』世界知識出版社，2006 年，397-450 頁を参照．
6) フランソワ・ジョワイヨー著，中嶋嶺雄・渡邊啓貴訳『中国の外交』白水社，1995 年，15 頁．
7) ジュネーブ交渉において，中国はラオスの中立を確実なものにするために，SEATO によるラオスの保護指定の撤廃を訴えたという．水本義彦『同盟の相剋——戦後インドシナ紛争をめぐる英米関係』千倉書房，2009 年，101 頁．
8) 趙学功「中国与第一次日内瓦会議」，『南開学報（哲学社会科学版）』2004 年第 4 期，85 頁．
9) 范宏偉「冷戦時期中緬関係研究（1955-1966）」，『南洋問題研究』2008 年第 2 期，40 頁．
10) バンドン会議はアジア・アフリカ会議ともいう．1955 年 4 月 18 日〜24 日に開催された．
11) コロンボ・グループ 5 ヵ国とはインド，ビルマ，セイロン，パキスタン，インドネシアである．
12) 木畑洋一「通史　アジア諸戦争の時代 1945-1960 年」，和田春樹・後藤乾一・木畑洋一・山室信一・趙景達・中野聡・川島真編『東アジア近現代通史 7　アジア諸戦争の時代 1945-1960 年』岩波書店，2011 年，28 頁．
13) 陳兼「将『革命』与『非植民化』相連接——中国対外政策中『万隆話語』的興起与全球冷戦的主題変奏」，『冷戦国際史研究』2010 年第 1 期．

14) 青山瑠妙『現代中国の外交』慶應義塾大学出版会，2007年，175-189頁．
15) 馮越・斉鵬飛「中緬辺界談判述略」，『湖南科技大学学報（社会科学版）』2006年第6期，57頁．
16) 唐軍「周恩来総理和『烤鴨外交』」，『档案春秋』2008年第3期，4-5頁．
17) 楊公素「周恩来与新中国的辺界問題」，『国際政治研究』1998年第3期，62-63頁．
18) 楊公素『当代中国外交理論与実践（1949-2001）』励志出版社，2002年，112頁．
19) 楊公素「周恩来与新中国的辺界問題」64頁．
20) 馮越・斉鵬飛「中緬辺界談判述略」57頁．
21) 范宏偉「冷戦時期中緬関係研究（1955-1966）」，『中国外交』2008年第10期，49-56頁．
22) 孔徳生「周恩来開闢的和平解決辺界問題新途径」，『党史文匯』2000年第1期，9-10頁．
23) 宋鳳英「周恩来与中緬辺界談判」，『党史縦覧』2005年第11期，8頁．
24) 同上．
25) 同上，10頁．
26) 范宏偉「中緬辺界問題的解決——過程与影響」，『南洋問題研究』2010年第3期，43頁．
27) 穆阿妮「中尼建交的歴史及其意義」，『南亜研究』2012年第2期，95頁．
28) 穆阿妮「芻議中尼辺界談判中的焦点『珠峰』問題的処理」，『党史研究与教学』2013年第1期，95頁．
29) M. Taylor Fravel, *Strong Borders Secure Nation: Cooperation and Conflict in China's Territorial Disputes*, Princeton: Princeton University Press, 2008, p. 112.
30) 孔徳生「和為貴——60年代中国同部分周辺国家簽訂辺界和約述略」，『党史天地』1999年第9期，36頁．
31) 中国とアフガニスタンの国境交渉については，周守高・斉鵬飛「関与1963年中阿辺界条約談判進程中的『冷』与『熱』現象之探析——以中国外交部新近解密档案為主」，『南亜研究』2011年第4期，16-27頁を参照．
32) Fravel, *Strong Borders Secure Nation*, p. 113.
33) 徐焔「解放後我国処理辺界衝突危機的回顧和総結」，『世界経済与政治』2005年第3期，17頁．
34) 戴超武「インドの対チベット輸出管制・禁輸と中国の反応・政策1952-1960」，青山瑠妙・崔丕編『グローバルヒストリーとしての冷戦と中国の外交』早稲田大学現代中国研究所，2012年，95頁．
35) マクマホン・ラインとは，1914年に定められた，イギリス統治時代のインドのアッサム州と当時のチベットとの国境線である．
36) 康民軍「試析中印辺界問題的歴史与現状」，『南亜研究季刊』2006年第1期，56頁．

37) 張植栄「中印関係的回顧与反思——楊公素大使訪談録」,『当代亜太』2000年第8期, 17頁.
38) 徐焰「解放後我国処理辺界衝突危機的回顧和総結」17頁.
39) 吉田修「インドの対中関係と国境問題」, http://src-h.slav.hokudai.ac.jp/publictn/japan_border_review/no1/04_yoshida.pdf（2013年7月2日閲覧）.
40) 康民軍「1954年中印協定与中印辺界争端」,『当代中国史研究』2004年第6期, 53頁.
41) 孔徳生「一波三折——中印辺界談判述略」,『党史天地』1999年第3期, 28頁.
42) 1959年8月25日～27日に朗久（Longju）事件, 1959年10月20日～21日に空喀山口（Kongka Pass）事件が発生した.
43) 「毛沢東決策中印辺境之戦前後」,『党史文苑』2004年第3期, 54頁.
44) 衛霊『冷戦後中印関係研究』中国政法大学出版社, 2007年, 42頁.
45) 徐焰「解放後我国処理辺界衝突危機的回顧和総結」18頁.
46) 「毛沢東決策中印辺境之戦前後」55頁.
47) ソ連とアメリカの間に存在する2つの中間地帯とは, アジア, アフリカ, ラテン・アメリカの第1中間地帯, 西欧資本主義諸国の第2中間地帯であった.
48) 笠原正明「中国と第三世界」, 神戸市外国語大学外国学研究所『研究年報』（Ⅷ）, 1975年, 5頁, 10-11頁.
49) 唐家璇「為了争取和平与発展的国際環境——新中国外交的理論与実践」,『瞭望新聞週刊』1999年第39期, 24頁.
50) 「中央情報局関於中国与亜拉伯各国関係的特別報告」, 沈志華・楊奎松主編『美国対華情報解密档案第11編——中国与第三世界』東方出版中心, 2009年, 476頁.
51) 文革中に, 駐カンボジア中国大使館が『毛沢東語録』を配布し, カンボジア人民による武装闘争を煽った. シアヌーク政権は中国・カンボジア友好協会を解散し, 駐中国カンボジア大使館の人員を全員召還すると命じ, 強く反発した. その後, 周恩来の働きかけにより, 実現には至らなかったが, カンボジアとの関係は一時険悪な状態に陥った.
52) 原不二夫『未完に終わった国際協力——マラヤ共産党と兄弟党』風響社, 2009年, 198-200頁.
53) 范宏偉「奈温軍事政権的建立与中国的対緬政策」,『厦門大学学報（哲学社会科学版）』2010年第4期, 85頁.
54) 同上.
55) ヤンゴンの「6.26華僑排斥事件」については, 范宏偉『和平共処与中立主義——冷戦時期中国与緬甸和平共処的成就与経験』世界知識出版社, 2012年, 147-178頁.
56) 青山瑠妙「アジア冷戦の溶融としてのニクソン訪中と田中訪中」, 和田春樹・後藤乾一・木畑洋一・山室信一・趙景達・中野聡・川島真編『東アジア近現代通史8

ベトナム戦争の時代 1960-1975 年』岩波書店，2011 年.
57）『人民日報』1966 年 2 月 21 日.
58）『人民日報』1967 年 8 月 12 日.
59）李丹慧「中蘇在援越抗美問題上的分岐和衝突（1961-1973）」，http://coldwarchina.org/zwxz/zgxz/ldh/002040.html（2012 年 7 月 2 日閲覧）.
60）下斗米伸夫『アジア冷戦史』中央新書，2004 年，117 頁.
61）"77 Conversations between Chinese and Foreign Leaders on the War in Indochina, 1964-1977", CWIHP Working Paper, No. 22, http://www.wilsoncenter.org/topics/pubs/ACFB39.pdf（2013 年 2 月 2 日閲覧）.
62）寥心文「二十世紀六七十年代毛沢東，鄧小平等打破蘇連包囲的戦略思想与決策歴程」，『党的文献』2010 年第 6 期，41 頁.
63）William R. Feeney, "China and the Multilateral Economic Institutions", in Samuel S. Kim ed., *China and the World: Chinese Foreign Policy Faces the New Millennium*, Boulder: Westview Press, 1998, pp. 240-241.
64）Ibid., p. 245.
65）高木誠一郎「中国とアジア太平洋地域の多国間協力」，田中恭子編『現代中国の構造変動 8　国際関係——アジア太平洋の地域秩序』東京大学出版会，2001 年，78-79 頁.
66）『宦郷文集（下）』世界知識出版社，1994 年，1315-1343 頁.
67）高橋満「第三世界認識の変容」，小林弘二編『中国の世界認識と開発戦略——視座の転換と開発の課題』アジア経済研究所，1990 年，31 頁.
68）ASEAN 拡大外相会議は 1978 年 6 月に日本・ASEAN 外相会議として初めて開催された．それ以降，アメリカ，オーストラリア，ニュージーランド，欧州連合（EU）が 1979 年に，カナダが 1980 年に，韓国が 1991 年に，インド，中国，ロシアが 1996 年にそれぞれ参加するようになった．現在 10 ヵ国・機関が参加し，年 1 回開かれている．
69）劉江長「太平洋国際関係的変遷与経済合作的新潮流」，『現代国際関係』1988 年第 3 期，23 頁.
70）こうした主張を行ったものとして，例えば，加貝「蘇聯対太平洋経済合作会議態度的変化」，『国際問題研究』1989 年第 2 期，1-2 頁．郭炤烈「『太平洋経済合作在前進』——PECC 大阪会議側記」，『国際展望』1988 年第 12 期，12-13 頁．楊冠群「亜太区域最重要的国際組織——聯合国亜太経社会」，『世界知識』1993 年第 1 期，30-31 頁．程畢凡「太平洋経済合作会議的由来与現状」，『世界経済与政治内参』1987 年第 3 期，1-10 頁.
71）中国が 1986 年に行った申請は GATT 締結国地位の回復の申請であった.
72）李嵐清『突囲——国門初開的歳月』中央文献出版社，2008 年，333 頁.

73) 1991年1月，マカオも香港方式に準じてGATTのメンバーとなり，1992年11月に中国と台湾がそろってGATTのオブザーバーとなった．台湾は2002年1月，世界貿易機関（WTO）への加盟を果たした．
74) 竹内孝之「台湾の国際参加」，若林正丈編『台湾総合研究Ⅱ――民主化後の政治』アジア経済研究所，2008年．
75) 『朝日新聞』1988年5月24日．
76) 高尚全「沿海地区経済発展戦略を実施する鍵は改革の深化にある」，『日中経済協会会報』1989年第2期，51-52頁．
77) 趙文闘「中国経済と日本の協力の在り方」，『日中経済協会会報』1989年第6期，23-24頁．
78) 「日中経済協会訪中代表団と田紀雲国務院副総理との会見記録」1992年9月19日，『1992年度日中経済協会訪中代表団訪中報告書』日中経済協会，1992年，22頁．
79) Guoguang Wu, "Multiple Levels of Multilateralism: The Rising China in the Turbulent", in Guoguang Wu ed., *China Turns to Multilateralism: Foreign Policy and Regional Security*, New York: Routledge, 2008, p. 267.

1.2

1) 牛軍「『回帰亜洲』――中蘇関係正常化与中国印度支那政策的演変（1979-1989）」，『国際政治研究』2011年第2期，73頁．
2) 孫艶玲「中国外交政策的調整与中蘇関係正常化」，『中共党史研究』2009年第2期，34頁．
3) 「中国和蘇聯両国外交部長関於解決柬埔寨問題的声明（1989年2月5日）」，『中華人民共和国国務院公報』1989年第2期，43-44頁．
4) Robert S. Ross, *Chinese Security Policy: Structure, Power and Politics*, London and New York: Routledge, 2009, p. 131.
5) 青山瑠妙『現代中国の外交』慶應義塾大学出版会，2007年，340-342頁．
6) 1984年から，中国・ブータン両政府は国境画定に関する会合を毎年開いている．インドの影響を強く受け，現在25ヵ国としか国交を結んでいないブータンに対し，中国は600kmにわたる国境線の解決の第一歩として，2012年に温家宝首相が国交樹立の提案を行った．ブータン政府も，2013-2014年の国連の非常任理事国入りに中国が尽力していることもあり，早期の国交樹立の意向を示した．
7) 2013年4月，中国軍が中印係争地域であるカシミール地方ラダック（Ladakh）に侵入し，その後，中印両軍が睨み合いの状態が続いていたが，5月5日の両国の協議を経て，両国の軍隊が撤退し，事態は沈静化した．5月5日の協議において中国から係争地域における共同パトロールの提案が出されたが，就任後最初の外遊となる李克強首相の訪印中に，両国は国境地域に関する協議の強化について合意した

ものの，締結された条約には合同パトロールは盛り込まれなかった．
8) 楊公素『当代中国外交理論与実践 (1949-2001)』励志出版社，2002 年，319 頁．
9) 中寧「中国辺界暗戦」，『東北之窓』2009 年第 2 期，39 頁．
10) M. Taylor Fravel, "Regime Insecurity and International Cooperation: Explaining China's Compromises in Territorial Disputes", *International Security*, Vol. 17, No. 1, Summer 1992, p. 81. Aaron L. Friedberg, "The Future of U.S.-China Relations: Is Conflict Inevitable?" *International Security*, Vol. 30, No. 2, Fall 2005, pp. 7-45.
11) 『人民日報』1990 年 1 月 31 日．
12) 「東盟経済考察報告」，『世界経済与政治』1990 年第 4 期，10-11 頁．
13) 佐藤考一「中国と ASEAN 諸国」，高木誠一郎編『脱冷戦期の中国外交とアジア・太平洋』日本国際問題研究所，2000 年，258 頁．
14) EAEG 構想は ASEAN 6 ヵ国を中心に，日本，韓国，中国など 11 ヵ国・地域で構成し，東アジア地域での貿易や投資を促進しようというもの．EAEG は 1992 年 1 月に東アジア経済協議体 (EAEC) と改称．
15) 山影進編『東アジア地域主義と日本外交』日本国際問題研究所，2003 年，21 頁．
16) 『人民日報』1990 年 12 月 27 日．
17) 『人民日報』1991 年 11 月 14 日．
18) この 5 原則とは (1) 相互尊重，(2) 平等互恵，(3) 相互開放，(4) 共同繁栄，(5) コンセンサスであった．
19) 『人民日報』1991 年 12 月 18 日．
20) 『人民日報』1992 年 1 月 10 日．
21) John Ravenhill, *APEC and the Construction of Pacific Rim Regionalism*, Cambridge: Cambridge University Press, 2001, p. 112.
22) 『日本経済新聞』1993 年 11 月 17 日．
23) 南シナ海紛争の当事国ではないインドネシアの主導のもとで，1990 年からスタートした非公式な会合である．
24) 亀山伸正「中国のアジア太平洋多国間協力――中国外交専門誌による認識の変遷を中心に」，http://www.waseda-giari.jp/sysimg/imgs/2007_21c_coe.pdf（2010 年 7 月 15 日閲覧）．
25) 「国際維和与中国『藍盗』」，『世界知識』2008 年第 3 期，18 頁．
26) Alastair Iain Johnson and Paul Evans, "China's Engagement with Multilateral Security Institutions", in Robert Ash ed., *China's Integration in Asia: Economic Security and Strategic Issues*, Richmond: Curzon Press, 2002, p. 258.
27) Bates Gill, "China and Regional Cooperation and Security Building Measures (CSBMs)", ibid., p. 219.
28) 詹世亮「亜太地区形勢和中国睦隣友好政策」，『国際問題研究』1993 年第 4 期，2

頁.

29) 馬成三『発展する中国の対外開放』アジア経済研究所, 1992年, 20頁.
30) 服部健治「内陸経済発展における辺境貿易の役割」, 丸山伸郎編『90年代中国地域開発の視角』アジア経済研究所, 1994年, 343-382頁.
31) 「一圏・一列・一片・一点」政策は, 現在では周辺外交, 発展途上国外交, 先進国外交, 多角外交(「多辺外交」)が4つの柱となっている.
32) 高原明生「中国の新安全保障観と地域政策」, 五十嵐暁郎・佐々木寛・高原明生編『東アジア安全保障の新展開』明石書店, 2005年, 194頁.
33) 劉勝湘「国家安全観的終結──新安全質疑」, 『欧州研究』2004年第1期, 1頁.
34) 高木誠一郎「中国の『新安全保障観』」, 『防衛研究所紀要』第5巻第2号, 2003年3月, 69-72頁.
35) ASEAN規範に関する研究は, 以下の論文を参照. François Godement, "Chinese and Asian Concepts of Conflict Resolution", in Ash ed., *China's Integration in Asia*, pp. 246-256. Amitav Acharya, *Constructing a Security Community in Southeast Asia: ASEAN and the Problem of Regional Order*, London and New York: Routledge, 2001.
36) 唐永勝・郭新寧「亜太安全理論框架」, 『太平洋学報』1999年第4期, 85頁.
37) 宋以敏「冷戦体制後的国際関係与東亜」, 『発展論壇』2000年第9期, 77頁.
38) 朱寧「東亜安全合作的三種模式」, 『世界経済与政治』2006年第9期, 54頁.
39) EAVGは1998年のASEAN+3(日中韓)首脳会合において韓国の金大中大統領の提案で設置されたものである.
40) David Shambaugh, "China Engages Asia: Reshaping the Regional Order", *International Security*, Vol. 29, No. 3, Winter 2004/05, p. 70.
41) 後からASEANに加盟した国々とは2015年に自由貿易協定(FTA)が発効する予定.
42) Marc Lanteigne, "A Change in Perspective: China's Engagement in the East Timor UN Peacekeeping Operations", *International Peacekeeping*, Vol. 18, No. 3, June 2011, p. 322.
43) Yeshi Choedon, "China's Stand on UN Peacekeeping Operations: Changing Priorities of Foreign Policy", *China Report*, Vol. 41, No. 1, February 2005, p. 52. Bates Gill and James Reilly, "Sovereignty, Intervention and Peacekeeping: The View from Beijing", *Survival*, Vol. 42, No. 3, Autumn 2000, p. 48.
44) 「中央外事工作会議在京挙行胡錦濤作重要講話」, http://news.xinhuanet.com/politics/2006-08/23/content_4999294.htm(2006年9月1日閲覧).
45) 劉雲山「中国応対国際金融危機的実践和啓示」, 『求是』2010年第1期, 13-14頁.
46) 楊潔篪「中国外交正処在大発展的歴史時期」, 『人民日報』2009年9月5日.

47) 閻学通「為何中国需要与俄羅斯結盟」, http://www.csstoday.net/2011/12/23/9209.html (2011年12月23日閲覧). 中国の「非同盟政策」を放棄すべきだと主張するものとして,「中国或可改変『不結盟』戦略」,『国防時報』2011年6月8日, 張文木「中俄結盟的限度, 目標和意義」,『社会観察』2012年第3期, 李大光「別総是『不結盟』」,『世界報』2012年6月20日などがある.
48) こうした立場に立つものとして, たとえば李晨陽「対冷戦後中国与東盟関係的反思」,『外交評論』2012年第4期, 10-20頁がある.
49) 金燦栄「中国崛起背景下的中美関係」,『領導文萃』2012年第6期, 20-21頁.
50) 羅照輝「2011年中国的亜洲外交」, http://fangtan.people.com.cn/GB/147553/237748/index.html (2012年1月5日閲覧).
51) 崔天凱「堅定不移推進中美合作伙伴関係」, http://www.mfa.gov.cn/chn/gxh/tyb/wjbxw/t902416.htm (2012年2月6日閲覧).
52) 「国防部回応美国在澳大利亜駐軍——是冷戦思維的体現」, http://www.chinanews.com/gn/2011/11-30/3498701.shtml (2011年11月30日閲覧).
53) 「外交部就美国在亜太地区加強軍事存在出回応」, http://world.people.com.cn/GB/16293633.html (2011年11月18日閲覧).
54) 楽玉成「世界大変局中的中国外交」,『外交評論』2011年第6期, 4頁.
55) 「楊潔篪談2011年中国外交 戦勝挑戦維護国家利益」, http://world.people.com.cn/GB/16781588.html (2011年1月2日閲覧).
56) 「胡錦濤18大報告(全文)」, http://news.china.com.cn/politics/2012-11/20/content_27165856_3.htm (2012年11月30日閲覧).
57) 楽玉成「対国際変局与中国外交的若干思考」,『中国外交』2012年第11期, 6-8頁.
58) RCEPは2011年11月にASEANによって提案され, 日本, 中国, 韓国, インド, オーストラリア, ニュージーランドの6ヵ国とASEANが持つ5つのFTAを束ねる包括的な経済連携構想である. 実現すれば, 人口34億人, GDP約20兆ドル, 貿易総額10兆ドルを占める経済圏が出現する. 2012年11月に, RCEPの交渉がスタートした.
59) 張蘊岭「共同利益為基礎合作為框架的新関係」, http://v.china.com.cn/2013-01/26/content_27802472.htm (2013年1月26日閲覧).
60) "Official: China Should Move toward More Free Trade Agreements", *China Daily*, April 18, 2013.
61) 羅照輝「2011年中国的亜洲外交」.
62) 「専家学者熱議中国外交五大熱点問題」, http://www.chinanews.com/gn/2011/12-18/3540371.shtml (2011年12月18日閲覧).
63) 楽玉成「世界大変局中的中国外交」3頁.
64) 『中国日報』2013年1月8日.

65) 中ロの共同声明（2013年3月22日）の全文は，http://news.xinhuanet.com/2013-03/23/c_124494026.htm を参照．
66) 『解放日報』2013年1月30日．

1.3

1) 外務省『平成4年度外交青書』，http://www.mofa.go.jp/mofaj/gaiko/bluebook/1992/h04-3-1.htm#f12（2012年8月1日閲覧）．
2) 「変わる環境，日本の選択は？　日米安保座談会」，『朝日新聞』1995年11月21日．
3) 「尖閣諸島の取得・保有に関する関係閣僚会合」，http://www.kantei.go.jp/jp/tyoukanpress/201209/__icsFiles/afieldfile/2012/09/10/0910kaiken_siryou.pdf（2013年2月1日閲覧）．
4) 大矢根聡『国際レジームと日米の外交構想——WTO・APEC・FTAの転換局面』有斐閣，2012年．
5) 「亜洲秩序，還繞不開美国」，『環球時報』2005年7月18日．
6) 「米中見据え，踏み出す時」，『日本経済新聞』2013年3月17日．
7) RCEPについては，http://www.mofa.go.jp/mofaj/gaiko/fta/j-eacepia/index.html を参照．
8) 「地域連携，日豪など新構想」，『日本経済新聞』2009年10月26日．
9) 大メコン地域にはカンボジア，タイ，ベトナム，ラオス，ミャンマー，中国の6ヵ国が含まれる．
10) 「中国と存在感競う日本　環境支援で巻き返し図る」，『朝日新聞』2009年11月4日．
11) 平成18年度外務省委託研究報告書「我が国のユーラシア外交——上海協力機構を手がかりに」，http://www2.jiia.or.jp/pdf/report/h18_eurasia.pdf（2012年3月2日閲覧）．
12) 「中俄経貿情況」，『瞭望新聞週刊』2013年第12期，19頁．
13) 『北京青年報』2012年6月7日．
14) 「外交部亜洲司司長談『2011年中国的亜洲外交』」，http://news.china.com/focus/2012bwft/11118558/20120412/17142826.html（2012年4月12日閲覧）．
15) 孔子学院・孔子教室の違いについては，青山瑠妙「中国の広報文化戦略——そのプレゼンスと重い課題」，『三田評論』No. 1159，2012年8-9月，28-34頁を参照．
16) 文化建設第11次5ヵ年計画（「文化建設"十一五"規劃」）の全文は，http://www.ccnt.gov.cn/zcfg/whbwj/t20061016_30897.htm（2013年7月2日閲覧）を参照．
17) 文化改革の第12次5ヵ年計画（「国家『十二五』時期文化改革発展規劃綱要」）の全文は，http://www.china.com.cn/polity/2012-02/16/content_24647982.htm（2013年7月2日閲覧）を参照．

18) 教育の第12次5ヵ年計画（「国家教育事業発展第十二年規劃」）の全文は，http://www.edu.cn/zong_he_870/20120723/t20120723_813704_41.shtml（2013年7月2日閲覧）を参照.
19) 「外交部亜洲司司長談『2011年中国的亜洲外交』」.
20) 「外交部副部長傅瑩就中国東盟関係接受新華社採訪」，http://www.gov.cn/jrzg/2012-08/05/content_2198728.htm（2012年8月5日閲覧）.
21) 同上.
22) 「胡錦濤従四個方面為上合組織発展指明方向」，http://gb.cri.cn/27824/2012/06/07/5951s3717952.htm（2012年6月7日閲覧）.
23) Niklas Swanström, "China's Role in Central Asia: Soft and Hard Power", http://www.worlddialogue.org/content.php?id=402（2012年6月7日閲覧）.
24) Niklas Swanström, "China and Great Central Asia: Economic Opportunities and Security Concerns", in Lowell Dittmer and George T. Yu eds., *China, the Developing World and the New Global Dynamic*, Boulder and London: Lynne Rienner Publishers, 2010, p. 116.
25) 福田保「東南アジアにおける米国と中国の軍事ネットワークの比較——パワー・トランジションと軍事的連携バランス」，http://www2.jiia.or.jp/pdf/resarch/H23_Japan_US_China/12_Fukuda.pdf（2013年5月5日閲覧）.
26) Kenneth W. Allen and Eric A. McVadon, "China's Foreign Military Relations", *The Henry L. Stimson Center Report #32*, October 1999.
27) Ian Storey, "China's Bilateral Defense Diplomacy in Southeast Asia", *Asian Security*, Vol. 8, Issue 3, 2012, pp. 294-297.
28) Ibid.
29) 2013年の中国の『国防白書』の全文は，http://www.mod.gov.cn/affair/2013-04/16/content_4442839.htm（2013年7月2日閲覧）を参照.
30) Richard Weitz, "Kazakhstan and the New International Politics of Eurasia", Silk Road Paper, Central Asia-Causasus Institute Silk Road Studies Program, July 2008, p. 11.
31) Jargalsaikhan Mendee, "Mongolia's Quest for Third Neighbours: Why the European Union?", http://www.eucentralasia.eu/fileadmin/PDF/PolicyBriefs/MONGOLIA_QUEST_FOR_THIRD_NEIGHBOURS_WHY_THE_EU.pdf（2012年7月2日閲覧）.
32) 「中国駐蒙大使王小龍——中蒙関係進入戦略伙伴新時期」，http://news.xinhuanet.com/world/2011-08/23/c_121896769.htm（2011年8月23日閲覧）.
33) "Cooperation with Mongolia to Get a Boost", *China Daily*, June 8, 2012.
34) モンゴルの石炭輸出の80％が中国向けである.

35) T. Tugsbilguun, "Does the Shanghai Cooperation Represent an Example of a Military Alliance?", *The Mongolian Journal of International Affairs*, No. 15-16, 2008-2009, pp. 92-93.
36) 1999年1月12日に国連総会決議（resolution 53/77/D）で，モンゴルに非核兵器地帯のステータスが与えられた．その後，カザフスタン，キルギス，タジキスタン，トルクメニスタン，ウズベキスタンの中央アジア5ヵ国による中央アジア非核兵器地帯条約も2006年に署名され，2009年に発効した．
37) Wang Peiran, "Mongolia's Delicate Balancing Act", *China Security*, Vol. 5, No. 2, 2009, p. 29. 城忠彰「モンゴル1国非核兵器地帯創設の意義」，『国際公共政策研究』第13巻第1号，2008年9月，29-38頁．
38) 2004年にモンゴルはOSCEのパートナー（Asian Partner）となっていた．
39) 盧遠「相互依存視域下的中国－尼泊爾関係」，『暨南学報（哲学社会科学版）』2010年第4期，131頁．
40) 黄正多・李燕「中国－尼泊爾経貿合作——現状，問題与対策」，『南亜研究季刊』2010年第4期，67-72頁．
41) 「中国対緬併無本銭需需自喜」，http://www.ennweekly.com/2013/0205/9841.html （2013年6月1日閲覧）．
42) Joel Wuthnow, *Chinese Diplomacy and the UN Security Council: Beyond the Veto*, London and New York: Routledge, 2013, p. 117.
43) 「衝突的『溢出効応』」，『環球』2013年2月1日，40頁．
44) 同上．
45) ダム建設に伴いカチン州で1万2000人の移住が余儀なくされるという．
46) 「中電投——中緬密松電站合作項目互利双贏」，http://energy.people.com.cn/GB/15807636.html（2011年10月3日閲覧）．
47) 「難以停息的緬甸克欽邦戦火」，『中国新聞週刊』2013年1月14日，62頁．
48) ミャンマー政府とKIOとの和平交渉は，2013年2月に中国の雲南省瑞麗で行われ，中国もオブザーバーとして参加した．
49) "The Cambodia Aid Effectiveness Report 2010", http://www.cdc-crdb.gov.kh/cdc/third_cdcf/aer_2010_en.pdf（2013年5月31日閲覧）．
50) 「柬埔寨——中国範囲的拡展」，http://www.ennweekly.com/2013/0206/9860.html （2013年6月3日閲覧）．
51) 「中国企業在老撾生根発萌」，http://finance.people.com.cn/n/2013/0531/c1004-21686742.html（2013年5月31日閲覧）．
52) "Brunei in the South China Sea Hot Seat", http://maritimesecurity.asia/free-2/south-china-sea-2/brunei-in-the-south-china-sea-hot-seat-asia-times-online/（2012年12月21日閲覧）．

53) Ian Storey, *Southeast Asia and the Rise of China: The Search for Security*, London and New York: Routledge, 2011, pp. 282-283.

第2章
2.1
1) 李効東編『朝鮮半島危機管理研究』軍事科学出版社，2010年，42-49頁．
2) 銭其琛『外交十記』世界知識出版社，2003年，152頁．
3) 同上．
4) 同上，153頁．
5) Samuel S. Kim, "The Making of China's Korea Policy in the Era of Reform", in David Lampton ed., *The Making of Chinese Foreign and Security Policy in the Era of Reform*, Stanford: Stanford University Press, 2001, p. 118.
6) 米朝交渉と米朝枠組み合意については，菊池努「地域制度はグローバル・ガバナンスに資するのか？――アジア太平洋の事例」，http://www2.jiia.or.jp/pdf/resarch/H23_GlobalGovernance/10_Kikuchi.pdf（2013年7月2日閲覧）を参照．
7) 1999年には北朝鮮問題に関する日米韓三国調整グループ（Trilateral Coordination and Oversight Group: TCOG）が設立された．KEDOにもTCOGにも，中国は参加していなかった．
8) Gregory J. Moore, "How North Korea Threatens China's Interests: Understanding Chinese 'Duplicity' on the North Korea Nuclear Issue", *International Relations of the Asia-Pacific*, Vol. 8, Issue 1, January 2008, p. 7.
9) Joel S. Wit, Daniel B. Poneman, and Robert L. Gallucci, *Going Critical: The First North Korean Nuclear Crisis*, Washington, D.C.: Brookings Institution Press, 2004, p. 157.
10) Samuel S. Kim, "China's Conflict-Management Approach to the Nuclear Standoff on the Korean Peninsula", *Asian Perspective*, Vol. 30, No. 1, Spring 2006, pp. 5-38.
11) 平岩俊司「朝鮮半島核危機をめぐる北朝鮮・中国関係」，http://www2.jiia.or.jp/pdf/asia_centre/h16_anzenhosyou/hiraiwa.pdf（2012年8月1日閲覧）．
12) 「保持耐心　冷静務実――就朝鮮半島四方会談訪中国代表団団長陳健」，『世界知識』1998年第7期，14頁．
13) 「新しい平和保障体系」とは，第1次核危機の際に北朝鮮が提起したものである．その際に，北朝鮮は「新しい平和保障体系」のもとで米朝平和協定の締結を求めた．
14) 楊軍・王秋彬『中国与朝鮮半島関係史論』社会科学文献出版社，2006年，234頁．
15) 倉田秀也「六者会談の成立過程と米中関係」，高木誠一郎編『米中関係――冷戦後の構造と展開』日本国際問題研究所，2007年，71頁．
16) 青山瑠妙『現代中国の外交』慶應義塾大学出版会，2007年，348頁．

17) 2002年9月24日，楊斌が北朝鮮の新義州行政特区のトップとして任命されたが，同年10月4日に中国政府に逮捕された．
18) 中居良文「中国の北朝鮮政策——楊斌事件をめぐって」，『国際政治』第135号，2004年3月，92頁．
19) Yoichi Funabashi, *The Peninsula Question: A Chronicle of the Second Nuclear Crisis*, Washington, D.C.: Brookings Institution Press, 2007.
20) 「外交部発言人就朝鮮核問題発表談話」，『人民日報』2002年12月14日．
21) "Powell Cites Asian Support for U.S. Proposal on North Korea", http://www.usembassy-israel.org.il/publish/press/2003/february/022704.html（2003年2月26日閲覧）．
22) 劉金質・潘京初・潘栄英・李錫遇『中国与朝鮮半島国家関係文件資料匯編（1991-2006）（下）』世界知識出版社，2006年，422頁．
23) 林利民「朝核危機管理与中国的外交選択」，『現代国際関係』2006年8月，37頁．
24) Scott Snyder, "A Turning Point for China-Korea Relations?", *Comparative Connections*, Vol. 6, No. 3, October 2004, http://csis.org/files/media/csis/pubs/0403qchina_korea.pdf（2013年7月1日閲覧）．
25) 道下徳也「北朝鮮の大量破壊兵器・ミサイル問題」，http://www.cpdnp.jp/pdf/003-01-003-08.pdf（2012年8月1日閲覧）．
26) Snyder, "A Turning Point for China-Korea Relations?".
27) 筆者によるインタビュー調査．
28) Michael O'Hanlon and Mike M. Mochizuki, *Crisis on the Korean Peninsula: How to Deal with a Nuclear North Korea*, New York: McGraw-Hill, 2003, p. 36.
29) Gilbert Rozman, *Strategic Thinking about the Korean Nuclear Crisis: Four Parties Caught between North Korea and the United States*, New York: Macmillan Publishers, 2007, p. 105. 寺林裕介「北朝鮮の核開発問題と六者会合（上）——北東アジアにおける多国間枠組みの形成」，http://www.sangiin.go.jp/japanese/annai/chousa/rippou_chousa/backnumber/2006pdf/2006070773.pdf（2012年8月1日閲覧）．
30) 青山瑠妙「中国外交における国際協調の流れ」，国分良成・小嶋華津子編『現代中国政治外交の原点』慶應義塾大学出版会，2013年．
31) Susan Shirk, *China: Fragile Superpower*, New York: Oxford University Press, 2007, p. 123.
32) 平岩俊司「北朝鮮核問題と6者協議」，『アジア研究』第53巻第3号，2007年7月，31頁．
33) Gilbert Rozman, "Post Cold War Evolution of Chinese Thinking on Regional Institutions in Northeast Asia", *Journal of Contemporary China*, Vol. 19, Issue 66, September 2010, p. 613.

34) 倉田秀也「朝鮮半島平和体制樹立問題と中国——北東アジア地域安全保障と『多国間外交』」,高木誠一郎編『脱冷戦期の中国外交とアジア・太平洋』日本国際問題研究所,2000年,231頁,227頁.
35) 渡邊武「中国と朝鮮半島——『朝鮮問題の朝鮮化』とその限界」,村井友秀編『中国をめぐる安全保障』ミネルヴァ書房,2007年,72-89頁.
36) Anne Wu, "What China Whispers to NK", *The Washington Quarterly*, Vol. 28, Issue 2, Spring 2005, p. 35.
37) 「詳訊——朝鮮労働党総書記金正日対中国進行非公式訪問」,http://news.xinhuanet.com/newscenter/2004-04/21/content_1432810.htm(2004年4月21日閲覧).
38) 「金正日対我国進行非公式訪問 胡錦濤設宴歓迎」,http://news.xinhuanet.com/politics/2006-01/18/content_4068738.htm(2006年1月18日閲覧).
39) "Inside North Korea: A Joint U.S.-Chinese Dialogue", http://www.usip.org/publications/inside-north-korea-joint-us-chinese-dialogue(2007年1月31日閲覧).
40) 平岩「北朝鮮核問題と6者協議」37頁.
41) Christopher Twomey, "Explaining Chinese Foreign Policy toward North Korea: Navigating between Scylla and Charybdis of Proliferation and Instability", *Journal of Contemporary China*, Vol. 17, Issue 56, August 2008, p. 417.
42) David M. Lampton, *The Three Faces of Chinese Power: Might, Money, and Minds*, Berkeley: University of California Press, 2008, p. 67.
43) "China Deploys Troops on N. Korean Boarder", *Washington Post*, September 13, 2003.
44) Moore, "How North Korea Threatens China's Interests", p. 23.
45) Ralph A. Cossa and Brad Glosserman, "Regional Overview: Shaking the Foundations", *Comparative Connections*, Vol. 13, No. 1, May 2011, http://csis.org/files/publication/1101qoverview.pdf(2013年7月1日閲覧), p. 4.
46) 「朝鮮政党領導人会見王家瑞」,『人民日報』2009年1月23日.「朝鮮外務相会見我外長助理」,『人民日報』2009年1月13日.
47) 徐進「朝鮮核問題——中国応強力介入還是中立斡旋?」,『国際経済評論』2011年第6期,149頁.
48) 「北朝鮮『テポドン2号』発射——安保理協議,政府,新決議案提出へ」,『日本経済新聞』2009年4月6日.
49) Scott Snyder and See-Won Byun, "Cheonan and Yeonpyeong: The Northeast Asian Response to North Korea's Provocations", *Rusi Journal*, Vol. 156, No. 2, April 2011, p. 76.
50) 「朝官員秘密訪台引島内震動 被批『国安』漏洞」,『環球時報』2012年10月18日.

51) 「朝鮮労働党総書記金正日対我国進行非公式訪問」，http://news.xinhuanet.com/world/2010-05/07/c_1278775.htm（2010 年 5 月 7 日閲覧）．
52) 羅先市は 2010 年 1 月 4 日に特別市（直轄市）として指定されていた．
53) 「羅先経済貿易区和黄金坪，威化島経済区大事記」，『環球』2012 年第 24 期，35 頁．
54) 「中国企業告訴了金正日什麼」，http://www.lwdf.cn/wwwroot/dfzk/bwdfzk/201043/ss/251670.shtml（2012 年 7 月 1 日閲覧）．
55) 「胡錦濤同金正日在長春挙行会談」，http://news.xinhuanet.com/politics/2010-08/30/c_12500145_2.htm（2010 年 8 月 30 日閲覧）．
56) 同上．
57) 「朝鮮労働党総書記金正日対我国進行非公式訪問」．
58) 「中国企業告訴了金正日什麼」．
59) 「金正日順訪中国東北地区」，http://world.people.com.cn/GB/16648564.html（2011 年 12 月 19 日閲覧）．
60) 『中国経済新聞』2012 年 9 月 15 日．
61) 「中朝両個経済区開発合作連合指導委員会召開会議」，http://www.gov.cn/gzdt/2012-08/14/content_2203984.htm（2012 年 8 月 14 日閲覧）．
62) 「北朝鮮ミサイル実験，中国，異例の『反対』表明」，『日本経済新聞』2012 年 12 月 3 日．
63) 北朝鮮に対する政策を見直すべきだと主張する議論には，例えば，沈驥如「維護東北亜安全的当務之急」，『世界経済与政治』2003 年第 4 期，王忠文「以新視角審視朝鮮問題与東北亜形勢」，『戦略与管理』2004 年第 4 期などがある．
64) 徐進「朝鮮核問題」147 頁．
65) Michael D. Swaine, "China's North Korea Dilemma", *China Leadership Monitor*, No. 30, Fall 2009.
66) 「中国，北朝鮮核実験で抗議活動　広東省広州市」，共同通信，2013 年 2 月 17 日．
67) 「『制裁に中国積極的』米財務次官」，『日本経済新聞』2013 年 4 月 14 日．
68) 「『不允許在中国家門口生事』告誡一語双関」，http://gb.cri.cn/27824/2013/04/07/2165s4076367.htm（2013 年 5 月 1 日閲覧）．

2.2

1) "Beijing Does not Seek Influence through Overseas Chinese", *Straits Times*, June 6, 1991.
2) 大西康雄「中国の台頭と東南アジア，日本」，『アジ研ポリシー・ブリーフ』No. 8, 2012 年 8 月．
3) 青木健「ASEAN・中国の FTA 創設合意と日本の対応」，『ITI 季報』No. 47, Spring 2002, 40 頁．

注（第 2 章第 2 節） 313

4) 南シナ海行動規範はフィリピンとベトナムが起草したが，マレーシアは強く反対していた．
5) 中国と ASEAN 間の実務レベルの高官協議の初会合は 1995 年に杭州で開催された．
6) "External Relations", http://www.aseansec.org/10370.htm（2012 年 8 月 8 日閲覧）．
7) Carlyle A. Thayer, "Tensions Promote Discussions on a Code of Conduct", *Comparative Connections*, Vol. 2, No. 1, April 2000, http://csis.org/files/media/csis/pubs/0001qchina_seasia.pdf（2000 年 5 月 1 日閲覧）．
8) 2000 年はじめ，スカボロー礁付近で操業していた中国漁民 21 人がフィリピンの海軍監視船によって逮捕された．
9) 「南シナ海行動宣言」の全文については，http://www.aseansec.org/13163.htm（2012 年 8 月 8 日閲覧）を参照．
10) 青山瑠妙『現代中国の外交』慶應義塾大学出版会，2007 年，349 頁．
11) 温家宝首相の 9 つの提案は以下のとおりである．(1) 首脳交流を含めた各レベルによる対話協力システムの強化．(2) ASEAN イニシアティブの支持．(3) FTA を含めた税関・検疫などの協力強化．(4) 中国・ASEAN エネルギー閣僚級対話機構の新設．(5) 5 つの重点分野における協力の促進及び交通協力覚書の着実な実行．(6) 海上安全を含む非伝統的安全保障分野における協力の強化．SEANWFZ に関する中国と ASEAN の条約の早期締結．「南シナ海行動宣言」の実行及び南シナ海協力の早期始動．「争議を棚上げして共同開発する」という原則に従い，係争海域での共同開発方法の積極的探究．(7) メコン流域 5 ヵ国との大メコン川流域（GMS）情報覚書の締結．ASEAN 東部成長地域への中国のオブザーバー参加と，ASEAN 東部諸国との協力強化．(8) 文化交流と青年交流の強化．ASEAN との文化協力合意書の締結．青年ボランティアの相互派遣，語学指導の展開，医療協力，農業技術の普及活動の実施．(9) 対話パートナーシップ締結 15 周年にあたる 2006 年における「中国・ASEAN 友好協力の年」にかかわる記念活動の実施．
12) 中国と ASEAN のアクションプラン（2005-2010）の全文は，http://www.fmprc.gov.cn/chn/pds/ziliao/1179/t175829.htm（2013 年 7 月 2 日閲覧）を参照．
13) Carlyle A. Thayer, "Developing Multilateral Cooperation", *Comparative Connections*, Vol. 3, No. 3, October 2001, http://csis.org/files/media/csis/pubs/0103qchina_seasia.pdf（2011 年 7 月 4 日閲覧）．
14) 「唐家璇外長在第八届東盟地区論壇外長会議上的講話」，http://www.fmprc.gov.cn/chn/pds/gjhdq/gjhdqzz/lhg_14/zyjh/t4546.htm（2001 年 7 月 25 日閲覧）．
15) ミャンマーは 2004 年 4 月 11 日から 13 日にかけて，ヤンゴンで信頼醸成措置に関する ARF インターセッショナル・サポート・グループを開催した．
16) 「麻薬の代替開発」の ARF セミナーは 2004 年 9 月に中国昆明で開催された．

17) 「非伝統的安全保障分野における協力促進 ARF セミナー」は 2005 年 3 月に中国三亜で開催された．
18) "ASEAN and China Cooperative Operations in Response to Dangerous Drugs (ACCORD) 8th Task Forces Meetings on Civic Awareness and Demand Reduction", http://www.unodc.org/eastasiaandpacific/en/2009/08/ACCORD/asean-and-china-cooperative-operations-in-response-to-dangerous-drugs.html（2012 年 8 月 1 日閲覧）．
19) 鈴木早苗「南シナ海問題をめぐる ASEAN 諸国の対立」，http://www.ide.go.jp/Japanese/Research/Region/Asia/Radar/pdf/201207_suzukisanae.pdf（2012 年 8 月 1 日閲覧）．
20) 「東盟地区論壇（ARF）」，http://world.people.com.cn/GB/8212/60991/60996/4269821.html（2006 年 4 月 4 日閲覧）．
21) 「外交部発言人章啓月就 ARF 首届安全政策会議答記者問」，http://www.fmprc.gov.cn/chn/gxh/tyb/fyrbt/dhdw/t167089.htm（2004 年 10 月 26 日閲覧）．
22) 「中国国防白書（2010 年度）」，http://japanese.china.org.cn/politics/txt/2011-09/23/content_23477394_14.htm（2011 年 9 月 23 日閲覧）．
23) David Arase, "Non-traditional Security in China-ASEAN Cooperation: The Institutionalization of Regional Security Cooperation and the Evolution of East Asia Regionalism", *Asian Survey*, Vol. 50, No. 4, July/August 2010, p. 828.
24) 2009 年からアメリカと ASEAN の首脳会談も開かれるようになった．
25) EAS は 2005 年 12 月にマレーシアのクアラルンプールではじめて開催された．現在の参加国は，ASEAN ＋ 3 のほか，オーストラリア，ニュージーランド，インド，アメリカ（2011 年から参加），ロシア（2011 年から参加）である．
26) 「中国－東盟商務与投資峰会背景資料」，http://www.china.com.cn/zhibo/zhuanti/ch-xinwen/2012-08/10/content_26191795.htm（2012 年 8 月 10 日閲覧）．
27) "'Nanning Channel' Boosts ASEAN Member Contacts", *China Daily*, August 27, 2012.
28) 「東南亜対人民幣接受度向好」，『財経』2012 年第 3 期，91 頁．
29) "ASEAN: Wealth of Opportunities for Chinese Firms", *China Daily*, August 21, 2012.
30) 「全球視野下的中国与東盟」，『瞭望』2012 年第 39 期，32-33 頁．
31) "China, ASEAN Promote Cultural Relations", *China Daily*, September 22, 2012.
32) 日本主導のもとでアジア海賊対策地域協力協定（ReCAAP）が 2006 年に発効した．また日本は ARF 海上安全保障会期間会合（ISM）でも積極的な取り組みを見せている．
33) Arase, "Non-traditional Security in China-ASEAN Cooperation", p. 828.

34) 「湄公河聯合巡邏在老撾設聯絡点」,『北京青年報』2012年8月8日.
35) 「中国, ソマリア沖海賊問題への共同対応を呼びかけ」, http://japanese.cri.cn/881/2012/07/26/142s196097.htm (2012年7月26日閲覧).
36) "China Offers ASEAN Joint Effort to Counter Piracy", *The Jakarta Post*, May 21, 2011.
37) 「温家宝在第十四次中国－東盟領導人会議上的講話（全文）」, http://news.xinhuanet.com/world/2011-11/18/c_111177534_3.htm (2011年11月18日閲覧).
38) 「中国－東盟合作——1991-2011（全文）」, http://news.xinhuanet.com/world/2011-11/15/c_111169085.htm (2011年11月15日閲覧).
39) 「外交部副部長傅瑩就中国東盟関係接受新華社採訪」, http://www.gov.cn/jrzg/2012-08/05/content_2198728.htm (2012年8月5日閲覧).
40) 「温家宝総理在第十三次中国与東盟領導人会議上的講話（全文）」, http://news.xinhuanet.com/world/2010-10/30/c_12718147.htm (2010年10月30日閲覧).
41) Cheng-Chwee Kuik, "Making Sense of Malaysia's China Policy: Asymmetry, Proximity, and Elite's Domestic Authority", http://cjip.oxfordjournals.org/content/early/2013/04/25/cjip.post0006.full.pdf+html (2013年9月16日閲覧).
42) ADMMは2006年からスタートした会合である.
43) Carlyle A. Thayer, "Recent Development in the South China Sea: Grounds for Cautious Optimism?", RSIS Working Paper, No. 220, December 2010.
44) 「楊秀萍出任中国駐東盟大使」,『東方早報』2012年7月9日.
45) Carlyle A. Thayer, "Chinese Assertiveness in the South China Sea and Southeast Asian Responses", *Journal of Current Southeast Asian Affairs*, Vol. 30, No. 2, 2011, pp. 77-104.
46) 全文は, http://id.china-embassy.org/eng/sgdt/t844905.htm (2013年7月2日閲覧) を参照.
47) "ASEAN, China Struggles over Maritime", *Bangkok Post*, July 7, 2012.
48) 1995年2月に, フィリピンと主権を争っているスプラトリー諸島のミスチーフ礁に中国が建築物を構築した事が発覚した. フィリピン政府はこれに強く抗議し, 中国とフィリピンの二国間で緊張が高まった（第1次ミスチーフ礁事件）.
49) 「中国『闘法』」,『中国新聞週刊』2012年11月, 30-31頁.
50) 1998年10月から11月にかけて, 中国がミスチーフで建築物の建築を再開させたことがフィリピンの偵察機の偵察で明らかとなった. 1999年3月, 中国の建築物の構築が続いていることが再び明るみに出て, この問題をめぐる中国とフィリピンの二国間で緊張が高まった（第2次ミスチーフ礁事件）.
51) "China Plays Down Severity of South China Sea Issues", *The Jakarta Post*, May 20, 2011.

52) Carlyle A. Thayer, "Diplomatic Currents Running Strong in the South China Sea", http://www.eastasiaforum.org/2012/04/04/diplomatic-currents-running-strong-in-the-south-china-sea/（2012 年 4 月 4 日閲覧）.
53) "No United ASEAN Stand vs China", http://www.philstar.com/Article.aspx?articleId=748584&publicationSubCategoryId=63（2011 年 11 月 16 日閲覧）.
54) Alastair Iain Johnston, "Socialization in International Institution: The ASEAN Way and International Relations Theory", in G. John Ikenberry and Michael Mastanduno eds., *International Relations Theory and the Asia-Pacific*, New York: Columbia University Press, 2003, pp. 106-162.
55) 山影進「大国を『飼い慣らす』ことをめざす小国の戦略――東南アジア諸国連合（ASEAN）の影響力に焦点を当てて」,『日米中関係の中長期的展望』日本国際問題研究所, 2012 年, 139-154 頁.
56) アフガニスタンは 2005 年 11 月の第 13 回首脳会議で加盟が承認され, 2007 年に正式加盟した.
57) 日本, 中国は第 13 回首脳会議で, 米国, EU, 韓国は 2006 年 8 月の外相会合で, イランは 2007 年 4 月の第 14 回首脳会議で, モーリシャスは 2007 年 12 月の外相会合で, 豪州, ミャンマーは 2008 年 8 月の第 15 回首脳会議で参加が承認された.
58) 新垣修「スリランカの紛争へのインドの庇護介入」, http://peacebuilding.kir.jp/data/dp/No8_Arakaki.pdf（2012 年 8 月 1 日閲覧）.
59) Tarique Niazi, "Sino-Indian Rivalry for Pan-Asian Leadership", *China Brief*, Vol. 6, Issue 4, February 15, 2006.
60) アメリカとインド両国の軍事協力については, 米国防総省の "Report to Congress on U.S.-India Security Cooperation"（November 2011）を参照.
61) 2006 年 12 月に日本とインドの関係は「グローバル・パートナーシップ」に昇格された.
62) 平林博「国交 60 周年：日印関係を回顧し展望する――歴史的絆から戦略的グローバル・パートナーシップへ」, http://www.jfir.or.jp/j/info-research/hirabayashi/111212.pdf（2012 年 8 月 1 日閲覧）.
63) 中国の FTA 提案に対し, インド国内から激しい反対が出されたという.「温家宝将与印度総理会談　両国将簽署近 30 項協議」, http://news.sina.com.cn/c/2005-04-11/07565613844s.shtml（2005 年 4 月 11 日閲覧）.
64) 「中国周辺合作短板待補」,『瞭望新聞週刊』2007 年第 17 期, 49 頁.
65) 「李肇星会見南盟峰会政要　表示願加強合作」,『中国日報』2007 年 4 月 4 日.
66) 王光亜「深化友誼　拓展合作　共謀発展」, http://www.fmprc.gov.cn/chn/gxh/mtb/bldhd/t689267.htm（2010 年 5 月 1 日閲覧）.
67) 林文勛主編, 盧光盛等著『地縁政治視野下的西南周辺安全与区域合作研究』人民

出版社，2012 年，106 頁．
68) 杜幼康『国家間関係的典範——中巴建交後両国関係的回顧与展望』時事出版社，2012 年，46 頁．
69) 林文勛主編『地域政治視野下的西南周辺安全与区域合作研究』人民出版社，2012 年，272 頁．
70) "China Scores a Point in SAARC Declaration", *The Indian Express*, November 12, 2012.
71) 「外交部副部長張志軍出席第 17 届南盟峰会並発表講話」，http://www.fmprc.gov.cn/chn/pds/wjb/zygy/t876329.htm（2011 年 11 月 11 日閲覧）．
72) 「陳健副部長在首届中国 – 南亜博覧会暨第 21 届昆交会推介会上的致辞」，http://chenjian.mofcom.gov.cn/article/speeches/201303/20130300042823.shtml（2013 年 3 月 4 日閲覧）．
73) Amardeep Athwar, *China-India Relations: Contemporary Dynamics*, London and New York: Routledge, 2009, pp. 25–26.
74) "Ahead of 2014 Pullout, India, China Plan Afghan Dialogue", *The Indian Express*, March 4, 2013.
75) アフガニスタン問題をめぐり，インドはアメリカとの間でも制度化された対話メカニズムがある．
76) 中国とネパールの関係については，Sanjay Upadhya, *Nepal and the Geo-Strategic Rivalry between China and India*, London and New York: Routledge, 2012 に詳しい．
77) "China Makes Inroads in Nepal, and Stanches Tibetan Influx", *New York Times*, April 13, 2013.
78) 李敏「尼泊爾 – 印度水資源争端的縁起及合作前景」，『南亜研究』2011 年第 4 期，80–92 頁．
79) 沈呈章「尼泊爾水電站項目投資分析」，『価値工程』2010 年第 9 期，14–15 頁．
80) 「応対『後拉丹時代』巴美交悪，中国大力布局南亜」，『東方早報』2011 年 5 月 11 日．

2.3

1) Daniel Deudney and G. John Ikenberry, "The Myth of the Autocratic Revival: Why Liberal Democracy Will Prevail", *Foreign Affairs*, Vol. 88, No. 1, January/February 2009, p. 78.
2) Bobo Lo, *Axis of Convenience: Moscow, Beijing, and the New Geopolitics*, Washington, D.C., and New York: Brookings Institution Press, 2008.
3) 「中国的外交原則」，http://news.xinhuanet.com/world/2004-06/16/content_1529985.htm（2012 年 7 月 29 日閲覧）．

4) Sun Zhuangzhi, "The Relationship between China and Central Asia", http://src-h.slav.hokudai.ac.jp/coe21/publish/no16_1_ses/03_zhuangzhi.pdf（2012年6月25日閲覧）.
5) 「上合組織的平衡力」, http://big5.qstheory.cn/gj/zgwj/201206/t20120618_164511.htm（2012年6月18日閲覧）.
6) Kenley Butler, "U.S. Military Cooperation with the Central Asian States", http://cns.miis.edu/archive/wtc01/uscamil.htm（2001年9月17日閲覧）.
7) 「掲開『東突』恐怖分子的面紗」, http://www.china.com.cn/chinese/2001/Nov/72147.htm（2012年8月1日閲覧）.
8) Ramakant Dwivedi, "China's Central Asia Policy in Recent Times", *China and Eurasia Forum Quarterly*, Vol. 4, No. 4, November 2006, p. 142.
9) 「上合組織的平衡力」.
10) 角田安正「同時多発テロは米露関係を一変させたか――カスピ海石油の輸送路の選定とテロ対策を中心に」, http://src-h.slav.hokudai.ac.jp/publictn/83/tsunoda.pdf（2012年7月29日閲覧）.
11) Hasan H. Karrar, *The New Silk Road Diplomacy: China's Central Asian Foreign Policy since the Cold War*, Vancouver: UBC Press, 2009, p. 63.
12) Martha Brill Olcott, "Carving an Independent Identity among Peripheral Powers", in David Shambaugh and Michael Yahuda eds., *International Relations of Asia*, Lanham: Rowman & Littlefield Publishers, 2008, p. 247.
13) 色革命とは，2003年のグルジアのバラ革命，2004年のウクライナのオレンジ革命，2005年のキルギスのチューリップ革命など，旧ソ連・東欧諸国で発生した一連の民主化革命である．
14) 木村汎「ロシアの朝鮮半島政策――なぜ，発言力を失ったのか？」，木村汎・袴田茂樹編『アジアに接近するロシア――その実態と意味』北海道大学出版会，2007年，219頁．
15) Tugsbilguun Tumurkhuleg, "Does the SCO Represent an Example of a Military Alliance?", in Robert E. Bedeski and Niklas Swanström eds., *Eurasia's Ascent in Energy and Geopolitics: Rivalry or Partnership for China, Russia and Central Asia*, London and New York: Routledge, 2012, p. 187.
16) 「上海合作組織成員国総理会晤――揚起経済合作之帆」, http://news.xinhuanet.com/newscenter/2003-09/23/content_1095882.htm（2003年9月23日閲覧）.
17) 李立凡・劉錦前「中亜水資源合作開発及其前景――兼論上海合作組織的深化発展戦略」, http://www.coscos.org.cn/wenpaper4.htm（2012年11月11日閲覧）.
18) 須同凱主編『上海合作組織区域経済合作――発展歴程与前景展望』人民出版社，2010年，69-70頁．

19) 趙華勝『上海合作組織――評析和展望』時事出版社，2012年，81頁.
20) Sebastien Peyrouse, "Military Cooperation between China and Central Asia: Breakthrough, Limits, and Prospects", *China Brief*, Vol. 10, Issue 5, March 2010, p. 11.
21) Marlene Laruelle and Sebastien Peyrouse, *The Chinese Question in Central Asia: Domestic Order, Social Change, and the Chinese Factor*, London: Hurst & Company, 2012, pp. 29-30.
22) グルジアの内的政治発展という観点からバラ革命を論じた研究は，前田弘毅「グルジアのバラ革命――『革命』にみる連続性」，http://src-h.slav.hokudai.ac.jp/coe21/publish/no16/01maeda.pdf（2012年7月27日閲覧）.
23) ウクライナのオレンジ革命に関する分析は，藤森信吉「ウクライナ――政権交代としての『オレンジ革命』」，『「スラブ・ユーラシア学の構築」研究報告集』(16)，23-40頁を参照.
24) 2005年2月末の議会選挙での不正をきっかけに大規模な反政府運動が発生し，3月にアカーエフ政権は崩壊した．7月の大統領選挙で野党勢力指導者のクルマンベック・バキーエフ（Kurmanbek Bakiyev）元首相が当選した.
25) Olcott, "Carving an Independent Identity among Peripheral Powers", pp. 238-239.
26) 石井明「中国と上海協力機構――安定した対ロシア・中央アジア国境地帯」，川島真編『中国の外交――自己認識と課題』山川出版社，2007年，150頁.
27) 趙華勝『中国的中亜外交』時事出版社，2008年，80-81頁.
28) 2005年のSCOサミットで採択された「首脳宣言」の全文は，http://news.xinhuanet.com/world/2005-07/05/content_3179786.htm（2005年7月5日閲覧）を参照.
29) 「吉爾吉斯斯坦邀請中国在吉国建軍事基地」，『環球時報』2005年5月30日.
30) 「外交部談中国是否駐軍吉爾吉斯」，『新快報』2005年5月31日.
31) "Military Rivalry in Central Asia", http://www.eurasiantransition.org/files/da96afeff5fabde0892547f3d472119e-14.php（2008年12月23日閲覧）.
32) Niklas Swanström, "Transformation of the Sino-Russian Relationship: From Cold War to the Putin Era", in Bedeski and Swanström eds., *Eurasia's Ascent in Energy and Geopolitics*, p. 6.
33) 中央アジアにおけるドイツの軍事基地はウズベキスタン南部のテルメス（Termez）にある.
34) 中央アジアにおけるフランスの軍事基地はタジキスタンのドゥシャンベ空港（Dushanbe airport）にある．2013年から，アフガニスタンからの仏軍撤退に伴い，タジキスタン軍事基地からの撤退も始めた.

35) 「上海合作組織秘書長張德広談阿斯塔納峰会意義」, http://news.xinhuanet.com/world/2005-07/06/content_3183486.htm（2005年7月6日閲覧）.
36) 「2005年中烏関係綜述」, http://uz.chineseembassy.org/chn/zwgx/t236196.htm（2006年2月20日閲覧）.
37) Richard Weitz, "Kazakhstan and the New International Politics of Eurasia", Silk Road Paper, Central Asia-Causasus Institute Silk Road Studies Program, July 2008, p. 32.
38) Emilian Kavalski, *Central Asia and the Rise of Normative Powers: Contextualizing the Security Governance of the European Union, China and India*, New York and London: Bloomsbury Academic, 2012, pp. 118-119.
39) 「上合十年成長路」,『中国新聞週刊』2011年第22期, 55頁.
40) 「上合組織成員元首杜尚別宣言発布」, http://news.sina.com.cn/c/2008-08-28/220916191257.shtml（2008年8月28日閲覧）.
41) 「上合謹慎応対俄格衝突」,『中国新聞週刊』2009年第9期, 53頁.
42) 2011年10月に, キルギスで大統領選挙が実施され, アルマズベク・アタムバエフ（Almazbek Atambayev）大統領が当選した.
43) 「外交部発言人姜瑜就吉爾吉斯発表談話」, http://www.fmprc.gov.cn/chn/gxh/tyb/fyrbt/dhdw/t678020.htm（2010年4月7日閲覧）.
44) 「駐吉爾吉斯斯坦大使出席吉南方重建工作捐助方高級別会議」, http://www.fmprc.gov.cn/chn/pds/wjdt/sjxw/t722240.htm（2010年8月6日閲覧）.
45) 「上合組織就吉爾吉斯騒乱致人員傷亡表示関切」, http://www.chinanews.com/gj/gj-yt/news/2010/06-21/2354157.shtml（2010年6月21日閲覧）.
46) 「吉爾吉斯騒乱或威脅中国安全　美欲打入上合組織」,『環球時報』2010年6月18日.
47) 「吉爾吉斯希望『上合』和『集安』組織派兵維和」, http://world.huanqiu.com/roll/2010-06/857153.html（2010年6月13日閲覧）.
48) 「中国派出撤僑包機6架已接回869人」, http://politics.people.com.cn/GB/1026/11885582.html（2010年6月16日閲覧）.
49) 「蔣耀平副部長率団杜尚別上海合作組織第十次経貿部長会議」, http://www.sco-ec.gov.cn/crweb/scoc/info/Article.jsp?a_no=276704&col_no=48（2011年11月1日閲覧）.
50) Niklas Swanström, "China and Great Central Asia: Economic Opportunities and Security Concerns", in Lowell Dittmer and George T. Yu eds., *China, the Developing World and the New Global Dynamic*, Boulder and London: Lynne Rienner Publishers, 2010, p. 116.
51) Peyrouse, "Military Cooperation between China and Central Asia", p. 11.

52) "SCO Member States to Strengthen Drug Control", http://www.china.org.cn/china/2012-04/03/content_25057468.htm（2012年4月3日閲覧）.
53) Laruelle and Peyrouse, *The Chinese Question in Central Asia*, pp. 133-141.
54) 刑広程・孫壮志主編『上海合作組織研究』長春出版社，2007年，139頁.
55) 石婧「中国対中亜援助状況分析——以中国援助中亜国家重点項目為例」，http://wgifcal.xjnu.edu.cn/s/113/t/104/68/68/info26728.htm（2012年7月30日閲覧）.
56) 「胡錦濤在上合組織成員国元首理事会第十二次会議上的講話（全文）」，http://news.xinhuanet.com/world/2012-06/07/c_112146531.htm（2012年6月7日閲覧）.
57) Tao Wen Zhao, "SCO Looks to Next Decade", *China Daily*, June 12, 2012.
58) 「上合組織進程中的阿富汗問題」，『世界知識』2012年第12期，22頁.
59) "Uyghurs Say Kazakhstan, Kyrgyzstan Pressuring Them on China's Orders", http://www.eurasianet.org/taxonomy/term/2324?page=1（2011年5月2日閲覧）.
60) "Uzbekistan Blocks Kazakhstan's Military From SCO Exercises", http://www.eurasianet.org/taxonomy/term/2324（2012年6月14日閲覧）.
61) 「葉卡捷琳堡『双峰会』的不諧音」，『双週刊』2009年第14期，83頁.「中方軍隊地面運輸最佳路線遇障害」，http://mil.news.sina.com.cn/108/2007/0803/22.html（2007年8月16日閲覧）.
62) 1994年4月にロシア，アゼルバイジャン，アルメニア，ベラルーシ，グルジア，カザフスタン，キルギス，モルドバ，タジキスタン，ウズベキスタン，ウクライナの11ヵ国がCIS FTA創設の協定に調印した．色革命やグルジア紛争を経て，2011年10月，ロシア，ウクライナ，ベラルーシ，カザフスタン，アルメニア，キルギス，モルドバ，タジキスタンがCIS FTA協定に署名した．2012年9月時点で，ロシア，ベラルーシ，ウクライナの3ヵ国のみがCIS FTAに参加している．
63) 2012年12月の時点において，アゼルバイジャン，モルドバ，トルクメニスタン，ウズベキスタン，ウクライナは参加していない．
64) ユーラシア経済共同体条約は2000年10月に署名された．1995年にロシアとベラルーシとの間で結成された関税同盟が起源であるが，2013年9月現在ロシア，ベラルーシのほか，カザフスタン，キルギス，タジキスタンが参加している．
65) ユーラシア（経済）同盟は加盟国間の政治，経済，軍事，関税，教育の統一をめざし，労働力，商品，サービスおよび資本の自由移動を目標としている．
66) 関税同盟の参加国はロシア，ベラルーシ，カザフスタンである．関税同盟の条約は2010年7月に三国の署名により成立し，2011年1月1日に発効した．
67) 宇山智彦「クルグズスタン（キルギス）の再チャレンジ革命——民主化・暴力・外圧」，http://src-h.slav.hokudai.ac.jp/center/essay/20100420.pdf（2012年7月27日閲覧）.
68) "Reevaluating U.S. Policy in Central Asia", Hearing before the Subcommittee on

near Eastern and South and Central Asian Affairs of the Committee on Foreign Relations United States Senate One Hundred Eleventh Congress, December 15, 2009, http://www.gpo.gov/fdsys/pkg/CHRG-111shrg56492/pdf/CHRG-111shrg56492.pdf(2013年7月2日閲覧).

69) Marlene Laruelle, "Moscow's China Dilemma: Evolving Perceptions of Russian Security in Eurasia and Asia", in Bedeski and Swanström eds., *Eurasia's Ascent in Energy and Geopolitics*, pp. 77-78.

70) Tumurkhuleg, "Does the SCO Represent an Example of a Military Alliance?", p. 187.

71) 「上合峰会反対軍事干渉」, http://news.xinhuanet.com/world/2012-06/08/c_123255295.htm（2012年6月8日閲覧）.

第3章

3.1

1) 本書で記している国境線の長さは省政府のデータによるものである．国境線の長さに関しては，陸地の国境線だけとするか否かによって数値が異なる．
2) 王占国・袁慶寿「黒龍江省沿辺開放十年回眸」,『学習与探索』2000年第2期, 41頁.
3) 2007年の時点で，黒龍江省の対外貿易依存度は20.8%であった．
4) 姜亦棟「黒龍江全方位対外開放的戦略構想」,『西伯利亜研究』1994年第1期, 6頁.
5) 王占国・袁慶寿「黒龍江省沿辺開放十年回眸」43頁.
6) 宿豊林・孫麗「黒龍江省実施沿辺開放戦略的回顧与前瞻」,『東欧中亜市場研究』2002年第9期, 43頁.
7) 李雁・王芳「関於中俄蒙黒龍江流域区域経済合作的探討」,『国土与自然資源研究』2000年第2期, 22頁.
8) 張曙霄「黒龍江省同日本的経貿合作与老工業基地振興」,『日本学論壇』2004年第1期, 2-8頁.
9) 「黒龍江, 与『哈洽会』共同成長」,『新財経』2010年第6期, 99頁.
10) 「黒龍江省人民政府関於進一歩拡大対外開放老工業基地振興的意見（黒政発【2006】70号）」,『黒龍江政報』2006年第18期, 16頁.
11) 「開放在黒河」,『瞭望週刊』1990年第17期, 24頁.
12) 姜紅雨「論建設中俄黒龍江大橋為黒河全方位対外開放帯来的戦略機遇」,『黒河学刊』2005年第1期, 31頁.
13) 同上, 32頁.
14) 徐広国「綏芬河——東北亜辺貿区之『眼』」,『瞭望新聞週刊』2005年第39期, 60-

15) 「黒龍江省人民政府関於推進対韓経貿合作戦略昇級的意見（黒政発【2007】60号）」,『黒龍江政報』2007年第16期, 9-12頁.
16) 金東珠「論黒龍江省対韓開放戦略昇級的必要性, 内涵及実現路径」,『哈爾濱市委党校学報』2008年第4期, 7頁.
17) 笪志剛「改革開放譜写黒龍江省対日経貿合作新篇章」,『学理論』2008年第16期, 20頁.
18) 張金平「次国家政府外交在『橋頭堡』開放戦略中的定位」,『学理論』2010年第18期, 4頁.
19) 「在深化対外開放中発揮黒龍江地縁優勢」, http://www.qstheory.cn/zxdk/2013/201301/201212/t20121227_202444.htm（2013年3月3日閲覧）.
20) 張鵬遠「牡丹江沿辺開放問題探析」,『中国科技信息』2010年第5期, 262頁.
21) 綏芬河総合保税区の総面積は1.8km²であり, 中国国内で6番目の総合保税区となる.
22) 「黒龍江省綏芬河綜合保税区推介」,『西伯利亜研究』2011年第5期, 13頁.
23) 「中俄東北和遠東地区合作規劃要実施4年成果豊富」, http://www.china.com.cn/international/txt/2012-06/07/content_25590467.htm（2013年3月3日閲覧）.
24) 李濤「哈爾濱市在黒龍江省東北亜経済貿易開発区建設中的作用研究」,『対外貿易』2013年第2期, 89頁.
25) 洪欣「黒龍江省対韓経貿合作現状与対策分析」,『対外貿易』2012年第11期, 30-32頁. 季克華「黒龍江省対韓貿易合作戦略昇級的問題与対策」,『商業経済』2011年第6期, 17-18頁.
26) 李慶絹「黒龍江省辺境貿易発展的現状, 問題及対策」,『商業経済』2012年第6期, 13頁.
27) 卒崇志「対俄人民幣境外直接投資的実践与探索」,『理論観察』2011年第1期, 140-141頁.
28) 肖飛・張艶梅・池敏「対黒龍江省抓住政策放開契機推動跨境人民幣業務快速発展的建議」,『黒龍江金融』2012年第9期, 23頁.
29) 30年間で, 日本, アメリカ, 韓国の順位には変動がある.
30) 崔日明・陳付愉「遼寧省対外貿易30年発展回顧及前景展望」,『瀋陽工業大学学報（社会科学版）』2008年第4期, 289-294頁.
31) 張頴「遼寧与朝鮮経貿合作的戦略思考」,『瀋陽工業大学学報（社会科学版）』2008年第4期, 297-298頁.
32) 李岩「遼寧省沿辺開放的戦略思想」,『東北亜論壇』1995年第4期, 61-65頁.
33) 図們江地域開発が動き出した当初は, 中国, 北朝鮮, 韓国, モンゴルの4ヵ国が正式のメンバーで, ロシアと日本はオブザーバーとして参加していた.

34) 「加快図們江地区開放開発」, http://www.chinajilin.com.cn/zhuanti/content/2007-08/28/content_916598.htm (2011 年 5 月 30 日閲覧).
35) 「図們江地区的大事簡摘」, http://www.chinajilin.com.cn/zhuanti/content/2007-08/28/content_916596.htm (2011 年 5 月 30 日閲覧).
36) 図們江開発に関する前期研究調整グループのグループ長は恵永正(科学委員会), 副グループ長は劉江(計画委員会)であった.
37) 「図們江地区的大事簡摘」.
38) 同上.
39) 1991 年 12 月に, 先鋒, 羅津は自由貿易区に指定された.
40) 4点の合意は次のとおりである. ①図們江開発 3 原則. ②図們江地域開発公司を設立する. ③北朝鮮は 100km²の土地を貸与する. ④3ヵ国は貸与された土地で共同開発する.
41) 「加快図們江地区開放開発」.
42) 徐承元「中国・朝鮮半島関係——二つの価値体系の競合」, 国分良成編『中国政治と東アジア』慶應義塾大学出版会, 2006 年, 306 頁.
43) 倉田秀也「朝鮮半島平和体制樹立問題と中国——北東アジア地域安全保障と『多国間外交』」, 高木誠一郎編『脱冷戦期の中国外交とアジア・太平洋』日本国際問題研究所, 2000 年, 231 頁, 227 頁.
44) 倉田秀也「六者会談の成立過程と米中関係」, 高木誠一郎編『米中関係——冷戦後の構造と展開』日本国際問題研究所, 2007 年, 70-71 頁.
45) 岩下俊司『朝鮮民主主義人民共和国と中華人民共和国——「唇歯の関係」の構造と変容』世織書房, 2010 年, 226-227 頁.
46) 「吉林省政府図們江地区開発弁公室図們江地区開発大事記」, http://www.ecdc.net.cn/newindex/chinese/page/tumen/tumen_jishi/01/5.htm (2011 年 5 月 30 日閲覧).
47) 「『北米自由貿易区』経験対開発図們江地域的啓示」, http://www.ecdc.net.cn/newindex/chinese/page/tumen/tumen_jishi/07/12.htm (2011 年 5 月 30 日閲覧).
48) 李燦雨「図們江地域開発 10 年——その評価と課題」, http://www.erina.or.jp/jp/Library/booklet/pdf/bl2.pdf (2011 年 5 月 30 日閲覧).
49) 「中国朝鮮簽約共同開発黄海油田」, 『東方早報』2005 年 12 月 26 日.
50) 「借港朝鮮 吉林找至出海口」, 『経済観察報』2006 年 7 月 17 日.
51) 「中国図們江地域協力開発企画綱要」の全文は, http://www.jl.gov.cn/zt/cjtkfkfxdq/ghgy/200912/t20091207_663277.html (2011 年 5 月 30 日閲覧) を参照.
52) 孟煒中・馬廷玉・洪英・劉永剛「『十二五』遼寧対外開放新思路」, 『遼寧経済』2011 年第 5 期, 11 頁.
53) 李靖宇・劉長・呉超「遼寧沿海経済帯開発区域価値論証」, 『決策諮詢通訊』2010 年第 5 期, 13 頁.

54）　潘広雲「『『中俄地区合作規劃綱要』背景下遼寧与俄羅斯経貿合作態勢分析」，『俄羅斯学刊』2011年第6期，33-41頁．
55）　長四保「吉林省『出海』通道及其開発戦略研究」，『地理科学』2000年第4期，281-285頁．
56）　李靖宇・劉長・呉超「作為国家戦略的遼寧沿海経済帯開発区域価値論証」，『東北財経大学学報』2010年第4期，32頁．
57）　「未来六年的中俄関係」，『瞭望東方週刊』2012年第45期，46頁．
58）　黄金坪は中国の丹東とはもともと川で隔てられていたが，土砂の堆積で隣接するようになった．
59）　呉徳烈「朝核危機与中朝経貿合作」，『世界知識』2009年第18期，32頁．
60）　「延辺企業投資朝鮮総額達6823万美元」，『瞭望東方週刊』2010年第12期，18頁．
61）　呉徳烈「朝核危機与中朝経貿合作」32頁．
62）　沈暁丹「丹東対朝辺境小額貿易発展問題探析」，『遼東学院学報（社会科学版）』2009年第5期，54頁．
63）　「2010年2月25日外交部発言人秦剛挙行例行記者会」，http://gw.china-embassy.org/chn/fyrth/t660166.htm（2011年5月30日閲覧）．
64）　「羅先造城記」，『中国新聞週刊』2012年第30期，54頁．
65）　『中国経済新聞』2012年9月15日．
66）　中国の圏河から北朝鮮の元汀を結びつけているのは国境線ともなる橋である．その橋は全長535.2m，広さ6.6m，築70年である．2010年3月から橋の改修工事が開始した．
67）　こうした報道ぶりに関しては，たとえば，「中朝両個経済区開発合作連合指導委員会召開会議」，http://www.gov.cn/gzdt/2012-08/14/content_2203984.htm（2012年8月14日閲覧）がある．
68）　「『東方鹿特丹』琿春崛起的『開放窓口』」，http://news.china.com.cn/zhuanti/2012jlx/2012-12/09/content_27361579.htm（2012年12月9日閲覧）．
69）　「近海開潮亦澎湃　来自琿春国際合作示範区的報告」，『吉林日報』2013年1月29日．
70）　「破解図們江困境」，http://www.lwdf.cn/wwwroot/dfzk/bwdfzk/201043/bmbd/255315.shtml（2012年6月10日閲覧）．
71）　「中国東北内陸『借港出海』」，http://today.banyuetan.org/jrt/120914/70744.shtml（2012年8月24日閲覧）．
72）　羅津港に関して，中国は第1埠頭を，ロシアは第3埠頭を借用している．このほか，中国は羅津の第4，5，6埠頭の50年間の使用権を得ている．
73）　「『東北亜大通道』建設提速」，『瞭望新聞週刊』2012年第37期，44-45頁．
74）　Peter T. Y. Cheung and James T. H. Tang, "The External Relations of China's

Provinces", in David M. Lampton ed., *The Making of Chinese Foreign and Security Policy in the Era of Reform*, Stanford: Stanford University Press, 2001, pp. 119-120.
75) 蘇長和「中国外交能力分析——以統籌国内国際両個大局為視覚」,『外交評論』2008年第4期, 7-13頁.
76) 磯部靖『現代中国の中央・地方関係——広東省における地方分権』慶應義塾大学出版会, 2008年, 344頁.
77) 益尾知佐子「世界に飛び立つ南寧——中国の地域主義の展開における広西地方政府の役割」,『中国研究月報』第64巻第11号, 2010年11月, 28-40頁.
78) 中央と地方の対立を指摘する研究としては, 郭蕾「地方利益崛起背景下中央与地方権限争議分析及改革思路」,『探索』2013年第1期を参照.
79) 「未来六年的中俄関係」46頁.
80) 「簽署多份『重量級』協議 中俄能源合作駛入快車道」,『経済参考報』2013年3月25日.
81) "China-DPRK Trade Needs New Model", *China Daily*, September 13, 2012.
82) Carla P. Freeman, "Neighborly Relations: The Tumen Development Project and China's Security Strategy", *Journal of Contemporary China*, Vol. 19, Issue 63, January 2010, pp. 137-157.
83) 呉徳烈「朝核危機与中朝経貿合作」33頁.
84) 「朝鮮招商記」,『瞭望東方週刊』2003年第15期, 10-12頁.

3.2
1) 「広西打造平安新辺関」,『人民日報』2013年5月8日.
2) 中国政府のデータによると, チベット自治区の国境線の長さは4000kmあまりである.
3) 交易路の開放期間は天候上通行が可能な6月から9月までの間だけである.
4) 李涛・王新有「中国西蔵与南亜隣国間的辺貿研究現状——問題与前景」,『南亜研究季刊』2011年第2期, 72頁.
5) Alice D. Ba, "China and ASEAN: Renavigating Relations for a 21st Century", *Asian Survey*, Vol. 43, No. 4, July/August 2003, pp. 633-635. Kuik Cheng-Chwee, "Multilateralism in China's ASEAN Policy: Its Evolution, Characteristics, and Aspiration", *Contemporary Southeast Asia*, Vol. 27, No. 1, April 2005, p. 103.
6) 楊立生「雲南参与国際経済合作開発的思考」,『大理学院学報』2005年第4期, 41頁.
7) 付瑞紅「湄公河区域経済合作的階段演進与中国的角色」,『東南亜縦横』2009年第5期, 68頁.

注（第3章第2節）

8) GMSサミットは3年ごとに開催されている．
9) 「GMS協力への中国の参加に関する国家報告」はその後「GMSサミット」の開催に合わせて，2005年，2008年，2011年に公表された．2011年の国家報告は青書の形で公表されている．
10) 末廣昭，宮島良明，大泉啓一郎，助川成也，青木まき，ソムポップ・マーナランサン『大メコン圏（GMS）を中国から捉えなおす』東京大学社会科学研究所，2009年，28頁．
11) 中国はラオスとの合意のもと，磨憨に隣接するラオスのボーテンにカジノタウンを建設した．
12) 雲南省社会科学院課題組「中国－東盟自由貿易区的建構与雲南的対外開放研究」，『雲南社会科学』2002年第5期，37頁．
13) 張瑞昆「中老関係框架下的雲南――老撾経済協力」，『東南亜南亜研究』2009年第4期，46-47頁．
14) 白石昌也「メコン地域協力と中国，日本，アメリカ」，『ワセダアジアレビュー』No. 12，2012年8月，12-13頁．
15) 石田正美「新興経済回廊の開発・整備」，http://www.ide.go.jp/Japanese/Publish/Download/PolicyBrief/Ajiken/pdf/014.pdf（2013年2月20日閲覧）．
16) 「中国参与大湄公河次区域経済合作国家報告」，http://www.gov.cn/jrzg/2011-12/17/content_2022602.htm（2011年12月25日閲覧）．
17) 「雲南辺境貿易区処境尷尬」，『中国経済時報』2010年2月4日．
18) 計画されていた3つの国際道路は①西側の昆明―瑞麗―ミャンマー・ヤンゴン，②西側の昆明―シーサンパンナ―ラオス，③東側の昆明―タイ・バンコク―ベトナムの3つの道路である．1998年に，①昆明―ヤンゴン，②昆明―バンコク，③昆明―ハノイの3つの道路がGMSによって建設を認められたが，しかしその後，昆明―ヤンゴンは計画から外れた．雲南省からすると，GMSの枠組みにおいて，雲南・ミャンマー間の協力の重要性が低下した．王士録「対雲南面向緬甸開放意義的再認識」，『東南亜』2008年第3-4期，53頁．
19) 「面南向南」，http://www.lwdf.cn/oriental/cover_story/2010011415531821.htm（2012年8月8日閲覧）．
20) 「雲南致力於開通四条出海通道」，『珠江水運』2000年第2期，31-33頁．
21) 田雲「対外開放与雲南経済的跨越式発展」，『中共雲南省委党校学報』2007年第2期，94頁．
22) 南寧へのCAEXPO誘致に関する広西チワン族自治区の取り組みについては，益尾知佐子「世界に飛び立つ南寧――中国の地域主義の展開における広西地方政府の役割」，『中国研究月報』第64巻第11号，2010年11月，28-40頁が詳しい．
23) 「譜写雲南対外開放新篇章――我省加快推進中国面向西南開放的橋頭堡建設」，『雲

南党的生活』2010 年第 5 期，25 頁．
24) 「南亜大通道啓程」，『瞭望新聞週刊』2010 年第 31 期，20 頁．
25) 同上，21 頁．
26) 「関於 GMS 経済走廊論壇的材料」，http://www.yn.xinhuanet.com/topic/2008-06/04/content_13458655.htm（2008 年 6 月 4 日閲覧）．
27) 「戴傑——讓更多人共享 GMS 機制合作成果」，http://www.csaexpo.cn/html/2013/jingjizoulanghuodong_0222/264.html（2013 年 2 月 22 日閲覧）．
28) 盧光盛・郄可「2009 年雲南省参与区域合作的成果，問題及建議」，『東南亜南亜研究』2010 年第 2 期，67 頁．
29) 楊傑「以南亜為重点　全面推進雲南対外開放」，『昆明理工大学学報（社会科学版）』2008 年第 4 期，11-14 頁．
30) 呂昭義「印度東北地区的戦略転変及推進中国雲南与印度東北地区合作的建議」，『東南亜南亜研究』2009 年第 4 期，37-40 頁．
31) 「六部門出台 10 項政策措施　支持辺境経済合作区発展」，http://news.stcn.com/content/2012-12/05/content_7713008.htm（2012 年 12 月 5 日閲覧）．
32) 「中国全面啓動東興等三個重点開発開放実験区建設」，http://www.gx.xinhuanet.com/newscenter/2012-08/17/c_112764554.htm（2012 年 8 月 18 日閲覧）．
33) 王国平・陳亜山「新世紀以来雲南面向東南亜南亜開放回顧」，『東南亜南亜研究』2012 年第 1 期，16-17 頁．
34) 黄文川「加速建設面向西南開放重要橋頭堡——訪中共雲南省委書記秦光栄」，『求是』2011 年第 20 期，21 頁．
35) 羅聖栄「雲南省跨境経済合作区建設研究」，『国際経済合作』2012 年第 6 期，82 頁．
36) 王国平・陳亜山「新世紀以来雲南面向東南亜南亜開放回顧」19 頁．
37) 盧光盛・金珍「雲南対外開放的新増長点初歩研究」，『経済問題探索』2010 年第 3 期，155 頁．
38) 「与南亜合作——不同国家応採取不同路径」，『雲南日報』2011 年 9 月 21 日．
39) 「譜写雲南対外開放新篇章」26 頁．
40) 王国強・楊文磊「対建設保山猴橋辺境経済合作区的理性思考」，『保山学院学報』2011 年第 2 期，2 頁．
41) 何光文・呉臣輝「雲南保山通向南亜地縁経済戦略探析与対策」，『黒龍江史志』2009 年第 4 期，132 頁．
42) 課題組「保山参与橋頭堡建設思路及対策研究」，『保山学院学報』2011 年第 6 期，4 頁．
43) 「走向南亜保山還須破『四難』」，『雲南日報』2008 年 7 月 10 日．
44) 陳利君「雲南経済発展与対外開放」，『雲南民族大学学報（哲学社会科学版）』2011 年第 5 期，237-238 頁．

45) 汪宇明・廖赤眉「跨世紀的広西区域開発戦略格局」,『人文地理』1994年第4期, 1頁.
46) 甘霖「発展中的広西中越辺境貿易」,『広西民族学院学報（哲学社会科学版）』1999年第3期, 78頁.
47) 盧文春「広西辺貿発展現状与対策」,『東南亜縦横』1996年第4期, 15頁.
48) 廖業揚「広西対外開放角色和戦略地位的転換」,『広西社会科学』2006年第12期, 20-21頁.
49) 楊道喜「加強合作　共創未来——在中国（広西）-東南亜経済合作論壇上的講演」,『計劃与市場探索』2002年第11期, 7頁.
50) 南寧—シンガポールの経済回廊はベトナム，ラオス，カンボジア，タイ，マレーシアを経由し，南寧からシンガポールまでの道路である.
51) 「構築南寧—新加坡経済走廊的可行性研究」, http://www.gx-info.gov.cn/Fazhan_Report/viewFazhan.asp?id=21597（2011年5月30日閲覧）.
52) 細川大輔「汎北部湾経済協力のゆくえ——広西チワン族自治区の挑戦」,『大阪経大論集』第61巻第2号, 2010年7月, 87頁.
53) 「劉奇葆出任広西自治区党委書記　深受万里影響」, http://news.eastday.com/eastday/node81741/node81762/node144854/userobject1ai2142959.html（2011年5月30日閲覧）.
54) 「専門組開展『汎北部湾経済合作路線図』制定工作」, http://www.gov.cn/jrzg/2012-07/13/content_2182826.htm（2012年7月13日閲覧）.
55) 張旭華「跨境経済合作区的構建与中国的跨辺境合作策略探析」,『亜太経済』2011年第4期, 109頁.
56) 黄興球・庄国土主編『東盟発展報告（2012）』社会科学文献出版社, 2012年, 224頁.
57) 黄克強「対接東盟　物流天下——記広西欽州保税港区加強対外開放和区域合作」,『広西経済』2012年第9期, 42頁.
58) 阮輝貴（Nguyen Huy Quy）「越南-中国跨境経済合作区」,『東南亜縦横』2011年第11期, 40-41頁.
59) 関利欣「中新境外工業園区比較及啓示」,『国際経済合作』2012年第1期, 57-61頁.
60) 「我国境外経貿合作区建設与企業『走出去』戦略」,『国際金融与投資』2011年第3期, 48頁.
61) 張広栄「中国境外経貿合作区発展政策探析」,『国際経済合作』2013年第2期, 41頁.
62) 王鵬飛「広西境外経済貿易合作区建設与発展初探」,『対外貿易実務』2013年第4期, 20-23頁.

63) "Improving Lives of 51 Million 'Possible'", *China Daily*, March 15, 2013.
64) "China-Indonesia Joint Industry to be Located in Guangxi", http://m.skalanews.com/berita/detail/146080/China-Indonesia-Joint-Industry-to-be-Located-in-Guangxi（2013 年 5 月 21 日閲覧）.
65) 趙明龍「新階段広西対外開放的現状与対策研究」，『桂海論叢』2012 年第 6 期，119 頁．
66) 『大湄公河区域合作発展報告（2010〜2011）』社会科学文献出版社，2011 年，216-217 頁．
67) 「商務部――中国与東盟将就人民幣等問題進一步談判」，http://www.chinanews.com/news/2005/2005-09-15/8/626280.shtml（2011 年 5 月 30 日閲覧）．
68) 李捷「雲南辺境人民幣流通――形勢与対策」，『雲南金融』2003 年第 6 期，2 頁．
69) 劉光溪「人民幣国際化路径選択与雲南実践」，『中共中央党校学報』2012 年第 6 期，59 頁．
70) 張立莉「雲南省参与 GMS 合作辺境貿易決算本幣化問題研究」，『雲南農業大学学報』2010 年第 2 期，38 頁．
71) 肖宗娜「以人民幣跨境貿易結算為契機構建南寧区域性金融中心」，『広西経済』2012 年第 9 期，39-41 頁．
72) 馬歓・韋杏伶「布局東盟――人民幣突囲猜想」，『中国評論』2010 年第 11 期，58 頁．
73) CNPC の製油プロジェクトに対し，「製油工場は生活用水を奪い」，また「汚染も懸念される」として，2013 年 5 月に昆明市で数百人の抗議デモが起きた．
74) 馮慶庭「在雲南建立和利用油気資源国際運輸通道研究」，『中共雲南省委党校学報』2010 年第 4 期，104-106 頁．
75) 劉稚・劉思遥「論雲南参与区域合作与橋頭堡建設的相互関係」，『雲南師範大学学報』2011 年第 6 期，25 頁．

3.3
1) 「国家有関部委沿辺地区開放開発調研組一行来甘粛省調研究」，http://gansu.mofcom.gov.cn/aarticle/sjshangwudt/201206/20120608187722.html（2012 年 6 月 20 日閲覧）．
2) 同上．
3) 楊文藍・李金玲「内蒙古口岸開放成効与不足分析」，『内蒙古財経学院学報』2012 年第 6 期，92 頁．
4) 「内蒙古口岸経済発展回顧与展望」，『北方経済』2005 年第 3 期，21-23 頁．朱金鶴・崔登峰「促進新疆与中亜五国拡大辺境貿易之浅見」，『現代財経』2011 年第 5 期，92-97 頁．

5) 高宏強「内蒙古辺境貿易発展現状及対策研究」,『理論研究』2011 年第 3 期, 9-10 頁.
6) 「人民幣跨境貿易結算比較――以内蒙古自治区中俄, 中蒙辺境貿易以例」,『銀行家』2009 年第 11 期, 98-101 頁.
7) 張子君「内蒙古自治区対蒙人民幣跨境流動情況及政策建議」,『内蒙古金融研究』2010 年第 12 期, 3-6 頁.
8) 「中俄蒙自由貿易区建設構想下内蒙古的枢紐効応分析」,『内蒙古大学学報（哲学社会科学版）』2012 年第 6 期, 29-33 頁.
9) 王幗艷「試論寧夏与阿拉伯国家的交流与合作」,『寧夏社会科学』2003 年第 3 期, 40 頁.
10) 孫俊萍「中阿経貿論壇与寧夏対外開放」,『回族研究』2010 年第 4 期, 73 頁.
11) 「中国・アラブ国家経済貿易フォーラム」は 2010 年 9 月, 2011 年 9 月, 2012 年 9 月の 3 回開かれた. フォーラムの成果を踏まえて, 同フォーラムと同時開催されて来た中国（寧夏）国際投資貿易会は, 2013 年から「中国・アラブ国家博覧会」に名称を変え, 9 月中旬に寧夏にて初回の博覧会が開催された.
12) 「国務院批准寧夏建立内陸開放試験区　打造向西開放橋頭堡」, http://www.eeo.com.cn/2012/0913/233461.shtml（2012 年 9 月 13 日閲覧）.
13) 朱琳「関与建立中国－阿拉伯国家聯盟自由貿易区的戦略構想」,『対外経貿』2011 年第 12 期, 6-8 頁.
14) 『中阿合作戦略研究』課題組「中阿経貿関係的特点与寧夏対外開放的路径選択」,『寧夏党校学報』2011 年第 7 期, 76-79 頁.
15) 2001 年に新疆ウイグル自治区政府が公表したデータである.
16) 蔡守秋「西部辺境城鎮的法制建設」,『甘粛政法学院学報』2002 年第 12 期, 3 頁.
17) 艾斯海提・克里木拝「新疆対外開放的回顧与展望」,『実事求是』1997 年第 1 期, 5 頁.
18) 「新疆向世界敞開胸懐――新疆対外開放記実」,『中国経貿学報』1998 年第 3 期, 20 頁.
19) 文雲朝「『西部大開発』戦略与新疆的大開放」,『国際経済合作』2000 年第 4 期, 29-30 頁.
20) 加々美光行『中国の民族問題――危機の本質』岩波書店, 2008 年, 282 頁.
21) 1990 年代の民族騒動の各事件の詳細については, 靳娟娟・金天義主編『新疆辺防管理与辺防建設』社会科学文献出版社, 2011 年, 206-242 頁.
22) Yufan Hao and Weihua Liu, "Xinjiang: Increasing Pain in the Heart of China's Borderland", *Journal of Contemporary China*, Vol. 21, Issue 74, February 2012, p. 219.
23) 王鳴野・寇新華「亜欧大陸橋的新疆」,『新疆社会経済』1998 年第 5 期, 45 頁.

24)「新疆新局」,『中国新聞週刊』2010年第19期, 24頁.
25)「掲開『東突』恐怖分子的面紗」, http://www.china.com.cn/chinese/2001/Nov/72147.htm（2012年8月1日閲覧）.
26)「王楽泉講述新疆反分裂闘争」,『共産党員』2008年第4期, 46頁.
27)「解読国務院32号文件——新疆構築面向中亜開放新格局」, http://202.201.208.6/wjj/wsmg/News/200710820958.html（2011年5月30日閲覧）.
28) 世界ウイグル青年連盟は2004年に設立され, 後に世界ウイグル会議に再編された.
29) U.S. Department of State, Counterterrorism Office, *Patterns of Global Terrorism, 2001*, Washington, D.C.: Department of State, 2002, pp. 16-17.
30) Colin Mackerras, "Xinjiang and Central Asia since 1990: Views from Beijing and Washington and Sino-American Relations", in Colin Mackerras and Michael Clarke eds., *China, Xinjiang and Central Asia: History, Transition and Crossborder Interaction into the 21st Century*, London and New York: Routledge, 2009, p. 138.
31) Martha Brill Olcott, "Carving an Independent Identity among Peripheral Powers", in David Shambaugh and Michael Yahuda eds., *International Relations of Asia*, Lanham: Rowman & Littlefield Publishers, 2008, p. 247.
32) Elizabeth Van Wie Davis, "Uyghur Muslim Ethnic Separatism in Xinjiang, China", http://www.dtic.mil/cgi-bin/GetTRDoc?AD=ADA493744（2012年1月15日閲覧）.
33)「以新疆為橋頭堡構建中国陸上能源大通道戦略」,『大陸橋視野』2012年第1期, 77頁.
34)「八国牽手共謀区域発展　交通, 能源, 貿易提上議程」,『新疆日報』2006年10月25日.
35)「中国与中亜近隣打造『経済走廊』促進西北辺疆安定」, http://news.xinhuanet.com/world/2012-10/30/c_113550273.htm（2012年10月30日閲覧）.
36) 新疆と中央アジアを結びつける4本のCAREC回廊とは, 以下のとおりである.
　① ロシア—東アジア（ロシア, カザフスタン, 中国新疆ウイグル自治区）
　② 地中海—東アジア（アゼルバイジャン, カザフスタン, キルギス, タジキスタン, ウズベキスタン, 中国）
　③ ロシア—東アジア（ロシア, 中国内モンゴル自治区, 新疆ウイグル自治区）
　④ 東アジア—中東・南アジア（アフガニスタン, キルギス, タジキスタン, 中国新疆ウイグル自治区）
37)「CAREC走廊表現測量和監測」, http://www.carecprogram.org/uploads/events/CPMM-Workshop-Performance-Measurement-Monitoring-cn.pdf（2013年5月1日閲覧）.
38)「中亜区域経済合作相関政策」, http://www.xjcz.gov.cn/zy?p_p_id=general_

articles_INSTANCE_8kHJ&p_p_lifecycle=0&p_p_state=maximized&p_p_mode=view&p_p_col_id=column-15&p_p_col_pos=1&p_p_col_count=2&_general_articles_INSTANCE_8kHJ_struts_action=%2Fsoft%2Fgeneral_articles%2Fview&_general_articles_INSTANCE_8kHJ_articleId=45dfaeb9-187c-4a2f-ac0f-c6e28ed1d345&_general_articles_INSTANCE_8kHJ_target=_blank（2013年4月16日閲覧）．

39）「四国六方斉聚共続区域合作」，『中亜信息』2010年第1期，33頁．
40）「阿爾泰区域科技合作経済発展国際研討会大事記」，『大陸橋視野』2005年第4期，88頁．
41）「霍爾果斯——『特区』預熱」，http://www.lwdf.cn/wwwroot/dfzk/bwdfzk/201043/ss/251815.shtml（2011年9月12日閲覧）．
42）竹効民「浅議創弁中哈辺境自由貿易区的条件及難点」，『中共伊犁州委党校学報』2005年第1期，30-32頁．
43）「国務院関於実施西部大開発若干政策措施的通知」（2000年10月26日），中共中央文献研究室・中共新疆維吾爾自治区委員会『新疆工作文献選編（1949年—2010年）』中央文献出版社，2010年，511-515頁．
44）チベット問題については，1980年に初めて大型のチベット工作座談会が開かれ，その後1984年，1994年，2001年，2009年と開催されている．
45）星野昌裕「周縁からの叫び——マジョリティ社会と国家統合」，国分良成編『中国は，いま』岩波新書，2011年，115頁．
46）「新疆『換帥』背後」，『中国新聞週刊』2010年第19期，20頁．
47）カシュガル経済開発区の面積は50k㎡である．
48）コルガス経済開発区の面積は73k㎡である．
49）「不可複製和替代的地縁区位優勢」，『世界知識』2010年第12期，19頁．
50）「新疆喀什，霍爾果斯経済開発区成為中国向西開放窓口」，『大陸橋視野』2011年第11期，69頁．
51）李宝琴「中国－中亜自由貿易区建設研究——以次区域経済合作為視角」，『辺疆経済与文化』2012年第8期，7頁．
52）王宏麗「加快推進新疆喀什経済開発区発展的思考」，『実事求是』2012年第6期，93頁．
53）「美欲在中亜搞『様板』遏制中国『西部財富帯』」，http://world.people.com.cn/GB/11938845.html（2013年4月1日閲覧）．
54）「加快建設一区三園——霍爾果斯経済開発区発展紀実」，『新疆日報』2013年4月19日．
55）朱建軍・翟玲紅・劉玲・李慧萍・頼光麟「中俄『両西』地区跨境交通建設的設想与可行性」，『俄羅斯中亜東欧市場』2011年第5期，34-39頁．

56) 包艶麗・王暁偉・戴俊生「新疆与俄, 哈, 蒙経済合作現状及問題研究」,『農村経済与科技』2012 年第 10 期, 76 頁.
57) 段秀芳・張永明「中国与新疆毘隣国家陸路口岸跨境合作分析与評価」,『新疆財経』2008 年第 3 期, 56 頁.
58) 孟戈・祝暁雲「新疆辺境貿易六十年」,『実事求是』2009 年第 9 期, 36-39 頁.
59) 「向西, 前沿和門戸」,『世界知識』2010 年第 12 期, 17 頁.
60) 王海燕『新地縁経済中国与中亜』世界知識出版社, 2012 年, 260 頁.
61) 「喀什打開新疆辺貿『人民幣決算』第一扇窓」,『中亜信息』2009 年第 10 期, 29 頁.
62) 卡比努爾・庫拉西「新疆跨境貿易人民幣結算試点的現状分析」,『金融経済』2013 年第 4 期, 85 頁.
63) 2010 年の新疆ウイグル自治区の貿易において, 国境貿易は 59% を占めている.
64) 「泛亜鉄路的現実与理想」, http://project.newsccn.com/2012-05-21/143947.html （2012 年 9 月 1 日閲覧）.
65) 「中欧高鉄迎来開工窓口」, http://www.lwdf.cn/wwwroot/dfzk/bwdfzk/201043/bmbd/255321.shtml（2012 年 8 月 30 日閲覧）.
66) 「中吉烏鉄路好事多磨」,『南方週末』2012 年 4 月 13 日.
67) 「従戦略高度推動新疆跨越式発展和長治久安」, http://www.gd.xinhuanet.com/newscenter/2012-12/04/c_113894133.htm（2012 年 12 月 4 日閲覧）.
68) 「積極推進創先争優常態化長効化」, http://www.jrxjnet.com/lingdao/luntan/201210/45821_3.html（2012 年 10 月 31 日閲覧）.
69) 「新疆策勒県——『五抓措置』力促転変作風服務群衆活動深入開展」, http://www.cnlzjd.com/index.php/index/News_content/id/5377（2013 年 5 月 2 日閲覧）.
70) Jonathan Holslag, "China's Roads to Influence", *Asian Survey*, Vol. 50, No. 4, July/August 2010, pp. 641-662.
71) 「国家有関部委沿辺地区開放開発調研組一行来甘粛省調研究」.
72) 「喀什 通過発展解決社会矛盾」,『南方人物週刊』2010 年第 20 期, 48 頁.
73) 「新疆新局」23-24 頁.

第 4 章

4.1

1) Cortez A. Cooper, "The PLA Navy's 'New Historic Missions': Expanding Capabilities for a Re-emergent Maritime Power", Testimony before the U.S.-China Economic and Security Review Commission, June 11, 2009.
2) Robert S. Ross, "China's Naval Nationalism: Sources, Prospects, and the U.S. Response", *International Security*, Vol. 34, No. 2, Fall 2009, pp. 46-81.
3) Michael A. Glosny, Phillip C. Saunders, and Robert S. Ross, "Correspondence:

Debating China's Naval Nationalism", *International Security*, Vol. 35, No. 2, Fall 2010, pp. 161-175.

4) 「尋求国際新通道的衝動与考験」, http://news.sina.com.cn/c/sd/2010-01-11/160919444897_4.shtml（2010年1月14日閲覧）.
5) 中国海軍の初代司令官は蕭勁光, 第2代司令官は葉飛で, 劉華清は第3代司令官に当たる.
6) 劉華清『劉華清回憶録』解放軍出版社, 2004年, 491-492頁.
7) Bernard D. Cole, "More Red than Expert: Chinese Sea Power during the Cold War", in Andrew S. Erickson, Lyle J. Goldstein, and Carnes Lord eds., *China Goes to Sea: Maritime Transformation in Comparative Historical Perspective*, Maryland: Naval Institute Press, 2009, p. 331.
8) 「忍耐的軍隊」,『瞭望東方週刊』総第480期, 2013年2月1日, 29頁.
9) 平松茂雄『中国の戦略的海洋進出』勁草書房, 2002年, 49頁.
10) M. Taylor Fravel, "Economic Growth, Regime Insecurity, and Military Strategy: Explaining the Rise of Noncombat Operations in China", in Avery Goldstein and Edward D. Mansfield eds., *The Nexus of Economics, Security, and International Relations in East Asia*, Stanford: Stanford University Press, 2012, p. 179. 趙耀輝「論新時期我軍軍事闘争準備基点的三次転変」,『南京政治学院学報』2006年第4期, 86-87頁.
11) こうした見方はアメリカの *Annual Report to Congress: Military and Security Developments Involving the People's Republic of China 2012* においても示されている.
12) 茅原郁生『中国軍事大国の原点——鄧小平軍事改革の研究』蒼蒼社, 2012年, 27頁.
13) Bernard D. Cole, *The Great Wall at Sea: China's Navy in the Twenty-First Century*, Maryland: Naval Institute Press, 2010, p. 201.
14) 「海軍衝出第一島鏈」,『瞭望新聞週刊』2013年4月4日, 44頁.
15) アメリカの国防総省が中国の戦略をA2/ADと名付け, 2001年に公に言及するようになった. Michael McDevitt, "Critical Military Issues: The Rebalancing Strategy and Naval Operations", paper for "New Approach to Security in Northeast Asia: Breaking the Gridlock" Workshop, Washington, D.C., October 9-10, 2012.
16) ASBMは小笠原諸島と米領グアムを結ぶ第2列島線を射程に収める「空母キラー」と呼ばれている.
17) 柳澤協二『抑止力を問う——元政府高官と防衛スペシャリスト達の対話』かもがわ出版, 2010年, 38頁.
18) 道下徳成「中国の動向と日本の海洋戦略」, http://www.nippon.com/ja/in-depth/

a00504/（2013年8月1日閲覧）.
19) 同上.
20) 中国の海軍能力については，浅野亮『中国の軍隊』創土社，2009年，45-46頁に詳しい.
21) Bernard D. Cole, "The Energy Factor in Chinese Maritime Strategy", in Gabriel B. Collins, Andrew S. Erickson, Lyle J. Goldstein, and William S. Murray eds., *China's Energy Strategy: The Impact on Beijing's Maritime Policies*, Maryland: Naval Institute Press, p. 338.
22) James Mulvenon, "Dilemmas and Imperatives of Beijing's Strategic Energy Dependence: The PLA Perspective", ibid., pp. 6-8.
23) *China Daily*, September 26, 2012.
24) Cole, "The Energy Factor in Chinese Maritime Strategy", p. 339.
25) Scott Jasper ed., *Conflict and Cooperation in the Global Commons: A Comprehensive Approach for International Security*, Washington, D.C.: Georgetown University Press, 2012, p. 76.
26) 「真珠の首飾り」戦略は，2005年1月に発表された米国防総省によるレポートで初めて指摘され，ブーズ・アレン・ハミルトン（Booz Allen Hamilton）によって命名されたものである.
27) 中国はバングラデシュと合弁企業を設置し，チッタゴンで天然ガスを開発する予定である.
28) パキスタンで2011年5月に行われたアメリカによる国際テロ組織アルカイダのオサマ・ビンラディン（Osama bin Laden）殺害作戦に不満を持ったパキスタンの高官らが，中国海軍にグワダル港を使用してもらうように提案したが，中国政府は拒否したという．グワダル港は2002年3月から工事が開始し，2005年にシンガポールの管理で使用を開始したが，ほとんど利用する商船がなかったため，パキスタン政府がグワダル港の管理をシンガポールから引き継ぐよう中国政府に求めたところ，中国はグワダル港の商業利用に関するこのパキスタン政府の要請には応じた.
29) 「海軍建首批海外戦略支撑点？」，『国際先駆導報』2013年1月10日.
30) James R. Holmes and Toshi Yoshihara, "China's Naval Ambitions in the Indian Ocean", in Collins, Erickson, Goldstein, and Murray eds., *China's Energy Strategy*, pp. 126-129.
31) 平松茂雄『中国の安全保障戦略』勁草書房，2006年.
32) Qiang Xin, "Cooperation Opportunity or Confrontation Catalyst? The Implication of China's Naval Development for China-US Relations", *Journal of Contemporary China*, Vol. 21, Issue 76, April 2012, pp. 603-622.

4.2

1) インドネシアが主張する EEZ は中国の主張と重複する部分がある．このため，南沙問題は，7ヵ国・地域（「6国7方」）をめぐる問題ともいえる．
2) Cheng-Chwee Kuik, "Making Sense of Malaysia's China Policy: Asymmetry, Proximity, and Elite's Domestic Authority", http://cjip.oxfordjournals.org/content/early/2013/04/25/cjip.post0006.full.pdf+html（2013年9月16日閲覧）．
3) Robert Ross, "Chinese Nationalism and Its Discontents", *The National Interest*, No. 116, November/December 2011, pp. 45–51.
4) Alastair Iain Johnston, "How New and Assertive is China's New Assertiveness?", *International Security*, Vol. 37, No. 4, Spring 2013, pp. 7–48.
5) 劉明「我国海洋経済安全形勢」，『海洋開発与管理』2008年第12期，12頁．
6) 「中国行政機関改革　海洋執行能力が統一化」，http://japanese.china.org.cn/politics/txt/2013-03/11/content_28204292.htm（2013年3月11日閲覧）．
7) Bo Kong, "China's Energy Decision-Making: Becoming More Like the United States?", *Journal of Contemporary China*, Vol. 18, Issue 62, November 2009, p. 793.
8) 「6次海戦親歴者　常勝将軍陳偉文訪談録」，『現代船舶』2011年第10期，10-15頁．
9) 「黄岩島，炎黄島」，『中国新聞週刊』2012年第16期，26頁．
10) 薛理泰「対南海政策来者可追」，『経済観察報』2011年10月28日．
11) 「温家宝在第八次中国–東盟領導人会議上的講話」，http://news.xinhuanet.com/world/2004-11/29/content_2274734.htm（2004年11月29日閲覧）．
12) 中国の中国海洋石油総公司（CNOOC），フィリピンのPNOC，ベトナムのベトナム石油ガス公社（Vietnam Oil and Gas Corporation: Petrovietnam）の3社が参加している．
13) 佐藤考一によると，石油探査ではなく，共同の地震波探査に乗り出したのは，南シナ海の中心部のスプラトリー諸島周辺海域が，資源の開発に関してあまり有望でないことを，中国が理解していたからである．佐藤考一「中国と『辺疆』――海洋国境」，『境界研究』No. 1，2010年10月，35頁．
14) 「中国和朝鮮正式簽訂協議共同開発黄海海域油田」，『東方早報』2005年12月26日．
15) 「朝能源供応短缺，黄海油気開発対朝鮮意義重大」，『国際先駆導報』2006年1月10日．
16) 「温家宝総理在第11次中国与東盟領導人会議上的講話」，http://www.china.com.cn/international/zhuanti/wjbxjp/2007-11/21/content_9262940.htm（2007年11月21日閲覧）．
17) マラッカ海峡に関して，マレーシア，シンガポール，インドネシアは2004年に海洋パトロール・情報共有に関する3ヵ国合意に達した．タイは，2008年から海洋パトロールに，2009年から航空パトロールに参加するようになった．

18) 戴秉国「堅持走和平発展道路」,『人民日報』2010 年 12 月 13 日.
19) 「越南称中国承諾提供 30 億与東盟建立海上合作基金」,『環球時報』2012 年 10 月 8 日.
20) "India, China to Hold First-Ever Maritime Talks", *The Indian Express*, March 1, 2012.
21) 「習近平——決不拿核心利益做交易」,『北京晨報』2013 年 1 月 30 日.
22) 「習近平——進一歩関心海洋認識海洋経略海洋」, http://cpc.people.com.cn/n/2013/0731/c64094-22399483.html (2013 年 8 月 18 日閲覧).
23) "Maritime Cooperation Promised", *China Daily*, November 1, 2012.
24) 曹雲華・鞠海龍主編『南海地区形勢報告 2011-2012』時事出版社, 2012 年, 197 頁.
25) 「海洋『闘法』」,『中国新聞週刊』2012 年第 43 期, 30 頁.
26) 「関与『海洋国土』法定権益維護対策的思考」,『中国海洋報』2005 年 3 月 4 日.
27) 「中国人租用釣魚島成為可能?」,『南方週末』2003 年 7 月 17 日.
28) 「中国海監北海総隊　開展維権巡航執法行動」,『中国海洋報』2005 年 11 月 8 日.
29) 「我国啓動海島地名管理工作」,『中国海洋報』2005 年 10 月 14 日.
30) 江淮「領海基点——沿海国海上権利的起点」,『世界知識』2009 年第 3 期, 65 頁.
31) 「中国海監——護衛国家海洋権益」,『中国国防報』2008 年 5 月 13 日.
32) 「漁民越界捕撈為何屢禁難止」,『瞭望新聞週刊』, 2012 年第 34 期, 12-13 頁.「海洋深処的中国漁民們」,『南風窓』2012 年第 17 期, 64 頁.
33) 坂本茂樹「排他的経済水域における軍事活動」, 栗林忠男・秋山昌廣編『海の国際秩序と海洋政策』東信堂, 2006 年, 96 頁.
34) 「海洋約法——中国参与聯合国海洋法公約談判始末」,『瞭望東方週刊』総第 471 期, 2012 年 12 月, 21 頁.
35) 同上, 20 頁.
36) 「中国社科院学部委員談南海争端的由来与解決之路」,『経済参考報』2009 年 5 月 5 日.
37) 「中米, 軍用機衝突事件をめぐり協議」, http://j.people.com.cn/2001/04/20/jp20010420_4854.html (2001 年 4 月 20 日閲覧).
38) 「徐才厚与美国防長会談　双方達成 7 項共識」, http://www.chinadaily.com.cn/zgzx/2009-10/28/content_8862728.htm (2009 年 10 月 28 日閲覧).
39) 台湾政府の抗議文は, http://www.taiwanembassy.org/ct.asp?xItem=201095&ctNode=3591&mp=202 (2013 年 8 月 1 日閲覧) を参照.
40) Ian Storey, "China and the Philippines: Implications of the Reed Bank Incident", *China Brief*, Vol. 11, Issue 8, May 6, 2011.
41) Aileen S. P. Baviera, "The Influence of Domestic Politics on Philippine Foreign

Policy: The Case of Phillippines-China Relations since 2004", RSIS Working Paper, No. 241, June 2012, p. 16.
42) "Philippines Accuses China of 'De Facto Occupation'", http://www.straitstimes.com/breaking-news/se-asia/story/philippines-accuses-china-de-facto-occupation-20130426（2013年4月26日閲覧）.
43) 「海南規定可扣押非法侵入海域外国船」,『南方都市報』2012年12月1日.
44) "We Can Fight Back vs Any Threat", http://globalnation.inquirer.net/75177/philippines-protests-chinese-warships-presence（2013年5月21日閲覧）.
45) "Tension Mounts at South China Sea over Territorial Dispute", http://www.ndtv.com/article/world/tension-mounts-at-south-china-sea-over-territorial-dispute-372635（2013年5月29日閲覧）.
46) Johnston, "How New and Assertive is China's New Assertiveness?", pp. 45–46. Michael D. Swaine, "China's Maritime Disputes in the East and South China Seas", Testimony before U.S.-China Economic and Security Review Commission, April 4, 2013.
47) Min Gyo Koo, *Island Disputes and Maritime Regime Building in East Asia: Between a Rock and Hard Place*, New York: Springer, 2009, p. 109.
48) テイラー・フレイヴェル「日米中関係と尖閣諸島（釣魚島）」, 王緝思, ジェラルド・カーティス, 国分良成編『日米中トライアングル──3ヵ国協調への道』岩波書店, 2010年, 133-141頁.
49) 「特別聚焦『東海沈船』掃描」,『中国海洋報』2002年7月2日.「擎法律之剣　護海洋権益」,『中国海洋報』2003年1月28日.
50) 「国家海洋局発布『2005年中国海洋行政執法公報』　我国海洋行政執法工作穏歩推進」,『中国海洋法』2006年2月14日.
51) 藪中三十二『国家の運命』新潮社, 2010年, 151頁.
52) 2008年6月の日中共同声明の全文は, http://www.mofa.go.jp/mofaj/area/china/higashi_shina/press.html（2009年3月3日閲覧）を参照. 中国では,「日本法人が, 中国の海洋石油資源の対外協力開発に関する法律に従って, 白樺の現有の油ガス田における開発に参加する」ことが強調され, 中国の国益を損ねるものではないと論じられている.
53) 「東海海監維権十年」,『瞭望新聞週刊』2012年第37期, 21頁.
54) Linda Jakobson, "China's Foreign Policy Dilemma", http://lowyinstitute.cachefly.net/files/jakobson_chinas_foreign_policy_dilemma_web2.pdf（2013年3月3日閲覧）.
55) Linda Jakobson, "How Involved is Xi Jinping in the Diaoyu Crisis?", http://thediplomat.com/2013/02/08/how-involved-is-xi-jinping-in-the-diaoyu-crisis-3/（2013年3月3日閲覧）.

56) 米国 2013 年度国防授権法の全文は，http://www.gpo.gov/fdsys/pkg/BILLS-112s3254es/pdf/BILLS-112s3254es.pdf（2013 年 8 月 1 日閲覧）を参照．
57) 「発展海洋経済，面向 21 世紀的戦略選択」，『能源基地建設』1997 年第 3 期，17 頁．
58) 「三沙『昇級』」，『中国新聞週刊』2012 年 6 月，43 頁．
59) 「今年『両会』渉海熱点前瞻」，『中国海洋報』2001 年 3 月 6 日．
60) 「衆多代表関注海洋，紛紛献策共謀大業」，『中国海洋法』2001 年 3 月 16 日．
61) 「杜碧蘭——維護南海権益応漁業先行」，『人民日報』2002 年 3 月 13 日．
62) 「『両会』専稿」，『今日海南』2003 年第 4 期，14 頁．
63) 「海洋大省的『藍色』訴求」，『海南日報』2007 年 3 月 6 日．
64) 「海南的戦略選択路径」，『新財経』2010 年第 3 期，93 頁．
65) 中国の海洋協力に関しては，Mingjiang Li, "China and Maritime Cooperation in East Asia: Recent Developments and Future Prospects", *Journal of Contemporary China*, Vol. 19, Issue 64, March 2010, pp. 291–310 を参照．
66) 「『大部制』開闢」，『財経』総第 348 期，2013 年 2 月，88 頁．

4.3

1) 「待破的能源困局」，『節能与環保』2011 年第 4 期，26 頁．
2) 関志雄「中国，問われる国家資本主義 『体制移行のわな』克服急げ」，http://www.rieti.go.jp/jp/papers/contribution/kwan/10.html（2012 年 11 月 7 日閲覧）．
3) イアン・ブレマー著，有賀裕子訳『自由市場の終焉——国家資本主義とどう戦うか』日本経済新聞出版社，2011 年，11-12 頁．
4) Margaret M. Pearson, "The Business of Governing Business in China: Institutions and Norms of the Emerging Regulatory State", *World Politics*, Vol. 57, No. 2, January 2005, p. 296.
5) ブレマー『自由市場の終焉』12 頁，31 頁．
6) 「改革焦点的戯劇性変遷」，『南方週末』2013 年 1 月 10 日．
7) Andrew Szamosszegi and Cole Kyle, "An Analysis of State-Owned Enterprises and State Capitalism in China", paper prepared for U.S.-China Economic and Security Review Commission, October 26, 2011, p. 1.
8) Chih-Shian Liou, "Bureaucratic Politics and Overseas Investment by Chinese State-Owned Oil Companies: Illusory Champions", *Asian Survey*, Vol. 49, No. 4, July-August 2009, p. 671.
9) 姜璐・肖佳霊「中国対蘇丹的石油外交——政企角色研究」，『阿拉伯世界研究』2011 年第 5 期，40-53 頁．
10) 朱峰「中国一些国企海外投資有損国家利益」，http://www.ftchinese.com/story/001017987（2008 年 3 月 17 日閲覧）．

11) Erica S. Downs, "The Fact and Fiction of Sino-African Energy Relations", *China Security*, Vol. 3, No. 3, Summer 2007, pp. 42-68.
12) Erica S. Downs, "Energy Security Series: China", The Brookings Foreign Policy Studies, December 2006.
13) 国家エネルギー部は石炭部,石油部,原子力工業部,水力電力部の撤廃に伴い,1988年4月に設置された.
14) 「『組織化利益』与『政治性行動』——国有企業対中国外交政策制定的影響分析」,『国際政治研究』2012年第3期,169頁.
15) 張国宝は1999年から国家発展改革委員会でエネルギー問題を担当.2003年4月改組後の国家発展改革委員会副主任に就任,石油天然ガスパイプラインなどを担当,特にトルキスタンとの天然ガスの協力に尽力.原発推進者.2011年1月引退.
16) 李婷・王超・張紀海「我国能源管理体制改革探討」,『天然気技術与経済』2011年第5巻第5期,9頁.
17) 「温家宝——保障能源供給安全 支撑経済社会発展」,http://www.gov.cn/ldhd/2010-04/22/content_1589828.htm(2010年4月22日閲覧).
18) 報告書「健全与市場経済和低碳経済相適応的能源管理体制」の全文は,http://cers.org.cn/nyyjh/ceip/ztyj/201211/t20121105_470844.htm(2013年7月2日閲覧)を参照.
19) 呉新雄は江西省の省長,国家電力監視管理委員会主席を歴任している.
20) 統廃合前の国家電力監視管理委員会は正部級(トップが大臣クラス),国家エネルギー局は副局級(トップが副局長クラス)であった.
21) 神原達『中国の石油と天然ガス』アジア経済研究所,2004年.Michal Meidan, Philip Andrews-Speed, and Ma Xin, "Shaping China's Energy Policy: Actors and Process", *Journal of Contemporary China*, Vol. 18, Issue 16, September 2006, pp. 591-616.
22) Hasan H. Karrar, *The New Silk Road Diplomacy: China's Central Asian Foreign Policy since the Cold War*, Vancouver: UBC Press, 2009, p. 124.
23) 郭四志『中国エネルギー事情』岩波書店,2011年,13頁.
24) 同上,15頁.
25) 中国のエネルギー政策の方向性として取り上げられているのは次の8つの分野である.(1)省エネを最重視し,エネルギー利用の効率をあげる.(2)石炭を主体,電力を中心としつつも,石油,天然ガス,新エネルギーを含めてバランスを図る.(3)東部と中部・西部地域,都市と農村のニーズに合わせ,エネルギーとインフラの整備を進める.(4)国内の資源開発に立脚しつつ,国際エネルギーの協力と開発に積極的に参加する.(5)技術革新を重視する.(6)環境保護を強化する.(7)エネルギー供給の多角化を図り,戦略的石油備蓄を加速させる.(8)市場メカニズム

の機能を十分に発揮させる.
26）「石油戦略儲備警鐘当当響」,『中国石油企業』2012年第1-2期, 44頁.
27）「我国石油安全形勢与対策」,『合作経済与科学技術』2011年3月号, 16頁.
28） John C. K. Daly, "China and Japan Race for Russian Crude", *China Brief*, Vol. 3, Issue 16, December 2003.
29） Metallinou Spyridoula-Amalia, "Energy Security: The Russian Trans-Siberian Pipeline and the Sino-Japanese Courtship", http://www.idis.gr/GR/Ekpaideutika/hydra_papers/metallinou_amalia-spyridoula.pdf（2012年5月1日閲覧）.
30）「1999年中俄関係大事記」, http://world.people.com.cn/GB/8212/104201/104367/10168617.html（2012年1月6日閲覧）. Rutlan Peter, "The Chinese Perspective on the Daqing Pipeline Project", *China Brief*, Vol. 4, Issue 2, January 2004.
31）「中俄原油管道項目備忘録」,『中国石油報』2003年3月19日.
32） 全文は, http://www.mofa.go.jp/mofaj/area/russia/kodo_0301.html（2012年1月6日閲覧）を参照.
33）『日本経済新聞』2003年2月14日.
34）『朝日新聞』2003年3月5日.
35）『日本経済新聞』2003年6月28日.
36）『朝日新聞』2003年6月29日.
37）『日本経済新聞』2003年6月28日.
38） 葉秋蘭「冷戦後における日中のエネルギー争奪戦——東シベリア石油パイプラインルートを事例に」,『問題と研究』第36巻第5号, 2007年9月, 53頁.
39）『日本経済新聞』2004年4月1日.
40） André Mommen, "China's Hunger for Oil: The Russian Connection", *Journal of Developing Scocieties*, Vol. 23, No. 4, October 2007, p. 447.
41） 経済産業省資源エネルギー庁『エネルギー白書2009』, http://www.enecho.meti.go.jp/topics/hakusho/2009energyhtml/p3-4-1-2.htm（2012年1月6日閲覧）.
42）「霍氏案決定不了『安大線』運命」, http://www.people.com.cn/GB/guoji/1030/2175118.html（2012年1月6日閲覧）.
43） 岩城成幸「東シベリア石油パイプライン計画と我が国の取り組み——現状と問題点」,『レファレンス』2004年10月号, 31頁.
44）『日本経済新聞』2005年4月25日.
45）『朝日新聞』2005年4月13日.
46） Kevin Rosner, "China Scores Again in Energy: Russia & Central Asia", *Journal of Energy Security*, 12, January 2010.
47） 中国の最初のLoan for Oil契約は2004年にアンゴラとの間で締結されている.
48）「中俄原油供給分岐已解決, 中方開始支付欠款」, http://www.china5e.com/show.

49) スコボロジノから大慶までのロシア国内のパイプラインの建設はロシア側が担当することになっていたが，2007年3月から中国側が建設を担当することになった．
50) 「中国能源消費総量控制路径」，『瞭望新聞週刊』2013年第2期，35頁．
51) 趙剣『世界能源戦略与能源外交』（中国巻）知識産権出版社，2011年，259頁．
52) 「中緬原油管道——能源多元進口戦略拼図」，http://www.china5e.com/show.php?contentid=75126（2012年1月6日閲覧）．
53) 2003年5月と10月の会議に，温家宝首相が参加した．
54) 「鷸蚌相争誰得利？　中日能源対抗必将両敗俱傷」，『中国青年報』2004年7月6日．
55) 趙永勝『中国的中亜外交』時事出版社，2008年，56頁．
56) "Pipeline Opens Immediate Prospects for China in Central Asia", *Yahoo Business*, November 30, 2005.
57) 「中俄安大線最終夭折内幕掲開，中俄印線浮出水面」，『東方早報』2004年12月22日．
58) Xuanli Liao, "Central Asia and China's Energy Security", *China and Eurasia Forum Quarterly*, Vol. 4, No. 4, November 2006, pp. 61-69.
59) 「『上合』拉動新疆向西」，http://www.lwdf.cn/oriental/world/20100624153919735.htm（2012年1月6日閲覧）．
60) 張抗「南亜—新疆与緬甸—雲南油気管線方案的分析」，『中外能源』2006年第11巻，1頁．
61) 「瓜徳爾項目的瑜亮情結」，『南風窓』2006年第3期，11頁．
62) 「南亜局勢考験中国的外交智恵」，『21世紀経済報道』2011年12月14日．
63) 「2013年6月6日外交部発言人洪磊主持例行記者会」，http://www.fmprc.gov.cn/mfa_chn/fyrbt_602243/t1048073.shtml（2013年6月6日閲覧）．
64) 「南線——四大構想的権衡」，『世界知識』2006年第8期，17-21頁．
65) 「中緬油気管道——六載磨剣功始成」，『創造』2010年第7期，74頁．
66) 2006年3月全国人民代表大会の開会期間中に，雲南省人民代表大会代表91人が「中国・ミャンマー間の石油パイプラインの建設及び雲南省の石油精製基地の建設に関する雲南省代表団の提言」を提出した．
67) 重慶市は2005年から，雲南から重慶までのパイプライン延長を主張し，ミャンマーとのパイプライン計画を支持するようになった．
68) 中国とミャンマーを結ぶ天然ガスパイプラインは2013年6月に完成し，7月に運行を開始した．
69) 「中緬油気管道的『政治生態』」，『南風窓』2012年第8期，47頁．
70) 「中緬油気管道『六年磨一剣』　談判初期曽有分岐」，http://news.xinhuanet.com/herald/2010-06/11/content_13648799.htm（2010年6月11日閲覧）．

71) ミャンマー政府とカチン州の反政府組織 KIO との和平交渉は，2013 年 2 月に中国の雲南省瑞麗で行われ，中国もオブザーバーとして参加した．
72) 第 2 段階の実施場所について，中国は福建を提案したが，ロシア側の反対により山東半島に変更となった．第 2 段階の軍事演習は台湾海峡を意識したものといえる．
73) Marlene Laruelle, "Moscow's China Dilemma: Evolving Perceptions of Russian Security in Eurasia and Asia", in Robert E. Bedeski and Niklas Swanström eds., *Eurasia's Ascent in Energy and Geopolitics: Rivalry or Partnership for China, Russia and Central Asia*, London and New York: Routledge, 2012, p. 82.

4.4

1) 「非伝統的安全挑戦中国未来周辺環境的影響」，http://www.idcpc.org.cn/globalview/sjzh/120905.htm（2012 年 9 月 9 日閲覧）．
2) 「水利部採取措施 減少松花江汚染影響」，http://www.chinawater.com.cn/ztgz/xwzt/shjswr/200511/t20051125_121269.htm（2005 年 11 月 25 日閲覧）．
3) たとえば，2006 年にロシア側は松花江で法定基準値の 50 倍の化学物質クロロフェノールが検出されたと発表した．
4) "China, Russia Discuss Pollution Control for Cross-border River", http://english.people.com.cn/90001/90776/90883/7398476.html（2011 年 6 月 2 日閲覧）．
5) 李志斐「跨国界河流与中国周辺安全」，http://iaps.cass.cn/upload/2011/03/d20110314105636647.pdf（2012 年 9 月 1 日閲覧）．
6) "The Irtysh River in the Hydro Policy of Russia, Kazakhstan and China", http://russiancouncil.ru/en/inner/?id_4=437（2012 年 5 月 29 日閲覧）．
7) "Flowing Downstream: The Sino-Kazakh Water Dispute", http://www.jamestown.org/single/?no_cache=1&tx_ttnews%5Btt_news%5D=4131（2007 年 5 月 16 日閲覧）．
8) "India-China Co-operation", http://india.gov.in/sectors/water_resources/index.php?id=6（2013 年 7 月 2 日閲覧）．
9) 2012 年 3 月 2 日に行われた外交部スポークスマンの定例記者会見，http://www.mfa.gov.cn/chn/gxh/tyb/fyrbt/jzhsl/t910460.htm（2012 年 3 月 3 日閲覧）．
10) 2011 年 6 月 14 日に行われた外交部スポークスマンの定例記者会見，http://www.mfa.gov.cn/chn/gxh/tyb/fyrbt/t830587.htm（2011 年 6 月 15 日閲覧），2011 年 3 月 29 日に行われた外交部スポークスマンの定例記者会見，http://www.fmprc.gov.cn/chn/gxh/tyb/fyrbt/jzhsl/t810580.htm（2011 年 4 月 15 日閲覧），2010 年 11 月 18 日に行われた外交部スポークスマンの定例記者会見，http://ss.china-embassy.org/chn/fyrth/t770294.htm（2011 年 12 月 20 日閲覧）．
11) 清水学・伊能武次「国際河川を巡る政治経済学的分析——中東・中央アジア」，

http://www.econ.hit-u.ac.jp/~kenkyu/jpn/pub/DP/shimizu04-06.pdf（2013 年 7 月 2 日閲覧）.

12) James D. Fearon, "Domestic Political Audiences and the Escalation of International Disputes", *American Political Science Review*, Vol. 88, No. 3, September 1994, pp. 577-592.

13) 非民主主義国家にもオーディエンス・コストが存在すると主張する研究には，たとえば Jessica L. Weeks, "Autocratic Audience Costs: Regime Type and Signaling Resolve", *International Organization*, Vol. 62, Issue 1, Winter 2008, pp. 35-64 がある.

14) Jessica Chen Weiss, "Autocratic Audiences, International Bargaining, and Nationalist Protest in China", http://www9.georgetown.edu/faculty/jrv24/Weiss_08.pdf（2013 年 7 月 7 日閲覧）.

15) Evan S. Medeiros and M. Taylor Fravel, "China's New Diplomacy", *Foreign Affairs*, Vol. 83, No. 6, November/December 2003, pp. 22-35.

16) 加藤千洋「中国メディア，羽ばたく日は」，『朝日新聞』2008 年 12 月 14 日.

17) 陳文静・邁夫「浅議経済発展与環境保護的協調構建――以中国参与湄公河次区域経済合作為例」，『雲南財経大学学報』2009 年第 1 期，37 頁.

18) 中山幹康「国際流域での水の配分をめぐる係争と協調」，http://www.geog.or.jp/journal/back/pdf116-1/p043-051.pdf（2013 年 7 月 2 日閲覧）.

19) "Drought Grips Parts of China, Southeast Asia amid Dam Concern", http://edition.cnn.com/2010/WORLD/asiapcf/04/06/china.mekong.river.thailand.laos/index.html（2010 年 4 月 11 日閲覧）.

20) "China Blamed for Holding Back Important Mekong Info", *Thanh Nien Daily*, April 4, 2010.

21) 政治の視点から，怒江ダムをケースとして行われた代表的な研究には以下がある．林秀光「中国における利益集団と政策過程――中国華電集団公司による怒江の水力開発を事例に」，慶応義塾大学法学研究会『法学研究』第 80 巻第 8 号，2007 年 8 月，29-73 頁．Ralph Litzinger, "In Search of the Grassroots: Hydroelectric Politics in Northwest Yunnan", in Elizabeth J. Perry and Merle Goldman eds., *Grassroots Political Reform in Contemporary China*, Cambridge, Mass.: Harvard University Press, 2007. Andrew C. Mertha, *China's Water Warriors: Citizen Action and Policy Change*, Ithaca: Cornell University Press, 2008.

22) 「水電与環境併非水火難容」，『中国経済導報』2004 年 8 月 26 日．「発展与環保，何必二者争一」，『中国経済導報』2006 年 3 月 9 日．「在生態保護与『富民』間『探路』」，『中国経済導報』2008 年 8 月 9 日.

23) 「水力資源開発利大于弊」，『中国経済導報』2005 年 11 月 29 日.

24) 「別譲『生態貧民』付出『温飽代価』」,『中国経済導報』2006年11月4日.
25) 雲南・タイの大メコン川流域（GMS）プロジェクトによる景洪水力発電所計画に関しては, http://www.sandelman.ottawa.on.ca/lists/html/dam-l/2000/msg01867.html（2012年7月2日閲覧）を参照.
26) 「中国的環境保護」,『中国環境報』2006年6月6日.
27) "Seeking a Public Voice in China's Angry River", *New York Times*, December 26, 2006.
28) Kevin J. O'Brien, *Rightful Resistance in Rural China*, Berkeley: University of California Press, 2006.
29) Jonathan Sullivan and Lei Xie, "Environmental Activism, Social Networks and the Internet", *The China Quarterly*, Vol. 198, June 2009, p. 426.
30) 馬燕氷「瀾滄江——湄公河流域合作開発新形勢及其影響」,『現代国際関係』1996年第7期, 22頁.
31) 陳建明「近年来囲繞瀾滄江——湄公河流域開発的環境問題述評」,『東南亜』1997年第3期, 19-25頁.
32) 馮彦・何大明・甘淑「瀾滄江水資源系統変化与大湄公河次区域合作的関連分析」,『世界地理研究』2005年第4期, 55頁.
33) 「水電拉鋸戦——金沙江項目叫停背後」,『第一財経日報』2009年7月8日.
34) 陳麗暉・曾尊固・何大明「国際河流流域開発中的利益衝突及其関係協調」,『世界地理研究』2003年第1期, 74頁.「中国積極維護跨境生態安全」,『中国環境報』2010年4月28日.
35) 陳文玲「三江源生態恢復保護和建設応上昇為国家戦略——三江源生態問題調査研究報告」,『中国経済時報』2008年6月3日.
36) UNEPのレポートに関しては, http://www.unep.org/cpi/briefs/2009May22.doc（2010年9月1日閲覧）を参照.
37) 2010年2月14日に開かれた米中経済・安全保障再考委員会の"China's Activities in Southeast Asia and the Implications for US Interests"と題する公聴会の内容については, http://www.uscc.gov/hearings/2010hearings/hr10_02_04.php（2010年9月1日閲覧）を参照.
38) 報告書 *Mekong Tipping Point: Hydropower Dams, Human Security, and Regional Stability* の全文は, 以下を参照. http://www.scribd.com/doc/31131248/Mekong-Tipping-Point-Hydropower-Dams-Human-Security-and-Regional-Stability（2012年7月2日閲覧）.
39) 報告書 *River of Giants: Giant Fish of the Mekong* の全文は以下を参照. http://wwf.panda.org/wwf_news/news/?194313/Mekong-dams-threaten-rare-giant-fish（2010年9月1日閲覧）.

40)「環境厳重退化威脅湄公河」,『中国環境報』2004年4月6日.
41)「湄公河峰会挙行在即　干災引発国際用水争端」,http://www.infzm.com/content/43225（2010年9月1日閲覧）.
42)「湄公河流域干旱不怪中国水壩」,『環球時報』2010年4月6日.
43)「湄公河『共識』——中国推演跨国界流域開発棋局」,『21世紀経済報道』2010年4月7日.
44)「西南大旱——従大災到大害有多遠?」,『南風窓』2010年第8期,56頁.
45) 水資源に関しては,2003年に水利用のモニタリングに関する協定,2010年にデータ・情報共有に関する協定,2011年に通知・事前協議・合意に関する協定がMRCで採択された.
46) "China Blamed for Holding Back Important Mekong Info".
47) James Miller, "NGOs and 'Modernization' and 'Democratization' of Media: Situating Media Assistance", *Global Media and Communication*, Vol. 5, No.1, April 2009, p. 10.

終章

1) 中国の非戦闘活動については,M. Taylor Fravel, "Economic Growth, Regime Insecurity, and Military Strategy: Explaining the Rise of Noncombat Operations in China", in Avery Goldstein and Edward D. Mansfield eds., *The Nexus of Economics, Security, and International Relations in East Asia*, Stanford: Stanford University Press, 2012, pp. 177-210 を参照.
2) Jeffrey Engstrom, "Taking Disaster Seriously: East Asian Military Involvement in International Disaster Relief Operations and the Implications for Force Projection", *Asian Security*, Vol. 9, Issue 1, March 2013, p. 41.
3) 野口和彦『パワーシフトと戦争——東アジアの安全保障』東海大学出版会,2010年,3-4頁.

あとがき

　中国が国際的な孤立からの脱却を図りつつ，社会主義市場経済の採用にようやく踏み切ったのは，天安門事件そして冷戦終結の後のことである．しかしいまや，中国はアジア地域情勢そして世界の政治・経済情勢に影響を与えうる大国として台頭してきている．こうしたなか，世界で最も成長する地域として，アジアも近年注目されるようになっている．中国そしてアジアの変貌ぶりを，20年ほど前には，誰も予想していなかったのかもしれない．ここ20年間に，中国の対外政策，そして中国とアジア諸国の関係は大きく変容しているはずである．ここで冷戦終結後の中国のアジア外交について，改めてそのプロセスを振り返って研究することは重要であり，また必要ではなかろうか．

　中国がアジア地域をどのように捉え，これまでどのような政策を採用したのかについて，実際に研究することは決して容易いことではない．特に中国社会は改革開放以降の市場化の進展とともに非常に速いスピードで多元化しており，様々なアクターが政策形成プロセスに関与するよう変化している．かかる状況において，中国の対外政策をその実相に則して論じることは至難といえよう．

　急速に変化する中国に関して様々な疑問が投げかけられているが，こうした問いへの回答として，安易な「逃げ道」も潜んでいる．専門家や市民が集まるシンポジウムやセミナー，そして大学における講義などにおいて，中国に関する問いに対して，中国の特殊性や異質性を強調し，「それは中国だから…」，「中国は民主主義国家とは違うからね…」と答えれば，アメリカや日本を問わず，一瞬にして会場は笑顔で和み，誰もが納得する．

　「中国だから…」，「民主主義国家と違うから…」という答えは，結論として決して間違いではないかもしれない．確かに結論はそうであるが，なぜ中国だからそうなのかという問題に対して，論理的に説明するのは極めて難しい．本書では「分断化された権威主義体制」というコンセプトを用いて中国のアジア外交とアジア政策の決定についての分析を試みたが，これによりさらに多くの

疑問や掘り下げなくてはならない問いが新たに呼び起されたかもしれない．

　また，中国のアジア外交の全体像を概観するために，本研究はその外交の相手国として複数の国家を扱い，領域も政治，経済，安全保障などと多岐にわたっており，こうした作業は到底筆者一人の力で及ぶものではない．こうした点からいえば，研究すべき課題はなお山積している．より多くの方に問題意識を共有していただき，本書が新たな研究のための呼び水となれれば，筆者にとっては望外の喜びである．

　筆者が早稲田大学に奉職してから，中国やアジアをめぐる動向に先見の明をお持ちの先生方のご尽力によりアジア地域統合にかかわる大型プロジェクトが次々と立ち上げられた．毛里和子先生の率いる文部科学省 21 世紀 COE プログラム「現代アジア学の創生」，そして天児慧先生の率いる文部科学省グローバル COE プログラム「アジア地域統合のための世界的人材育成拠点」に参加させていただいたことは，筆者が中国とアジア地域とのかかわり，そして中国のアジア外交を研究するきっかけとなった．本書の執筆に当たり，こうしたきっかけを作っていただいただけでなく，真摯にご指導いただいた毛里和子，天児慧両先生に心から感謝を申し上げたい．もし両先生のプロジェクトに参加していなかったら，中国のアジア外交を研究対象とするチャンスは訪れることはなく，本書も日の目を見ることはなかった．

　中国のアジア外交に対する研究を進めていくプロセスにおいて，国分良成先生のご尽力により，財団法人日本国際交流センターが実施する「日米中関係の管理と協調の強化」国際共同研究プロジェクトに参加する機会を得た．この研究プロジェクトにおいて日米中関係について改めて研究し，また国内外の学者から知見をいただくことができた．また，高原明生先生の率いる科学研究費プロジェクト（「ボトム・アップの政治改革——社会変動期の中国における政治参加の総合的研究」，「調和社会の政治学——調和的な発展政策の形成と執行の総合的研究」）において，中国における世論と対外政策の関係について，惜しみないご指導や助言を多くいただいた．お二人の先生に対して心から感謝申しあげたい．

　すべての名前を挙げることはできないが，様々な研究プロジェクトや会合において，多くの先生方からご指導をいただき，有意義なコメントをいただいた

ことに対して紙面を借りてお礼を申しあげたい．

　優秀な編集者に恵まれたことは筆者の大きな喜びである．本書では編集者の真骨頂が随所に発揮されている．もし本書にすこしでも評価いただけるところがあれば，その多くは編集者の才能と労苦に対するものであると思う．奥田修一氏に心より感謝の意を表したい．

　本書の出版にあたり，すでに出版されている一部の論文を大幅に加筆修正した．初出情報は以下のとおりであるが，快く転載を許可していただいた各出版社・研究所に感謝を申し上げたい．

第 1 章第 1 節・第 2 節
「『アジア・アフリカ』，『アジア太平洋』から『アジア』へ——アジアにおける中国の多国間協力」，梅森直之・平川幸子・三牧聖子編『歴史の中のアジア地域統合』勁草書房，2012 年所収

第 1 章第 1 節（一部）
「領土問題と中国の外交」，『中国年鑑 2011　特集　波立つ海洋・動き出す内陸』中国研究所，2011 年所収

第 1 章第 2 節（一部）
「中国の周辺外交」，趙宏偉・青山瑠妙・益尾知佐子・三船恵美『中国外交の世界戦略——日・米・アジアとの攻防 30 年』明石書店，2011 年所収

第 4 章第 2 節
「海洋主権——多面体・中国が生み出す不協和音」，毛里和子・園田茂人編『中国問題——キーワードで読み解く』東京大学出版会，2012 年所収

第 4 章第 3 節（第 4 項〜第 6 項）
「中国のエネルギー安全保障と日中関係——東シベリア石油パイプラインに関する日中競合を中心に」，植木（川勝）千可子・本田美樹編『北東アジアの「永い」平和——なぜ戦争は回避されたのか』勁草書房，2012 年所収

第 4 章第 4 節

「世論・ナショナリズムと国際協調——怒江・瀾滄江開発をめぐって」，趙宏偉・青山瑠妙・益尾知佐子・三船恵美『中国外交の世界戦略——日・米・アジアとの攻防 30 年』明石書店，2011 年所収

　2013 年 10 月 20 日　早稲田にて

青山　瑠妙

索 引

ア 行

アジア・アフリカ　22-24, 30, 32, 38, 60, 81
アジア開発銀行(ADB)　31, 36, 169-170, 192-193
アジア金融危機　3, 40, 49, 60, 63, 83, 107, 124, 157
アジア太平洋　2, 33, 35-39, 43-48, 50, 52, 55-57, 60, 64, 70, 81, 243, 279-280
アジア太平洋協議会(ASPAC)　31
アジア太平洋経済協力(APEC)　21, 38, 44-46
アゼルバイジャン　14, 192
アフガニスタン　14, 16, 20, 24, 26, 28, 41, 67-70, 72-73, 119-120, 123-124, 126, 129, 133, 137, 139, 141, 144, 146, 184-185, 189, 192, 198
アメリカ(米国)　1-2, 9, 22, 31, 35, 37, 43, 45-46, 49-51, 55-59, 70-71, 76-78, 81-82, 85-93, 95-105, 107-109, 112, 116-117, 119-121, 124-125, 128, 130-131, 133-135, 137, 139, 142, 145-146, 151-152, 158, 169, 191, 210-213, 216-217, 222-225, 230, 233, 237-238, 242-243, 248, 251, 253-254, 261, 271-272, 277, 279-285, 290-291
アメリカのアジア(への)復帰(政策／戦略)　2, 50, 55-57, 59-60, 64, 94, 101, 112, 123-124, 146, 166, 217, 280-281
アラブ連盟　19, 187
アルタイ地域(の)多国間協力　193-195, 202-203
アンディジャン事件　126, 133, 135
イギリス　30, 36
一圏・一列・一片・一点　41, 49, 304
一国二制度　34, 36
イラク　14, 89, 91, 242
イラン　14, 19, 89, 119, 126, 134, 136, 139, 249, 251
イリ川　257
色革命　130, 133-135, 318, 321
インド　14-16, 20, 23, 27-30, 42, 67-69, 71-73, 77-78, 115-116, 119-126, 134, 145, 168-170, 174-176, 182, 184-185, 198, 213, 219, 251-253, 257-258, 281, 283-285, 291
インドシナ問題／インドシナ紛争　21, 41
インドネシア　14-16, 20, 23, 31, 35, 37, 42, 52, 65, 67-73, 75, 106-107, 115-116, 169, 179-180, 220, 223, 243, 337
ウクライナ　133
ウズベキスタン　14-15, 65, 67, 69, 72-73, 126-130, 132-135, 139-141, 192-193, 198, 200-203, 205, 250-251, 254, 277, 285
エアシーバトル　56, 211
エネルギー安全保障(戦略)　70, 119, 207, 235-238, 241-244, 249, 253-255, 278, 284-285
エネルギー輸送(ルート)　137, 236, 238, 244, 249, 251, 253-255, 285
エルティシ川　257
エンゲージ戦略　2, 55
欧州連合(EU)　44, 70, 77, 116, 119, 137, 142-143, 151
オーストラリア　2, 56, 64, 116-117, 119, 121, 243
オーディエンス・コスト　259-260, 274

カ 行

改革開放　1, 3-4, 10-11, 33-37, 46, 53, 61, 87, 147, 152, 164, 171, 210, 237, 239, 260, 284
海上交通路　82, 210
海洋主権　2-3, 59, 61, 80, 113, 207, 214-217, 220-225, 227, 229, 233-234, 277-278
核拡散防止条約(NPT)　87, 90, 156
核危機(北朝鮮／朝鮮半島)
　第1次――　86-87, 90, 156-157, 309
　第2次――　90, 102, 158
拡大ASEAN国防相会議(ADMMプラス)　116-117
カザフスタン　14-16, 20, 42, 51, 65-73, 76-78, 126-130, 132, 138, 140-141, 184-185, 192-195, 197-199, 203, 205, 243, 249-251, 254, 257-258, 277, 285
韓国　2, 14, 20, 31, 36, 42, 66-73, 76-77, 86, 89, 97, 100-101, 104, 115-117, 119, 150-154, 158-

160, 163-165, 179, 205, 211, 214, 218, 220, 222-223, 285
韓国哨戒艦沈没事件　97, 99-102, 104, 161
関税貿易一般協定（GATT）　35-36, 38, 44, 302
環太平洋パートナーシップ（TPP）　2, 55-58, 63-64, 112, 280
環太平洋連帯構想　34
カンボジア　9, 14, 16, 22, 30, 41, 49, 64, 67, 69-70, 72-73, 75, 78-79, 106-107, 113, 116, 118, 169-173, 180, 212, 220, 251, 257, 260, 268, 300
北大西洋条約機構（NATO）　49, 77, 124, 126, 132, 136, 139, 141, 143, 280, 283, 298
北朝鮮　14, 16, 19-20, 24, 26, 28, 58, 67-73, 80, 85-105, 146, 148, 150, 152-167, 205, 218, 223, 228, 257, 285, 287, 309-310
9.11事件　→同時多発テロ事件
旧ソ連新独立国家（NIS）　14-15
キルギス　14-16, 20, 42, 51, 67, 69, 72-73, 76, 126-140, 184-185, 192-193, 198, 200-203, 205, 253, 258, 285, 320
金融・世界経済に関する首脳会合（G20）　3, 19, 54
グルジア　14, 130, 133, 135-136, 142, 321
グワダル（港）　106, 121, 212, 251-252, 278, 336
権威主義（体制）　4, 9-13, 18, 133, 207, 216, 236-237, 256, 259, 275, 286, 288-289
　分断化された――　10-12, 14, 17, 234, 274, 286, 291
権力移行論　6, 290
黄海　2, 97-98, 148, 159, 211, 218, 224
黄果園　23, 25
攻撃的リアリズム　6
構成主義　6
国益の再定義　53-54, 284
国際海洋法裁判所（ITLOS）　223, 226
国際共産主義（運動）　24, 30, 32, 38
国際原子力機関（IAEA）　87, 90, 120, 156
国際仲裁裁判所　226
国際通貨基金（IMF）　33, 192
国連アジア太平洋経済社会委員会（ESCAP）　33, 35, 45
国連開発計画（UNDP）　33, 87, 152, 156, 192
国連海洋法条約　116-117, 209, 216-217, 220, 223, 225, 227, 233-234, 277

国連環境計画（UNEP）　264, 270-271
国連平和維持活動（PKO）　19, 46, 52, 57, 281
国家資本主義　236-237
国境画定　23-26, 32, 42-43, 106, 127
古典的リアリズム　6
コルガス国境経済協力センター　194-195, 197-199, 201-203

サ　行

サルウィン川　170, 261
三大障害　40-41
シッキム　19-20, 123, 168
シットウェ　106, 212, 252
社会主義市場経済　46-47, 61, 188, 284
シャトル外交　83, 92-93, 104
上海協力機構（SCO）　15, 50, 52-53, 65, 73-75, 77, 81, 83, 126-127, 129-144, 174, 177, 185, 191, 193, 195-198, 203, 239, 248, 254, 280-281, 285
集団安全保障条約機構（CSTO）　132, 137, 141-143
周辺外交　3, 15, 40-41, 43, 48-49, 51, 59-60, 73, 81, 106, 195
自由貿易協定（FTA）　57-58, 63-64, 77, 120-122, 124-125, 131, 135, 137, 140-141, 146, 165, 187, 191, 195, 198, 202, 205, 281, 321
ジュネーブ会議　22, 24, 32, 38
新安全保障観　49-51, 110-111, 280
シンガポール　14, 31, 33, 36, 42, 67-70, 72-73, 75, 78, 106, 115-117, 169, 173, 179-180
新疆　27, 53-54, 120, 127, 129-130, 140, 147-148, 184-185, 188-205, 248-251, 278, 285, 332
新興工業経済地域（NIEs）　36-37, 86, 88
新古典的リアリズム　4-5
真珠の首飾り（戦略）　106, 212, 251, 336
人民元の国際化　151, 181, 202, 205, 281
スカボロー礁（黄岩島）　108, 118, 216, 226, 313
スプラトリー諸島　→南沙諸島
スリランカ　14, 67, 69, 72-73, 119, 121, 126, 169, 176, 212, 285
政策決定　9-14, 17, 147, 176-177, 278, 286-289, 291
西沙（パラセル）諸島　24, 107-108, 216, 220-222, 226, 231-232
西部大開発　51, 54, 93, 127, 129, 158, 174, 186,

索引　355

191, 261-264, 280, 284
世界銀行　33, 192
世界自然保護基金(WWF)　267, 270
世界貿易機関(WTO)　4, 13, 38, 49, 57, 61, 83, 242, 247, 302
責任あるステークホルダー　81
セキュリティ・ジレンマ　213, 290
接近阻止・領域拒否(A2/AD)　211, 217, 335
戦域ミサイル防衛(TMD)　89
尖閣諸島(釣魚島)　2, 63, 214, 219, 221, 227-230
全方位外交　34
曾母暗沙　227
蘇岩礁(離於島)　214
ソ連　→ロシア

タ 行

タイ　9, 14, 16, 24, 30-33, 37, 52, 67-69, 71-75, 78, 106, 111, 114-116, 118, 121, 169-173, 177, 180, 211, 249, 251, 257, 260-261, 268, 277-278, 285
第1列島線　211
太平洋経済委員会(PBEC)　21
太平洋経済協力会議(PECC)　21, 35-36, 44
大メコン川流域(GMS)開発／大メコン圏　8, 48-49, 64, 78, 147, 168-179, 182-183, 268, 272, 327
台湾　20, 24, 27, 34, 36, 44, 49, 86-87, 98, 116, 136, 150, 157, 179, 211, 214, 225, 302
台湾海峡　16, 48
多国間外交　3, 19, 48-49, 52, 83, 87, 104, 171
多国間協力　34, 37, 45, 52-53, 57, 60-61, 81, 83, 112, 120, 123, 128, 164-165, 282-283, 290
多国間主義　37, 83, 282, 290
タジキスタン　14-16, 20, 42, 51, 67-69, 72-73, 76, 126-128, 131-132, 134-135, 139-140, 184-185, 192, 198, 203
地域公共財　57, 76, 112-113, 123, 125, 146, 192, 282
地域対テロ機構(RATS)　131, 135
地域統合論　8
チッタゴン(港)　106, 121, 182-183, 212, 252
チベット　23, 26-29, 53-54, 119-120, 123-124, 147, 168, 170, 195, 249, 256, 258, 285, 326
地方政策の国家戦略化　206, 234, 288
地方政府主導型　183, 202, 206, 288

中印国境紛争　24, 28-29
中央アジア　3, 15, 17-18, 40, 50-51, 59, 65, 68, 70-71, 74-76, 83, 123, 126-135, 138-143, 145-147, 163, 184-186, 188-193, 195-199, 201-205, 236, 243, 248-250, 253-254, 280, 283-284, 288, 332
中央アジア地域経済協力(CAREC)　192-193, 195, 202-203, 332
中央政府主導型　165, 202, 206, 288
中央政府と地方政府の協議型　165, 183, 202, 206, 288
中央戦略の地方化　183, 206, 288
中間地帯論　30
中国・アフリカ協力フォーラム　19
中国・アラブ国家協力フォーラム　19, 187
中国・カリブ経済貿易協力フォーラム　19
中国共産党第16回全国代表大会(第16回党大会)　3, 48, 51, 55, 109, 171, 230
中国・太平洋島嶼国経済発展協力フォーラム　19
中沙(マックレスフィールド)諸島　220, 226, 231
朝鮮戦争　21-22, 32, 85, 97
朝鮮半島　16, 85, 87, 90-91, 93-94, 99, 102-105, 156, 161
朝鮮半島エネルギー開発機構(KEDO)　87, 90, 309
珍宝島(ダマンスキー島)事件　24, 32
天安門事件　40-41, 43-44, 47-49, 62
東沙(プラタス)諸島　220
同時多発テロ事件(9.11事件)　88-89, 130-131, 133-134, 158, 191, 242, 253
東南アジア　3, 14-15, 17-18, 23, 30-31, 33, 40, 49, 52, 65, 68, 70-71, 74-75, 77, 106-107, 113-116, 124-125, 145-147, 169-175, 178-180, 182, 205, 236, 261, 269, 279, 283-285, 288
東南アジア開発閣僚会議　31
東南アジア条約機構(SEATO)　22, 31, 298
東南アジア諸国連合(ASEAN)　8-9, 21, 31-33, 35, 37-38, 44-47, 49-54, 64, 72-75, 81, 83, 90, 106-118, 123, 125, 143, 151, 169, 171, 173-174, 177-182, 187, 218-220, 263, 268, 279, 281, 301
東南アジア非核兵器地帯条約(SEANWFZ)　108-109, 218

東南アジア友好協力条約(TAC) 46, 52, 109, 171, 218, 279
独立国家共同体(CIS) 130, 141-143, 321
図們江(地域)開発(協力) 85, 100, 147-148, 152-167, 197
トルクメニスタン 14, 127, 139, 192, 250-251, 254, 277, 285
トルコ 14, 53-54, 126, 189-190
トンキン湾 →北部湾

ナ 行

内政不干渉(原則) 23, 47, 50, 57, 133, 136-137, 141, 144, 290
ナショナリズム 15, 17, 214, 259-260, 271-272, 274, 276, 278, 289, 291
77ヵ国グループ(G77) 3
南沙(スプラトリー)諸島 107-108, 216, 219-220, 222, 225-226, 231-232, 337
西アジア 175, 191, 197-199, 205
二重国籍(問題) 23, 25, 27-28
日米安全保障(条約)／日米安保 22, 48-49, 60, 62, 89, 107, 230, 280
日本 1-2, 14-16, 20, 31, 37, 43, 45-46, 61-73, 76-78, 85-86, 89, 101, 109, 113, 116-117, 119-121, 125, 142, 145, 150-154, 159-160, 163-165, 169, 179, 205, 210-211, 213-214, 218, 222-223, 227-230, 233, 236, 244-248, 250, 255, 271-272, 279, 283-285, 291, 314
仁愛礁(アユンギン礁) 227
怒江 170, 260-269, 273-274
ネパール 14, 16, 20, 24, 26-27, 67, 69-70, 72-73, 78, 119-120, 122-124, 168-169, 285

ハ 行

排他的経済水域(EEZ) 43, 108, 214, 217-218, 221-224, 227-228, 280, 337
パキスタン 14-16, 20, 24, 26-27, 58, 67-69, 71-75, 77-78, 106, 115, 119-124, 126, 134, 139, 176, 184-185, 189, 192, 198-199, 212, 249, 251-252, 277-278, 285
パラセル諸島 →西沙諸島
パワー・ポリティクス 2, 38-39, 81-82, 112, 271, 278-280, 283-284, 289
バングラデシュ 14-15, 67, 69, 72-75, 106, 119, 121, 169, 174, 176, 182-183, 212, 249, 251-252, 257-258, 277-278, 285
バングラデシュ・中国・インド・ミャンマー地域協力フォーラム(BCIM) 122, 169, 174-175, 177, 182-183
反植民地主義 24-25, 30, 38
反帝国主義 23-24, 30, 38
バンドン会議 23-25, 32, 38, 298
汎トンキン湾(地域)経済協力／汎トンキン湾経済圏(構想) 147, 165, 168-170, 178-179, 183
反覇権主義 30, 32, 38
ハンバントタ 212
東アジア経済協議体(EAEC)／東アジア経済グループ(EAEG) 45, 303
東アジアサミット(EAS) 64, 112, 121, 314
東アジア自由貿易圏(EAFTA) 63-64
東アジア地域包括的経済連携(RCEP) 58, 64, 305
東アジア・ビジョン・グループ(EAVG) 51
東アジア包括的経済連携(CEPEA) 63-64
東シナ海 2, 20, 211, 214, 227-230
東ティモール 14, 52, 67-69, 71-73, 80
非伝統的安全保障 16, 50, 76, 78, 109-114, 122-123, 125, 138, 140, 143, 146, 172, 207, 219-220, 233, 256, 277, 280-283
開かれた地域主義 45, 279
ビルマ →ミャンマー
フィリピン 2, 9, 14, 16, 20, 30-32, 52, 67-69, 72-73, 75, 106, 108, 113, 116-118, 169, 179, 210-211, 214, 216, 218-219, 225-227, 231-233, 315
封じ込め(政策／戦略)(対中) 32, 56, 61, 89, 101, 112, 120, 128, 280-281
ブータン 14, 16, 20, 30, 42, 67-69, 71-73, 80, 119-120, 168-170, 285, 302
ブラマプトラ川 258
ブルネイ 14, 20, 42, 67, 69-73, 75, 80, 106, 116, 169, 179, 214, 227
米中接近 32
平和五原則 23, 28-29, 50
ベトナム 2, 9, 14, 16, 20, 32-33, 37-38, 41-43, 49, 54, 64, 67-69, 71-73, 75-76, 106-107, 112-117, 168-175, 177-182, 214, 216, 218-220, 223, 225-227, 231-233, 257, 260-261, 264, 268, 273

索引

ベトナム戦争　30-31
ベラルーシ　126, 141-142
北東アジア　3, 14-15, 17-18, 40, 68, 70-71, 83, 85, 103, 145, 147-148, 150-153, 155-161, 163-165, 187, 205, 279, 283-284, 288
北部湾(トンキン湾)　42-43, 112-114, 146, 220, 225, 282
北米自由貿易協定(NAFTA)　44, 157-158
香港(返還)　34, 36, 44, 150, 179

マ　行

マクマホン・ライン　28-29, 299
マラッカ海峡　16, 183, 200, 210, 212, 219, 233, 236, 243-244, 251, 337
マレーシア　14, 20, 30-33, 37, 67-69, 72-73, 75, 106, 116-118, 169, 179-180, 211, 214, 227, 231, 243
ミスチーフ礁事件
　第1次——　49, 118, 216, 223, 227, 315
　第2次——　118, 315
3つの勢力　128, 131, 134, 140, 197
南アジア　3, 14-15, 17-18, 23, 40, 59, 68, 71, 75, 77, 106, 114, 119-121, 123-125, 145-146, 169-170, 174-177, 179, 182-183, 191, 197-199, 205, 279, 283-285, 288
南アジア地域協力連合(SAARC)　83, 106, 115, 119-125, 279-280
南シナ海　2, 20, 46, 52, 106-107, 109, 113, 116-118, 211-212, 214, 216, 218, 223-226, 231-233, 251
南シナ海における関係国の行動に関する宣言(南シナ海行動宣言)　52, 108-109, 111, 117, 218, 225-227, 234, 279
南シナ海における地域的な行動規範(南シナ海行動規範)　108, 117, 219, 313
ミャンマー(ビルマ)　9, 14, 16, 20, 23-26, 30-31, 42, 49, 64, 67-69, 72-75, 78-79, 92, 106-107, 110-111, 113-114, 116, 118-119, 121, 168-174, 176-177, 180-183, 205, 212, 244, 249, 251-254, 257, 260-261, 264, 277, 285, 308
メコン川　146, 170, 257, 260-261, 267-268, 270-273
メコン川委員会(MRC)　169, 261, 268, 270-273, 347
モルディブ　14, 67, 69, 71-73, 119, 176
モンゴル　14, 16, 20, 24, 26-27, 30, 32, 42, 66-70, 72-73, 76-78, 115, 126, 134, 150, 153, 155, 158, 184-187, 192-194, 198-199, 202, 257

ヤ　行

ヤルツアンポ江　258, 276
U字線　225
ユーラシア経済共同体(EAEC)　141-143, 321
世論　10, 17, 207, 256, 259-260, 262-263, 265, 268, 271-272, 274-276, 278, 285-286, 288-289, 291
四者会談　87-88, 157
延坪島砲撃事件　98, 100, 102, 161

ラ　行

ラオス　9, 14, 16, 20, 22, 30, 42, 49, 64, 67, 68-70, 72-73, 78-79, 106-107, 111, 113-114, 116, 168-175, 177, 180-181, 257, 260, 264, 268-269, 327
瀾滄江　170, 260-263, 267-274, 276
リード・バンク(礼楽灘)　225, 227
リベラリズム　6
リンケージ・アプローチ　4
六者会合　83, 85, 91-99, 101-102, 104-105, 161, 279
ロシア(ソ連)　3, 14-16, 20, 31-34, 41-42, 51, 58-59, 66-78, 85, 116, 126, 128-130, 132, 134-143, 145, 148-161, 163-167, 184-187, 189-190, 192-194, 196, 198, 205, 211-212, 223, 236, 238, 243-250, 254-257, 277, 283, 285, 291, 321

ACFTA　→ASEAN・中国自由貿易圏
ADB　→アジア開発銀行
ADMMプラス　→拡大ASEAN国防相会議
APEC　→アジア太平洋経済協力
ARF　→ASEAN地域フォーラム
ASEAN　→東南アジア諸国連合
ASEANウェイ／ASEAN規範　47, 50
ASEAN地域フォーラム(ARF)　47, 49-50, 90, 106, 110-111, 116, 219, 225, 314
ASEAN・中国自由貿易圏(ACFTA)　52, 107, 109-110, 113, 171, 174-175, 178, 181, 281
ASEAN+3　63-64, 107, 112
ASPAC　→アジア太平洋協議会

A2/AD →接近阻止・領域拒否
BCIM →バングラデシュ・中国・インド・ミャンマー地域協力フォーラム
BRICS 3, 19–20, 119, 142, 293
CAREC →中央アジア地域経済協力
CEPEA →東アジア包括的経済連携
CIS →独立国家共同体
CSTO →集団安全保障条約機構
EAEC →ユーラシア経済共同体
EAEC/EAEG →東アジア経済協議体／東アジア経済グループ)
EAFTA →東アジア自由貿易圏
EAS →東アジアサミット
EAVG →東アジア・ビジョン・グループ
EEZ →排他的経済水域
EP-3 米中軍用機接触事件 224, 228
ESCAP →国連アジア太平洋経済社会委員会
EU →欧州連合
FTA →自由貿易協定
GATT →関税貿易一般協定
GMS →大メコン川流域開発／大メコン圏
G77 →77ヵ国グループ
G20 →金融・世界経済に関する首脳会合
IAEA →国際原子力機関
IMF →国際通貨基金

ITLOS →国際海洋法裁判所
KEDO →朝鮮半島エネルギー開発機構
MRC →メコン川委員会
NAFTA →北米自由貿易協定
NATO →北大西洋条約機構
NIEs →新興工業経済地域
NIS →旧ソ連新独立国家
NPT →核拡散防止条約
PBEC →太平洋経済委員会
PECC →太平洋経済協力会議
PKO →国連平和維持活動
RATS →地域対テロ機構
RCEP →東アジア地域包括的経済連携
SAARC →南アジア地域協力連合
SCO →上海協力機構
SEANWFZ →東南アジア非核兵器地帯条約
SEATO →東南アジア条約機構
TAC →東南アジア友好協力条約
TMD →戦域ミサイル防衛
TPP →環太平洋パートナーシップ
UNDP →国連開発計画
UNEP →国連環境計画
WTO →世界貿易機関
WWF →世界自然保護基金

著者略歴

1994年　慶應義塾大学商学部卒業
1999年　慶應義塾大学大学院法学研究科後期博士課程修了
現　在　早稲田大学教育・総合科学学術院教授，法学博士

主要著書

『現代中国の外交』（慶應義塾大学出版会，2007年）
『中国外交の新思考』（共編訳，東京大学出版会，2007年）
『中国外交の世界戦略』（共著，明石書店，2011年）

中国のアジア外交

2013年11月20日　初　版

［検印廃止］

著　者　青山　瑠妙

発行所　一般財団法人　東京大学出版会

代表者　渡辺　浩
153-0041　東京都目黒区駒場 4-5-29
http://www.utp.or.jp/
電話 03-6407-1069　Fax 03-6407-1991
振替 00160-6-59964

印刷所　株式会社暁印刷
製本所　牧製本印刷株式会社

Ⓒ2013 Rumi Aoyama
ISBN 978-4-13-030159-6　Printed in Japan

JCOPY〈(社)出版者著作権管理機構　委託出版物〉
本書の無断複写は著作権法上での例外を除き禁じられています．複写される場合は，そのつど事前に，(社)出版者著作権管理機構（電話 03-3513-6969，FAX 03-3513-6979，e-mail: info@jcopy.or.jp）の許諾を得てください．

王　逸　舟著 天児・青山訳	中国外交の新思考	四六・2800円
毛里和子 園田茂人編	中　国　問　題	四六・3000円
毛里和子ほか編	現代中国の構造変動（全8巻）	A5・3600〜3800円
毛里和子著	周縁からの中国	A5・4800円
宇野重昭 天児　慧編	20世紀の中国	A5・3800円
高原明生ほか編	日中関係史 1972–2012（全3巻）	A5・3500〜3800円
益尾知佐子著	中国政治外交の転換点	A5・6200円
寺田　貴著	東アジアとアジア太平洋	A5・5800円

ここに表示された価格は本体価格です．ご購入の際には消費税が加算されますのでご了承ください．